U0935144

新华社民族品牌工程年鉴

 2018 

XINHUASHE MINZUPINPAI GONGCHENG NIANJIAN

中华人民共和国年鉴社◎编

新 华 出 版 社

图书在版编目（CIP）数据

新华社民族品牌工程年鉴. 2018 / 中华人民共和国年鉴社编.
-- 北京 : 新华出版社, 2019.9
ISBN 978-7-5166-4875-9

Ⅰ. ①新… Ⅱ. ①中… Ⅲ. ①民族品牌 – 中国 – 2018 – 年鉴
Ⅳ. ①F279.23-54

中国版本图书馆CIP数据核字(2019)第200991号

新华社民族品牌工程年鉴. 2018
编　　者：中华人民共和国年鉴社

责任编辑：徐文贤　薛纯宇　许兼畅　　**封面设计：**刘宝龙

出版发行：新华出版社
地　　址：北京石景山区京原路8号　　**邮　　编：**100040
网　　址：http://www.xinhuapub.com
经　　销：新华书店、新华出版社天猫旗舰店、京东旗舰店及各大网店
购书热线：010 – 63077122　　**中国新闻书店购书热线：**010 – 63072012

照　　排：六合方圆
印　　刷：三河市君旺印务有限公司

成品尺寸：210mm × 285mm　　**字　　数：**550千字
印　　张：30.5　　**彩　　插：**5.25印张
版　　次：2019年11月第一版　　**印　　次：**2019年11月第一次印刷

书　　号：ISBN 978-7-5166-4875-9
定　　价：268.00元

《新华社民族品牌工程年鉴》

编委会

XINHUA

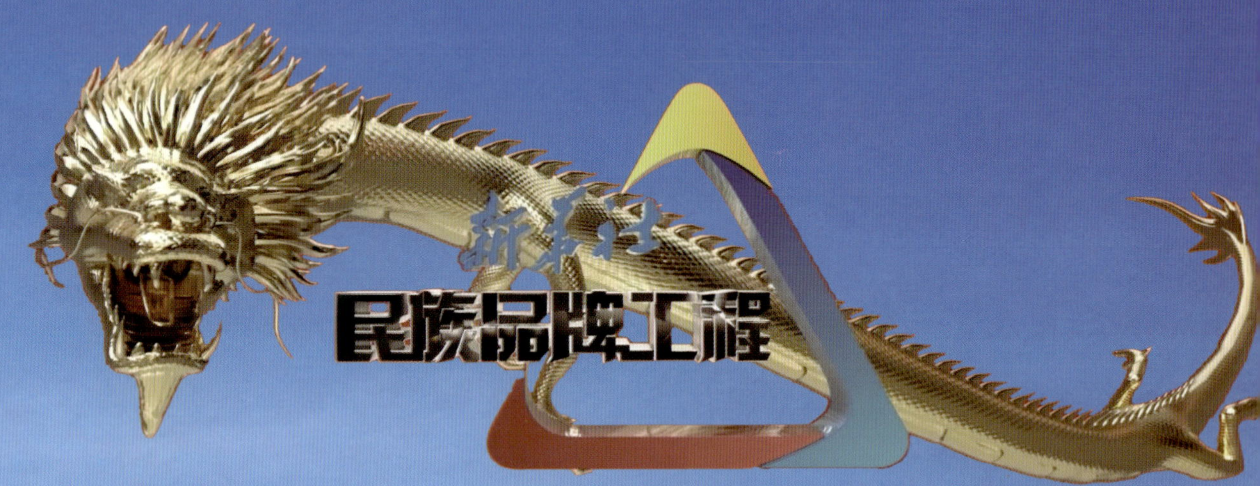
新华社
民族品牌工程

服务民族企业发展　助力中国品牌建设

新华社民族品牌工程

XINHUASHE MINZUPINPAI GONGCHENG

服务宗旨

FUWU ZONGZHI

“新华社民族品牌工程”是响应品牌强国战略的综合服务体系，旨在“服务民族企业发展，助力中国品牌建设”。

“新华社民族品牌工程”致力于服务民族企业的品牌创建进程，大力倡导“创新、协调、绿色、开放、共享”发展理念，大力弘扬创新精神、工匠精神、企业家精神。

创新精神

工匠精神

企业家精神

品牌正能量

地方经济社会发展
GUIZHOU BRAND

特色文化

民族品牌工程

助力脱贫攻坚

产业品牌

高度评价和广泛认同

资源优势

ZIYUAN YOUSHI

新华社拥有独特的信息服务资源，包括丰富的媒体资源、强大的传播渠道和高端的智库力量。

《参考消息》《新华每日电讯》等 21 种报刊、新华网、新华社客户端、中国搜索、新华广播、新华电视、户外大屏集群、社交媒体集群等，每天覆盖数十亿人次。

《参考消息》

《新华每日电讯》

21种报刊

新华网

新华社客户端

新华广播

新华电视CNC

户外大屏集群

社交媒体集群

三大体系

全媒体传播体系
社内外协同支撑体系
可量化的权威评价体系

一个宗旨

服务民族企业
助力中国品牌

四大特色

专业化 标准化
国际化 一体化

报刊杂志

新华每日电讯

……

新华社公众号

新华网

经济信息服务

电视

中国新华新闻电视网（CNC）是全球化视频平台，目前使用中英双语传播，通过卫星、网络、移动端多渠道覆盖近200个国家和地区。

全球通讯社联盟

新华社依托与国际主流通讯社20多年的国际商业合作，可为客户在海外主流媒体网站和商业网站进行广泛商业推广，提高国际知名度，增强全球影响力。

网络媒体

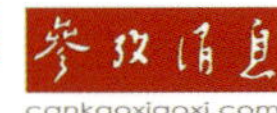

……

广播

新华广播汇聚百万听众，新华广播依托新华网，在新华网首页、新华炫闻客户端以及新华广播公众微信平台同时推出，已成为最有影响力的网络广播电台之一。

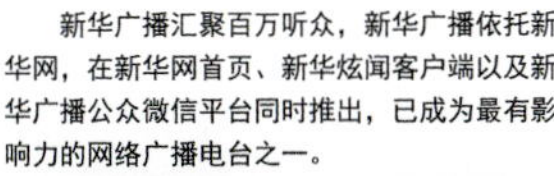

体

……

新华视点微博　海外社交媒体"NewChina"

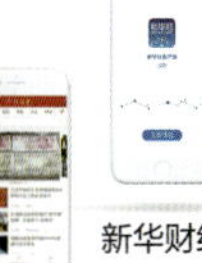
……

新华财经

考消息

户外大屏

北京站户外大屏

北京西单老佛爷百货户外大屏

上海虹桥机场户外大屏

北京王府井百货大楼户外大屏

纽约时代广场户外大屏

……

新华社
XINHUA NEWS AGENCY
中国经济信息社
China Economic Information Service
中国财富传媒集团
China Fortune Media Group
中国图片集团

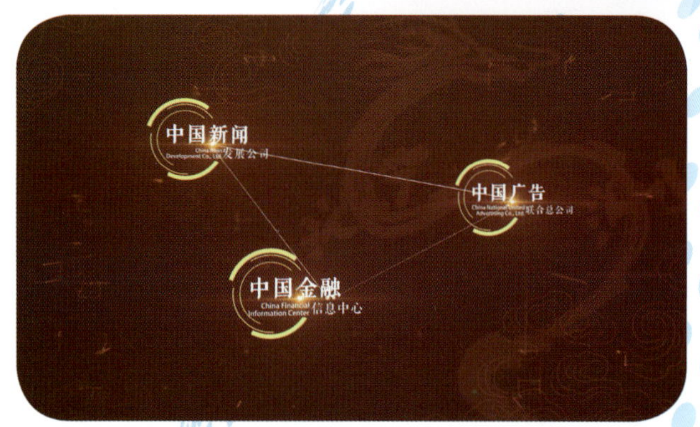
中国新闻发展公司
中国广告联合总公司
中国金融信息中心
China Financial Information Center

新华社印务科技公司
上海石油天然气交易中心
专业机构
Professional Institutions
新华出版社
Xinhua Publishing House
中国环球公关公司

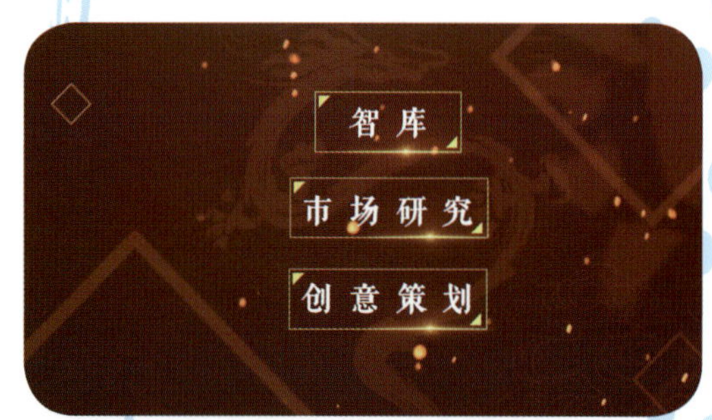
智库
市场研究
创意策划

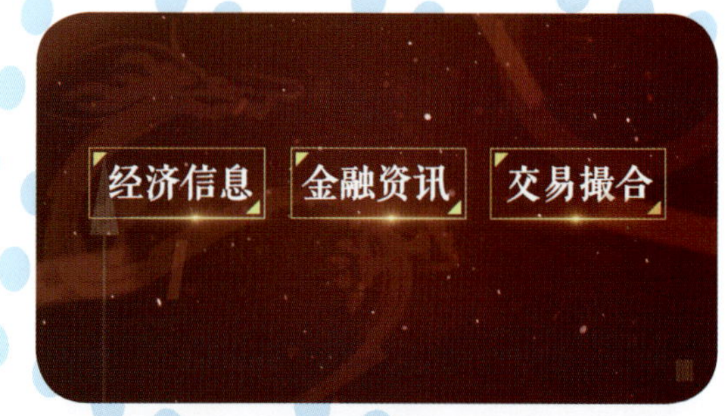
经济信息
金融资讯
交易撮合

信用评价
指数发布
数据库

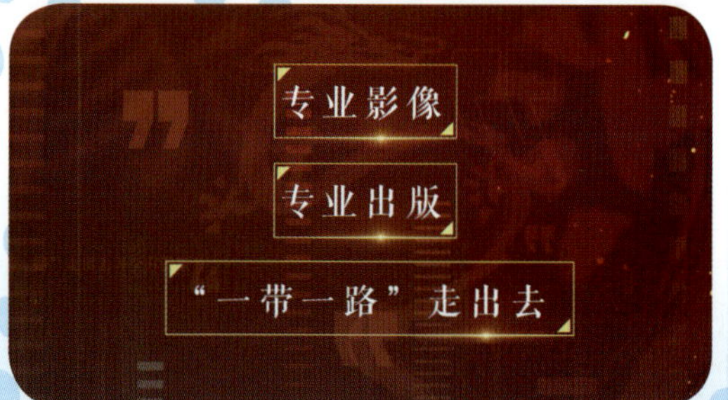
专业影像
专业出版
“一带一路”走出去

坚持把社会效益放在首位

实现社会效益和经济效益有机统一

服务标准化

服务一体化

入选标准

RUXUAN BIAOZHUN

"新华社民族品牌工程"服务的企业，应符合 **10 条标准**

1. 始终坚持"围绕中心、服务大局"，自觉参与和服务国家发展战略；
2. 重视企业党建工作，重视发挥党组织在企业发展中的政治引领作用；
3. 弘扬社会主义核心价值观，弘扬社会主流文化；
4. 具有强烈的社会责任感，热心公益事业；
5. 积极落实国家精准扶贫计划；
6. 具有行业领先的自主创新能力；
7. 具有代表中国制造和中国质量的优秀品质；
8. 综合实力排名行业前列；
9. 具有较高的社会知名度和品牌美誉度；
10. 具有良好的企业文化，弘扬工匠精神，诚信守法。

合作品牌

HEZUO PINPAI

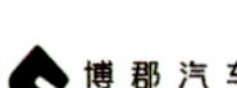

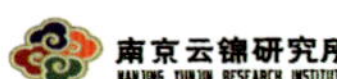

"新华社民族品牌工程"坚持充分尊重企业意愿，坚持把社会效益放在首位。所服务的企业多数是世界 500 强、中国 500 强和行业领军企业。

子系统

ZIXITONG

黔系列

2018年5月20日，贵州省人民政府与新华通讯社在北京签署战略合作协议。“新华社民族品牌工程·‘黔系列’民族文化产业品牌行动”正式启动。新华社民族品牌工程将整合媒体资源，系统推广“黔酒”“黔茶”“黔药”“黔银”“黔绣”“黔织”“黔艺”等“黔系列”品牌，为“黔系列”民族文化产业发展提供智力支撑、品牌打造等系列服务。

汽车行动

“新华社民族品牌工程·汽车行动”是新华社民族品牌工程第一个在垂直行业实施的子系统工程。目的是整合社内外资源，搭建权威专业的汽车全媒体传播平台和综合信息服务平台，提供品牌推广、市场分析、战略咨询、智库研究、展览展示等一系列服务，助力品牌提升，建立话语体系，为我国汽车产业的发展做出积极贡献。

中华老字号振兴行动

新华社民族品牌工程办公室联合中国品牌建设促进会启动“新华社民族品牌工程·中华老字号振兴行动”，中华老字号是经过历史和市场检验了的民族品牌，振兴“中华老字号”既是对绵延百年的民族品牌的珍惜与保护，又是建设品牌强国的应有之义。

服务产业新锐行动

新华社民族品牌工程已服务一批世界500强、中国500强和行业领军企业，受到社会各界高度认可。国内众多正在崛起的产业新锐和细分行业龙头，也希望加入新华社的综合服务体系。为此，新华社民族品牌工程推出“新华社民族品牌工程·服务产业新锐行动”，服务企业创新发展，助推经济转型升级。

更多精彩……

专家委员会

ZHUANJIA WEIYUANHUI

“新华社民族品牌工程专家委员会”由具有较高理论水平、丰富实战经验、开阔国际视野的一批专家组成，负责对入选企业的综合评价。

首批专家组成员有：

瞭望周刊社原总编辑　**姬斌**

清华大学国家文化产业研究中心主任、中国传播学研究会会长、博士生导师　**熊澄宇**

上海社会科学院学者、上海品牌发展研究中心执行主任　**姜卫红**

北京工商大学艺术与传媒学院院长、中国广告协会学术委员会常委　**罗子明**

北京工商大学教授、中国公共关系协会常务理事　**张景云**

国家市场监督管理总局发展研究中心主任　**付文飙**

中国商业联合会副会长、国家标准委全国批发与零售市场标准化委员会委员、中国保护消费者基金会副会长　**谭新政**

中国商业经济学会副会长、中国商业史学会副会长、首都经济贸易大学教授、中国品牌研究中心主任　**祝合良**

品牌中国战略规划院副院长　**常继生**

中国轻工业联合会副秘书长、中国信息产业商会副会长　**才大颖**

中国汽车工业协会副秘书长　**师建华**

2018 年 12 月 8 日，新华社民族品牌工程专家委员会在京成立

服务体系

FUWU TIXI

一、创意策划

深刻洞察企业品牌内涵，利用热点事件和重大假日策划多种媒体形式的品牌推广信息。

二、大型活动

提供中国品博会、中国进博会等大型会展展示机会，打造中国企业家博鳌论坛等高端活动。

三、经济信息

提供智库、信用评价、指数发布、交易撮合、金融资讯等综合经济信息服务。

四、海外拓展

利用新华社遍布全球的传播渠道和资源，为品牌国际化拓展提供服务。

五、硬广投放

报刊集群、网站集群、客户端集群、大屏集群、社交媒体集群等多终端硬广传播。

工程整体传播

GONGCHENG ZHENGTI CHUANBO

重要时点策划

国庆节、元旦、春节等关键时点，创意产品传播服务用户群体。

品牌定制活动

品牌面对面：为用户搭建与社内外媒体交流沟通的平台。可以定制交流会、发布会等多种形式的沟通活动。

品牌对话：打通用户之间的交流通道，实现新华社民族品牌工程企业朋友圈的互访、互动。

展销会：2019 年春节前夕，组织部分企业在新华社大院举办新春展销会。

大型活动整合

社外资源拓展

1. 新华社民族品牌工程高铁专列　为集中展示中国民族企业的风采，进一步提升新华社民族品牌工程入选企业的知名度和美誉度，为用户提供有效的传播载体和多元的创新产品，开通“新华社民族品牌工程”高铁专列。

2. 新华社民族品牌工程地铁专列　地铁作为城市居民的主要出行工具，媒体覆盖范围广、接触频次高，利于新华社民族品牌工程更深入地传播。2019 年 4 月选择北京地铁 1 号线开通“新华社民族品牌工程”地铁专列，提供超值推广服务。

3. 外文局报刊　可在中国外文局旗下的《今日中国》《人民画报》《丝路瞭望》等 21 种刊物上实现信息落地，将新华社民族品牌工程入选企业的品牌形象和理念传递给更多海内外受众。

4. 卫星冠名　2019 年，新华社民族品牌工程独家推出专属商业卫星资源进行品牌冠名，助推品牌建设进入太空时代。企业 logo 将铭刻在卫星星体，永久围绕地球轨道运行。企业所冠名卫星将在航天系统进行备案，并广泛应用于城市建设、国土资源、交通规划、环境保护、电力能源等十数个领域。

新华社民族品牌工程

超越梦想
未来无限

恒大集团

恒大者，古往今来连绵不绝，曰恒；天地万物增益发展，曰大。

恒大集团创立以来，始终坚持民生为本的发展理念，为给老百姓创造美好生活不懈努力。

恒大集团是以民生地产为基础，文化旅游、健康养生为两翼，新能源汽车为龙头的世界500强企业集团。目前，恒大总资产1.88万亿，年销售规模超6000亿，累计纳税超2300亿，慈善捐款超146亿，员工14万人，每年解决就业260多万人，世界500强排名第138位。

恒大地产在中国280多个城市拥有810多个项目，与全球860多家知名企业战略合作，实施精品战略，打造高品质、高性价比产品，开创行业“全精装修交楼”和“无理由退房”先河，让600多万业主实现宜居梦想。

恒大进军新能源汽车产业是打造百年老店的重大战略决策。入主瑞典国家电动汽车有限公司NEVS，获得有75年历史的瑞典萨博汽车核心技术，与世界顶级豪车制造商科尼赛克组建合资公司，获得强大的超级豪华整车研发制造能力；具备新能源汽车整车生产、销售资质，拥有瑞典研发生产基地和天津、广州、上海等多个生产基地；入主卡耐新能源，获得日本顶尖动力电池技术；与汽车动力工程领域国际龙头德国Hofer成立合资公司，拥有了世界先进的三合一动力总成核心技术，拥有了世界高水准的研发制造能力；入主荷兰e-Traction公司和英国Protean公司，全面掌握了商用车和乘用车领域的世界先进的轮毂电机技术；入股广汇集团，拥有全球汽车销售渠道；与国家电网成立合资公司，聚焦社区停车库车位的智慧充电服务，破解新能源汽车充电难问题，助力国家能源战略。恒大已完成新能源汽车全产业链布局，力争 3—5 年成为世界规模大、实力强的新能源汽车集团，助力中国从汽车大国迈向汽车强国。

恒大旅游全方位构建文化旅游综合体版图，着重打造填补世界空白的两大拳头产品“恒大童世界”和“恒大水世界”。恒大童世界是专为 2—15 岁的少年儿童打造，全室内、全天候、全季节的大型童话神话乐园，15 个项目已布局完成，2021 年起陆续开业；恒大水世界已筛选出全球范围内受游客欢迎的 120 个水上游乐项目，建设全室内、全天候、全季节的大型温泉水乐园，未来 2—3 年布局 20—30 个。打造全球人向往的文化旅游胜地“中国海南海花岛”，拥有童话世界、雪山王国、海洋乐园、植物奇珍馆及顶级酒店群等 28 大业态，2020 年正式开业。另外，打造世界超前高新技术的全国农业现代化与观光农业标杆“恒大高科农业”。

恒大健康践行“健康中国”战略，着重打造填补中国空白的养生养老拳头产品“恒大养生谷”。恒大养生谷整合医疗、健康管理、养生、养老、保险和旅游资源，独创“四大园”，搭建会员制平台，提供全周期、高品质、多维度的 867 项健康服务，是全方位全龄化养生养老胜地。目前已布局 16 个，未来 3 年布局超 50 个并陆续开业。博鳌恒大国际医院是哈佛大学附属教学医院布莱根医院境外附属医院，提供顶级肿瘤专科医疗服务。

到 2020 年底，恒大将实现总资产 3 万亿，年销售规模 8000 亿，年利税 1500 亿，成为世界百强企业。

SINCE 1992

碧桂园是中国新型城镇化进程的身体力行者

是全球绿色生态智慧城市的建造者

1200+ 城镇　400 万 + 业主

碧桂园是什么

碧桂园是为全世界创造美好生活产品的高科技综合性企业。

碧桂园一直致力于为追求美好生活的人提供好房子，好社区。20 多年来，作为新型城镇化和乡村振兴的身体力行者，以打造民生地产为己任，碧桂园已为超过 1200 个城镇带来现代化的城市面貌。高科技的应用，让企业成为绿色生态智慧建筑的建造者，首创立体分层现代都市建筑——森林城市，被《福布斯》评为“影响世界未来的 5 座城市”之首。

如今，有超过 400 万业主选择在碧桂园安居乐业。进入工业 4.0 的时代，随着建筑机器人的加入，企业以工匠精神反复推敲的高性价比房子，在安全、美观、经济、适用和耐久上将得到全面提升。高科技打造的智慧社区，让企业始终保持世界一流的小区服务水平。碧桂园项目会一直是所在城市的亮丽风景线和名片：园林景观、生活广场使当地人民流连忘返，会所、物业服务令人生活舒适、安全。

碧桂园积极投身智能制造，发展科学技术。科学技术是第一生产力，智能制造大有可为。作为一家拥有近 20 万名员工，1000 多名博士的企业，碧桂园投入巨资，建机器人谷，延请顶尖人才，做好孵化器，成立研发团队，把最先进的科研成果转化成实用又物美价廉的高科技产品，让人们的生活更美好，助力国家科技进步，造福全人类。

碧桂园发展现代农业，振兴乡村。引入世界一流的农业生产技术、设备，同时利用机器人研发优势，布局农业全产业链，并通过对碧桂园的社区及全社会进行零售，与农民共享现代农业发展的红利，帮助农民增收致富，同时以较低的价格，为每一个家庭生产和提供安全、好吃、实惠、丰富的农产品及常用生活用品。

碧桂园希望社会因他们的存在而变得更加美好。精准扶贫和乡村振兴也是企业的主业之一。为此，碧桂园不懈创造社会价值和经济价值。立业至今，碧桂园创始人及集团累计参与社会慈善捐款已超 55 亿元，并主动承担起全国 9 省 14 县的精准扶贫和乡村振兴工作，正帮助 33.6 万农村贫困人口脱贫致富。

作为一家自 2007 年就已在香港上市的恒生指数成分股公司、世界五百强企业，碧桂园在 2018 年的纳税额已超 625 亿元人民币。作为一家有良心、有社会责任感的阳光企业，碧桂园将为人类社会的进步而不懈努力。

京东于 2004 年正式涉足电商领域，2018 年，京东集团市场交易额接近 1.7 万亿元。2019 年 7 月，京东第四次入榜《财富》全球 500 强，位列第 139 位，在全球仅次于亚马逊和 Alphabet，位列互联网企业第三。

2014 年 5 月，京东集团在美国纳斯达克证券交易所正式挂牌上市，是成功赴美上市的大型综合型电商平台。2015 年 7 月，京东凭借高成长性入选纳斯达克 100 指数和纳斯达克 100 平均加权指数。

坚守正道成功，以为社会创造价值为己任

京东坚守“正道成功”的价值取向，坚定地践行用合法方式获得商业成功，致力于成为一家为社会创造最大价值的公司。自创立之初，京东就秉持诚信经营的核心理念，坚守正品行货、倡导品质经济，成为中国备受消费者信赖的零售平台；京东坚定“客户为先”的服务理念，大力发展自建物流，保障用户体验，成为领先全球的新标杆；依托于所有京东人的拼搏和激情，京东持续十五年保持接近 140% 的年均复合增长率。京东以丰富的应用场景和精准的大数据为根基，创新性地在数字科技等领域大胆探索，一次又一次地创造了发展奇迹！

与此同时，京东不忘初心，积极履行企业社会责任，在促进就业、提升社会效率、带动高质量消费、助力实体经济数字化转型、支持新农村建设、推动供给侧结构性改革等方面不断为社会做出贡献。截至 2019 年 3 月 31 日，京东集团拥有超过 17.9 万名正式员工，间接带动就业人数上千万。2016 年始，京东全面推进落实电商精准扶贫工作，通过品牌打造、自营直采、地方特产、众筹扶贫等模式，在全国各地贫困地区开展扶贫工作，上线贫困地区商品超过 300 万个，实现扶贫农产品销售额超过 500 亿元。依托强大的物流基础设施网络和供应链整合能力，京东大幅提升了行业运营效率，降低了社会成本。通过打造高质量消费，京东以商品和服务为抓手、以技术创新

为依托，带动实体经济数字化转型，进一步助力供给侧结构性改革，推动中国经济高质量发展。京东充分发挥自身优势，整合内外资源，与政府、媒体和公益组织协同创新，为用户、合作伙伴、员工、环境、社会创造价值。

京东奉行客户为先、诚信、协作、感恩、拼搏、担当的价值观，目标是成为全球范围内值得信赖的企业。

多项业务全面发展，深化布局“零售＋零售基础设施服务”

2017 年，京东对零售未来趋势做出终极判断——无界零售，在“场景无限、货物无边、人企无间”的无界零售图景中，京东将自身大量资源、技术和服务能力模块化，通过这些积木模块对外服务，以开放、共生、互生、再生的理念开展产业布局，积极向“零售＋零售基础设施服务商”转型，致力于与合作伙伴一起，在“知人”“知场”“知货”的基础上重新定义成本、效率、体验。未来，京东将从“一体化”走向“一体化的开放”，全面服务合作伙伴，在无界零售的场景下共同创造新的价值。

目前，京东集团业务已涉及零售、数字科技、物流、健康、保险、物流地产、云计算、AI 和海外等领域，其中核心业务为零售、数字科技、物流三大板块。

珠海格力电器股份有限公司成立于 1991 年，1996 年 11 月在深交所挂牌上市。公司成立初期，主要依靠组装生产家用空调，现已发展成为多元化、科技型的全球工业集团，产业覆盖空调、生活电器、高端装备、通信设备等领域，产品远销 160 多个国家和地区。

公司现有 9 万多名员工，其中有 1.4 万名研发人员和 3 万多名技术工人，在国内外建有 14 个生产基地，分别坐落于珠海、重庆、合肥、郑州、武汉、石家庄、芜湖、长沙、杭州、洛阳、南京、成都以及巴西、巴基斯坦；同时建有长沙、郑州、石家庄、芜湖、天津 5 个再生资源基地，覆盖从上游生产到下游回收全产业链，实现了绿色、循环、可持续发展。

公司现有 15 个研究院，分别是：制冷技术研究院、机电技术研究院、家电技术研究院、新能源环境技术研究院、健康技术研究院、通信技术研究院、智能装备技术研究院、机器人研究院、数控机床研究院、物联网研究院、装备动力技术研究院、电机系统技术研究院、洗涤技术研究院、冷冻冷藏技术研究院、建筑环境与节能研究院。共有 96 个研究所、929 个实验室、2 个院士工作站（电机与控制、建筑节能），拥有国家重点实验室、国家工程技术研究中心、国家级工业设计中心、国家认定企业技术中心、机器人工程技术研发中心各 1 个，同时成为国家通报咨询中心研究评议基地。

坚持创新驱动。提出研发经费“按需投入、不设上限”，仅 2017 年研发投入就达到 57 亿元。经过长期沉淀积累，目前申请国内专利 53340 项，其中发明专利 25011 项，国际专利 1752 项，在 2018 年国家知识产权局排行榜中，格力电器排名全国第六，家电行业第一。现拥有 24 项“国际领先”技术，获得国家科技进步奖 2 项、国家技术发明奖 1 项，中国专利奖金奖 4 项。据统计，2018 年，格力家用空调全球市场占有率达 20.6%。

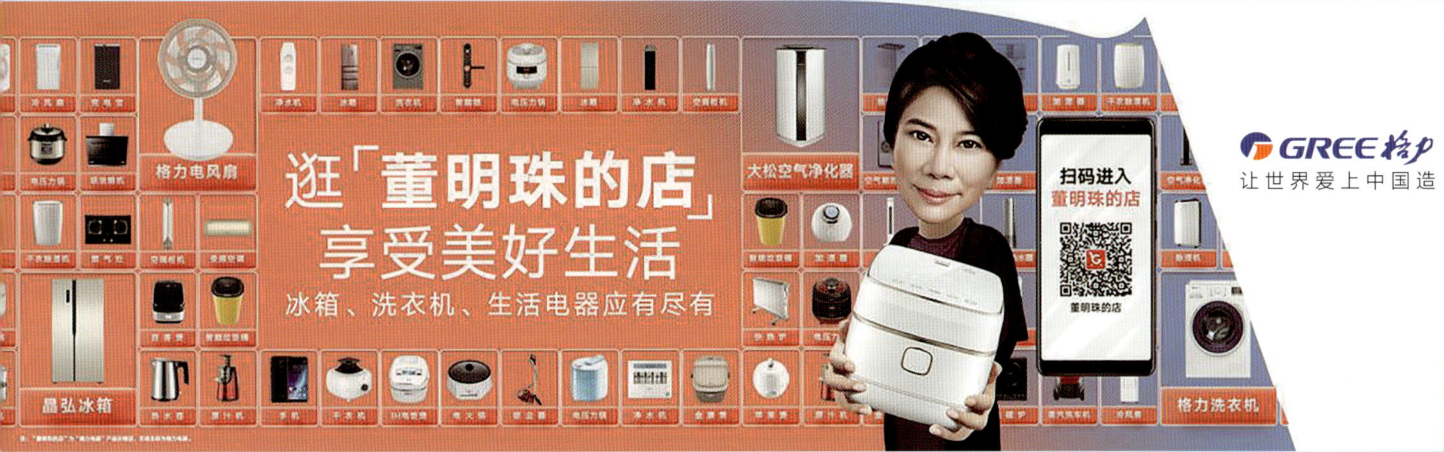

坚持质量为先。恪守诚信经营的宗旨，以客户需求为导向，严抓质量源头控制和体系建设，努力实现“零缺陷、零售后”的目标追求。自 2011 年以来，格力顾客满意度、忠诚度连续 8 年保持行业第一。2018 年，公司荣获第三届“中国质量奖”。

坚持转型升级。落实供给侧结构性改革，调整优化产业布局，积极推进智能制造升级，努力实现高质量发展。2013 年起，格力相继进军智能装备、通信设备、模具等领域，已经从专业空调生产延伸至多元化的高端技术产业。目前，格力智能装备不仅为自身自动化改造提供先进设备，同时也为家电、汽车、食品、3C 数码、建材卫浴等众多行业提供服务。人均产值从 2012 年的 91.2 万元跃升至 2018 年的 149.6 万元。

2018 年，公司营业总收入 2000.24 亿元，净利润 262.03 亿元，纳税 160.23 亿元。

格力坚持以习近平新时代中国特色社会主义思想为指引，不忘初心、牢记使命，坚守实体经济，坚持走自力更生、自主创新发展道路，加快实现管理信息化、生产自动化、产品智能化，继续引领全球暖通行业技术发展，在智能装备、通信设备、模具等领域持续发力，创造更多的领先技术，不断满足全球消费者对美好生活的向往，在智能化时代扬帆再启航、谱写新篇章！

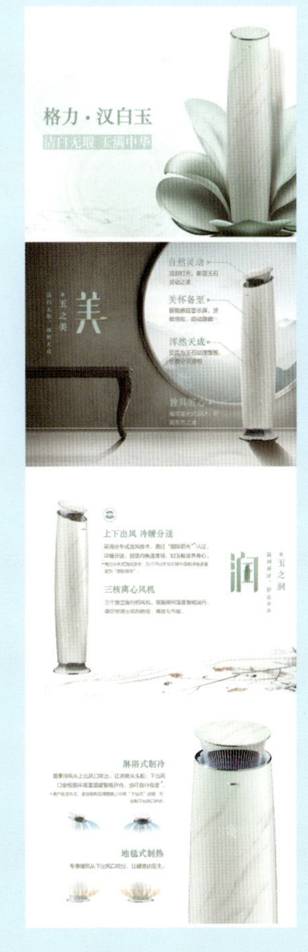

SUNING 苏宁

苏宁易购集团是中国领先的 O2O 智慧零售商，2018 年苏宁易购再次跻身《财富》杂志 2018 年全球财富 500 强榜单。

2018 年公司实现全渠道销售规模达 3367 亿元，同比增长 38.39%，归属于上市公司股东的净利润 133.28 亿元，同比增长 216.38%。2018 年，苏宁易购继续保持双线高增长的态势，同时聚焦物流、金融业务发展，构建全场景智慧零售生态系统，形成面向用户的核心服务能力。

成立于 1990 年的苏宁，面对互联网、物联网、大数据时代，持续推进智慧零售和线上线下融合战略，全品类经营、全渠道运营、全球化拓展，开放物流云、数据云和金融云，通过门店端、PC 端、移动端和家庭端的四端协同，实现无处不在的一站式服务体验。

截至 2018 年底，苏宁易购线下连锁网络覆盖海内外，拥有苏宁易购广场、苏宁云店、苏鲜生、苏宁红孩子、苏宁极物、苏宁汽车超市、苏宁易购直营店、苏宁小店等业态，自营创新互联网门店和网点超 11000 家，稳居国内线下连锁前列；苏宁易购线上通过自营、开放和跨平台运营，跻身中国 B2C 市场前三，且在主流电商中增速领先。

同时，苏宁物流专业从事仓储、配送等供应链全流程服务，致力于打造中国商业领域高效率的消费品仓储服务和智慧物流服务平台。目前已经拥有高标准的自建仓库群，截至 2018 年 12 月底，苏宁物流及天天快递拥有仓储及相关配套总面积 950 万平方米，拥有快递网点达到 27444 个，配送网络覆盖全国 351 个地级城市、2858 个区县。

展望未来，苏宁将继续深化推进“科技苏宁、智慧服务”战略，本着“百年苏宁，全球共享”的愿景和“输出能力，链接资源，构筑平台，合作共赢”的经营理念，与各领域合作伙伴携手合作，共同开拓全球市场，打造科技、国际、多元新苏宁。

苏宁社会责任管理

苏宁坚持社会化企业的理念，将社会责任理念融入公司日常运营与管理，致力让消费者放心、投资者满意、员工幸福、利益相关方共赢、社会赞誉、人类生活更美好。苏宁不仅要做零售业的标杆企业，更要做对行业和社会可持续发展有价值的企业。

苏宁价值观

做百年苏宁，社会企业员工，利益共享；

树家庭氛围，沟通指导协助，责任共当。

科技苏宁 智慧服务

High-tech Suning Smart Service

服务理念

苏宁售后服务中心承担集团各类电器产品的售后服务，致力于为广大消费者提供“亲切、快捷、周到”优质阳光服务。近二十年来苏宁一直秉承“至真至诚，苏宁服务；服务是苏宁的产品，顾客满意是苏宁服务的终极目标。”的服务理念。苏宁售后专业自营的服务是苏宁不同于竞争对手的核心优势。2009 年提出“服务与责任”理念，把服务责任化，真正地把消费者的利益放在第一位。深层次地挖掘服务精髓，致力专心、专注、专业化服务。

苏宁店面为您提供热情周到的服务，您在苏宁（包括店面和苏宁易购网上商城）购买电脑、数码相机和摄像机、手机等 3C 类商品，持苏宁购物发票，均可以享受免费的试机、电脑系统软件安装（建议您自带系统光盘或提供正版软件安装光盘）、贴膜等服务。

大企业大责任　大品牌大担当

中国贵州茅台酒厂（集团）有限责任公司（以下简称茅台集团），总部位于贵州省北部风光旖旎的赤水河畔茅台镇，平均海拔 423 米，占地约 1.5 万亩，其中“贵州茅台酒”地理标志产品保护地域面积约 15.03 平方公里。

茅台集团以贵州茅台酒股份有限公司为核心企业，员工人数 3 万余人，拥有全资、控股和参股公司 38 家，涉足产业包括白酒、保健酒、葡萄酒、证券、保险、银行、文化旅游、教育、房地产、生态农业及白酒上下游产业等，企业总资产突破 2000 亿元，多次入选 Brand Z 全球品牌价值五百强企业。公司核心产品贵州茅台酒属绿色食品、有机食品、国家地理标志保护产品和国家非物质文化遗产，是香飘五洲四海的中国名片。

“十二五”以来，茅台集团累计实现白酒产量 76.7 万吨，销售收入 3535 亿元，利润总额 2192 亿元，上缴税金 1455 亿元。2018 年，贵州茅台在“全球品牌价值 100 强”中，位列第 34 位；首次进入《福布斯全球上市公司 2000 强》全球前 500 强阵营；位列世界品牌实验室《中国 500 最具价值品牌》食品、饮料行业榜首；蝉联 Brand Finance 全球 50 大最具价值烈酒品牌榜首；以近 400 亿美元的品牌价值进入《2018 胡润品牌榜》，成为“2018 最具价值的中国品牌”。

茅台股票是中国 A 股市场价值投资的典范，长期是沪深两市第一高价股。2018 年，茅台市值最高突破万亿，成为全球市值最高的烈性酒公司。当前，茅台集团正在积极响应国家“一带一路”倡议，大力布局海外，致力于打造具有世界影响力的千亿级酒类投资控股集团。

茅台酒库

花园式工厂

茅台工艺雕塑

中国贵州茅台酒厂（集团）有限责任公司鸟瞰

长期以来，茅台集团奉行“大品牌大担当”的社会责任观，积极践行企业社会责任。

一是持续为广大股东带来丰厚回报，贵州茅台酒股份有限公司 2001 年上市以来的 19 年，累计分红达 757.32 亿元。2017 年和 2018 年连续两年被评为中国 A 股市场市值最高的十家公司之一。

二是始终坚持“质量第一”，把质量视为生命，坚守“崇本守道、坚守工艺、贮足陈酿、不卖新酒”的质量理念，大力弘扬“工匠精神”和“绣花精神”，为消费者提供一流产品。

三是在市场需求旺盛、产品紧缺的同时，严控市场价格，把“老百姓喝得起、承受得了”作为价格高低的重要检验标准。

四是引领带动地方经济发展，2018 年，茅台集团上缴税 380 亿元，占全省一般公共预算收入的 14.2 %，带动仁怀地方就业 10 万余人，茅台集团增加值占全贵州省规模以上工业增加值的 19%，引领贵州白酒成为全省工业“第一支柱”。

五是大力实施精准扶贫，“十二五”以来，共投入 90 多亿元用于捐资助学、扶贫济困、义赈救灾、环境保护、扶农兴农，以及支持地方政府改善交通环境等各个方面。

茅台集团是行业内唯一连续十年发布年度社会责任报告的企业，连年荣获“履行社会责任五星级企业”荣誉，两度蝉联中国慈善领域最高政府奖“中华慈善奖—最具爱心捐赠企业”等荣誉，成为民族品牌在企业社会责任中的领军企业。

中国酒文化城

茅台文化遗产

四川省宜宾五粮液集团有限公司是以酒业为核心主业，以大机械、大金融、大物流、大包装、大健康多元发展的特大型国有企业集团，现有职工近五万人。公司拥有窖池3.2万余口，其中最老的明代古窖池群从1368年连续使用至今，已达651年，具有珍贵的历史价值、文化价值和社会价值。公司有4万吨级的特大型单体酿酒车间，具有年产白酒20万吨的生产能力和60万吨原酒储存能力。五粮液产业园区占地面积18平方公里，既是大型的蒸馏酒生产基地，也是国家AAAA级旅游景区。2018年，集团公司实现销售收入931亿元，同比增长16%；实现利税323亿元，同比增长45%；资产总额1213亿元，同比增长18%。

五粮液“利川永”明清古传酿酒作坊

五粮液作为中国白酒的典型代表，从盛唐时期的重碧酒，到宋代的姚子雪曲、明初的杂粮酒，再到1909年正式得名，已传承逾千载。五粮液集团前身是由长发升、利川永、全恒昌、天锡福、张万和、钟三和、听月楼、刘鼎兴等8家古传酿酒作坊联合组建而成的宜宾市大曲酒酿造工业联营社；1952年，成立了川南行署区专卖事业公司宜宾专区专卖事业处国营二十四酒厂；1959年，企业更名为四川省地方国营宜宾五粮液酒厂；1964年，正式更名为四

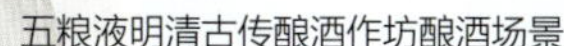

五粮液明清古传酿酒作坊酿酒场景

五粮液“长发升”明清古传酿酒作坊

川省宜宾五粮液酒厂；1998 年，改制为四川省宜宾五粮液集团有限公司。

从 1915 年巴拿马万国博览会扬名世界至今，五粮液已先后获得国家名酒、国家质量管理奖、中国最佳诚信企业、百年世博 · 百年金奖等上百项国内国际荣誉。2008 年，五粮液传统酿造技艺被列入国家级非物质文化遗产。2019 年，五粮液品牌位居“2019 中国 500 最具价值品牌”第 19 位；“亚洲品牌 500 强”第 40 名、“2019 全球最有价值的 50 大烈酒品牌”第 2 位。

目前，五粮液集团立足新发展理念，始终不忘“弘扬历史传承，共酿和美生活”的使命，坚守“为消费者创造美好，为员工创造幸福，为投资者创造良好回报”的核心价值理念，紧紧围绕“做强主业、做优多元、做大平台”发展战略，认真落实高质量发展要求，深入推进供给侧结构性改革，奋力推进“二次创业”，打造健康、创新、领先的世界一流企业，尽快迈入世界 500 强。

五粮液宋公河生态湿地公园

五粮液酿酒专用粮生产基地

泸州老窖公司简介

四川是中国酒的故乡。位于川南的泸州市自古就有“酒城”的美誉，酿酒历史自秦汉以来已有千年。

泸州老窖是在明清 36 家古老酿酒作坊群的基础上发展起来的国有大型骨干酿酒企业。

传承

“城以酒兴，酒以城名”，自元代郭怀玉酿制第一代泸州老窖大曲酒开始，经明代舒承宗传承定型到新中国发展壮大，泸州老窖酒酿制技艺传承至今已有 23 代，泸州老窖成为中国浓香型白酒的发源地。1959 年，国家出版了新中国第一本酿酒教科书《泸州老窖大曲酒》，成为我国浓香型白酒酿造工艺标准的制定者，酒界泰斗周恒刚先生亲笔题写了“浓香正宗”。

近年来，泸州老窖成功构建了“双品牌、三品系、五大单品”为品牌体系。

国窖 1573 稳居中国三大超高端白酒品牌之一；泸州老窖特曲“浓香正宗、中国味道”以及窖龄酒“商务精英用酒”的品牌地位深入人心；头曲和二曲按照“大众消费品牌”的定位，正迅速将公司的品牌影响力向深层次、大范围市场传播；养生酒和创新酒类品牌破茧而出，打开了泸州老窖长远发展的新天地。

第十代新装
荣耀上市
LUZHOU
中华老字号
浓香型白酒
瀘州老窖
特曲
净含量:500ml
中国·泸州老窖股份有限公司
LUZHOU LAOJIAO CO.,LTD.CHINA
百年传承十代焕新，品质包装经典升级

东风汽车集团有限公司（简称“东风公司”）是中央直管的汽车行业骨干企业，总部位于“九省通衢”的江城武汉，现有总资产3347亿元，从业人员14.1万人。东风公司主营业务涵盖全系列商用车、乘用车、新能源汽车、军车、关键汽车总成和零部件、汽车装备、出行服务以及汽车相关业务。主要事业基地分布在武汉、十堰、襄阳、广州等全国20多个城市，在瑞典建有海外研发基地，在中东、非洲、东南亚等区域建有海外制造基地，在南美、东欧、西亚等区域建有海外营销平台。2018年东风公司汽车销售总量为383万辆，位居中国汽车行业第2位，其中商用车销量居行业第一。2018年总销售收入6052亿元，位居《财富》世界500强第82位。

东风公司于1969年创立于湖北省十堰市，前身是“第二汽车制造厂”，1992年更名为东风汽车公司。2005年成立控股子公司东风汽车集团股份有限公司，在香港联交所挂牌上市。2017年完成公司制改制，更名为东风汽车集团有限公司。2019年是东风公司建设50周年，建设发展半个世纪以来，东风公司积淀了厚重的科技与文化底蕴，形成了以东风公司技术中心为主体、各子公司研发机构协同运作的复合开发体系，建设了国际先进、国内一流的产品设计与试验设施。目前，拥有授权专利9786项，其中发明专利825项，研发能力和科技创新水平行业领先。50年间，东风公司累计产销汽车超过4500万辆，其中自主品牌1800多万辆，累计上缴税费超过4800多亿元，为推动国民经济发展、促进社会就业、改善民生福祉作出了积极贡献。

面向未来，东风公司围绕汽车产业轻量化、电动化、智能化、网联化、共享化的“五化”趋势，围绕“为用户提供全方位优质汽车产品和服务”的发展定位，确立了“加快建设卓越东风、开启世界一流企业发展新征程”的新阶段使命，提出了今后五年“三个领先、一个率先”的奋斗目标，即：经营质量行业领先，经营保持高质量，增速跑赢大市，向更高目标挑战；自主事业行业领先，核心能力大幅提升，

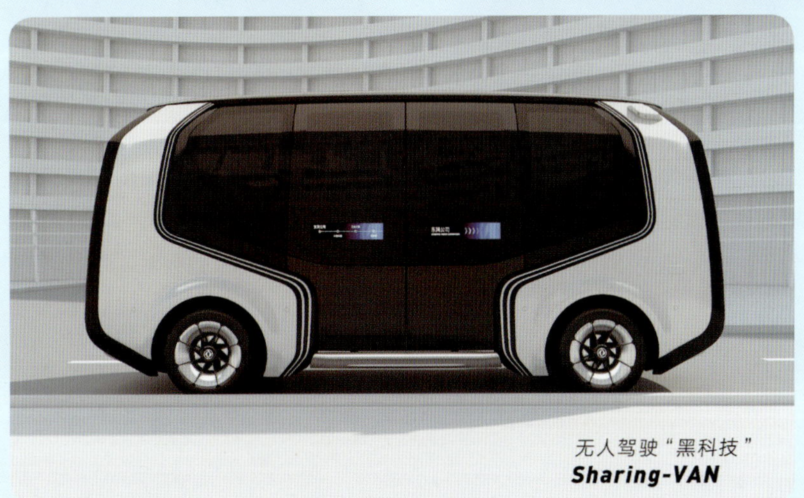
无人驾驶“黑科技”
Sharing-VAN

商用车形成领先新优势，乘用车规模效益达到领先水平；新兴业务行业领先，新能源汽车研发及资源掌控能力、产业化规模居于行业领先位置，智能网联汽车、出行服务及水平事业形成领先优势。同时，倡导企业与员工共创共享，使全体员工高质量跨越小康，率先享有新时代美好生活。

今天的东风公司，正以自信豪迈的步伐奋进新时代、阔步新征程，将坚持以习近平新时代中国特色社会主义思想为指引，努力做强做优做大，奋力实现“三个领先、一个率先”，加快建设卓越东风，开启世界一流企业发展新征程，为全面建成小康社会、实现中华民族伟大复兴的中国梦、创造更加美好的汽车生活作出积极贡献。

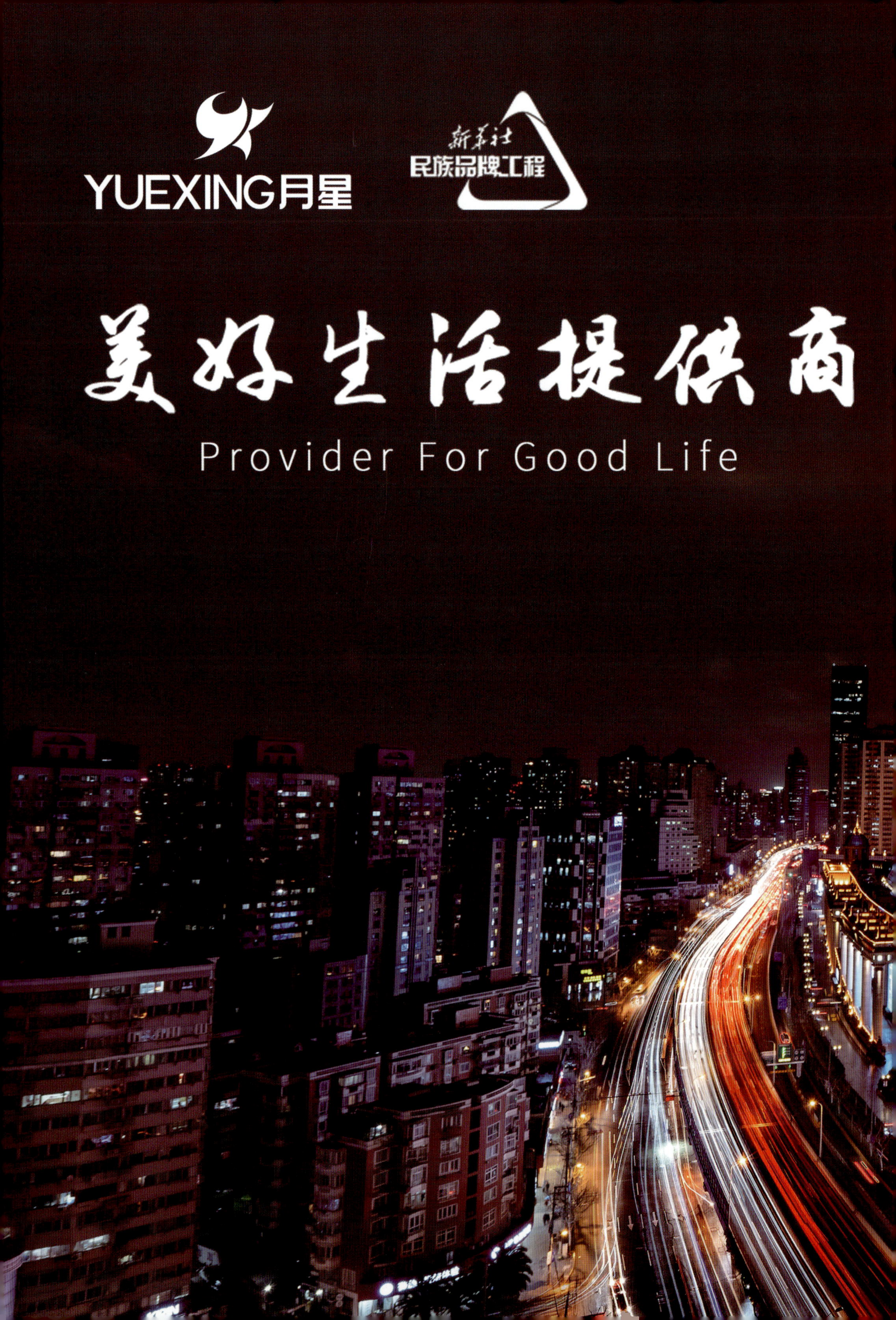
YUEXING月星
新华社
民族品牌工程
美好生活提供商
Provider For Good Life

环球港
Global Harbor

奔跑 26 年，成为业内领先的综合性地产集团

新城控股集团 1993 年创立于江苏常州，现总部设于上海。经过 26 年的快速发展，成为跨足住宅地产和商业地产的综合性房地产集团，连续十年位列中国房地产行业前 20 强，目前总资产超人民币 2900 亿元。

2015 年，新城控股集团在上海证券交易所 A 股上市，成为成功实现 B 转 A 的民营房企，股票代码 601155.SH。2018 年，新城控股集团入选新华社民族品牌工程，携手国家级信息传播和智库服务平台，实现民族品牌的世界级传播，共同打造中国品牌的新名片；截至 2018 年 12 月 31 日，新城控股集团已完成销售额超 2200 亿元，排名行业第 8 位。

稳中求进、地域深耕、运营优先、科技赋能

新城控股以高质量发展为总要求，以进入世界 500 强为总目标，结合市场当前形势以及公司实际需求，于 2019 年提出全新十六字核心战略：稳中求进、地域深耕、运营优先、科技赋能，坚持稳中求进的总基调、坚持地域深耕的总策略、坚持运营优先的总抓手、坚持科技赋能的总保障，矢志跻身中国优秀房地产企业的行列。在产品体系方面，新城控股已形成完善的住宅及商业产品系列，目前新城“吾悦”系列产品已经研发至第四代产品。

新城在中国

截至 2018 年底，新城控股集团已进入中国 100 余座大中城市，包括上海、天津、重庆、杭州、南京、苏州、青岛、西安、成都、宁波、长春、常州等，开发中或及完成项目达 400 余个。

“1+3”战略布局

新城控股坚持住宅地产与商业地产双核驱动的战略模式，即以住宅开发为主，同时理智选取优质地块进行商业综合体的开发运营。

在住宅地产方面，公司计划形成以“上海为中枢，长三角为核心，并向珠三角、环渤海和中西部地区扩张”的“1+3”战略布局。

在商业地产方面，公司计划在全国范围内选择性地获取优质地块进行开发。

新城百年住宅研究，从建筑制造到建筑创造，我们创新不止

2012年，由相关部门联合牵头的“中国百年住宅”工程项目正式启动，这项代表中国未来人居方向的“行业革命”，对民生、行业以及社会有着深远的意义。“百年住宅”项目的核心是推动住宅产业的生态化，通过标准化设计、工业化生产、装配化施工等一体化管理，取代现有的传统建造模式，将住宅更精细化，从而满足百年居住的标准。

新城商业，双轮驱动下的战略雄心

随着新型城镇化的持续推进，新城控股集团加大了城市综合体项目的收储和开发，开启了住宅地产与商业地产双核驱动的战略模式。“吾悦”是新城控股集团旗下的城市综合体项目品牌。2012 年，“吾悦”商业品牌诞生，此后，新城不断升级吾悦品牌、打磨吾悦系产品，从中国家庭真切的情感需求出发，致力于将吾悦打造成“有情怀、不复制、具规模”的中国体验式商业领导品牌。截至 2019 年 1 月 10 日，新城控股集团在全国 80 个大中城市共布局 96 座吾悦广场，其中已开业吾悦广场达 42 座，2018 年全年实现租金及管理费收入 21.16 亿元。

伊利集团

伊利，滋养生命活力

伊利集团稳居全球乳业第一阵营，是中国规模大、产品品类全的乳制品企业。同时，伊利还是一家符合奥运会标准，为2008年北京奥运会提供服务的乳制品企业;是一家符合世博会标准，为 2010 年上海世博会提供服务的乳制品企业。

在发展历程中，伊利始终坚持"国际化"和"创新"两个轮子，固守"质量"和"责任"两个根本，以高品质、高科技含量、高附加值的多元化产品，赢得了消费者的高度信赖。每天，1 亿多份伊利产品，到达消费者手中。每年，有将近 11 亿中国消费者享用到营养美味的伊利产品。

伊利
早餐奶
纯牛奶
净含量250mL

谷粒多
燕麦牛奶
椰子燕麦牛奶
COCONUT & OAT MILK
核桃燕麦牛奶

味可滋
香蕉牛奶
草莓牛奶
巧克力牛奶
咖啡牛奶

优酸乳
果果昔
优酸乳
果粒酸奶饮品

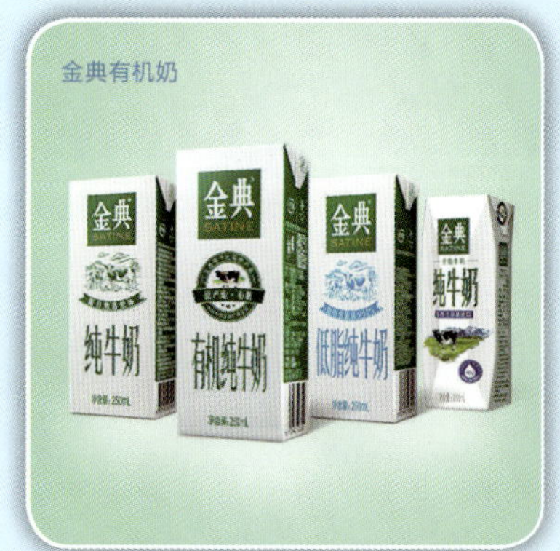
金典有机奶
金典
纯牛奶
有机纯牛奶
低脂纯牛奶

植选
浓香豆乳

舒化
好吸收
无乳糖牛奶

安慕希

48年用心做好每一粒药

为父母制药　为亲人制药

MANUFACTURE MEDICINES FOR PARENTS　MANUFACTURE MEDICINES FOR RELATIVES WITH CRAFTSMANSHIP

企业简介 ENTERPRISE INTRODUCTION

创建于1971年的扬子江药业集团，是科技部命名的全国首批创新型企业。集团总部位于江苏省泰州市，现有员工16000余人，旗下20多家成员公司分布泰州、北京、上海、南京、广州、成都、苏州、常州等地；营销网络覆盖除台湾以外的全国各省、市、自治区。

集团践行“高质 惠民 创新 至善”的核心价值观，致力向社会提供优质高效的药品和健康服务。据工信部发布的行业排名，2014—2018年，扬子江连续5年位居全国医药工业企业百强榜第1名。还相继荣获“中国质量奖提名奖”、“全球卓越绩效奖”（世界级）、“亚洲质量创新奖”、“全国重合同守信用企业”、“全国文明单位”等称号。自2005年以来，蝉联全国医药行业QC成果评比一等奖总数“十五连冠”；2015—2019年，参加世界质量管理小组大会，共获得20个国际QC金奖。2016年、2019年获得中国品牌价值榜医药健康板块品牌强度、品牌价值双第一。

扬子江药业集团
YANGTZE RIVER PHARMACEUTICAL GROUP

TIENS　天狮集团

集团概述 | group overview

1995 年，天狮集团有限公司创立于中国天津（以下简称“天狮集团”），并于 1997 年进军国际市场。如今，天狮集团已经成为一家横跨生物科技、健康管理、酒店旅游、教育培训、电子商务、国际贸易、金融投资等诸多领域，融产业资本、商业资本和金融资本于一身的跨国企业集团。天狮集团业务辐射全球 190 多个国家，在 110 个国家和地区建立了分公司，并与全球众多国家的一流企业结成了战略联盟。天狮集团创新研发了营养保健食品、保健用品、日化产品、家居用品四大主要品类，为全球超过 4000 万个家庭的稳定消费群体和事业伙伴带来高品质的生活，使之拥有健康、快乐与美丽！

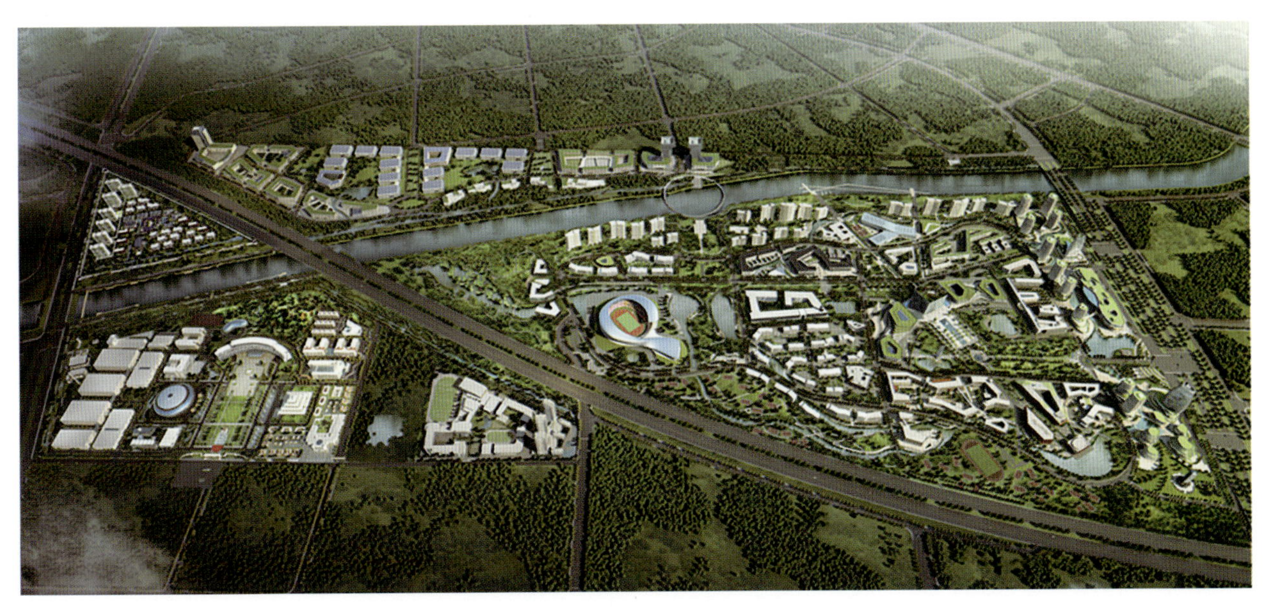

天狮集团始终奉行“来源社会，服务社会”的公益理念，义不容辞地承担企业社会责任，截至目前，天狮集团慈善及公益事业的投入近 16 亿元人民币。高素质的人才队伍和本地化、国际化的管理成就了天狮国际化的战略目标。天狮拥有一支学习型、创新型、礼仪型的战无不胜的国际化团队，在全球拥有 10000 多名管理人员。各类专业人才中具备硕士以上学历的雇员达 35% 以上。

烟台张裕集团有限公司

1892 年，著名的爱国侨领客家人张弼士先生为了实现“实业兴邦”的梦想，投资 300 万两白银在烟台创办了“张裕酿酒公司”，中国葡萄酒工业化的序幕由此拉开。

经过一百多年的发展，张裕已经发展成为中国乃至亚洲特大型的葡萄酒生产经营企业。1997 年和 2000 年张裕 B 股和 A 股先后成功发行并上市。2002 年 7 月，张裕被评为“最具国际竞争力向世界名牌进军的 16 家民族品牌之一”。在 2004 年度企业竞争力监测中，张裕综合竞争力指数居位列中国上市公司食品酿酒行业的第八名，作为一家葡萄酒企业进入前十强。张裕品牌在世界品牌价值实验室（World Brand Value Lab）编制的 2010 年度《中国品牌 500 强》排行榜中排名第 64 位，品牌价值已达 89.27 亿元。

品牌由来

烟台张裕集团有限公司其前身为烟台张裕酿酒公司，它是由中国近代爱国侨领张弼士先生创办的工业化生产葡萄酒的厂家。

大清国直隶总督、北洋大臣李鸿章和清廷要员王文韶亲自签批了该公司营业准照。光绪皇帝的老师，时任户部尚书、军机大臣翁同龢亲笔为公司题写了厂名。

“张裕”二字，冠以张姓，取昌裕兴隆之意。张裕公司的创建，被北京中华世纪坛记载为中国 1892 年所发生的四件大事之一。

《张裕公司志》里有一句话：“尽管中国葡萄种植、酿酒的历史可以上溯到汉朝，但葡萄酒工业化生产实以张裕公司为开端。”在张裕之前，中国人餐桌上只有舶来的葡萄酒。

康师傅控股有限公司（本公司）及其附属公司（本集团）主要在中国从事生产和销售方便面、饮品及方便食品。本集团于 1992 年开始生产方便面，并自 1996 年起扩大业务至方便食品及饮品；2012 年 3 月，本集团进一步拓展饮料业务范围，完成与 PepsiCo 中国饮料业务之战略联盟，开始负责制造、灌装、包装、销售及分销 PepsiCo 于中国的非酒精饮料。目前本集团的三大品项产品，皆已在中国食品市场占有显著的市场地位。据 AC Nielsen 研究报告的调查结果显示，以销售量为基准，在 2016 年 1 月—12 月本集团于方便面、即饮茶及蛋卷的市场占有率分别为 42.9%、53.2% 及 15.1%；据 Canadean 2016 年 12 月数据显示，百事碳酸饮料 2016 年销售量市占以 30.6% 居市场第二位。“康师傅”品牌，经过多年的耕耘与积累，深受中国消费者喜爱和支持。

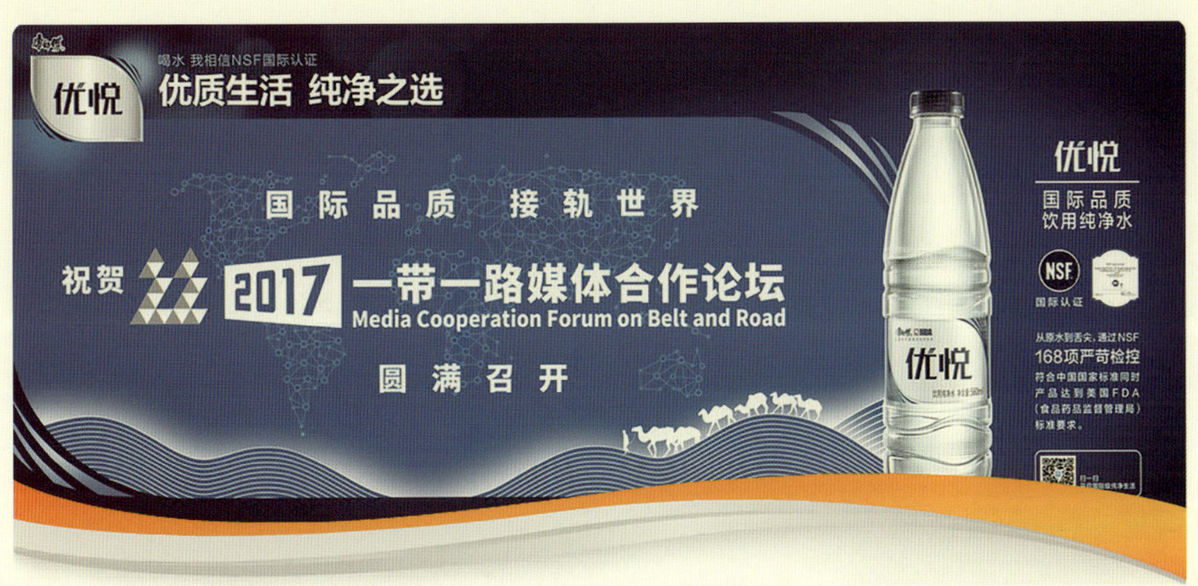

本集团不断完善遍布全国各地的销售网络，令新产品更加快速、有效地登陆市场，使得集团产品处于行业领先地位。截至 2016 年 12 月底，本集团共拥有 598 个营业所及 69 个仓库以服务 33653 家经销商及 116222 家直营零售商。

本公司于 1996 年 2 月在香港联合交易所有限公司上市。于 2016 年 12 月 31 日，本公司之市值为 67.5 亿美元。现时本公司为摩根士丹利资本国际 (MSCI) 香港成分股指数及恒生中国（香港上市）100 指数成分股。自 2008 年起，康师傅控股因其稳健的财务记录及出色的管理和创业技能，已经连续 6 年被福布斯评为“亚洲 50 强”上市公司。

今后，本集团仍将发展焦点集中于食品制造、营销及流通行业，并继续强化通路与销售系统网络，以建立“全球最大中式方便食品及饮品集团”为奋斗目标。

鲁花集团——产业报国 惠利民生

山东鲁花集团有限公司是一家致力于做高端食用油引领者的民族企业、农业产业化国家重点龙头企业。集团现拥有 37 个生产基地，横跨食用油、调味品、米面等多个行业。食用油年生产能力 150 万吨，调味品年生产能力 30 万吨，米面年加工能力 50 多万吨。主要产品有“鲁花 5S 压榨一级花生油、鲁花双冠高油酸花生油、鲁花剥壳压榨葵花仁油、鲁花压榨特香菜籽油、鲁花压榨玉米油、鲁花浓香大豆油、西班牙果尔橄榄油、鲁花小磨芝麻香油、鲁花自然鲜酱香酱油、鲁花自然鲜炒菜香酱油、鲁花蘸食鲜特级酱油、鲁花黑糯米香醋、鲁花料酒、鲁花蚝油、福花五常大米等系列大米产品、福花面粉系列、福花挂面系列、鲁花山泉水”等。先后荣获国家首批“放心油”称号、“中国食品安全承诺奖”“国家科学技术进步奖”“中华慈善奖”“山东省省长质量奖”“全国实施卓越绩效模式先进企业”、中国餐饮 30 年卓越伙伴奖、“中国粮油最受尊敬企业”“最具传播价值中国民族品牌”，连续三年成为“CCTV 央视 TOP 合作伙伴”、连续两年成功入选“新华社民族品牌工程”，成功入选“联合国全球契约组织”，成为“联合国全球契约组织成员企业”等荣誉。目前，集团公司已在全国成立240多个销售分公司，形成了覆盖全国的市场营销网络。2018 年，鲁花集团销售收入突破 300 亿元，实现连续三十多年经济效益持续增长。

经过多年的发展，鲁花集团已形成多产业共同发展的格局：

一、利用 5S 物理压榨技术，生产以花生油为主，压榨葵花仁油、菜籽油、玉米油、大豆油等多品类为辅的食用油产业链。

二、利用独特的生物发酵技术，生产高端自然鲜酱香酱油、自然鲜炒菜香酱油、蘸食鲜特级酱油、酿造黑糯米香醋、料酒、蚝油、调味酱等多品类的调味品产业链。鲁花集团通过与国际专业研发机构合作，历经十年的辛勤努力，精心培育出酿造酱油的灵魂元素——鲁花珍稀酱香菌。

三、2018 年，鲁花集团又开始向新产业发力，着力将福花米面项目打造成鲁花集团的第三大支柱产业，为广大消费者提供高品质的“福花”系列米面产品，继“油香”“酱香”之后，再为消费者的餐桌奉献优质的“米面香”。

“十三五”期间，鲁花集团继续实施同心圆多元化发展战略，在“爱心创新”文化引领下，着力打造食用油、调味品、米面等产业板块，为实现鲁花人“产业报国，惠利民生”的宏伟愿望而努力奋斗。

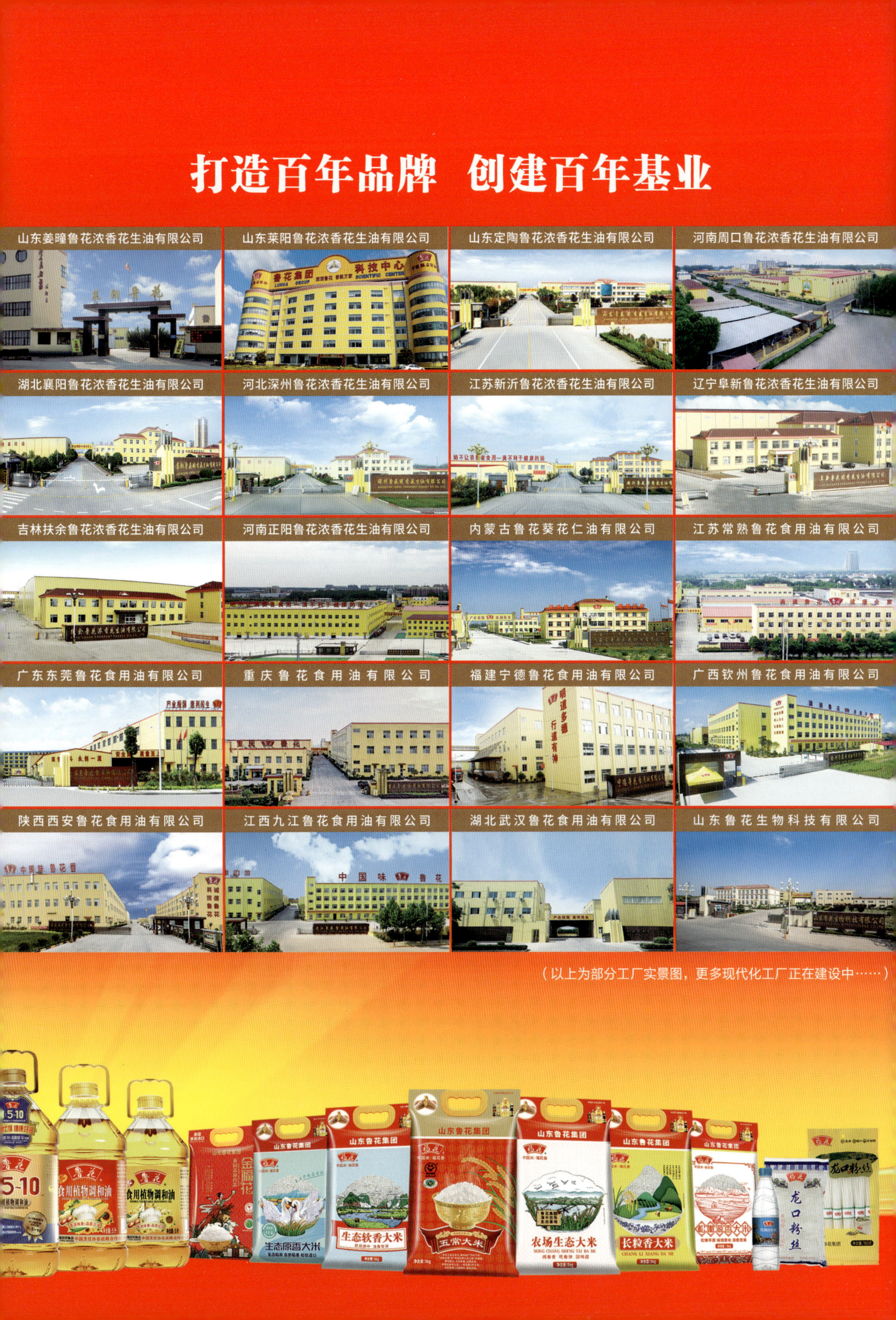

打造百年品牌 创建百年基业

山东姜疃鲁花浓香花生油有限公司	山东莱阳鲁花浓香花生油有限公司	山东定陶鲁花浓香花生油有限公司	河南周口鲁花浓香花生油有限公司
湖北襄阳鲁花浓香花生油有限公司	河北深州鲁花浓香花生油有限公司	江苏新沂鲁花浓香花生油有限公司	辽宁阜新鲁花浓香花生油有限公司
吉林扶余鲁花浓香花生油有限公司	河南正阳鲁花浓香花生油有限公司	内蒙古鲁花葵花仁油有限公司	江苏常熟鲁花食用油有限公司
广东东莞鲁花食用油有限公司	重庆鲁花食用油有限公司	福建宁德鲁花食用油有限公司	广西钦州鲁花食用油有限公司
陕西西安鲁花食用油有限公司	江西九江鲁花食用油有限公司	湖北武汉鲁花食用油有限公司	山东鲁花生物科技有限公司

（以上为部分工厂实景图，更多现代化工厂正在建设中……）

皓腾家居用品（上海）有限公司，是一家专注为消费者提供家具和私有家居用品的一体化企业，目前旗下有 oplv 全系统门窗、艾迪雅铝木组合门窗及龙铂家居用品。皓腾家居以国际化的标准和视野，将高科技与时尚美学、绿色环保等概念相融合，凭借一流设计研发团队的创意力量和对消费流行趋势的敏锐把握，长期致力于为消费者提供时尚、舒适、环保健康的高品位家居用品。

2017 年 12 月 12 日，2017 中国企业家博鳌论坛在海南开幕，皓腾家居用品（上海）有限公司行政总裁陈崇谦代表发言。

皓腾家居澳普利发全系统门窗深度定制化服务吸引广大消费者驻足。

皓腾家居对中国传统家居设计文化的创新与表达。

皓腾家居秉承了国际化标准和可持续发展理念，融合先进工艺、时尚美学与环保技术，为消费者提供创新品质与绿色环保完美结合的现代家居用品。

其中，皓腾家居由清华大学美术学院主导设计，提供集门窗设计、配件研发、型材开模与生产、加工工艺标准制定、施工指导、市场销售与品牌推广服务为一体的全系统门J窗解决方案，皓腾家居旗下产品在家装零售行业的市场份额逐年提升。

皓腾家居产品已经应用于海南三亚凯宾斯基度假酒店、甘肃城市湿地博物馆等国内众多知名项目中，还成为生态文明创新园——“中国贵安，生态文明创新园”的建设供应商。目前，皓腾家居旗下品牌已经成为中国航天事业战略合作伙伴。

截至2017年底，皓腾家居集团拥有约2100个网点、600多家店面，约20000名会员，持有超过160项专利，员工超过5000人。

2017年10月，皓腾家居入选第二批新华社“民族品牌传播工程”家居类品牌，这也意味着皓腾家居的质量得到了国内各界的广泛认可，有能力适当加快品牌国际化的进程。

奇瑞汽车股份有限公司（以下简称“公司”或“奇瑞”）成立于1997年1月8日。公司成立22年来，始终坚持自主创新，逐步建立起完整的技术和产品研发体系，产品出口海外80余个国家和地区，打造了艾瑞泽、瑞虎等知名产品品牌。同时，旗下两家合资企业拥有观致、捷豹、路虎等品牌。截至目前，公司累计销量超过750万辆，其中海外出口累计超过150万辆，连续16年位居中国自主品牌乘用车出口第一。

“自主创新”是奇瑞发展战略的核心。从创立之初，奇瑞就坚持自主创新，努力成为一个技术型企业。奇瑞在V字形正向开发体系的基础上，建成融合奇瑞、奇瑞捷豹路虎、观致的研发人才和流程的协同研发的“大研发”格局，形成了从整车、动力总成、关键零部件开发到试制、试验较为完整的产品研发体系。通过自主创新，奇瑞在DVVT双可变气门正时技术、TGDI涡轮增压缸内直喷技术、CVT无级变速器、新能源以及智能技术等核心技术上获得突破，带动了全系产品的全面技术升级。截至2018年底，奇瑞汽车累计申请专利17079多件，授权专利11032件，位居中国汽车行业前列。

打造“国际一流品牌”是奇瑞的战略发展目标。奇瑞注重开拓国内、国际两个市场，积极实施“走出去”战略，成为我国第一个将整车、CKD散件、发动机以及整车制造技术和装备出口至国外的轿车企业。如今的奇瑞深入推进全球化布局，加快从产品“走出去”、技术和工厂“走进去”到品牌“走上去”的升级转变。2018年，在中国国务院国资委指导主办的“中国企业海外形象20强”评选中，奇瑞汽车第三次荣获中国“最佳海外形象企业”荣誉称号，蝉联装备制造业第一位。

随着全球汽车市场进入智能化、网联化时代，2018年4月，奇瑞正式发布了智能化品牌战略——“奇瑞雄狮CHERY LION”，向智能化全面转型，致力于为全球消费者提供一种“新时代智能互联的生活方式”。

未来，奇瑞将继续秉持“匠心打造卓越品牌”的愿景，以消费者体验为核心，通过整合创新，为实现到2020年以后成为具有全球竞争力的世界级汽车企业目标而努力。

Haier

海尔智慧家庭　定制美好生活

诞生于 1984 年的海尔，是海尔集团家电主品牌。全球设有 29 个制造基地、8 个综合研发中心、19 个海外贸易公司，产品涵盖冰箱冷柜、洗衣机、热水器、空调、电视、厨电、智慧家电和定制产品八大品类。三十余年的成长路上，海尔洞察家庭生活的需求变化，不断将海尔品牌打造成代表时代进步的同龄品牌。

如今，海尔探索、深挖智慧家电领域，以“海尔智慧家庭，定制美好生活” 为口号，将人工智能、物联网等智慧科技融入家电产品中，重新定义智慧家庭。

品牌定位

物联网时代引领者

互联网、物联网时代到来，用户消费需求升级，不再满足于单一模板化，而是向个性定制化过渡发展。

海尔抓住了这一新的时代变化契机，提出“物联网时代引领者” 品牌定位，创新开启智能定制模式。根据消费人群和场景的不同，提供多种智慧家庭解决方案，满足消费需求升级之下，用户追求个性定制、品质时尚、智能享受的要求。

海尔通过在智慧家电领域的不断探索创新，与用户建立个性化关系，让用户真正参与到产品设计之中，诠释了海尔以用户为中心，致力于技术革新与工业设计、智能科技与生活美学融合共生的全球智慧家电品牌形象。

从 “家电” 到 “解决方案” 再到 “智慧生态”，海尔给用户带来前所未有的智慧家庭生态体验，满足用户对理想家的憧憬。海尔，正在智慧生活的道路上，践行成为物联网时代的引领者。

守护厨房安全-助理健康烹饪

品牌理念

以科技之力缔造生活之美

以“智”为刃，破风而行

将智能科技与家庭场景相结合，创造兼具科技感与未来感的家庭住居新体验。家，从此不再局限于吃饭睡觉的栖身之所，更像是精神思想与科技智慧之间交流共鸣的一方天地。海尔打造的多场景智慧家庭解决方案，让家里每个人，能够选己所爱、爱己所选，初心不遗，邂逅无限可能。海尔与智为伍，未来为你而来。

“新”之所指，向阳而生

创新是海尔不变的文化核心，亦是万千海尔人永恒的精神信仰。不同于一味模仿跟从，海尔自创立之初，就敢于在高峰之巅立鸿鹄之愿，一路走来，广纳全球尖端研发力量与顶尖设计资源，破旧立新，志启未来，以创新之名，创海尔名牌。让用户参与到产品设计，将智能科技与生活美学融合创新，让每位尚智之人，真正地体验到智慧极致的理想生活。

2018 年 12 月 10 日至 12 月 28 日，“激荡与辉煌——工业和信息化领域改革开放 40 周年”主题展览在北京举办。家电行业内，海尔智慧家庭布展。

2018 年 11 月 23 日，相关部门对“国家轻工科技进步奖”获奖企业进行公示。其中，由青岛海尔主导研究的“微内核物联网安全操作系统及智能物联技术的研发及产业化”项目，最终获评“科技进步一等奖”。

2018 年 10 月 20 日，海尔 · 2018 青岛马拉松海尔品牌方阵及海尔兄弟跑团正式成立，并举行品牌方阵、海尔兄弟跑团授旗仪式。

海尔亮相第 124 届中国进出口商品交易会（广交会）。

海尔凭自主创牌抢占多国高端市场。

中国盐业集团有限公司
China National Salt Industry Group Co., Ltd.

中国盐业集团有限公司（原名中国盐业总公司，以下简称中盐集团）创立于 1950 年，现为国务院国资委监管的国有大型企业。主要承担两大任务：一是履行中央企业职责，实现国有资产保值增值；二是作为全国食盐生产经营主体，确保国家合格碘盐供应。中盐集团是我国食盐行业唯一中央企业和唯一全国性企业，世界第二、亚洲最大的盐业企业和国内重要化工企业。中盐集团各类盐产品产量约占全国总产量的 20%，全国食盐市场占有率约 30%，产品销售遍布全国。除盐的核心业务外，还向盐化工下游产业链延伸，初步形成了无机化工、农业化工、精细化工、日用化工等系列产业布局，部分产品进入世界和全国前列。中盐集团将秉持转型发展、创新发展、开放发展、合作发展的理念，致力打造世界一流的“国家盐业公司＋优秀化工企业”，铸就“绿色中盐、品质中盐、责任中盐、百年中盐”。

盐业务：提供食盐、生活用盐、工业盐等产品，广泛用于食用、洗涤、水软化、公路融雪、盐穴综合利用等。

化工业务：提供农化产品、PVC、纯碱、氯碱、金属钠、硝酸钠、乙二醇等化工产品，广泛用于农业、建材、冶金、造纸、纺织等领域。

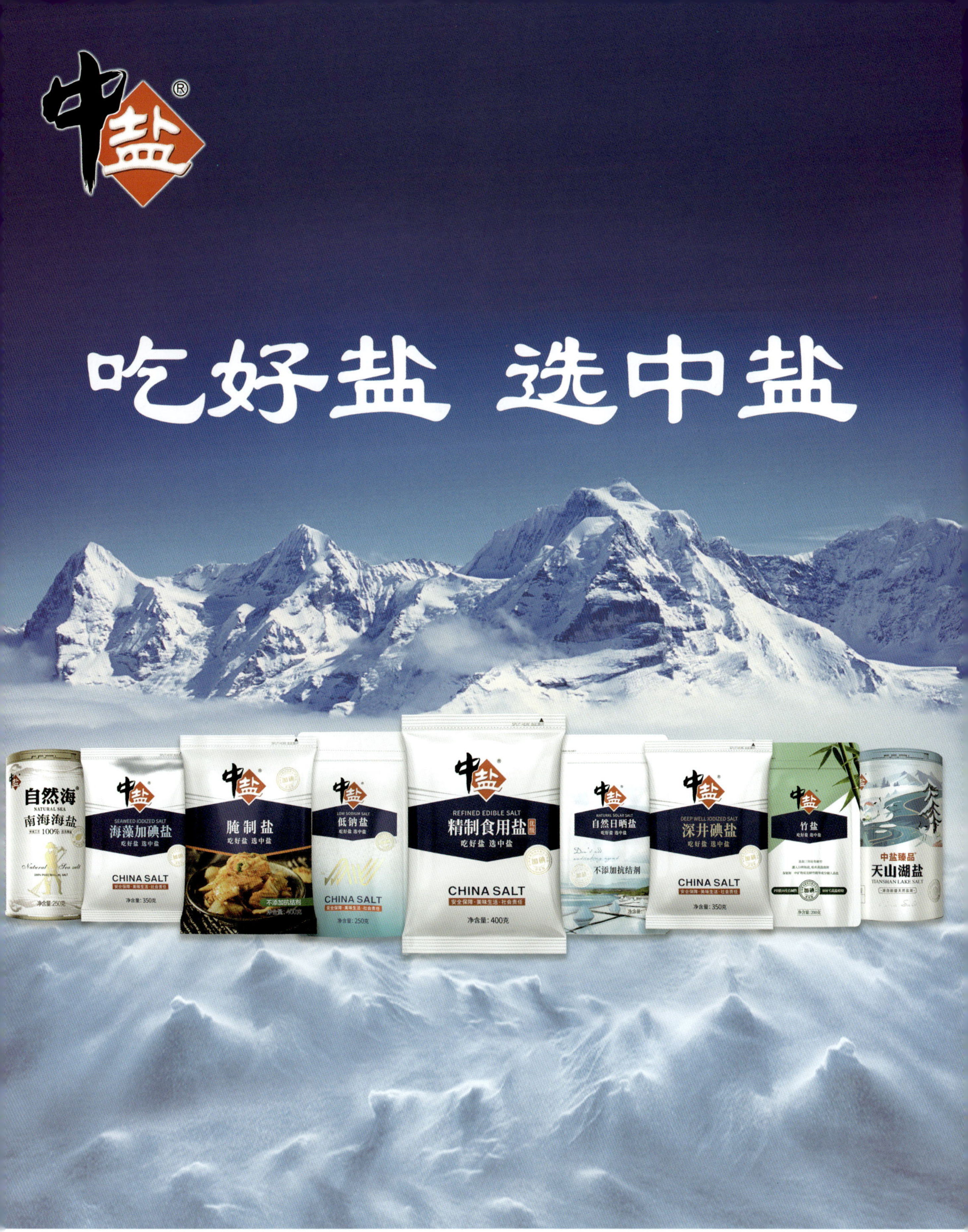
中盐
吃好盐 选中盐
自然海
南海海盐
海藻加碘盐
CHINA SALT
腌制盐
低钠盐
CHINA SALT
REFINED EDIBLE SALT
精制食用盐
吃好盐 选中盐
CHINA SALT
净含量：400克
自然日晒盐
不添加抗结剂
深井碘盐
CHINA SALT
竹盐
中盐臻品
天山湖盐
TIANSHAN LAKE SALT

集团简介

蚂蚁金服是一家创新型科技企业，源自 2004 年成立的支付宝，秉承阿里巴巴“让天下没有难做的生意”这一使命，致力于通过科技创新能力，搭建一个开放、共享、信任的服务平台，为全球消费者和小微企业提供安全、便捷的生活服务。目前，支付宝 App 已经发展成为全球最大的非社交产品，并与当地合作伙伴一起，打造 9 个境外本地化钱包，共同服务全球超 12 亿的用户。

集团文化

蚂蚁金服致力于“为世界带来微小而美好的改变”。

蚂蚁金服集团的价值观 “新六脉神剑”：

客户第一，员工第二，股东第三；

因为信任，所以简单；

唯一不变的是变化；

今天最好的表现是明天最低的要求；

此时此刻，非我莫属；

认真生活，快乐工作。

相互宝

用户在手机中演示“支付宝蚂蚁森林”

2017 年 3 月 28 日，在芬兰赫尔辛基机场，顾客扫描二维码通过“支付宝”付款购买纪念品

安徽江淮汽车集团股份有限公司（简称江淮汽车或 JAC），是一家集全系列商用车、乘用车及动力总成等研产销和服务于一体，“先进节能汽车、新能源汽车、智能网联汽车”并举的综合型汽车企业集团。

公司现有主导产品包括：重、中、轻、微型卡车、多功能商用车、MPV、SUV、轿车、客车、专用底盘及变速箱、发动机、车桥等核心零部件。现拥有瑞风、江淮 iEV、帅铃、骏铃、康铃、格尔发、和悦、星锐、锐捷特等知名品牌。

江淮汽车拥有一支近 5000 人的高水平研发团队，坚持“节能、环保、安全、智能、网联、舒适”的关键技术研发路线，已形成整车、核心动力总成、自动变速箱及软件系统等关键零部件研发、试验验证和标定开发等完整的正向研发体系。在节能减排技术、智能安全技术、噪音技术、轻量化技术、新能源技术、制造工艺技术等方面取得了全面突破，持续打造企业的核心竞争力。

截至 2019 年 8 月底，江淮汽车累计拥有授权专利 14142 件，其中发明专利授权 2290 件，成为国内首家专利过万的车企。自 2009 年起共 10 款自主研发的发动机荣获“中国心”十佳发动机。国家 863 计划重点项目 6DCT 自动变速箱，实现 TCU 上层软件开发完全自主，

打破国际垄断。

作为我国新能源汽车产业的先行者，截至目前，江淮汽车累计示范推广超 16 万辆新能源汽车，累计行驶里程突破 31 亿公里。新能源业务涵盖乘用车、轻型商用车、多功能商用车、客车等产品。在电池热管理技术、本质安全管理技术等方面实现重要突破，电池液冷技术世界领先。

江淮汽车与德国大众汽车、康明斯发动机、西班牙桑坦德银行等知名企业分别建有合资公司。已经与南美、欧洲、非洲、中东、东南亚等全球 130 多个国家和地区建立合作关系，拥有 JAC 日本、JAC 意大利两家海外研发中心；在俄罗斯、越南、肯尼亚建有子公司；在墨西哥、哈萨克斯坦等地建有 19 家国际产业基地。并积极响应国家“一带一路”倡议，已出口至沿线 60 多个国家。截至 2018 年底，江淮汽车累计出口超 60 万辆。中高端轻卡连续多年行业出口名列前茅，乘用车出口位列行业前三。

在国际知名品牌咨询公司 Brand Finance 发布的“2018 全球最具价值汽车品牌 100 强”排行榜中，江淮汽车排名第 50 位，中国汽车品牌排名前列。

江淮汽车全面践行“敬客经营、质量为本、求真务实”的核心价值观，矢志追求为全球客户制造更好的产品，创建世界知名汽车品牌。

中国四大名酒|中华老字号

陕西省西凤酒厂于 1956 年在周恩来总理的亲切关怀下创建，1999 年改制为陕西西凤酒股份有限公司。自建厂以来，西凤历经 60 余年的发展，成为中国白酒的著名品牌，是目前西北最大的国家名酒企业。作为中国最古老的名酒之一，西凤酒深植于华夏文明的发源地，从殷商起始，到唐宋盛极，三千年一脉相承，从无间断，凝练出“醇香典雅、甘润挺爽” 的典型风格，以“多类型香气、多层次口感” 的独特感受，斩获九项国际大奖，在 1910 年南洋劝业赛会上荣获银质奖，被列为世界名酒， 1915 年获得美国旧金山巴拿马万国博览会金质奖，1952 年被评为首届“中国四大名酒”，先后蝉联四届国家名酒，成为凤香型白酒的开创者和典型代表。企业立足全国，放眼全球，产品远销海外十多个国家，赢得广泛消费赞誉。

西凤企业以科技创新为发展驱动，以质量管控建立安全追溯体系，以绿色安全铸造白酒健康品质，大力实施“科技成就品牌”战略，联合中国食品发酵研究院、中国农业科学院作物科学研究所、江南大学、西北农林科技大学和陕西科技大学，成立国家级研发、检测、服务平台——中国酿酒原料及品质安全研究院，以“田园到餐桌，品质铸造安全”的健康理念，引领酿酒行业面向规范化、绿色化、集成化发展。为实现白酒品控新高度，公司启动“白酒数字化智能工厂建设项目”，其中原料溯源、仿生人工制曲、自动化酿酒、智能机器人品评、智能灌装仓储物流等已进入推进阶段，力求以智能制造建成国内领先的数字化、网络化、自动化白酒工厂。企业先后参与了中国酒业协会中国白酒 169 研究计划、陕西省白酒 13115 工程、中国白酒 3C 计划和多项科技厅、工信厅课题项目，其中“绵柔凤香型西凤酒生产工艺研究成果”填补中国白酒的香型融合空白，“凤香型西凤酒特征风味物质研究”通过中国轻工业联合会成果鉴定，研究成果达到行业领先水平。企业已通过 CMA 国家计量认证，CNAS 国家实验室认定已经接近尾声，检测标准、检测精度、检测权威性为品质可信提供有力保障。

公司近年来在品牌建设方面开展多维度、全方位、系统化的保护与提升，构建清晰的产品体系，凝练提升品牌价值。坚持以“市场和消费者”为中心，从品牌、产品、渠道、终端、文化、宣传等方面持续发力，激活动能、集聚资源、实现突破。加强与“一带一路”丝绸之路经济带上各个国家的经济文化交流，努力实现经济效益和品牌建设的双丰收，打造新丝路下的新西凤。坚持品类自信，高举凤香大旗，加大科研投入，提升研发水平，加快创新成果转化，不断满足和适应消费市场需求变化。建立 7 道关卡 55 道防线和 64 条食品质量安全管理标准，大力实施风险因子管理，不断完善大数据平台及产品溯源体系建设，成立中国酿酒原料及品质安全研究院，与政府共建原粮基地，实现西凤酒从“田园到餐桌”的全过程监管。在中省工信部门的支持下，公司原料溯源、仿生人工制曲、自动化酿酒、智能机器人品评、智能灌装仓储物流等“白酒数字化智能工厂建设项目”已进入推进阶段，力求建成国内领先的数字化、网络化、自动化白酒工厂。坚持赋能式管理，启动了新一轮工匠传承与培养工作，建立人才储备库，培养技艺传承人，推行“西凤专家”“西凤工匠”评聘，建设具有创新能力的人才队伍。深度挖掘西凤酒历史文化、工艺文化、地域文化，不断延伸品牌文化、产品文化，并推动其向传播文化转化。围绕历史、文化、品质、诚信、丝路、国际、时尚和分享西凤，打造品牌多维度空间，讲好西凤故事，不断提升品牌影响力和消费者的认同感。公司以“文化、品牌、品类、发展”四个自信为引领，从体制机制、品牌建设、现代营销网络构建等方面启动了大刀阔斧的改革，各项经济指标不断增长，保持了快速健康发展的良好态势。

西凤酒

XIFENG
红西凤
酒
陕西西凤酒股份有限公司

天士力控股集团是以大健康产业为主线，以全面国际化为引领，以大生物医药产业为核心，以健康保健产业和医疗康复、健康养生、健康管理服务业为两翼，形成产业与资本双轮驱动的高科技企业集团。

1994 年，天士力始创于中国人民解放军第二五四医院，从一个现代中药高科技成果的产业化开始，走上创新与发展之路。在创业创新的历程中，始终秉承“追求天人合一，提高生命质量”的企业理念和“创造健康，人人共享”的事业愿景，逐步形成了以“通”的哲学思想为指导，继承与创新为灵魂的企业文化，构建了大健康产业跨越式持续发展新模式。

天士力以现代中药奠基立业，率先倡导“现代中药”新理念，以高新技术创新改造传统中药产业，推动传统中药产业进入新型工业化、智能制造新时代。已经建成了达到国际标准认证的提取与制剂生产线，全部实现了信息化、智能化、可视化以及在线可控。创造了高速微滴丸制药装备和自主技术体系，实现了现代中药智能制造的创新性技术革命。

打造以安国数字中药都公共综合服务平台为核心的中药材交易市场，以数字本草第三方中药材检测、质量追溯体系、电子交易形成“三网合一”公共服务平台，打造世界领先的中药资源生态化产业链，逐步实现“顶天立地”的战略梦想，使现代中药成为与化学药、生物药比肩的世界三大医药体系之一。

天士力在做专做精、做强做大现代中药的基础上，向特色化学药、高端生物药行业扩展。化学药以“仿创结合”特色创新为主，形成具有差异化竞争优势的大产品、大品种。

构筑大健康产业生态圈 FOSTER THE HEALTH MANAGEMENT ECOSPHERE

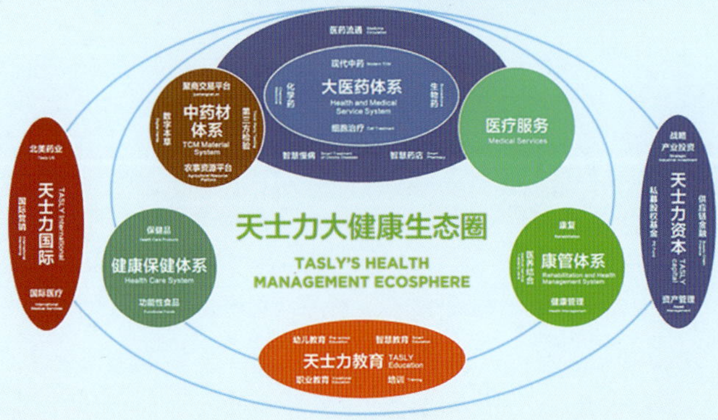

围绕人类疾病谱布局解决方案，搭建干细胞再生医学平台，前瞻布局心脑血管重大疾病赛道，建立综合集成医学体系，启航全新的健康管理模式，努力创造出更多更好的治疗技术和产品，造福千家万户。

企业文化

天士力在从创业到不断发展壮大的过程中，始终坚持“追求天人合一，提高生命质量”的企业理念，确立了“创造健康，人人共享”的事业愿景，形成了“以人为本，诚信通达；立天人合一之德，行大健康之道”的核心价值观。这些内容已成为天士力的创新基因，使天士力的事业发展和人文环境得到了持续优化，文化内涵更加丰富，构筑了天士力特色企业文化建设的基础。

伴随着天士力从创新现代中药到大健康产业的不断扩展，业务领域的不断丰富，以及员工队伍的日益壮大，天士力创始人、控股集团党委书记、董事局主席闫希军同志在不断总结集团文化体系的基础上，从中华民族传统文化宝库中深入挖掘“通”的概念内涵，进行创新性的理论升华和思想提炼，树立了天士力人“通”的哲学，成为统领天士力人的价值导向、文化塑造、集体人格精神的指引，将天士力特色企业文化建设推向系统化、理论化建设的新阶段。

“通”的哲学思想，为加速推进天士力全面国际化、大健康产业的长远发展，提供了强有力的思想指导。“通”的哲学思想，体现在天士力的物质产品创造、技术赋能以及人文精神的各个方面。

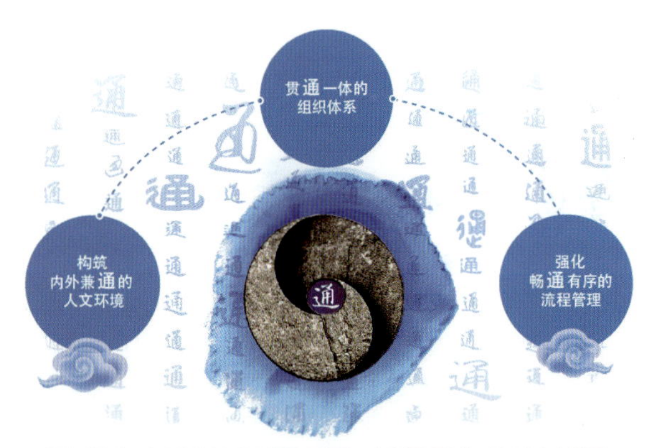

“通”文化是天士力品牌内涵的本体论、认识论、方法论和实践论。是天士力人的精神图腾，在天士力发展中，“通”文化既是价值本元，又是生存法则，既是管理理念，也是品牌主张。是推动和发展包含全要素、覆盖全人群、贯穿全生命周期的大健康事业的动力源泉。

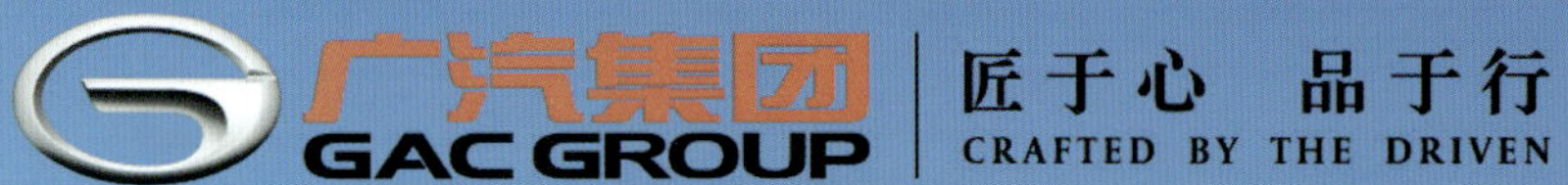

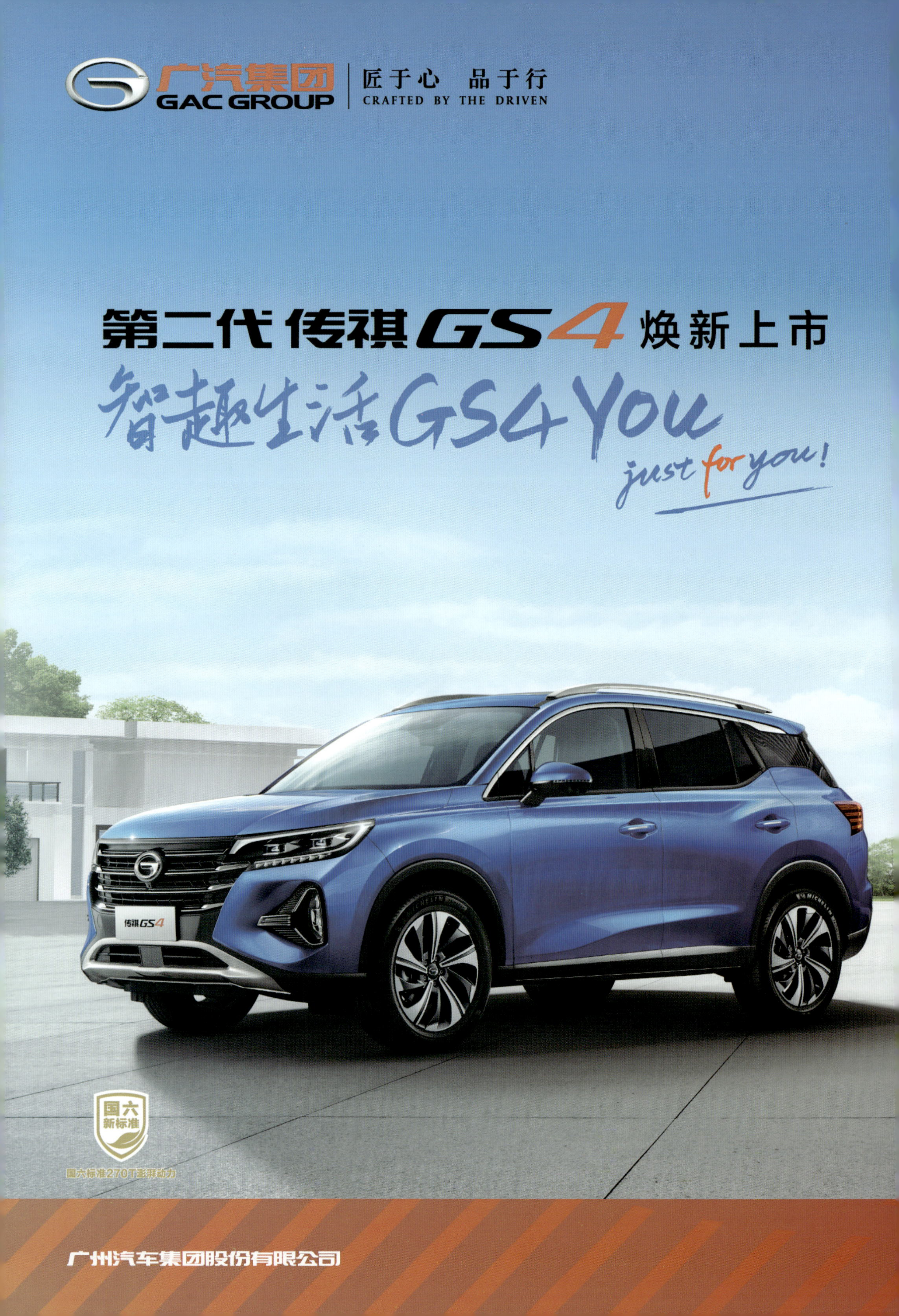
广汽集团
GAC GROUP
匠于心 品于行
CRAFTED BY THE DRIVEN
第二代 传祺GS4 焕新上市
智趣生活GS4 YOU
just for you!
传祺GS4
国六
新标准
国六标准270T澎湃动力
广州汽车集团股份有限公司

江苏今世缘酒业股份有限公司

酒，是中华民族文化的血液，为中国人的缘聚提供了特殊的载体和表达方式。

缘，是炎黄子孙心中一个美丽的结，寄寓了中国人最美好最真挚的情感。

江苏今世缘酒业股份有限公司位于一代伟人周恩来总理的故乡淮安。前身是江苏高沟酒厂。现有员工近 4000 人，拥有“国缘”“今世缘”“高沟”三大品牌。1996 年 8 月，今世缘品牌破茧而出，谱写了中国白酒跨世纪的品牌传奇。2008 年起，跻身中国白酒“十强”企业行列。2014 年 7 月，在上海证券交易所 A 股主板上市。

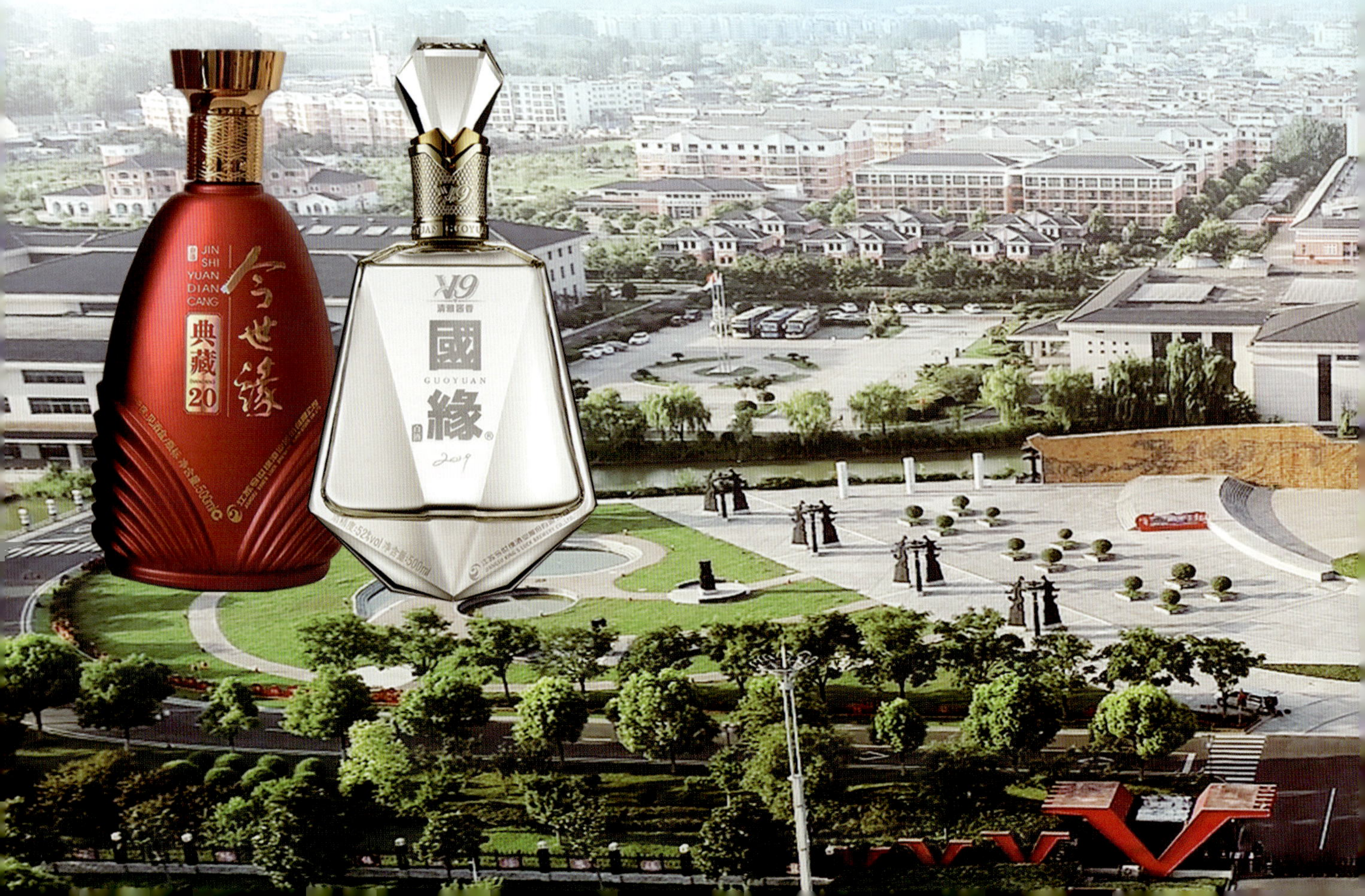

致力打造最具影响力的文化品牌。今世缘人以“缘”为核心，挖掘和传播缘文化，让“今世有缘，相伴永远”在中华大地广为传诵。聚焦“喜缘”，塑造“中国人的喜酒”品牌形象。携手《今世缘·等着我》，助你寻缘，为你圆梦，谱写中国人的情感春秋。高端白酒“国缘”以“成大事，必有缘”的品牌主张，与大事结缘，同成功相伴，为英雄干杯。国缘 V9 清雅酱香，抢占黄金赛道，在“头部”竞争中争先进位。2019 年 9 月，“国缘 V9”号卫星在酒泉卫星发射中心发射成功。

致力打造最具竞争力的创新企业。依靠创新驱动，提升传统生产工艺。作为酿酒现代化的领跑者，2015 年，中国白酒首套装甑机器人生产线竣工投产，开启了中国白酒智能化酿造新的时代，荣获中国酒业科技进步一等奖。推进工业化、信息化的融合，建设智慧工厂。导入卓越绩效管理模式，探索出具有今世缘特色的卓越管理之路，荣获“全国质量奖”。

致力打造最具吸引力的精神家园。营造“汇缘聚福，共建共享”的氛围，惜缘同心，感恩同行，建设幸福今世缘。模范履行社会责任，为乡村振兴、精准扶贫贡献力量。助力社会公益事业，打造责任今世缘、大爱今世缘。荣获全国文明单位，全国“五一”劳动奖状，成为“全国模范职工之家”，今世缘景区成为国家 AAAA 级旅游景区。

举杯今世缘，奋进新时代。今世缘人弘扬“追求卓越，缘结天下”的企业精神，肩负“酿美酒，结善缘”的使命，践行“讲善惜缘，和谐发展”的企业核心价值观，以筑梦家国的最美姿态，以坚实有力的铿锵步伐，以攻坚克难的必胜信念，做足缘文章，激发酒活力，追求高质量发展，谱写酒缘大业新篇章。

“黔品牌”释放经济潜能　助推高质量发展

——探寻贵州经济“逆袭”密码

从贫困大省到GDP增速领先全国，从“地无三尺平，天无三日晴”到“山地公园省、多彩贵州风”，贵州“逆袭”已成为中国经济迈向高质量发展的一个生动注脚。

贵州经济蝶变的背后，是对发展和生态两条底线的坚守，也是产业加快转型升级和品牌经济潜能释放的结果。通过打造独具地方民族特色的“黔系列”品牌，贵州加速从粗放发展转向集约创新发展，将资源优势转化为经济发展优势。

文化品牌助推居民增收致富

贵州凯里市以酸汤闻名，如今通过开发黔酸宝系列产品，已经延伸出一条千亿产值的产业链。这是贵州借助文化产业品牌推动经济快速发展的一个缩影。

贵州是多民族聚居地，每个民族都有其鲜明的文化风格，但是长期以来，其特有的民族文化产品并未真正走出贵州。近年来，贵州制定了多彩贵州民族文化强省战略，提出了以“工匠精神”打造“黔系列”民族文化产业品牌的思路。借助“黔酒”“黔茶”“黔绣”“黔银”等11个“黔系列”品牌，贵州形成了鲜明的文化名片，为经济发展带来了更多动能，当地百姓也实现了就业增收。

黔东南州阿科里绣娘农民专业合作社是全州首家农民绣娘专业合作社。该合作社通过技能培训到县、村，并将订单分发给当地绣娘，形成了集培训、研发、生产、销售为一体的手工产业链，推动地方“造血式”扶贫。苗绣传承人杨科礼介绍，合作社成立给当地居民生活带来了巨变，入社社员收入少则百余元，多则万余元。“过去有些人因为没钱压根不会去赶集，现在还能请人吃吃饭、唱唱歌。”

麻料村素有“银匠村”美誉，以精于银饰制作颇负盛名。该村曾经由于地理限制，村民收入来源少、收入低。后凭借“非遗”优势与政策支持，村民入股成立了雷山县西江镇麻料村百匠银器农民专业合作社，发展加工坊并提供免费银匠培训，带动29户贫困户脱贫并惠及全村180多户居民。仅此一项，全村每年收入达3000多万元，年收入上百万元的有13家，50万元以上的有21家。

“黔景”则是旅游品牌带动百姓增收致富的又一典型。凯里市南花村具有天然的苗族风情，近年被逐步开发为“全国生态文化村”“中国传统村落”“国家农业部生态富民示范村”“全省首批少数民族特色村寨”等。

2018年南花村与黔东南州歌舞团有限责任公司签订合作协议，共同开发南花村旅游产业。当年10月至12月，南花村累计接待游客约3万人，旅游综合收入30余万元，贫困户脱贫出列12户41人。2019年五一小长假，累计接待1.1万人次。

“黔货出山”促进经济提档升级

8月21日，拼多多“农货节”上来自贵州六盘水的红心猕猴桃在秒杀开始7分钟内就售出了3万枚。近年来，贵州“黔货出山”势头强劲。2018年以来，黔南州“黔货出山”规模达9.1

亿元，受益贫困人员5.4万人次。

2019年以来，贵州省持续加大力度加快品牌经济发展。比如，贵州提出深入挖掘传承“黔菜”历史文化底蕴，打造“黔菜”餐饮和贵州绿色食材品牌。黔南州2019年还被确定为粤港澳大湾区“菜篮子”工程基地，并在都匀设立粤港澳大湾区“菜篮子”产品配送分中心。此外，贵州还将建立上海生猪和蔬菜的外延基地。目前“黔菜入沪”已取得阶段性成效，贵州每天向上海市场供应蔬菜22吨以上。

不仅如此，通过搭建“陆海新通道”，贵州的白酒、茶叶等特色产品还远销东南亚、中亚和中东等地区，实现了“黔货出海”。

“我们的产品‘青钱柳’已经进入泰国和皇室用茶。借助‘一带一路’，我们要把品牌打出去。”贵州都匀毛尖茶叶有限公司董事长蔡邦红说。作为“黔茶”的一员，都匀毛尖在“中国茶叶区域公用品牌价值评估”专项研究中，以32.9亿元的公用品牌价值位列榜单第11位，被评选为“最具品牌经营力品牌”。

“雷山茶”品牌也致力于做大做强。据了解，雷山县2019—2021年计划建成20万亩优质生态茶园，中低产茶园提升改造完成13.1万亩，新建茶园4.76万亩，新增茶叶加工企业21家，打造1家以上年销售额0.5亿元以上的茶叶企业集团和5家产值在1000万元以上的茶叶企业。

“推动产业扶贫，实现乡村振兴，促进高质量发展，需要品牌的附加价值。”中国农业品牌研究中心主任陆娟表示，我国农业品牌建设还存在品牌影响力有限、农产品质量有待提高和品牌建设主体薄弱的问题。应当明确农业品牌建设方向，利用政府政策资源、可把控的地理资源，建立包括准入、激励、约束、评价、反馈、治理等内容的农业品牌协同共建机制，以区域品牌带动企业品牌与产品品牌。

值得一提的是，近年来，“互联网+”产业发展迅速，成为挖掘品牌发展、消费潜力的新力量，平台价值凸显。贵州经济正搭建创新型平台，助力产业发展。

雷山县以“网红带货”“抖音直播”等新电商营销理念，借助“网红大V”的影响力，涌现出“手工苗绣杨阿妮”“织锦小芝”“Hey董悠悠”“假如遇见李江富”等大批“抖音达人”，以北京字节跳动科技公司（抖音）扶贫合作项目为契机，带动雷山特色产品销售。2019年上半年，雷山电子商务网络零售额达到18291.53万元。

部分“黔系列”产品还入驻了新华99平台。据新华99品牌顾问介绍，“截至目前，新华99APP已经成为赣州11个签约区县开展消费扶贫工作的第一入口。推动了地方县、乡、村三级电商扶贫合作社建设，通过不断完善软硬件环境与服务体系，提高了合作社的信息服务水平。”

资源整合带动产业持续发展

老品牌持续发力，新品牌价值日益显著。8月23日，2019新华社民族品牌工程“黔系列”品牌推介会上公布的贵州“100强品牌”榜显示，作为“黔酒”重要成员的贵州茅台酒仍稳居首位。与此同时，新品牌加快崛起。其中“黔茶”品牌指数走势显著提升，2019年上半年创历史新高，达到186.39点，有效带动产业整体发展。

南有毛尖，北有翠芽。发展百余年获百项殊荣的“都匀毛尖”与获国家金奖近九十次的“湄潭翠芽”相得益彰。如今，“凤冈锌硒茶”“雷公山茶”“石阡苔茶”“正安白茶”“梵净山茶”“瀑布毛峰”等一批地方品牌迭起，新茶品牌频出。随着“贵州绿茶”地标的申请，贵州形成了以昔日无名、今夕珍品的“贵州绿茶”母品牌为引领、多品牌集群的品牌发展路径。

不过，在专家看来，“黔系列”品牌作为多彩贵州的子品牌，仍需要加大资源整合，实现品牌共振，持续推动贵州文化和经济可持续发展。

新华社民族品牌工程项目走进贵州，也为贵州发展赋能。2018年5月，新华社与贵州省人民政府签订了联合打造“黔系列”民族文化产业品牌战略合作框架协议。贵州省人民政府副秘书长汤向前表示，新华社开放21个报刊资源和全媒体资源，每年无偿提供1亿元左右的广告资源宣传“黔系列”品牌，极大提升了“黔系列”品牌的知名度和美誉度，为黔货出山、助推脱贫攻坚做出了积极贡献。

中国商业联合会副会长，国家标准委全国品牌评价、批发与零售标准化委员会委员谭新政表示，贵州应对外传递贵州酱酒、贵州名茶、贵州名药、贵州特产、贵州工艺、贵州生物、贵州科技、贵州生态、贵州旅游等九张名片，并在五年内重点推出110个重点特色品牌，完善商业和诚信体系的建立，打造无形资产体系等十大战略体系，确保“黔系列”品牌可持续发展。

陆娟认为，要整合政府政策资源，首先要有政府专项经费，其次要纳入当地国民经济和社会发展规划，围绕品牌建设，出台土地、金融、税收、物流、冷链等一揽子支持政策，借用政府力量促进品牌发展。

上海品牌发展研究中心执行主任姜卫红则表示，政府打造“黔系列”品牌是为了服务于经济发展，政府与企业是绿叶与红花的关系。“政府比较热情洋溢，企业也不能被动，应该主动行动起来。”

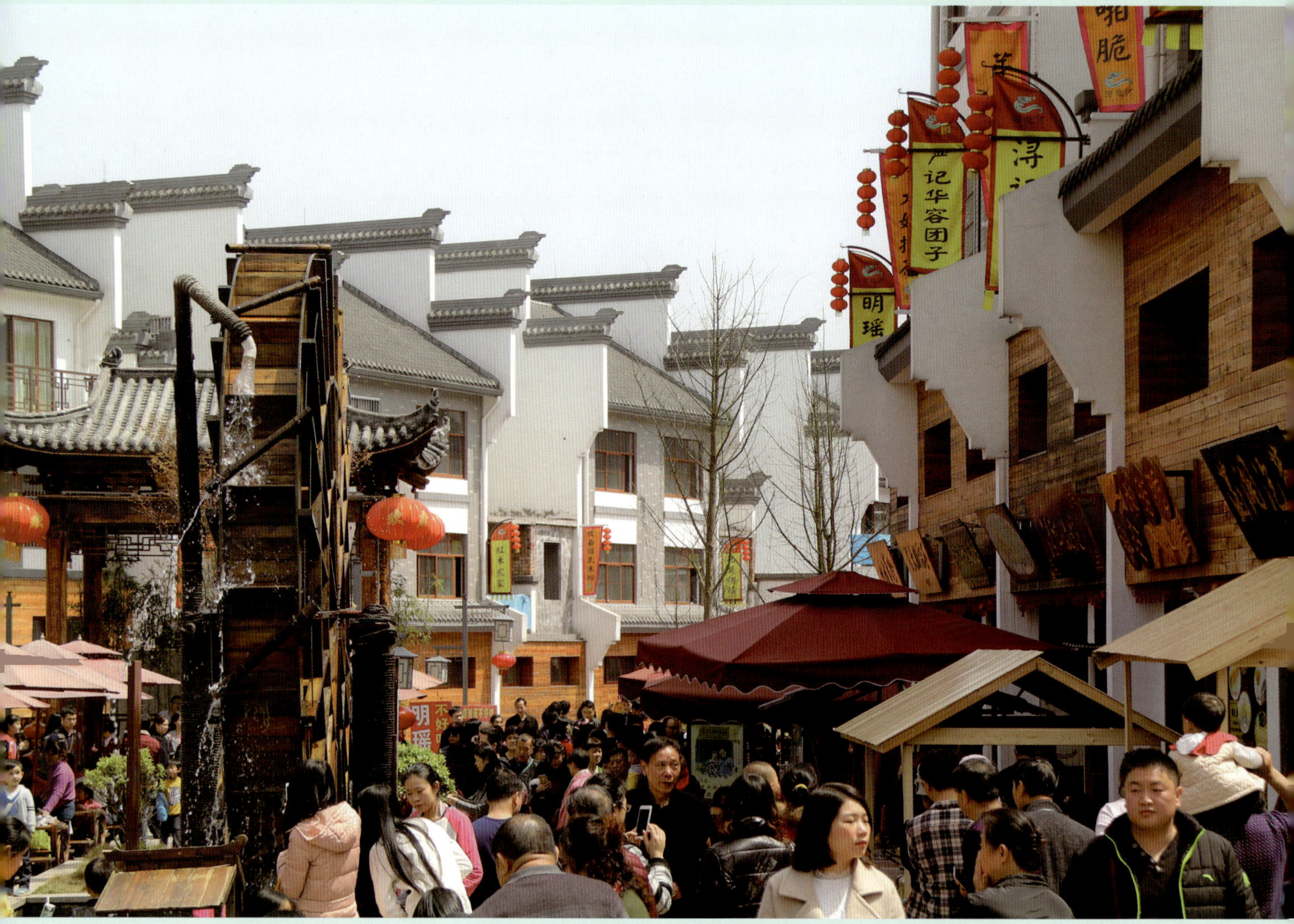

浔龙河生态艺术小镇湖湘文化园——好呷街

湖南棕榈浔龙河生态城镇发展有限公司由湖南浔龙河投资控股有限公司、棕榈生态城镇发展股份有限公司共同组建，是一家专注城郊融合型乡村振兴的专业运营商和乡村资源专业运营商，已成功开发了浔龙河生态艺术小镇。2018 年 6 月 2 日，浔龙河成为全国首个以乡村振兴品牌入选“新华社民族品牌工程 · 未来之星”的企业。

公司开创了“企业市场运作、政府推动和监督、基层组织全程参与、民本民生充分保障”的发展模式，擘画了“美丽乡村 + 生态社区 + 特色产业”的城市近郊型特色小镇发展“浔龙河样本”，为新时代乡村振兴战略下的城乡融合乡村消费综合体发展提供了可推广和借鉴的核心路径。截止 2019 年，浔龙河已在河南兰考、黑龙江哈尔滨、江苏启东、湖南祁阳等地全面启动模式落地推广。

浔龙河生态艺术小镇定位为城市近郊型特色小镇，乡村振兴下的城郊融合乡村消费综合体。

规划占地面积14700余亩，形成了“生态产业为基础、文化产业为灵魂、教育产业为核心、康养产业为配套、旅游产业为抓手”的产业格局。

生态产业：打造三大生态园、惠农综合服务社、浔龙河田园综合体，以生态产业为基础，释放天然氧吧魅力，构建生态振兴的特色小镇范例。

文化产业：联合星光集团，湖南金鹰卡通频道打造湖湘文化园、田汉文化园和田汉国际戏剧艺术小镇，以文化产业为灵魂，建立辐射全国文化振兴的示范案例。

教育产业：与中国城镇化促进会、中国农业经济学会、中国劳动学会、中国小康建设研究会、湖南省农村发展研究院、吉首大学中国乡村旅游研究院等机构和企业合作，同时引进北京师范大学附属学校，形成基础教育、研学教育、培训教育为一体的产业综合性教育示范基地，打造人才振兴的示范案例。

康养产业：依山傍水打造康养社区、健康管理中心和康养酒店，以康养产业为配套，让宜居宜养成为现实。

旅游产业：联合嘉兆国际集团，湖南金鹰卡通频道打造萌宠乐园、动物孵化基地总部、潜水俱乐部、大型水上乐园和麦咭“运动不一样”亲子游乐园。

小镇引入“互联网＋全域旅游”模式，构建“空间全域、产业全域、管控全域”的运营管理体系，形成研学游、生态游、乡村游、文化游、康养游五位一体的城郊融合发展乡村消费综合体。

浔龙河生态艺术小镇村民集中居住区，成为当地一道赏心悦目的风景

浔龙河生态艺术小镇引进北京师范大学长沙附属学校，夯实基础教育

浔龙河生态艺术小镇生态园——樱花谷

LONGi 隆基

成立于 2000 年的隆基绿能科技股份有限公司（简称“隆基股份”），是全球具有超高价值的太阳能科技公司。隆基股份正走在一条从产品创新改变行业到技术创新改变世界能源格局的创变之路上。从光伏材料、光伏发电设备到太阳能电站系统，为光伏发电事业提供全方位的服务。

隆基单晶硅

隆基单晶硅片以发展绿色能源为使命、推动光伏产业进步为己任，目前拥有全球范围单晶硅片生产能力，全球单晶硅片出货量名列前茅，并在全球范围内建立完善的销售渠道和快速服务响应能力，致力于向全球光伏企业提供优质单晶硅产品和配套服务。

隆基单晶硅片生产基地布局银川、中宁、无锡、楚雄、保山、丽江和马来西亚等地。截至 2018 年，单晶硅片产能 28GW，预计 2019 年底达到 36GW。

隆基乐叶光伏

隆基乐叶是隆基绿能科技股份有限公司全资子公司。专注于太阳能单晶电池及组件的研发生产和销售。

隆基分布式电站解决方案涵盖分布式并网、多能互补微电网、储能离网、能源互联网等光伏能源业务领域。

秉承母公司技术导向精神，建设专业研发中心和研究团队，与国际知名企业、科研院所达成战略合作关系，将研发成果不断引入电池组件的生产环节，提升光伏终端客户价值。

2018 年 12 月 11 日至 13 日，第七届国际清洁能源论坛在澳门举行。隆基股份在论坛上展示“Solar for Solar”发展模式。

隆基新能源

西安隆基新能源有限公司是隶属于隆基股份的全资子公司，业务主要涵盖分布式电站解决方案。隆基分布式电站解决方案涵盖分布式并网、多能互补微电网、储能离网、能源互联网等光伏能源业务领域，通过项目投资与开发 EPC 总包、合同能源管理电站运维、系统集成及优化等专业服务，为全球客户提供光伏能源供给、转换、分配、优化及增值服务等一体化综合解决方案。截至 2018 年底，开发、建设的项目总容量超过 1.3GW。

2018 年 5 月 28 日，上海国际太阳能光伏展 (SNEC) 期间，隆基股份全资子公司乐叶光伏重磅发布双面半片 PERC 组件新品——Hi-MO3。

足力健老人鞋

足力健老人鞋，以“让每一位老人都穿上专业老人鞋”为使命，致力于解决了老人穿鞋难题。围绕老人穿鞋需求，深入研究老人脚型数据，开发了一系列适合老人脚型的专业鞋楦，并整合全球顶级资源，研发出专业、舒适的老人鞋，深受广大中老年朋友喜爱。目前，足力健老人鞋的门店遍布全国各省、市、县大中小城市，电商平台全渠道覆盖。

企业使命

让每一位老人都穿上专业老人鞋

品牌语

专业老人鞋，认准足力健

品牌内涵

关爱

企业愿景

成为全球老人鞋产业龙头企业

方法论

以用户为中心，实践+微创新

核心价值观

诚信做人、诚实做事

专业力量

用户研究中心

专业、科学挖掘用户需求

足力健老人鞋“用户研究中心”，主要进行精准、专业、科学的用户研究工作，从用户需求、产品调研、专项开发三大模块，建立用户画像，采集用户脚型数据，探询用户需求，收集用户对产品和服务的反馈建议等研究工作

足部科学研究院

整合国内顶尖专家参与产品研发

足力健老人鞋与人民日报社《健康时报》共同成立“足部科学研究院”，汇集国内骨科、运动医学、足踝外科亚健康、人类工效学等领域的顶尖专家，以大量临床数据和真实用户反馈，为足力健提供专业的产品研发设计指导。

人类工效学研究中心

开展足力健老人鞋产品标准化研究

联合中国标准化研究院，联合成立“足力健老人鞋人类工效学研究中心”，集中围绕老年群体的生理与心理需求，设计和改善人、鞋、环境三方面系统，助力足力健研发出更专业、更科学、更舒适的老人鞋。

全产业链生产模式

高标准、高品质，从源头把控质量

足力健先后成立鞋底工厂、鞋垫工厂、EVA发泡材料工厂、飞织厂、成型厂等自有工厂，构建起“全产业链”生产模式，高标准、高品质，从源头把控质量。

重庆农投良品有限公司

重庆市农业投资集团有限公司，是 2000 年 9 月由原重庆市农垦局整体转制成立的国有集团，是市政府确定的市属国有资本投资公司，也是市属国有重点企业中唯一从事农业产业链经营的企业集团。现有资产总额 167 亿元，年经营收入 129 亿元，年利润 7.2 亿元，拥有 4 个国家级农业产业化龙头企业、20 个市级农业产业化龙头企业，1 个院士专家工作站，3 个省级博士后科研工作站，2 个中国驰名商标，7 个国家有机产品认证农产品。位列“重庆企业 100 强”第 54 位，在全市农业企业中排名第一，旗下品牌“农投良品”“天友”“百特”“淳源”“希腊神话”“华山牧”“德佳”“三峡渔”“正大蛋”等食品品牌享誉市场，深受消费者喜爱。

重庆农投良品有限公司，是重庆市属国有重点企业——重庆市农业投资集团全资子公司，成立于 2017 年 10 月，是集团母品牌“农投良品”的实际运行者，是集团“铸就国家品牌、引领良品生活”战略理念的坚决践行者，是“民族品牌工程 · 良品行动”的主要承办者，公司通过新理念、新技术、新手段、新方式，集成集约公司内外、垦区内外、国际内外优质产品、资源，打通产品上餐桌前的最后一公里，成为集团推动农业全产业链经营三次产业融合发展的重要力量。

民族品牌工程 · 良品行动

是由新华社品牌办与重庆农投良品共同发起，通过“政府引导、企业主体、媒体共建”，充分发挥各级政府资源配置优势、新华社国家级媒体平台优势，充分运用新华社品牌办资源富集能力、重庆农投集团全产业链运营能力，立足从重庆开始（先期以重庆市 18 个深度贫困乡镇的品牌打造、产业孵化为重点），稳步向全国拓展，进而通过“一带一路”走向全球，构建一个全国优质品牌农产品孵化平台，成为深化农业供给侧结构性改革，走好乡村振兴质量兴农之路的重要举措，成为孵化品牌农业产业，践行品牌强国战略的重要行动，成为带领农民增收致富奔小康，打赢脱贫攻坚战的重要力量，成为共抓大保护、不搞大开发，推动长江经济带发展的深刻实践。

良品行动成果

自 2018 年 12 月 24 日战略启动以来，已成功建立产业孵化平台，并成功孵化石柱县中益乡“三峡蜜罐”品牌和中蜂产业；通过消费扶贫推动产业扶贫，“良品行动”现已完成 15 个品牌、57 个单品的品牌孵化和升级迭代，并迅速将入选产品推向市场；另有 20 个品牌，近 400 个单品正在进行质量安全和品质评估。

良品行动首个产业孵化品牌

——三峡蜜罐

“花开蜂蜜香，山水一罐藏”

2018 年 6 月 28 日重庆石柱县中益乡人民政府、重庆农投良品有限公司、石柱土家自治县五度农业开发有限公司、重庆市六边形蜂业有限公司签订四方协议，通过对石柱县蜂蜜的全方位价值挖掘，确定打造三峡蜜罐中蜂蜂蜜品牌和建立蜂蜜全产业链落地中益乡。通过重建产业体系、重塑品牌体系、重构渠道体系，建构中益乡蜂农培训、蜂群选育、蜂蜜加工、产品销售、农旅开发的蜂业全产业链体系，打造“三峡蜜罐”品牌，使中蜂产业成为带动中益乡脱贫致富的支柱产业。

新华社
民族品牌工程

服务民族企业
助力中国品牌

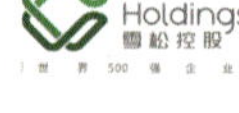

新华社民族品牌工程

“新华社民族品牌工程”是响应品牌强国战略的综合服务体系，旨在“服务民族企业发展，助力中国品牌建设”。

新华社拥有独特的信息服务资源，包括丰富的媒体资源、强大的传播渠道和高端的智库力量。《参考消息》《新华每日电讯》等21种报刊、新华网、新华社客户端、中国搜索、新华广播、新华电视、户外大屏集群、社交媒体集群等，每天覆盖数十亿人次。新华社下属的中国经济信息社、中国财富传媒集团、中国图片集团、中国新闻发展公司、中国金融信息中心、中国广告联合总公司、中国环球公关公司、新华出版社、新华社印务科技公司、上海石油天然气交易中心等专业机构，提供经济信息、金融资讯、交易撮合、智库、市场研究、创意策划、信用评价、指数发布、数据库、专业影像、专业出版、“一带一路”走出去等全方位服务。

“新华社民族品牌工程”致力于服务民族企业的品牌创建进程，大力倡导“创新、协调、绿色、开放、共享”发展理念，大力弘扬创新精神、工匠精神、企业家精神。

“新华社民族品牌工程”坚持把社会效益放在首位，坚持充分尊重企业意愿。“新华社民族品牌工程”服务的企业多数是世界500强、中国500强和行业领军企业。

“新华社民族品牌工程”服务的企业应符合10条标准：始终坚持“围绕中心、服务大局”，自觉参与和服务国家发展战略；重视企业党建工作，重视发挥党组织在企业发展中的政治引领作用；弘扬社会主义核心价值观，弘扬社会主流文化；具有强烈的社会责任感，热心公益事业；积极落实国家精准扶贫计划；具有行业领先的自主创新能力；具有代表中国制造和中国质量的优秀品质；综合实力排名行业前列；具有较高的社会知名度和品牌美誉度；具有良好的企业文化，弘扬工匠精神，诚信守法。“新华社民族品牌工程专家委员会”负责对服务企业进行综合评价。

CONTENTS
目 录

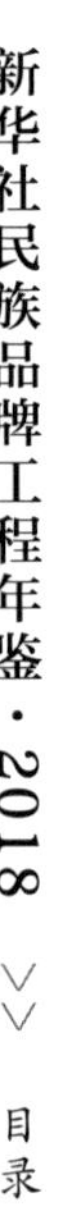

五粮液

泸州老窖

东风汽车

月星集团

伊利

扬子江药业

天狮集团

百年张裕

康师傅

鲁花

皓腾家居

新城控股

奇瑞汽车

海尔

中盐集团

蚂蚁金服

江淮汽车

西凤酒

天士力集团

广汽集团

今世缘

黔系列

浔龙河

隆基股份

足力健

农投良品

附录

重要文献

ZHONGYAO WENXIAN

更多精彩内容，请扫码观看

中共中央　国务院关于开展质量提升行动的指导意见

（2017年9月5日）

提高供给质量是供给侧结构性改革的主攻方向，全面提高产品和服务质量是提升供给体系的中心任务。经过长期不懈努力，我国质量总体水平稳步提升，质量安全形势稳定向好，有力支撑了经济社会发展。但也要看到，我国经济发展的传统优势正在减弱，实体经济结构性供需失衡矛盾和问题突出，特别是中高端产品和服务有效供给不足，迫切需要下最大气力抓全面提高质量，推动我国经济发展进入质量时代。现就开展质量提升行动提出如下意见。

一、总体要求

（一）指导思想

全面贯彻党的十八大和十八届三中、四中、五中、六中全会精神，深入贯彻习近平总书记系列重要讲话精神和治国理政新理念新思想新战略，牢固树立和贯彻落实新发展理念，紧紧围绕统筹推进“五位一体”总体布局和协调推进“四个全面”战略布局，认真落实党中央、国务院决策部署，以提高发展质量和效益为中心，将质量强国战略放在更加突出的位置，开展质量提升行动，加强全面质量监管，全面提升质量水平，加快培育国际竞争新优势，为实现“两个一百年”奋斗目标奠定质量基础。

（二）基本原则

——坚持以质量第一为价值导向。牢固树立质量第一的强烈意识，坚持优质发展、以质取胜，更加注重以质量提升减轻经济下行和安全监管压力，真正形成各级党委和政府重视质量、企业追求质量、社会崇尚质量、人人关心质量的良好氛围。

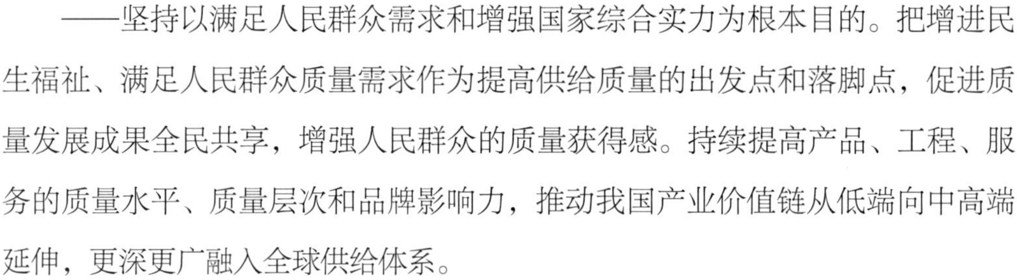
——坚持以满足人民群众需求和增强国家综合实力为根本目的。把增进民生福祉、满足人民群众质量需求作为提高供给质量的出发点和落脚点，促进质量发展成果全民共享，增强人民群众的质量获得感。持续提高产品、工程、服务的质量水平、质量层次和品牌影响力，推动我国产业价值链从低端向中高端延伸，更深更广融入全球供给体系。

——坚持以企业为质量提升主体。加强全面质量管理，推广应用先进质量管理方法，提高全员全过程全方位质量控制水平。弘扬企业家精神和工匠精神，提高决策者、经营者、管理者、生产者质量意识和质量素养，打造质量标杆企业，加强品牌建设，推动企业质量管理水平和核心竞争力提高。

——坚持以改革创新为根本途径。深入实施创新驱动发展战略，发挥市场在资源配置中的决定性作用，积极引导推动各种创新要素向产品和服务的供给端集聚，提升质量创新能力，以新技术新业态改造提升产业质量和发展水平。推动创新群体从以科技人员的小众为主向小众与大众创新创业互动转变，推动技术创新、标准研制和产业化协调发展，用先进标准引领产品、工程和服务质量提升。

（三）主要目标

到 2020 年，供给质量明显改善，供给体系更有效率，建设质量强国取得明显成效，质量总体水平显著提升，质量对提高全要素生产率和促进经济发展的贡献进一步增强，更好满足人民群众不断升级的消费需求。

——产品、工程和服务质量明显提升。质量突出问题得到有效治理，智能化、消费友好的中高端产品供给大幅增加，高附加值和优质服务供给比重进一步提升，中国制造、中国建造、中国服务、中国品牌国际竞争力显著增强。

——产业发展质量稳步提高。企业质量管理水平大幅提升，传统优势产业实现价值链升级，战略性新兴产业的质量效益特征更加明显，服务业提质增效进一步加快，以技术、技能、知识等为要素的质量竞争型产业规模显著扩大，形成一批质量效益一流的世界级产业集群。

——区域质量水平整体跃升。区域主体功能定位和产业布局更加合理，区域特色资源、环境容量和产业基础等资源优势充分利用，产业梯度转移和质量升级同步推进，区域经济呈现互联互通和差异化发展格局，涌现出一批特色小镇和区域质量品牌。

——国家质量基础设施效能充分释放。计量、标准、检验检测、认证认可等国家质量基础设施系统完整、高效运行，技术水平和服务能力进一步增强，国际竞争力明显提升，对科技进步、产业升级、社会治理、对外交往的支撑更加有力。

二、全面提升产品、工程和服务质量

（四）增加农产品、食品药品优质供给

健全农产品质量标准体系，实施农业标准化生产和良好农业规范。加快高标准农田建设，加大耕地质量保护和土壤修复力度。推行种养殖清洁生产，强化农业投入品监管，严格规范农药、抗生素、激素类药物和化肥使用。完善进口食品安全治理体系，推进出口食品农产品质量安全示范区建设。开展出口农产品品牌建设专项推进行动，提升出口农产品质量，带动提升内销农产品质量。引进优质农产品和种质资源。大力发展农产品初加工和精深加工，提高绿色产品供给比重，提升农产品附加值。

完善食品药品安全监管体制，增强统一性、专业性、权威性，为食品药品安全提供组织和制度保障。继续推动食品安全标准与国际标准对接，加快提升营养健康标准水平。推进传统主食工业化、标准化生产。促进奶业优质安全发展。发展方便食品、速冻食品等现代食品产业。实施药品、医疗器械标准提高行动计划，全面提升药物质量水平，提高中药质量稳定性和可控性。推进仿制药质量和疗效一致性评价。

（五）促进消费品提质升级

加快消费品标准和质量提升，推动消费品工业增品种、提品质、创品牌，支撑民众消费升级需求。推动企业发展个性定制、规模定制、高端定制，推动产品供给向“产品＋服务”转变、向中高端迈进。推动家用电器高端化、绿色化、智能化发展，改善空气净化器等新兴家电产品的功能和消费体验，优化电饭锅等小家电产品的外观和功能设计。强化智能手机、可穿戴设备、新型视听产品的信息安全、隐私保护，提高关键元器件制造能力。巩固纺织服装鞋帽、皮革箱包等传统产业的优势地位。培育壮大民族日化产业。提高儿童用品安全性、趣味性，加大“银发经济”群体和失能群体产品供给。大力发展民族传统文化产品，推动文教体育休闲用品多样化发展。

（六）提升装备制造竞争力

加快装备制造业标准化和质量提升，提高关键领域核心竞争力。实施工业强基工程，提高核心基础零部件（元器件）、关键基础材料产品性能，推广应用先进制造工艺，加强计量测试技术研究和应用。发展智能制造，提高工业机器人、高档数控机床的加工精度和精度保持能力，提升自动化生产线、数字化车间的生产过程智能化水平。推行绿色制造，推广清洁高效生产工艺，降低产品制造能耗、物耗和水耗，提升终端用能产品能效、水效。加快提升国产大飞机、高铁、核电、工程机械、特种设备等中国装备的质量竞争力。

（七）提升原材料供给水平

鼓励矿产资源综合勘查、评价、开发和利用，推进绿色矿山和绿色矿业发展示范区建设。提高煤炭洗选加工比例。提升油品供给质量。加快高端材料创新，提高质量稳定性，形成高性能、功能化、差别化的先进基础材料供给能力。加快钢铁、水泥、电解铝、平板玻璃、焦炭等传统产业转型升级。推动稀土、石墨等特色资源高质化利用，促进高强轻合金、高性能纤维等关键战略材料性能和品质提升，加强石墨烯、智能仿生材料等前沿新材料布局，逐步进入全球高端制造业采购体系。

（八）提升建设工程质量水平

确保重大工程建设质量和运行管理质量，建设百年工程。高质量建设和改造城乡道路交通设施、供热供水设施、排水与污水处理设施。加快海绵城市建设和地下综合管廊建设。规范重大项目基本建设程序，坚持科学论证、科学决策，加强重大工程的投资咨询、建设监理、设备监理，保障工程项目投资效益和重大设备质量。全面落实工程参建各方主体质量责任，强化建设单位首要责任和勘察、设计、施工单位主体责任。加快推进工程质量管理标准化，提高工程项目管理水平。加强工程质量检测管理，严厉打击出具虚假报告等行为。健全工程质量监督管理机制，强化工程建设全过程质量监管。因地制宜提高建筑节能标准。完善绿色建材标准，促进绿色建材生产和应用。大力发展装配式建筑，提高建筑装修部品部件的质量和安全性能。推进绿色生态小区建设。

（九）推动服务业提质增效

提高生活性服务业品质。完善以居家为基础、社区为依托、机构为补充、医养相结合的多层次、智能化养老服务体系。鼓励家政企业创建服务品牌。发展大众化餐饮，引导餐饮企业建立集中采购、统一配送、规范化生产、连锁化经营的生产模式。实施旅游服务质量提升计划，显著改善旅游市场秩序。推广实施优质服务承诺标识和管理制度，培育知名服务品牌。

促进生产性服务业专业化发展。加强运输安全保障能力建设，推进铁路、公路、水路、民航等多式联运发展，提升服务质量。提高物流全链条服务质量，增强物流服务时效，加强物流标准化建设，提升冷链物流水平。推进电子商务规制创新，加强电子商务产业载体、物流体系、人才体系建设，不断提升电子商务服务质量。支持发展工业设计、计量测试、标准试验验证、检验检测认证等高技术服务业。提升银行服务、保险服务的标准化程度和服务质量。加快知识产权服务体系建设。提高律师、公证、法律援助、司法鉴定、基层法律服务等法律服务水平。开展国家新型优质服务业集群建设试点，支撑引领三次产业向中高端迈进。

（十）提升社会治理和公共服务水平

推广“互联网+政务服务”，加快推进行政审批标准化建设，优化服务流程，简化办事环节，提高行政效能。提升城市治理水平，推进城市精细化、规范化管理。促进义务教育优质均衡发展，扩大普惠性学前教育和优质职业教育供给，促进和规范民办教育。健全覆盖城乡的公共就业创业服务体系。加强职业技能培训，推动实现比较充分和更高质量就业。提升社会救助、社会福利、优抚安置等保障水平。

提升优质公共服务供给能力。稳步推进进一步改善医疗服务行动计划。建立健全医疗纠纷预防调解机制，构建和谐医患关系。鼓励创造优秀文化服务产品，推动文化服务产品数字化、网络化。提高供电、供气、供热、供水服务质量和安全保障水平，创新人民群众满意的服务供给。开展公共服务质量监测和结果通报，引导提升公共服务质量水平。

（十一）加快对外贸易优化升级

加快外贸发展方式转变，培育以技术、标准、品牌、质量、服务为核心的对外经济新优势。鼓励高技术含量和高附加值项目维修、咨询、检验检测等服务出口，促进服务贸易与货物贸易紧密结合、联动发展。推动出口商品质量安全示范区建设。完善进出口商品质量安全风险预警和快速反应监管体系。促进“一带一路”沿线国家和地区、主要贸易国家和地区质量国际合作。

三、破除质量提升瓶颈

（十二）实施质量攻关工程

围绕重点产品、重点行业开展质量状况调查，组织质量比对和会商会诊，找准比较优势、行业通病和质量短板，研究制定质量问题解决方案。加强与国际优质产品的质量比对，支持企业瞄准先进标杆实施技术改造。开展重点行业工艺优化行动，组织质量提升关键技术攻关，推动企业积极应用新技术、新工艺、新材料。加强可靠性设计、试验与验证技术开发应用，推广采用先进成型方法和加工方法、在线检测控制装置、智能化生产和物流系统及检测设备。实施国防科技工业质量可靠性专项行动计划，重点解决关键系统、关键产品质量难点问题，支撑重点武器装备质量水平提升。

（十三）加快标准提档升级

改革标准供给体系，推动消费品标准由生产型向消费型、服务型转变，加快培育发展团体标准。推动军民标准通用化建设，建立标准化军民融合长效机制。推进地方标准化综合改革。开展重点行业国内外标准比对，加快转化先进适用的国际标准，提升国内外标准一致性程度，推动我国优势、特色技术标准成为国际标准。建立健全技术、专利、标准协同机制，开展对标达标活动，鼓励、引领企业主动制定和实施先进标准。全面实施企业标准自我声明公开和监督制度，实施企业标准领跑者制度。大力推进内外销产品"同线同标同质"工程，逐步消除国内外市场产品质量差距。

（十四）激发质量创新活力

建立质量分级制度，倡导优质优价，引导、保护企业质量创新和质量提升的积极性。开展新产业、新动能标准领航工程，促进新旧动能转换。完善第三方质量评价体系，开展高端品质认证，推动质量评价由追求"合格率"向追求"满意度"跃升。鼓励企业开展质量提升小组活动，促进质量管理、质量技术、质量工作法创新。鼓励企业优化功能设计、模块化设计、外观设计、人体工效学设计，推行个性化定制、柔性化生产，提高产品扩展性、耐久性、舒适性等质量特性，满足绿色环保、可持续发展、消费友好等需求。鼓励以用户为中心的微创新，改善用户体验，激发消费潜能。

（十五）推进全面质量管理

发挥质量标杆企业和中央企业示范引领作用，加强全员、全方位、全过程质量管理，提质降本增效。推广现代企业管理制度，广泛开展质量风险分析与控制、质量成本管理、质量管理体系升级等活动，提高质量在线监测、在线控制和产品全生命周期质量追溯能力，推行精益生产、清洁生产等高效生产方式。鼓励各类市场主体整合生产组织全过程要素资源，纳入共同的质量管理、标准

管理、供应链管理、合作研发管理等，促进协同制造和协同创新，实现质量水平整体提升。

（十六）加强全面质量监管

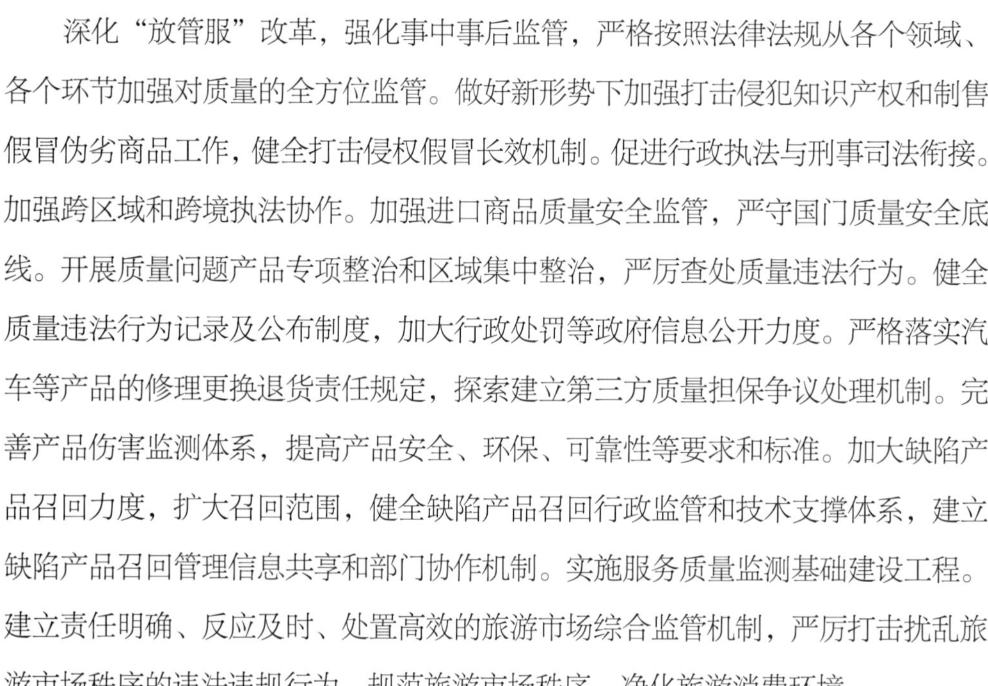

深化“放管服”改革，强化事中事后监管，严格按照法律法规从各个领域、各个环节加强对质量的全方位监管。做好新形势下加强打击侵犯知识产权和制售假冒伪劣商品工作，健全打击侵权假冒长效机制。促进行政执法与刑事司法衔接。加强跨区域和跨境执法协作。加强进口商品质量安全监管，严守国门质量安全底线。开展质量问题产品专项整治和区域集中整治，严厉查处质量违法行为。健全质量违法行为记录及公布制度，加大行政处罚等政府信息公开力度。严格落实汽车等产品的修理更换退货责任规定，探索建立第三方质量担保争议处理机制。完善产品伤害监测体系，提高产品安全、环保、可靠性等要求和标准。加大缺陷产品召回力度，扩大召回范围，健全缺陷产品召回行政监管和技术支撑体系，建立缺陷产品召回管理信息共享和部门协作机制。实施服务质量监测基础建设工程。建立责任明确、反应及时、处置高效的旅游市场综合监管机制，严厉打击扰乱旅游市场秩序的违法违规行为，规范旅游市场秩序，净化旅游消费环境。

（十七）着力打造中国品牌

培育壮大民族企业和知名品牌，引导企业提升产品和服务附加值，形成自己独有的比较优势。以产业集聚区、国家自主创新示范区、高新技术产业园区、国家新型工业化产业示范基地等为重点，开展区域品牌培育，创建质量提升示范区、知名品牌示范区。实施中国精品培育工程，加强对中华老字号、地理标志等品牌培育和保护，培育更多百年老店和民族品牌。建立和完善品牌建设、培育标准体系和评价体系，开展中国品牌价值评价活动，推动品牌评价国际标准化工作。开展“中国品牌日”活动，不断凝聚社会共识、营造良好氛围、搭建交流平台，提升中国品牌的知名度和美誉度。

（十八）推进质量全民共治

创新质量治理模式，注重社会各方参与，健全社会监督机制，推进以法治为基础的社会多元治理，构建市场主体自治、行业自律、社会监督、政府监管的质量共治格局。强化质量社会监督和舆论监督。建立完善质量信号传递反馈机制，鼓励消费者组织、行业协会、第三方机构等开展产品质量比较试验、综合评价、体验式调查，引导理性消费选择。

四、夯实国家质量基础设施

（十九）加快国家质量基础设施体系建设

构建国家现代先进测量体系。紧扣国家发展重大战略和经济建设重点领域的需求，建立、改造、提升一批国家计量基准，加快建立新一代高准确度、高稳定性量子计量基准，加强军民共用计量基础设施建设。完善国家量值传递溯源体系。加快制定一批计量技术规范，研制一批新型标准物质，推进社会公用计量标准升级换代。科学规划建设计量科技基础服务、产业计量测试体系、区域计量支撑体系。

加快国家标准体系建设。大力实施标准化战略，深化标准化工作改革，建立政府主导制定的标准与市场自主制定的标准协同发展、协调配套的新型标准体系。简化国家标准制定修订程序，加强标准化技术委员会管理，免费向社会公开强制性国家标准文本，推动免费向社会公开推荐性标准文本。建立标准实施信息反馈和评估机制，及时开展标准复审和维护更新。

完善国家合格评定体系。完善检验检测认证机构资质管理和能力认可制度，加强检验检测认证公共服务平台示范区、国家检验检测高技术服务业集聚区建设。提升战略性新兴产业检验检测认证支撑能力。建立全国统一的合格评定制度和监管体系，建立政府、行业、社会等多层次采信机制。健全进出口食品企业注册备案制度。加快建立统一的绿色产品标准、认证、标识体系。

（二十）深化国家质量基础设施融合发展

加强国家质量基础设施的统一建设、统一管理，推进信息共享和业务协同，保持中央、省、市、县四级国家质量基础设施的系统完整，加快形成国家质量基础设施体系。开展国家质量基础设施协同服务及应用示范基地建设，助推中小企业和产业集聚区全面加强质量提升。构建统筹协调、协同高效、系统完备的国家质量基础设施军民融合发展体系，增强对经济建设和国防建设的整体支撑能力。深度参与质量基础设施国际治理，积极参加国际规则制定和国际组织活动，推动计量、标准、合格评定等国际互认和境外推广应用，加快我国质量基础设施国际化步伐。

（二十一）提升公共技术服务能力

加快国家质检中心、国家产业计量测试中心、国家技术标准创新基地、国家检测重点实验室等公共技术服务平台建设，创新“互联网+质量服务”模式，推进质量技术资源、信息资源、人才资源、设备设施向社会共享开放，开展一站式服务，为产业发展提供全生命周期的技术支持。加快培育产业计量测试、标准化服务、检验检测认证服务、品牌咨询等新兴质量服务业态，为大众创业、万众创新提供优质公共技术服务。加快与“一带一路”沿线国家和地区共建共享质量基础设施，推动互联互通。

（二十二）健全完善技术性贸易措施体系

加强对国外重大技术性贸易措施的跟踪、研判、预警、评议和应对，妥善化解贸易摩擦，帮助企业规避风险，切实维护企业合法权益。加强技术性贸易措施信息服务，建设一批研究评议基地，建立统一的国家技术性贸易措施公共信息和技术服务平台。利用技术性贸易措施，倒逼企业按照更高技术标准提升产品质量和产业层次，不断提高国际市场竞争力。建立贸易争端预警机制，积极主导、参与技术性贸易措施相关国际规则和标准的制定。

五、改革完善质量发展政策和制度

（二十三）加强质量制度建设

坚持促发展和保底线并重，加强质量促进的立法研究，强化对质量创新的鼓励、引导、保护。研究修订产品质量法，建立商品质量惩罚性赔偿制度。研究服务业质量管理、产品质量担保、缺陷产品召回等领域立法工作。改革工业产品生产许可证制度，全面清理工业产品生产许可证，加快向国际通行的产品认证制度转变。建立完善产品质量安全事故强制报告制度、产品质量安全风险监控及风险调查制度。建立健全产品损害赔偿、产品质量安全责任保险和社会帮扶并行发展的多元救济机制。加快推进质量诚信体系建设，完善质量守信联合激励和失信联合惩戒制度。

（二十四）加大财政金融扶持力度

完善质量发展经费多元筹集和保障机制，鼓励和引导更多资金投向质量攻关、质量创新、质量治理、质量基础设施建设。国家科技计划持续支持国家质量基础的共性技术研究和应用重点研发任务。实施好首台（套）重大技术装备保险补偿机制。构建质量增信融资体系，探索以质量综合竞争力为核心的质量增信融资制度，将质量水平、标准水平、品牌价值等纳入企业信用评价指标和贷款发放参考因素。加大产品质量保险推广力度，支持企业运用保险手段促进产品质量提升和新产品推广应用。

推动形成优质优价的政府采购机制。鼓励政府部门向社会力量购买优质服务。加强政府采购需求确定和采购活动组织管理，将质量、服务、安全等要求贯彻到采购文件制定、评审活动、采购合同签订全过程，形成保障质量和安全的政府采购机制。严格采购项目履约验收，切实把好产品和服务质量关。加强联合惩戒，依法限制严重质量违法失信企业参与政府采购活动。建立军民融合采购制度，吸纳扶持优质民口企业进入军事供应链体系，拓宽企业质量发展空间。

（二十五）健全质量人才教育培养体系

将质量教育纳入全民教育体系。加强中小学质量教育，开展质量主题实践活动。推进高等教育人才培养质量，加强质量相关学科、专业和课程建设。加强职业教育技术技能人才培养质量，推动企业和职业院校成为质量人才培养的主体，推广现代学徒制和企业新型学徒制。推动建立高等学校、科研院所、行业协会和企业共同参与的质量教育网络。实施企业质量素质提升工程，研究建立质量工程技术人员评价制度，全面提高企业经营管理者、一线员工的质量意识和水平。加强人才梯队建设，实施青年职业能力提升计划，完善技术技能人才培养培训工作体系，培育众多“中国工匠”。发挥各级工会组织和共青团组织作用，开展劳动和技能竞赛、青年质量提升示范岗创建、青年质量控制小组实践等活动。

（二十六）健全质量激励制度

完善国家质量激励政策，继续开展国家质量奖评选表彰，树立质量标杆，弘扬质量先进。加大对政府质量奖获奖企业在金融、信贷、项目投资等方面的支持力度。建立政府质量奖获奖企业和个人先进质量管理经验的长效宣传推广机制，形成中国特色质量管理模式和体系。研究制定技术技能人才激励办法，探索建立企业首席技师制度，降低职业技能型人才落户门槛。

六、切实加强组织领导

（二十七）实施质量强国战略

坚持以提高发展质量和效益为中心，加快建设质量强国。研究编制质量强国战略纲要，明确质量发展目标任务，统筹各方资源，推动中国制造向中国创造转变、中国速度向中国质量转变、中国产品向中国品牌转变。持续开展质量强省、质量强市、质量强县示范活动，走出一条中国特色质量发展道路。

（二十八）加强党对质量工作领导

健全质量工作体制机制，完善研究质量强国战略、分析质量发展形势、决定质量方针政策的工作机制，建立“党委领导、政府主导、部门联合、企业主责、社会参与”的质量工作格局。加强对质量发展的统筹规划和组织领导，建立健全领导体制和协调机制，统筹质量发展规划制定、质量强国建设、质量品牌发展、质量基础建设。地方各级党委和政府要将质量工作摆到重要议事日程，加强质量管理和队伍能力建设，认真落实质量工作责任制。强化市、县政府质量监管职责，构建统一权威的质量工作体制机制。

（二十九）狠抓督察考核

探索建立中央质量督察工作机制，强化政府质量工作考核，将质量工作考核结果作为各级党委和政府领导班子及有关领导干部综合考核评价的重要内容。以全要素生产率、质量竞争力指数、公共服务质量满意度等为重点，探索构建符合创新、协调、绿色、开放、共享发展理念的新型质量统计评价体系。健全质量统计分析制度，定期发布质量状况分析报告。

（三十）加强宣传动员

大力宣传党和国家质量工作方针政策，深入报道我国提升质量的丰富实践、重大成就、先进典型，讲好中国质量故事，推介中国质量品牌，塑造中国质量形象。将质量文化作为社会主义核心价值观教育的重要内容，加强质量公益宣传，提高全社会质量、诚信、责任意识，丰富质量文化内涵，促进质量文化传承发展。把质量发展纳入党校、行政学院和各类干部培训院校教学计划，让质量第一成为各级党委和政府的根本理念，成为领导干部工作责任，成为全社会、全民族的价值追求和时代精神。

各地区各部门要认真落实本意见精神，结合实际研究制定实施方案，抓紧出台推动质量提升的具体政策措施，明确责任分工和时间进度要求，确保各项工作举措和要求落实到位。要组织相关行业和领域，持续深入开展质量提升行动，切实提升质量总体水平。

国务院办公厅关于发挥品牌引领作用推动供需结构升级的意见

各省、自治区、直辖市人民政府，国务院各部委、各直属机构：

品牌是企业乃至国家竞争力的综合体现，代表着供给结构和需求结构的升级方向。当前，我国品牌发展严重滞后于经济发展，产品质量不高、创新能力不强、企业诚信意识淡薄等问题比较突出。为更好发挥品牌引领作用、推动供给结构和需求结构升级，经国务院同意，现提出以下意见：

一、重要意义

随着我国经济发展，居民收入快速增加，中等收入群体持续扩大，消费结构不断升级，消费者对产品和服务的消费提出更高要求，更加注重品质，讲究品牌消费，呈现出个性化、多样化、高端化、体验式消费特点。发挥品牌引领作用，推动供给结构和需求结构升级，是深入贯彻落实创新、协调、绿色、开放、共享发展理念的必然要求，是今后一段时期加快经济发展方式由外延扩张型向内涵集约型转变、由规模速度型向质量效率型转变的重要举措。发挥品牌引领作用，推动供给结构和需求结构升级，有利于激发企业创新创造活力，促进生产要素合理配置，提高全要素生产率，提升产品品质，实现价值链升级，增加有效供给，提高供给体系的质量和效率；有利于引领消费，创造新需求，树立自主品牌消费信心，挖掘消费潜力，更好发挥需求对经济增长的拉动作用，满足人们更高层次的物质文化需求；有利于促进企业诚实守信，强化企业环境保护、资源节约、公益慈善等社会责任，实现更加和谐、更加公平、更可持续的发展。

二、基本思路

按照党中央、国务院关于推进供给侧结构性改革的总体要求，积极探索有效路径和方法，更好发挥品牌引领作用，加快推动供给结构优化升级，适应引领需求结构优化升级，为经济发展提供持续动力。以发挥品牌引领作用为切入点，充分发挥市场决定性作用、企业主体作用、政府推动作用和社会参与作用，围绕优化政策法规环境、提高企业综合竞争力、营造良好社会氛围，大力实施品牌基础建设工程、供给结构升级工程、需求结构升级工程，增品种、提品质、创品牌，提高供给体系的质量和效率，满足居民消费升级需求，扩大国内消费需求，引导境外消费回流，推动供给总量、供给结构更好地适应需求总量、需求结构的发展变化。

三、主要任务

发挥好政府、企业、社会作用，立足当前，着眼长远，持之以恒，攻坚克难，着力解决制约品牌发展和供需结构升级的突出问题。

（一）**进一步优化政策法规环境**。加快政府职能转变，创新管理和服务方式，为发挥品牌引领作用推动供给结构和需求结构升级保驾护航。完善标准体系，提高计量能力、检验检测能力、认证认可服务能力、质量控制和技术评价能力，不断夯实质量技术基础。增强科技创新支撑，为品牌发展提供持续动力。健全品牌发展法律法规，完善扶持政策，净化市场环境。加强自主品牌宣传和展示，倡导自主品牌消费。

（二）**切实提高企业综合竞争力**。发挥企业主体作用，切实增强品牌意识，苦练内功，改善供给，适应需求，做大做强品牌。支持企业加大品牌建设投入，增强自主创新能力，追求卓越质量，不断丰富产品品种，提升产品品质，建立

品牌管理体系，提高品牌培育能力。引导企业诚实经营，信守承诺，积极履行社会责任，不断提升品牌形象。加强人才队伍建设，发挥企业家领军作用，培养引进品牌管理专业人才，造就一大批技艺精湛、技术高超的技能人才。

（三）**大力营造良好社会氛围**。凝聚社会共识，积极支持自主品牌发展，助力供给结构和需求结构升级。培养消费者自主品牌情感，树立消费信心，扩大自主品牌消费。发挥好行业协会桥梁作用，加强中介机构能力建设，为品牌建设和产业升级提供专业有效的服务。坚持正确舆论导向，关注自主品牌成长，讲好中国品牌故事。

四、重大工程

根据主要任务，按照可操作、可实施、可落地的原则，抓紧实施以下重大工程。

（一）**品牌基础建设工程**。围绕品牌影响因素，打牢品牌发展基础，为发挥品牌引领作用创造条件。

1. 推行更高质量标准。加强标准制修订工作，提高相关产品和服务领域标准水平，推动国际国内标准接轨。鼓励企业制定高于国家标准或行业标准的企业标准，支持具有核心竞争力的专利技术向标准转化，增强企业市场竞争力。加快开展团体标准制定等试点工作，满足创新发展对标准多样化的需要。实施企业产品和服务标准自我声明公开和监督制度，接受社会监督，提高企业改进质量的内生动力和外在压力。

2. 提升检验检测能力。加强检验检测能力建设，提升检验检测技术装备水平。加快具备条件的经营性检验检测认证事业单位转企改制，推动检验检测认证服务市场化进程。鼓励民营企业和其他社会资本投资检验检测服务，支持具备条件的生产制造企业申请相关资质，面向社会提供检验检测服务。打破部门垄断和行业壁垒，营造检验检测机构平等参与竞争的良好环境，尽快形成具有权威性和公信力的第三方检验检测机构。加强国家计量基标准建设和标准物质研究，推进先进计量技术和方法在企业的广泛应用。

3. 搭建持续创新平台。加强研发机构建设，支持有实力的企业牵头开展行业共性关键技术攻关，加快突破制约行业发展的技术瓶颈，推动行业创新发展。

鼓励具备条件的企业建设产品设计创新中心，提高产品设计能力，针对消费趋势和特点，不断开发新产品。支持重点企业利用互联网技术建立大数据平台，动态分析市场变化，精准定位消费需求，为开展服务创新和商业模式创新提供支撑。加速创新成果转化成现实生产力，催生经济发展新动能。

4. 增强品牌建设软实力。培育若干具有国际影响力的品牌评价理论研究机构和品牌评价机构，开展品牌基础理论、价值评价、发展指数等研究，提高品牌研究水平，发布客观公正的品牌价值评价结果以及品牌发展指数，逐步提高公信力。开展品牌评价标准建设工作，完善品牌评价相关国家标准，制定操作规范，提高标准的可操作性；积极参与品牌评价相关国际标准制定，推动建立全球统一的品牌评价体系，增强我国在品牌评价中的国际话语权。鼓励发展一批品牌建设中介服务企业，建设一批品牌专业化服务平台，提供设计、营销、咨询等方面的专业服务。

（二）供给结构升级工程。以增品种、提品质、创品牌为主要内容，从一、二、三产业着手，采取有效举措，推动供给结构升级。

1. 丰富产品和服务品种。支持食品龙头企业提高技术研发和精深加工能力，针对特殊人群需求，生产适销对路的功能食品。鼓励有实力的企业针对工业消费品市场热点，加快研发、设计和制造，及时推出一批新产品。支持企业利用现代信息技术，推进个性化定制、柔性化生产，满足消费者差异化需求。开发一批有潜质的旅游资源，形成以旅游景区、旅游度假区、旅游休闲区、国际特色旅游目的地等为支撑的现代旅游业品牌体系，增加旅游产品供给，丰富旅游体验，满足大众旅游需求。

2. 增加优质农产品供给。加强农产品产地环境保护和源头治理，实施严格的农业投入品使用管理制度，加快健全农产品质量监管体系，逐步实现农产品质量安全可追溯。全面提升农产品质量安全等级，大力发展无公害农产品、绿色食品、有机农产品和地理标志农产品。参照出口农产品种植和生产标准，建设一批优质农产品种植和生产基地，提高农产品质量和附加值，满足中高端需求。大力发展优质特色农产品，支持乡村创建线上销售渠道，扩大优质特色农产品销售范围，打造农产品品牌和地理标志品牌，满足更多消费者需求。

3. 推出一批制造业精品。支持企业开展战略性新材料研发、生产和应用示

范，提高新材料质量，增强自给保障能力，为生产精品提供支撑。优选一批零部件生产企业，开展关键零部件自主研发、试验和制造，提高产品性能和稳定性，为精品提供可靠性保障。鼓励企业采用先进质量管理方法，提高质量在线监测控制和产品全生命周期质量追溯能力。支持重点企业瞄准国际标杆企业，创新产品设计，优化工艺流程，加强上下游企业合作，尽快推出一批质量好、附加值高的精品，促进制造业升级。

4. 提高生活服务品质。支持生活服务领域优势企业整合现有资源，形成服务专业、覆盖面广、影响力大、放心安全的连锁机构，提高服务质量和效率，打造生活服务企业品牌。鼓励社会资本投资社区养老建设，采取市场化运作方式，提供高品质养老服务供给。鼓励有条件的城乡社区依托社区综合服务设施，建设生活服务中心，提供方便、可信赖的家政、儿童托管和居家养老等服务。

（三）需求结构升级工程。发挥品牌影响力，切实采取可行措施，扩大自主品牌产品消费，适应引领消费结构升级。

1. 努力提振消费信心。统筹利用现有资源，建设有公信力的产品质量信息平台，全面、及时、准确发布产品质量信息，为政府、企业和教育科研机构等提供服务，为消费者判断产品质量高低提供真实可信的依据，便于选购优质产品，通过市场实现优胜劣汰。结合社会信用体系建设，建立企业诚信管理体系，规范企业数据采集，整合现有信息资源，建立企业信用档案，逐步加大信息开发利用力度。鼓励中介机构开展企业信用和社会责任评价，发布企业信用报告，督促企业坚守诚信底线，提高信用水平，在消费者心目中树立良好企业形象。

2. 宣传展示自主品牌。设立“中国品牌日”，大力宣传知名自主品牌，讲好中国品牌故事，提高自主品牌影响力和认知度。鼓励各级电视台、广播电台以及平面、网络等媒体，在重要时段、重要版面安排自主品牌公益宣传。定期举办中国自主品牌博览会，在重点出入境口岸设置自主品牌产品展销厅，在世界重要市场举办中国自主品牌巡展推介会，扩大自主品牌的知名度和影响力。

3. 推动农村消费升级。加强农村产品质量安全和消费知识宣传普及，提高农村居民质量安全意识，树立科学消费观念，自觉抵制假冒伪劣产品。开展农村市场专项整治，清理“三无”产品，拓展农村品牌产品消费的市场空间。加快有条件的乡村建设光纤网络，支持电商及连锁商业企业打造城乡一体的商贸物流体系，保障品牌产品渠道畅通，便捷农村消费品牌产品，让农村居民共享数字化生活。深入推进新型城镇化建设，释放潜在消费需求。

4. 持续扩大城镇消费。鼓励家电、家具、汽车、电子等耐用消费品更新换代，适应绿色环保、方便快捷的生活需求。鼓励传统出版企业、广播影视与互联网企业合作，加快发展数字出版、网络视听等新兴文化产业，扩大消费群体，增加互动体验。有条件的地区可建设康养旅游基地，提供养老、养生、旅游、度假等服务，满足高品质健康休闲消费需求。合理开发利用冰雪、低空空域等资源，发展冰雪体育和航空体育产业，支持冰雪运动营地和航空飞行营地建设，扩大体育休闲消费。推动房车、邮轮、游艇等高端产品消费，满足高收入群体消费升级需求。

五、保障措施

（一）净化市场环境。建立更加严格的市场监管体系，加大专项整治联合执法行动力度，实现联合执法常态化，提高执法的有效性，追究执法不力责任。严厉打击侵犯知识产权和制售假冒伪劣商品行为，依法惩治违法犯罪分子。破除地方保护和行业壁垒，有效预防和制止各类垄断行为和不正当竞争行为，维护公平竞争市场秩序。

（二）清除制约因素。清理、废除制约自主品牌产品消费的各项规定或做法，形成有利于发挥品牌引领作用、推动供给结构和需求结构升级的体制机制。建立产品质量、知识产权等领域失信联合惩戒机制，健全黑名单制度，大幅提高失信成本。研究提高违反产品质量法、知识产权保护相关法律法规等犯罪行为的量刑标准，建立商品质量惩罚性赔偿制度，对相关企业、责任人依法实行市场禁入。完善汽车、计算机、家电等耐用消费品举证责任倒置制度，降低消费者维权成本。支持高等院校开设品牌相关课程，培养品牌创建、推广、维护等专业人才。

（三）制定激励政策。积极发挥财政资金引导作用，带动更多社会资本投入，支持自主品牌发展。鼓励银行业金融机构向企业提供以品牌为基础的商标权、专利权等质押贷款。发挥国家奖项激励作用，鼓励产品创新，弘扬工匠精神。

（四）抓好组织实施。各地区、各部门要统一思想、提高认识，深刻理解经济新常态下发挥品牌引领作用、推动供给结构和需求结构升级的重要意义，切实落实工作任务，扎实推进重大工程，力争尽早取得实效。国务院有关部门要结合本部门职责，制定出台具体的政策措施。各省级人民政府要结合本地区实际，制定出台具体的实施方案。

国务院办公厅

2016 年 6 月 10 日

国家创新驱动发展战略纲要

（2016年5月19日）

党的十八大提出实施创新驱动发展战略，强调科技创新是提高社会生产力和综合国力的战略支撑，必须摆在国家发展全局的核心位置。这是中央在新的发展阶段确立的立足全局、面向全球、聚焦关键、带动整体的国家重大发展战略。为加快实施这一战略，特制定本纲要。

一、战略背景

创新驱动就是创新成为引领发展的第一动力，科技创新与制度创新、管理创新、商业模式创新、业态创新和文化创新相结合，推动发展方式向依靠持续的知识积累、技术进步和劳动力素质提升转变，促进经济向形态更高级、分工更精细、结构更合理的阶段演进。

创新驱动是国家命运所系。国家力量的核心支撑是科技创新能力。创新强则国运昌，创新弱则国运殆。我国近代落后挨打的重要原因是与历次科技革命失之交臂，导致科技弱、国力弱。实现中华民族伟大复兴的中国梦，必须真正用好科学技术这个最高意义上的革命力量和有力杠杆。

创新驱动是世界大势所趋。全球新一轮科技革命、产业变革和军事变革加速演进，科学探索从微观到宇观各个尺度上向纵深拓展，以智能、绿色、泛在为特征的群体性技术革命将引发国际产业分工重大调整，颠覆性技术不断涌现，正在重塑世界竞争格局、改变国家力量对比，创新驱动成为许多国家谋求竞争优势的核心战略。我国既面临赶超跨越的难得历史机遇，也面临差距拉大的严

峻挑战。唯有勇立世界科技创新潮头，才能赢得发展主动权，为人类文明进步作出更大贡献。

创新驱动是发展形势所迫。我国经济发展进入新常态，传统发展动力不断减弱，粗放型增长方式难以为继。必须依靠创新驱动打造发展新引擎，培育新的经济增长点，持续提升我国经济发展的质量和效益，开辟我国发展的新空间，实现经济保持中高速增长和产业迈向中高端水平"双目标"。

当前，我国创新驱动发展已具备发力加速的基础。经过多年努力，科技发展正在进入由量的增长向质的提升的跃升期，科研体系日益完备，人才队伍不断壮大，科学、技术、工程、产业的自主创新能力快速提升。经济转型升级、民生持续改善和国防现代化建设对创新提出了巨大需求。庞大的市场规模、完备的产业体系、多样化的消费需求与互联网时代创新效率的提升相结合，为创新提供了广阔空间。中国特色社会主义制度能够有效结合集中力量办大事和市场配置资源的优势，为实现创新驱动发展提供了根本保障。

同时也要看到，我国许多产业仍处于全球价值链的中低端，一些关键核心技术受制于人，发达国家在科学前沿和高技术领域仍然占据明显领先优势，我国支撑产业升级、引领未来发展的科学技术储备亟待加强。适应创新驱动的体制机制亟待建立健全，企业创新动力不足，创新体系整体效能不高，经济发展尚未真正转到依靠创新的轨道。科技人才队伍大而不强，领军人才和高技能人才缺乏，创新型企业家群体亟须发展壮大。激励创新的市场环境和社会氛围仍需进一步培育和优化。

在我国加快推进社会主义现代化、实现"两个一百年"奋斗目标和中华民族伟大复兴中国梦的关键阶段，必须始终坚持抓创新就是抓发展、谋创新就是谋未来，让创新成为国家意志和全社会的共同行动，走出一条从人才强、科技强到产业强、经济强、国家强的发展新路径，为我国未来十几年乃至更长时间创造一个新的增长周期。

二、战略要求

（一）指导思想

以邓小平理论、“三个代表”重要思想、科学发展观为指导，深入贯彻习近平总书记系列重要讲话精神，按照“四个全面”战略布局的要求，坚持走中国特色自主创新道路，解放思想、开放包容，把创新驱动发展作为国家的优先战略，以科技创新为核心带动全面创新，以体制机制改革激发创新活力，以高效率的创新体系支撑高水平的创新型国家建设，推动经济社会发展动力根本转换，为实现中华民族伟大复兴的中国梦提供强大动力。

（二）基本原则

紧扣发展。坚持问题导向，面向世界科技前沿、面向国家重大需求、面向国民经济主战场，明确我国创新发展的主攻方向，在关键领域尽快实现突破，力争形成更多竞争优势。

深化改革。坚持科技体制改革和经济社会领域改革同步发力，强化科技与经济对接，遵循社会主义市场经济规律和科技创新规律，破除一切制约创新的思想障碍和制度藩篱，构建支撑创新驱动发展的良好环境。

强化激励。坚持创新驱动实质是人才驱动，落实以人为本，尊重创新创造的价值，激发各类人才的积极性和创造性，加快汇聚一支规模宏大、结构合理、素质优良的创新型人才队伍。

扩大开放。坚持以全球视野谋划和推动创新，最大限度用好全球创新资源，全面提升我国在全球创新格局中的位势，力争成为若干重要领域的引领者和重要规则制定的参与者。

（三）战略目标

分三步走：

第一步，到2020年进入创新型国家行列，基本建成中国特色国家创新体系，有力支撑全面建成小康社会目标的实现。

——创新型经济格局初步形成。若干重点产业进入全球价值链中高端，

成长起一批具有国际竞争力的创新型企业和产业集群。科技进步贡献率提高到60%以上，知识密集型服务业增加值占国内生产总值的20%。

——自主创新能力大幅提升。形成面向未来发展、迎接科技革命、促进产业变革的创新布局，突破制约经济社会发展和国家安全的一系列重大瓶颈问题，初步扭转关键核心技术长期受制于人的被动局面，在若干战略必争领域形成独特优势，为国家繁荣发展提供战略储备、拓展战略空间。研究与试验发展（R&D）经费支出占国内生产总值比重达到2.5%。

——创新体系协同高效。科技与经济融合更加顺畅，创新主体充满活力，创新链条有机衔接，创新治理更加科学，创新效率大幅提高。

——创新环境更加优化。激励创新的政策法规更加健全，知识产权保护更加严格，形成崇尚创新创业、勇于创新创业、激励创新创业的价值导向和文化氛围。

第二步，到2030年跻身创新型国家前列，发展驱动力实现根本转换，经济社会发展水平和国际竞争力大幅提升，为建成经济强国和共同富裕社会奠定坚实基础。

——主要产业进入全球价值链中高端。不断创造新技术和新产品、新模式和新业态、新需求和新市场，实现更可持续的发展、更高质量的就业、更高水平的收入、更高品质的生活。

——总体上扭转科技创新以跟踪为主的局面。在若干战略领域由并行走向领跑，形成引领全球学术发展的中国学派，产出对世界科技发展和人类文明进步有重要影响的原创成果。攻克制约国防科技的主要瓶颈问题。研究与试验发展（R&D）经费支出占国内生产总值比重达到2.8%。

——国家创新体系更加完备。实现科技与经济深度融合、相互促进。

——创新文化氛围浓厚，法治保障有力，全社会形成创新活力竞相迸发、创新源泉不断涌流的生动局面。

第三步，到2050年建成世界科技创新强国，成为世界主要科学中心和创新高地，为我国建成富强民主文明和谐的社会主义现代化国家、实现中华民族伟大复兴的中国梦提供强大支撑。

——科技和人才成为国力强盛最重要的战略资源，创新成为政策制定和制度安排的核心因素。

——劳动生产率、社会生产力提高主要依靠科技进步和全面创新，经济发展质量高、能源资源消耗低、产业核心竞争力强。国防科技达到世界领先水平。

——拥有一批世界一流的科研机构、研究型大学和创新型企业，涌现出一批重大原创性科学成果和国际顶尖水平的科学大师，成为全球高端人才创新创业的重要聚集地。

——创新的制度环境、市场环境和文化环境更加优化，尊重知识、崇尚创新、保护产权、包容多元成为全社会的共同理念和价值导向。

三、战略部署

实现创新驱动是一个系统性的变革，要按照“坚持双轮驱动、构建一个体系、推动六大转变”进行布局，构建新的发展动力系统。

双轮驱动就是科技创新和体制机制创新两个轮子相互协调、持续发力。抓创新首先要抓科技创新，补短板首先要补科技创新的短板。科学发现对技术进步有决定性的引领作用，技术进步有力推动发现科学规律。要明确支撑发展的方向和重点，加强科学探索和技术攻关，形成持续创新的系统能力。体制机制创新要调整一切不适应创新驱动发展的生产关系，统筹推进科技、经济和政府治理等三方面体制机制改革，最大限度释放创新活力。

一个体系就是建设国家创新体系。要建设各类创新主体协同互动和创新要素顺畅流动、高效配置的生态系统，形成创新驱动发展的实践载体、制度安排和环境保障。明确企业、科研院所、高校、社会组织等各类创新主体功能定位，构建开放高效的创新网络，建设军民融合的国防科技协同创新平台；改进创新治理，进一步明确政府和市场分工，构建统筹配置创新资源的机制；完善激励创新的政策体系、保护创新的法律制度，构建鼓励创新的社会环境，激发全社会创新活力。

六大转变就是发展方式从以规模扩张为主导的粗放式增长向以质量效益为主导的可持续发展转变；发展要素从传统要素主导发展向创新要素主导发展转变；产业分工从价值链中低端向价值链中高端转变；创新能力从“跟踪、并行、

领跑”并存、“跟踪”为主向“并行”、“领跑”为主转变；资源配置从以研发环节为主向产业链、创新链、资金链统筹配置转变；创新群体从以科技人员的小众为主向小众与大众创新创业互动转变。

四、战略任务

紧紧围绕经济竞争力提升的核心关键、社会发展的紧迫需求、国家安全的重大挑战，采取差异化策略和非对称路径，强化重点领域和关键环节的任务部署。

（一）推动产业技术体系创新，创造发展新优势

加快工业化和信息化深度融合，把数字化、网络化、智能化、绿色化作为提升产业竞争力的技术基点，推进各领域新兴技术跨界创新，构建结构合理、先进管用、开放兼容、自主可控、具有国际竞争力的现代产业技术体系，以技术的群体性突破支撑引领新兴产业集群发展，推进产业质量升级。

1. 发展新一代信息网络技术，增强经济社会发展的信息化基础。加强类人智能、自然交互与虚拟现实、微电子与光电子等技术研究，推动宽带移动互联网、云计算、物联网、大数据、高性能计算、移动智能终端等技术研发和综合应用，加大集成电路、工业控制等自主软硬件产品和网络安全技术攻关和推广力度，为我国经济转型升级和维护国家网络安全提供保障。

2. 发展智能绿色制造技术，推动制造业向价值链高端攀升。重塑制造业的技术体系、生产模式、产业形态和价值链，推动制造业由大到强转变。发展智能制造装备等技术，加快网络化制造技术、云计算、大数据等在制造业中的深度应用，推动制造业向自动化、智能化、服务化转变。对传统制造业全面进行绿色改造，由粗放型制造向集约型制造转变。加强产业技术基础能力和试验平台建设，提升基础材料、基础零部件、基础工艺、基础软件等共性关键技术水平。发展大飞机、航空发动机、核电、高铁、海洋工程装备和高技术船舶、特高压输变电等高端装备和产品。

3. 发展生态绿色高效安全的现代农业技术，确保粮食安全、食品安全。以

实现种业自主为核心，转变农业发展方式，突破人多地少水缺的瓶颈约束，走产出高效、产品安全、资源节约、环境友好的现代农业发展道路。系统加强动植物育种和高端农业装备研发，大面积推广粮食丰产、中低产田改造等技术，深入开展节水农业、循环农业、有机农业和生物肥料等技术研发，开发标准化、规模化的现代养殖技术，促进农业提质增效和可持续发展。推广农业面源污染和重金属污染防治的低成本技术和模式，发展全产业链食品安全保障技术、质量安全控制技术和安全溯源技术，建设安全环境、清洁生产、生态储运全覆盖的食品安全技术体系。推动农业向一二三产业融合，实现向全链条增值和品牌化发展转型。

4. 发展安全清洁高效的现代能源技术，推动能源生产和消费革命。以优化能源结构、提升能源利用效率为重点，推动能源应用向清洁、低碳转型。突破煤炭石油天然气等化石能源的清洁高效利用技术瓶颈，开发深海深地等复杂条件下的油气矿产资源勘探开采技术，开展页岩气等非常规油气勘探开发综合技术示范。加快核能、太阳能、风能、生物质能等清洁能源和新能源技术开发、装备研制及大规模应用，攻克大规模供需互动、储能和并网关键技术。推广节能新技术和节能新产品，加快钢铁、石化、建材、有色金属等高耗能行业的节能技术改造，推动新能源汽车、智能电网等技术的研发应用。

5. 发展资源高效利用和生态环保技术，建设资源节约型和环境友好型社会。采用系统化的技术方案和产业化路径，发展污染治理和资源循环利用的技术与产业。建立大气重污染天气预警分析技术体系，发展高精度监控预测技术。建立现代水资源综合利用体系，开展地球深部矿产资源勘探开发与综合利用，发展绿色再制造和资源循环利用产业，建立城镇生活垃圾资源化利用、再生资源回收利用、工业固体废物综合利用等技术体系。完善环境技术管理体系，加强水、大气和土壤污染防治及危险废物处理处置、环境检测与环境应急技术研发应用，提高环境承载能力。

6. 发展海洋和空间先进适用技术，培育海洋经济和空间经济。开发海洋资源高效可持续利用适用技术，加快发展海洋工程装备，构建立体同步的海洋观测体系，推进我国海洋战略实施和蓝色经济发展。大力提升空间进入、利用的技术能力，完善空间基础设施，推进卫星遥感、卫星通信、导航和位置服务等技术开发应用，完善卫星应用创新链和产业链。

7.发展智慧城市和数字社会技术，推动以人为本的新型城镇化。依靠新技术和管理创新支撑新型城镇化、现代城市发展和公共服务，创新社会治理方法和手段，加快社会治安综合治理信息化进程，推进平安中国建设。发展交通、电力、通信、地下管网等市政基础设施的标准化、数字化、智能化技术，推动绿色建筑、智慧城市、生态城市等领域关键技术大规模应用。加强重大灾害、公共安全等应急避险领域重大技术和产品攻关。

8.发展先进有效、安全便捷的健康技术，应对重大疾病和人口老龄化挑战。促进生命科学、中西医药、生物工程等多领域技术融合，提升重大疾病防控、公共卫生、生殖健康等技术保障能力。研发创新药物、新型疫苗、先进医疗装备和生物治疗技术。推进中华传统医药现代化。促进组学和健康医疗大数据研究，发展精准医学，研发遗传基因和慢性病易感基因筛查技术，提高心脑血管疾病、恶性肿瘤、慢性呼吸性疾病、糖尿病等重大疾病的诊疗技术水平。开发数字化医疗、远程医疗技术，推进预防、医疗、康复、保健、养老等社会服务网络化、定制化，发展一体化健康服务新模式，显著提高人口健康保障能力，有力支撑健康中国建设。

9.发展支撑商业模式创新的现代服务技术，驱动经济形态高级化。以新一代信息和网络技术为支撑，积极发展现代服务业技术基础设施，拓展数字消费、电子商务、现代物流、互联网金融、网络教育等新兴服务业，促进技术创新和商业模式创新融合。加快推进工业设计、文化创意和相关产业融合发展，提升我国重点产业的创新设计能力。

10.发展引领产业变革的颠覆性技术，不断催生新产业、创造新就业。高度关注可能引起现有投资、人才、技术、产业、规则“归零”的颠覆性技术，前瞻布局新兴产业前沿技术研发，力争实现“弯道超车”。开发移动互联技术、量子信息技术、空天技术，推动增材制造装备、智能机器人、无人驾驶汽车等发展，重视基因组、干细胞、合成生物、再生医学等技术对生命科学、生物育种、工业生物领域的深刻影响，开发氢能、燃料电池等新一代能源技术，发挥纳米、石墨烯等技术对新材料产业发展的引领作用。

（二）强化原始创新，增强源头供给

坚持国家战略需求和科学探索目标相结合，加强对关系全局的科学问题研究部署，增强原始创新能力，提升我国科学发现、技术发明和产品产业创新的整体水平，支撑产业变革和保障国家安全。

1. 加强面向国家战略需求的基础前沿和高技术研究。围绕涉及长远发展和国家安全的“卡脖子”问题，加强基础研究前瞻布局，加大对空间、海洋、网络、核、材料、能源、信息、生命等领域重大基础研究和战略高技术攻关力度，实现关键核心技术安全、自主、可控。明确阶段性目标，集成跨学科、跨领域的优势力量，加快重点突破，为产业技术进步积累原创资源。

2. 大力支持自由探索的基础研究。面向科学前沿加强原始创新，力争在更多领域引领世界科学研究方向，提升我国对人类科学探索的贡献。围绕支撑重大技术突破，推进变革性研究，在新思想、新发现、新知识、新原理、新方法上积极进取，强化源头储备。促进学科均衡协调发展，加强学科交叉与融合，重视支持一批非共识项目，培育新兴学科和特色学科。

3. 建设一批支撑高水平创新的基础设施和平台。适应大科学时代创新活动的特点，针对国家重大战略需求，建设一批具有国际水平、突出学科交叉和协同创新的国家实验室。加快建设大型共用实验装置、数据资源、生物资源、知识和专利信息服务等科技基础条件平台。研发高端科研仪器设备，提高科研装备自给水平。建设超算中心和云计算平台等数字化基础设施，形成基于大数据的先进信息网络支撑体系。

（三）优化区域创新布局，打造区域经济增长极

聚焦国家区域发展战略，以创新要素的集聚与流动促进产业合理分工，推动区域创新能力和竞争力整体提升。

1. 构建各具特色的区域创新发展格局。东部地区注重提高原始创新和集成创新能力，全面加快向创新驱动发展转型，培育具有国际竞争力的产业集群和区域经济。中西部地区走差异化和跨越式发展道路，柔性汇聚创新资源，加快先进适用技术推广和应用，在重点领域实现创新牵引，培育壮大区域特色经济和新兴产业。

2. 跨区域整合创新资源。构建跨区域创新网络，推动区域间共同设计创新议题、互联互通创新要素、联合组织技术攻关。提升京津冀、长江经济带等国家战略区域科技创新能力，打造区域协同创新共同体，统筹和引领区域一体化发展。推动北京、上海等优势地区建成具有全球影响力的科技创新中心。

3. 打造区域创新示范引领高地。优化国家自主创新示范区布局，推进国家高新区按照发展高科技、培育新产业的方向转型升级，开展区域全面创新改革试验，建设创新型省份和创新型城市，培育新兴产业发展增长极，增强创新发展的辐射带动功能。

（四）深化军民融合，促进创新互动

按照军民融合发展战略总体要求，发挥国防科技创新重要作用，加快建立健全军民融合的创新体系，形成全要素、多领域、高效益的军民科技深度融合发展新格局。

1. 健全宏观统筹机制。遵循经济建设和国防建设的规律，构建统一领导、需求对接、资源共享的军民融合管理体制，统筹协调军民科技战略规划、方针政策、资源条件、成果应用，推动军民科技协调发展、平衡发展、兼容发展。

2. 开展军民协同创新。建立军民融合重大科研任务形成机制，从基础研究到关键技术研发、集成应用等创新链一体化设计，构建军民共用技术项目联合论证和实施模式，建立产学研相结合的军民科技创新体系。

3. 推进军民科技基础要素融合。推进军民基础共性技术一体化、基础原材料和零部件通用化。推进海洋、太空、网络等新型领域军民融合深度发展。开展军民通用标准制定和整合，推动军民标准双向转化，促进军民标准体系融合。统筹军民共用重大科研基地和基础设施建设，推动双向开放、信息交互、资源共享。

4. 促进军民技术双向转移转化。推动先进民用技术在军事领域的应用，健全国防知识产权制度、完善国防知识产权归属与利益分配机制，积极引导国防科技成果加速向民用领域转化应用。放宽国防科技领域市场准入，扩大军品研发和服务市场的开放竞争，引导优势民营企业进入军品科研生产和维修领域。完善军民两用物项和技术进出口管制机制。

（五）壮大创新主体，引领创新发展

明确各类创新主体在创新链不同环节的功能定位，激发主体活力，系统提升各类主体创新能力，夯实创新发展的基础。

1.培育世界一流创新型企业。鼓励行业领军企业构建高水平研发机构，形成完善的研发组织体系，集聚高端创新人才。引导领军企业联合中小企业和科研单位系统布局创新链，提供产业技术创新整体解决方案。培育一批核心技术能力突出、集成创新能力强、引领重要产业发展的创新型企业，力争有一批企业进入全球百强创新型企业。

2.建设世界一流大学和一流学科。加快中国特色现代大学制度建设，深入推进管、办、评分离，扩大学校办学自主权，完善学校内部治理结构。引导大学加强基础研究和追求学术卓越，组建跨学科、综合交叉的科研团队，形成一批优势学科集群和高水平科技创新基地，建立创新能力评估基础上的绩效拨款制度，系统提升人才培养、学科建设、科技研发三位一体创新水平。增强原始创新能力和服务经济社会发展能力，推动一批高水平大学和学科进入世界一流行列或前列。

3.建设世界一流科研院所。明晰科研院所功能定位，增强在基础前沿和行业共性关键技术研发中的骨干引领作用。健全现代科研院所制度，形成符合创新规律、体现领域特色、实施分类管理的法人治理结构。围绕国家重大任务，有效整合优势科研资源，建设综合性、高水平的国际化科技创新基地，在若干优势领域形成一批具有鲜明特色的世界级科学研究中心。

4.发展面向市场的新型研发机构。围绕区域性、行业性重大技术需求，实行多元化投资、多样化模式、市场化运作，发展多种形式的先进技术研发、成果转化和产业孵化机构。

5.构建专业化技术转移服务体系。发展研发设计、中试熟化、创业孵化、检验检测认证、知识产权等各类科技服务。完善全国技术交易市场体系，发展规范化、专业化、市场化、网络化的技术和知识产权交易平台。科研院所和高校建立专业化技术转移机构和职业化技术转移人才队伍，畅通技术转移通道。

（六）实施重大科技项目和工程，实现重点跨越

在关系国家安全和长远发展的重点领域，部署一批重大科技项目和工程。

面向 2020 年，继续加快实施已部署的国家科技重大专项，聚焦目标、突出重点，攻克高端通用芯片、高档数控机床、集成电路装备、宽带移动通信、油气田、核电站、水污染治理、转基因生物新品种、新药创制、传染病防治等方面的关键核心技术，形成若干战略性技术和战略性产品，培育新兴产业。

面向 2030 年，坚持有所为有所不为，尽快启动航空发动机及燃气轮机重大项目，在量子通信、信息网络、智能制造和机器人、深空深海探测、重点新材料和新能源、脑科学、健康医疗等领域，充分论证，把准方向，明确重点，再部署一批体现国家战略意图的重大科技项目和工程。

面向 2020 年的重大专项与面向 2030 年的重大科技项目和工程，形成梯次接续的系统布局，并根据国际科技发展的新进展和我国经济社会发展的新需求，及时进行滚动调整和优化。要发挥社会主义市场经济条件下的新型举国体制优势，集中力量，协同攻关，持久发力，久久为功，加快突破重大核心技术，开发重大战略性产品，在国家战略优先领域率先实现跨越。

（七）建设高水平人才队伍，筑牢创新根基

加快建设科技创新领军人才和高技能人才队伍。围绕重要学科领域和创新方向造就一批世界水平的科学家、科技领军人才、工程师和高水平创新团队，注重培养一线创新人才和青年科技人才，对青年人才开辟特殊支持渠道，支持高校、科研院所、企业面向全球招聘人才。倡导崇尚技能、精益求精的职业精神，在各行各业大规模培养高级技师、技术工人等高技能人才。优化人才成长环境，实施更加积极的创新创业人才激励和吸引政策，推行科技成果处置收益和股权期权激励制度，让各类主体、不同岗位的创新人才都能在科技成果产业化过程中得到合理回报。

发挥企业家在创新创业中的重要作用，大力倡导企业家精神，树立创新光荣、创新致富的社会导向，依法保护企业家的创新收益和财产权，培养造就一大批勇于创新、敢于冒险的创新型企业家，建设专业化、市场化、国际化的职业经理人队伍。

推动教育创新，改革人才培养模式，把科学精神、创新思维、创造能力和社会责任感的培养贯穿教育全过程。完善高端创新人才和产业技能人才“二元支撑”的人才培养体系，加强普通教育与职业教育衔接。

（八）推动创新创业，激发全社会创造活力

建设和完善创新创业载体，发展创客经济，形成大众创业、万众创新的生动局面。

1. 发展众创空间。依托移动互联网、大数据、云计算等现代信息技术，发展新型创业服务模式，建立一批低成本、便利化、开放式众创空间和虚拟创新社区，建设多种形式的孵化机构，构建“孵化 + 创投”的创业模式，为创业者提供工作空间、网络空间、社交空间、共享空间，降低大众参与创新创业的成本和门槛。

2. 孵化培育创新型小微企业。适应小型化、智能化、专业化的产业组织新特征，推动分布式、网络化的创新，鼓励企业开展商业模式创新，引导社会资本参与建设面向小微企业的社会化技术创新公共服务平台，推动小微企业向“专精特新”发展，让大批创新活力旺盛的小微企业不断涌现。

3. 鼓励人人创新。推动创客文化进学校，设立创新创业课程，开展品牌性创客活动，鼓励学生动手、实践、创业。支持企业员工参与工艺改进和产品设计，鼓励一切有益的微创新、微创业和小发明、小改进，将奇思妙想、创新创意转化为实实在在的创业活动。

五、战略保障

实施创新驱动发展战略，必须从体制改革、环境营造、资源投入、扩大开放等方面加大保障力度。

（一）改革创新治理体系

顺应创新主体多元、活动多样、路径多变的新趋势，推动政府管理创新，形成多元参与、协同高效的创新治理格局。

建立国家高层次创新决策咨询机制，定期向党中央、国务院报告国内外科技创新动态，提出重大政策建议。转变政府创新管理职能，合理定位政府和市场功能。强化政府战略规划、政策制定、环境营造、公共服务、监督评估和重大任务实施等职能。对于竞争性的新技术、新产品、新业态开发，应交由市场和企业来决定。建立创新治理的社会参与机制，发挥各类行业协会、基金会、科技社团等在推动创新驱动发展中的作用。

合理确定中央各部门功能性分工，发挥行业主管部门在创新需求凝炼、任务组织实施、成果推广应用等方面的作用。科学划分中央和地方科技管理事权，中央政府职能侧重全局性、基础性、长远性工作，地方政府职能侧重推动技术开发和转化应用。

构建国家科技管理基础制度。再造科技计划管理体系，改进和优化国家科技计划管理流程，建设国家科技计划管理信息系统，构建覆盖全过程的监督和评估制度。完善国家科技报告制度，建立国家重大科研基础设施和科技基础条件平台开放共享制度，推动科技资源向各类创新主体开放。建立国家创新调查制度，引导各地树立创新发展导向。

（二）多渠道增加创新投入

切实加大对基础性、战略性和公益性研究稳定支持力度，完善稳定支持和竞争性支持相协调的机制。改革中央财政科技计划和资金管理，提高资金使用效益。完善激励企业研发的普惠性政策，引导企业成为技术创新投入主体。

探索建立符合中国国情、适合科技创业企业发展的金融服务模式。鼓励银行业金融机构创新金融产品，拓展多层次资本市场支持创新的功能，积极发展天使投资，壮大创业投资规模，运用互联网金融支持创新。充分发挥科技成果转化、中小企业创新、新兴产业培育等方面基金的作用，引导带动社会资本投入创新。

（三）全方位推进开放创新

抓住全球创新资源加速流动和我国经济地位上升的历史机遇，提高我国全球配置创新资源能力。支持企业面向全球布局创新网络，鼓励建立海外研发中心，按照国际规则并购、合资、参股国外创新型企业和研发机构，提高海外知识产权运营能力。以卫星、高铁、核能、超级计算机等为重点，推动我国先进技术和装备走出去。鼓励外商投资战略性新兴产业、高新技术产业、现代服务业，支持跨国公司在中国设立研发中心，实现引资、引智、引技相结合。

深入参与全球科技创新治理，主动设置全球性创新议题，积极参与重大国际科技合作规则制定，共同应对粮食安全、能源安全、环境污染、气候变化以及公共卫生等全球性挑战。丰富和深化创新对话，围绕落实“一带一路”战略构想和亚太互联互通蓝图，合作建设面向沿线国家的科技创新基地。积极参与和主导国际大科学计划和工程，提高国家科技计划对外开放水平。

（四）完善突出创新导向的评价制度

根据不同创新活动的规律和特点，建立健全科学分类的创新评价制度体系。推进高校和科研院所分类评价，实施绩效评价，把技术转移和科研成果对经济社会的影响纳入评价指标，将评价结果作为财政科技经费支持的重要依据。完善人才评价制度，进一步改革完善职称评审制度，增加用人单位评价自主权。推行第三方评价，探索建立政府、社会组织、公众等多方参与的评价机制，拓展社会化、专业化、国际化评价渠道。改革国家科技奖励制度，优化结构、减少数量、提高质量，逐步由申报制改为提名制，强化对人的激励。发展具有品牌和公信力的社会奖项。完善国民经济核算体系，逐步探索将反映创新活动的研发支出纳入投资统计，反映无形资产对经济的贡献，突出创新活动的投入和成效。改革完善国有企业评价机制，把研发投入和创新绩效作为重要考核指标。

（五）实施知识产权、标准、质量和品牌战略

加快建设知识产权强国。深化知识产权领域改革，深入实施知识产权战略行动计划，提高知识产权的创造、运用、保护和管理能力。引导支持市场主体创造和运用知识产权，以知识产权利益分享机制为纽带，促进创新成果知识产权化。充分发挥知识产权司法保护的主导作用，增强全民知识产权保护意识，强化知识产权制度对创新的基本保障作用。健全防止滥用知识产权的反垄断审

查制度，建立知识产权侵权国际调查和海外维权机制。

提升中国标准水平。强化基础通用标准研制，健全技术创新、专利保护与标准化互动支撑机制，及时将先进技术转化为标准。推动我国产业采用国际先进标准，强化强制性标准制定与实施，形成支撑产业升级的标准群，全面提高行业技术标准和产业准入水平。支持我国企业、联盟和社团参与或主导国际标准研制，推动我国优势技术与标准成为国际标准。

推动质量强国和中国品牌建设。完善质量诚信体系，形成一批品牌形象突出、服务平台完备、质量水平一流的优势企业和产业集群。制定品牌评价国际标准，建立国际互认的品牌评价体系，推动中国优质品牌国际化。

（六）培育创新友好的社会环境

健全保护创新的法治环境。加快创新薄弱环节和领域的立法进程，修改不符合创新导向的法规文件，废除制约创新的制度规定，构建综合配套精细化的法治保障体系。

培育开放公平的市场环境。加快突破行业垄断和市场分割。强化需求侧创新政策的引导作用，建立符合国际规则的政府采购制度，利用首台套订购、普惠性财税和保险等政策手段，降低企业创新成本，扩大创新产品和服务的市场空间。推进要素价格形成机制的市场化改革，强化能源资源、生态环境等方面的刚性约束，提高科技和人才等创新要素在产品价格中的权重，让善于创新者获得更大的竞争优势。

营造崇尚创新的文化环境。大力宣传广大科技工作者爱国奉献、勇攀高峰的感人事迹和崇高精神，在全社会形成鼓励创造、追求卓越的创新文化，推动创新成为民族精神的重要内涵。倡导百家争鸣、尊重科学家个性的学术文化，增强敢为人先、勇于冒尖、大胆质疑的创新自信。重视科研试错探索价值，建立鼓励创新、宽容失败的容错纠错机制。营造宽松的科研氛围，保障科技人员的学术自由。加强科研诚信建设，引导广大科技工作者恪守学术道德，坚守社会责任。加强科学教育，丰富科学教育教学内容和形式，激发青少年的科技兴趣。加强科学技术普及，提高全民科学素养，在全社会塑造科学理性精神。

六、组织实施

实施创新驱动发展战略是我们党在新时期的重大历史使命。全党全国必须统一思想，各级党委和政府必须切实增强责任感和紧迫感，统筹谋划，系统部署，精心组织，扎实推进。

加强领导。按照党中央、国务院统一部署，国家科技体制改革和创新体系建设领导小组负责本纲要的具体组织实施工作，加强对创新驱动发展重大战略问题的研究和审议，指导推动纲要落实。

分工协作。国务院和军队各有关部门、各省（自治区、直辖市）要根据本纲要制定具体实施方案，强化大局意识、责任意识，加强协同、形成合力。

开展试点。加强任务分解，明确责任单位和进度安排，制订年度和阶段性实施计划。对重大改革任务和重点政策措施，要制定具体方案，开展试点。

监测评价。完善以创新发展为导向的考核机制，将创新驱动发展成效作为重要考核指标，引导广大干部树立正确政绩观。加强创新调查，建立定期监测评估和滚动调整机制。

加强宣传。做好舆论宣传，及时宣传报道创新驱动发展的新进展、新成效，让创新驱动发展理念成为全社会共识，调动全社会参与支持创新积极性。

全党全社会要紧密团结在以习近平同志为总书记的党中央周围，把各方面力量凝聚到创新驱动发展上来，为全面建成创新型国家、实现中华民族伟大复兴的中国梦而努力奋斗。

品牌建设

PINPAI JIANSHE

更多精彩内容，请扫码观看

中国制造2025助力打造世界品牌

2015年5月19日，国务院正式印发《中国制造2025》。报告制定的战略任务之一就是加强质量品牌建设，鼓励企业追求卓越品质，形成具有自主知识产权的名牌产品，不断提升企业品牌价值和中国制造整体形象。

我国一贯重视本土品牌的发展。华为、中兴、海尔、联想等一批品牌已经成为名副其实的世界品牌。当然，我国制造业品牌建设也存在一些问题，不容小觑。

第一，世界品牌数量少。全球最大的综合性品牌咨询公司interbrand每年公布的《最佳全球品牌》排行榜中，中国直到2014年才有华为1家企业首次入选全球100强。

第二，创新研发能力弱。我国制造业企业500强2012年的研发费用占营业收入的平均比例仅为1.87%。2013年规模以上制造业研发经费占主营业务收入的比重仅为0.85%。国际上普遍认为这一比例达到2.5%时，企业方可维持生存，5%以上时才具有市场竞争力。

第三，投入产出效率低。2012年我国制造业劳动生产率为15.2万美元，而同期美国为37.0万美元、日本为30.5万美元。从产业结构看，我国低端产业比重高，具有高产出、高附加值特性的高技术产业比重不足。

第四，产品质量水平差。2013年，美国消费品安全委员会全球召回290起不安全产品，按原产地涉及频次统计共计321次。其中产自中国大陆地区的产品达179次。国家监督抽查产品质量不合格率高达10%，出口商品长期处于国外通报召回问题产品数量首位，制造业每年直接质量损失超过2000亿元，间接

损失超过万亿元。

第五，品牌管理被忽视。我国企业在品牌设计、品牌建设和品牌维护等方面投入严重不足。一方面，多数企业没有建立起公司内部专门的品牌管理组织，缺乏品牌战略管理的专业人员。另一方面，一些企业目光短浅，仅追求短期利益。

加快培育中国制造世界品牌可以从五方面入手：

一、落实完善技术创新政策。积极贯彻落实《中国制造2025》《工业和信息化部关于加快推进工业强基的指导意见》等文件精神，继续实施工业转型升级强基工程以及工业产品质量提升行动计划，提升工业发展的质量和效益，使产品的稳定性、可靠性、适用性等指标达到国际先进水平。

二、推广质量管理模式技术。一是通过设立政府质量奖、组织领先示范企业评选活动等方式，引导和激励企业提高质量。二是开展质量管理培训和辅导，用科学的管理制度、标准和方法对包括人员、设备、物料、方法、环境和信息等在内的各生产要素进行有效的计划、组织、协调、控制和检测。三是提高企业质量跟踪及监测能力。

三、打造全面质量监管体系。一是参照国际先进经验，建立和完善质量标准体系、质量认证体系、质量检测检验体系、安全预警和快速反应体系，形成贯穿产品设计研制、生产、检验、销售、交付全过程的质量安全管理体系。二是鼓励行业协会、标准化组织、联盟等第三方机构参与质量监管，实行产品质检结果和品牌评价的互认互保。三是通过政府干预消除外部性，推进质量诚信体系建设，建立质量失信黑名单并向社会公布，加大对质量违法和假冒品牌行为的打击和惩处力度。

四、支持优势品牌培育计划。一是大力培育知识产权服务品牌机构，向企业开展品牌管理咨询、市场推广等服务。二是支持业内专家向企业传授品牌知识，鼓励企业主动参与品牌标准的制订修订。三是按照“品牌产品—品牌企业—品牌产业—品牌经济”的发展思路，建立优势品牌评选机制。对于市场占有率高、具有高附加值的品牌给予税收奖励。

五、鼓励本土品牌走向世界。一是在借鉴国际标准的基础上，完善具有中国特色的品牌价值评价体系。二是加强品牌境外知识产权保护，建立健全预警应急机制、海外维权和争端解决机制。三是打造公开信息平台，提供世界品牌发展现状及趋势的信息服务，建立品牌走出去环境信息库。四是设立海外推广基金，加大中国品牌对外宣传推广力度，树立中国制造品牌良好形象。五是加强本土品牌与世界品牌的国际合作交流。

新常态下民族品牌建设全面提速

从纽约曼哈顿的“中国屏”到2017年夏天《战狼2》的“无偿植入”，从政府反复强调其重要性，到连发政策措施并落实，中国民族品牌建设以及推广正在全面提速。专家表示，经济新常态下，振兴民族品牌有利于弘扬质量至上、精益求精的工匠精神，未来民族品牌建设还将和“一带一路”倡议形成互相促进的重要力量。在这个过程中，品牌需要充分的信息交流，也需要主动推介，因此对品牌进行有效传播，意义重大。

中国品牌走向世界

这个夏天最火爆的电影是《战狼2》，电影中男主角冷锋在非洲喝茅台酒，开吉普的场景被很多观众津津乐道。目前《战狼2》已经凭借票房优势成为第一部进军全球票房前100的中国影片，数十亿的票房和大噪的名声也让这些品牌有了极高的曝光度。而据电影导演吴京介绍，这些都不是植入广告，茅台、吉普等民族品牌是中国的“名片”。

电影并非中国品牌走向世界的唯一平台。在美国纽约市曼哈顿的一块繁华街区，有一个被称为“世界的十字路口”的时报广场（Times Square），这里的年均游客流量4000万人次、人员流量1亿人次，被视为“吸引全球目光”的最佳窗口之一。广场上，有一块著名“中国屏”，也是中国卓越品牌走向世界的优质平台。这块屏幕位于时报广场2号楼，显示屏高约19米，宽约12米。近年来，越来越多的中国广告片出现在这里，中国品牌也因此成了时报广场上一道亮丽风景。

“中国屏”是新华社全资子公司所租用的，为了服务国家发展战略，新华社近年来在逐渐加大对民族品牌的传播力度。近日，新华社正式启动“民族品牌工程”，未来将利用丰富的媒体资源、强大的传播实力和智库力量，为我国优秀民族企业进一步扩大品牌影响力提供有效渠道，为唱响中国品牌加油助力，为我国民族企业进一步走向世界铺路架桥。

“民族品牌工程”是为民族品牌企业服务的系统工程，由两大体系构成。

一是传播体系，由《参考消息》《新华每日电讯》《经济参考报》《瞭望》和《半月谈》等21种报刊、新华网和“新华社”客户端等网络媒体集群、以“新华社”为名号的国内外社交媒体集群、户外大屏集群、新华电视和新华广播构成全媒体、全覆盖传播网络，为民族品牌辟出专门版面、页面和时段，高密度、立体化传播优秀民族品牌，确保达到百亿人次的传播效果。

二是服务支撑体系，由新华社下属的中国经济信息社、中国财富传媒集团、中国广告联合有限公司和中国环球公共关系有限公司形成专业优势互补的联合体，为入选的民族品牌企业提供智库咨询、市场信息、品牌拓展和“一带一路”项目对接等全方位、个性化服务。

三大关键词浮现

中国经济正处于转型升级的关键时期。新常态下，一是在短期内有效推进“三去一降一补”；二是尽快形成新的增长动能以取代传统增长动能。而在这个过程中，品牌建设将紧紧围绕三个关键词展开。

第一个关键词是结构性改革。把品牌建设作为供给侧结构性改革的重要切入点，目前已是业界共识。

当前，我国经济发展已经进入新常态，增速换挡、结构优化、动力转换三大特征越来越明显。经济数据显示，战略性新兴产业和高技术产业增加值和企业利润多月来一直保持了两位数以上的增长率，目前消费对经济贡献率已超过六成，服务业占经济的比重超过了50%。而在这个换挡过程中，大力推动品牌建设、发展品牌经济，能够进一步助力我国制造业向上游的研发设计环节攀升、向下游的营销服务环节延伸，带动产业结构优化升级。

对此，中国社会科学院学部委员汪同三表示，我国虽然可以从多方面去实现改革的突破，但是解决中国品牌升级转型问题，以品牌为核心整合各种经济要素，一定是推进供给侧结构性改革很好的突破口。他认为，品牌不仅是企业核心竞争力的体现，更是国家核心竞争力的体现。要通过品牌建设，推动企业转型升级，提高国际化经营水平，实现由规模扩张向追求质量效益转变，由价值链低端向价值链高端转变。

第二个关键词是工匠精神。2016 年和 2017 年的《政府工作报告》两次对“工匠精神”进行强调。企业要增品种、提品质、创品牌，未来还要实现从“工匠精神”到“工匠文化”，从“中国工匠”到“中国品牌”的升级，推动中国经济发展进入质量时代。有分析称，中国被称为“世界工厂”，在全球制造业产出占比从 2000 年的 7% 到目前已实现数倍的提升。但是，随着经济结构转型的深入，未来还需要有大批产业工人通过潜心努力不断提升工艺水平，实现制造大国向制造强国、中国制造向中国智造的升级，提高“中国造”的含金量和竞争力。

第三个关键词是“一带一路”。“一带一路”和品牌建设是“命运共同体”，推进“一带一路”倡议有助更好地打造中国品牌，而越来越多中国品牌走出国门，也有利于“一带一路”倡议的进一步落实。因此，实施品牌战略是落实“一带一路”倡议的必然选择，具有重大战略意义。政府和企业要借助“一带一路”倡议开展品牌国际化，积极推动品牌建设。

北京信息科技大学经济管理学院院长、教授葛新权表示，政府相关部门应在实施品牌战略中，根据“一带一路”倡议需要，借鉴国际品牌建设经验，加强品牌顶层设计，明确指导思想、基本原则、总体目标、主要任务和保障措施；要求政府相关部门，鼓励科研院所与高校，以及社会第三方中介机构建立品牌研究、人才培养与推广机构，在机制、体制、政策与管理上创新，打造品牌交流平台。

品牌也是国家战略

在中共中央、国务院印发的《国家创新驱动发展战略纲要》中，“品牌”

这个词出现了9次，《战略纲要》还特别提出，推动质量强国和中国品牌建设。完善质量诚信体系，形成一批品牌形象突出、服务平台完备、质量水平一流的优势企业和产业集群。制定品牌评价国际标准，建立国际互认的品牌评价体系，推动中国优质品牌国际化。

而作为国家战略，品牌建设近年来所获得的政策红包也越来越多。2016年6月，国务院办公厅印发《关于发挥品牌引领作用推动供需结构升级的意见》，围绕主要任务，按照可操作、可实施、可落地的原则，提出了品牌基础建设工程、供给结构升级工程、需求结构升级工程等三项重大工程。

与此同时，一系列的政策措施也在加速落地。2017年5月10日，经国务院批准设立，为了扩大自主品牌的知名度和影响力，我国迎来首个“中国品牌日”。专家表示，这是首次以官方身份而且是国务院级别提出设立，标志着“发挥品牌引领作用”上升到了前所未有的高度。复旦大学企业管理系教授苏勇表示，“中国品牌日”的设立无疑释放了一个强烈信号，即在经济转型升级的重要时刻，中央政府开始进一步强调品牌创建的重要性。这也意味着，有关中国品牌建设的任务将被提到新时期的重要议事日程上。

值得一提的是，《关于发挥品牌引领作用推动供需结构升级的意见》提出要大力宣传知名自主品牌，讲好中国品牌故事。对此，新华社民族品牌工程有关负责人表示，品牌塑造是民族企业价值提升的关键。对于一个企业来说，品牌是存在与发展的灵魂，体现着企业的文化、传统、精神和理念，代表着企业的竞争力，更是企业价值提升的重要表现，因此对品牌进行有效传播，意义重大。

《中国民族品牌企业社会责任研究报告（2017）》在上海发布

2018年5月9日，《中国民族品牌企业社会责任研究报告（2017）》（以下简称《报告》）在沪发布。《报告》由中国经济信息社、中国社科院企业社会责任研究中心联合研制，基于中国民族品牌100强社会责任公开数据，通过系统的行业访谈、市场调查和研究分析，选取20家企业典型案例进行深入剖析，全面系统地呈现了民族品牌企业履行社会责任的特点和趋势。

《报告》指出，民族品牌企业履行社会责任呈现履责理念普遍增强、履责方向趋于一致、履责内涵方式丰富多元和履责实践创新成效显著等方面特点。

中国社科院企业社会责任研究中心主任钟宏武认为，企业的本质责任是用战略和业务来解决社会、环境问题，满足人民对美好生活的需要。整体来看，中国民族品牌企业对履行社会责任的重要意义认识在强化，但仍待建立健全社会责任管理体系，提升履责透明度。

此次报告发布是新华社民族品牌工程“中国品牌日”系列活动之一，月星集团、康师傅集团、上汽集团旗下安吉物流等为发布会提供会务协助。

李克强就加强品牌建设作出重要批示

5月10日，2018年中国品牌日活动在上海拉开帷幕。中共中央政治局常委、国务院总理李克强就加强品牌建设作出重要批示。批示指出：加强品牌建设，增加优质供给，是实现高质量发展、更好满足人民群众对美好生活需要的重要内容。近年来，在各方共同努力下，我国品牌建设取得积极进展。新形势下，各地区、各部门要以习近平新时代中国特色社会主义思想为指导，认真贯彻党中央、国务院决策部署，坚持以推进供给侧结构性改革为主线，立足我国实际，借鉴国外经验，深入实施创新驱动发展战略，促进提高全要素生产率和企业综合竞争力，以大众创业、万众创新和“互联网+”汇聚各方面力量，瞄准人民群众的新需要和不断升级的市场需求，着力增品种、提品质、创品牌，弘扬企业家精神和工匠精神，使更多中国品牌伴随中国制造走向世界、享誉世界。

中共中央政治局委员、国务院副总理胡春华出席首届中国自主品牌博览会开幕式，宣布博览会开幕，并巡视了中央企业整体形象展示区和上海市展区等。随后，胡春华出席中国品牌发展国际论坛并致辞。

胡春华指出，加快品牌发展是推动经济高质量发展的必由之路，是顺应人民美好生活新期待的客观要求，是增进全球消费者福利的多赢选择。中共十八大以来，中国政府对加强品牌发展作出一系列部署。在各方共同努力下，中国品牌发展日新月异，企业品牌意识不断增强，品牌创建行动广泛展开，品牌发展的环境越来越好。

胡春华强调，中国将结合自身国情，遵循品牌发展一般规律，推行更高质量标准，增强创新发展支撑，健全法律法规体系，优化市场竞争环境，加强专业人才培养，营造良好社会氛围，努力走出一条具有中国特色的品牌发展道路。

胡春华倡议，各国企业要充分发挥市场主体作用，把握好中国对外开放的重大机遇，用好“一带一路”国际合作平台，相互交流、相互借鉴、加强合作，广大消费者、行业协会、第三方机构、新闻媒体等都要积极参与，共同推动品牌事业不断向前发展。

活动结束后，胡春华赴上海自贸试验区浦东新区企业服务中心进行调研，并考察了有关企业。

中国将推动成立世界品牌联盟 打造科学评价体系

2018年12月4日，由中国品牌建设促进会、新华社、国资委新闻中心等部门联合举办的“2019中国品牌价值评价信息发布暨中国品牌5·10晚会”新闻发布会在博鳌举行。与会专家表示，我国目前正在推动成立世界品牌联盟，将按照新的品牌评价国际标准向全球发布“世界品牌榜”，以建立更加科学公正的国际品牌价值评价发布机制，推动不同体制国家的品牌经济共同发展。

中国品牌建设促进会理事长刘平均表示，经过30多年的不断努力，我国产品质量总体已经达到中等发达国家水平。但在我国推进经济高质量发展的同时，假冒伪劣问题仍然存在。当前我国一方面要加大对假冒伪劣产品的惩治力度，保护消费者权益，另一方面要大力宣传中国优秀品牌正能量，增强消费者对中国品牌的信心。

刘平均说，2019年“中国品牌日”期间举办的首届“中国品牌5·10晚会”，不仅要让消费者通过“3·15晚会”知道哪些产品不好，免受假冒伪劣的侵害，更要让消费者通过中国品牌榜公益发布和“5·10晚会”了解更多中国的优秀品牌，满足消费需求，推动我国供需结构的产业升级和供给侧改革。

新华社副社长兼秘书长刘正荣表示，让更多中国品牌成为世界名牌是一个系统的工程，需要全社会方方面面的支持和参与。新华社始终重视传播中国品牌，服务中国品牌。2017年6月，新华社集聚全社媒介资源传播渠道和智库力量，实施民族品牌工程，旨在为响应中国品牌加油助力，为中国民族品牌进一步走向世界铺路架桥。

国务院国资委新闻中心主任毛一翔表示，品牌是企业乃至国家竞争力的综合体现。目前，央企在多个领域形成了一批自主品牌，未来还将对标世界一流企业，全面提升产品服务质量、标准档次和品牌影响力。而要打造更多世界知名品牌，既要发挥企业主体作用，切实增强品牌意识，在不断提升产品质量的基础上持续创新，同时也要完善相关法律法规，建立健全科学的、国际社会广泛认同的品牌评价标准，为品牌建设提供可量化、可对标的工具。另外，还要营造良好社会氛围，凝聚社会共识，共同推动自主品牌建设。

活动概览

HUODONG GAILAN

更多精彩内容，请扫码观看

民族的也是世界的
首批“民族品牌工程”入选企业出炉

2017年8月26日，新华社“民族品牌工程”首批入选企业签约仪式在北京举行。该工程将依托新华社媒体集群的传播力和经济智库的强大实力，为民族企业走向世界铺路架桥。

首批入选“民族品牌工程”的企业包括恒大集团、碧桂园、茅台集团、五粮液、泸州老窖、东风汽车、格力电器、光大银行、北新建材、海航集团、伊利、张裕公司、扬子江药业等。

新华社打造的“民族品牌工程”，为我国优秀民族企业进一步发力海外市场、加快品牌国际化进程提供了高规格、高质量、高水准的平台，对中国品牌走向世界具有重要意义。

民族品牌要赢得世界的认可，优秀的产品是基础。企业只有掌握核心科技，增强质量意识，才能制造出让消费者认可的产品，品牌传播才有价值。没有好的产品而只谈传播，是对消费者不负责任，更是对民族品牌和中国制造形象的不负责任。

“格力多年来坚持走自主创新的道路，产品质量深受用户的认可和信赖，目前已处于全球空调行业领先地位。”格力电器董事长董明珠说，中国制造相比以往有了突飞猛进的进步，很多产品已经全球领先，但在一些消费者心目中，中国制造还戴着“低质低价”的帽子，这说明我们对民族品牌的传播还远远不够。

国务院参事室综合司司长吴润彪认为，民族品牌是国家名片，既是一个国家的“硬实力”，也是一个国家“软实力”的重要体现。扩大民族品牌的影响

力和美誉度是一项系统工程，其核心是企业要苦修“内功”，锤炼打磨工匠精神，坚守诚信经营的灵魂。此外，还需要政府的支持、公众的参与、媒体的传播，把优秀企业的品牌、故事、文化挖掘出来、传播出去，让更多人知道、了解和关注中国的民族品牌。

“随着经济全球化深入发展，世界进入品牌经济时代，各个领域的竞争已经越来越集中地表现为品牌竞争。”国家发展改革委宏观经济管理编辑部主任宋承敏说，在媒体的大变革时代，推动民族品牌发展，尤其需要新闻媒体发挥舆论引领作用，讲好品牌故事、传播品牌声音。

据介绍，新华社“民族品牌工程”依托强大媒体资源优势，计划在信息通信、电子制造、汽车制造、中医药、食品饮料、房地产、交通运输、互联网服务、绿色农业和金融服务等10个行业各选择2—3家优秀企业，作为重点传播和服务对象。“工程”还计划联合学术机构发布年度《中国民族品牌价值研究报告》和《中国民族品牌传播效果评估报告》。

服务好“一带一路”建设是新华社义不容辞的责任

2017年12月12日，新华社副社长兼秘书长刘正荣在2017中国企业家博鳌论坛上致辞时指出，新华社拥有丰富的媒体资源、强大的智库研究能力和专业的经济信息服务体系，服务好“一带一路”建设，是新华社义不容辞的责任。

据刘正荣介绍，“新华丝路”“新华财经”“新华信用”和“民族品牌工程”，都是新华社参与“一带一路”建设、服务民族企业“走出去”的服务平台，形成了全面信息服务、权威信用评价、高端智库支撑、立体品牌拓展为特色的多层次综合服务体系。

其中，“新华丝路”服务平台致力于为参与“一带一路”建设的机构和企业提供线上全流程咨询和线下一站式服务，目前已拓展到全球50多个国家和地区；“新华财经”是新华社建设的另一大专业财经服务平台，主要为金融机构提供财经金融资讯和要素市场数据服务。

据刘正荣介绍，在国家发改委的支持和指导下，新华社中国经济信息社承担了“新华信用”国家级信用信息平台建设任务，今天正式上线，为用户提供平台化系列信用产品和服务。

新华社还于2017年6月启动了“民族品牌工程”。刘正荣说，这一工程将利用新华社强大的传播实力和雄厚的智库力量，为唱响中国品牌加油助力，为我国民族企业以昂扬姿态走向世界铺路架桥。

“举办中国企业家博鳌论坛的目的，是为企业家们提供交流的场合，分享信息、智慧和机会，促进企业之间的合作，共同为‘一带一路’建设作出贡献。”

刘正荣表示，新华社愿意同各方一道，贯彻“共商、共建、共赢”理念，深化交流、扩大合作，努力多做事、做实事，共同创造更加美好的明天。

支持爱护民族企业是大家的责任

——在“民族品牌工程”入选企业签约仪式上的讲话

刘正荣

各位朋友：

大家下午好。刚才各位专家都给予新华社“民族品牌工程”较高的评价，14 家知名民族品牌企业是以实际行动表明了对新华社“民族品牌工程”的高度认同。今天这一幕，是一个精彩故事的刚刚开始，实施这一工程的意义也许将超出我们目前的认知程度。

让更多中国品牌成为世界名牌，是我们共同的愿望。实现这一愿望，不是一件简单的事，而是一个系统工程。完成好这样的工程，需要全社会方方面面的支持。新华社实施“民族品牌工程”，就是想为我们的民族企业做一件实事。看来，这件事做对了，社会各界的积极反应证明了这一点。

实施好“民族品牌工程”，需要有定力，因为这不是一日之功。随着更多积极的力量参与到这一工程中来，可做的事情会越来越多，这一工程的内涵也将越来越丰富。三天前，京东的刘强东先生来到新华社，他对我说，京东希望与其他企业一道走向“一带一路”，让世界上更多的人享受到中国产品、中国服务。我个人很认同他的想法，也很欣赏这样的格局。

现在看来，大家都在思考如何为“一带一路”建设贡献力量。为汲取各方面的智慧，也为了把“民族品牌工程”搞得更好，定于 10 月中旬，由中国经济信息社、中国财富传媒集团、瞭望智库、中国名牌杂志社联合举办“中国民族企业走向世界座谈会”，同时将向大家介绍我们蔡名照社长倡导建设的“新华丝路”服务体系，欢迎大家届时参加。

实施好“民族品牌工程”，需要我们有一颗对民族企业的爱护之心。办好一个企业不容易，成为一家知名企业更不容易。支持爱护民族企业是我们大家的责任，我们要充分认识到企业发展对壮大国家实力的重要性，多做对企业好的事，多说对企业好的话，自觉地为我国民族企业发展营造良好环境。在实施“民族品牌工程”中，我的同事们将以实际行动向大家证明三点：一是处处体谅企业，二是事事与企业商量，三是天天与企业一起做事。

朋友们，我们一起撸起袖子加油干，为了我们民族企业的兴旺，为了我们国家的强盛，为了我们梦想的实现。

谢谢大家！

给国企成就点赞 为国企改革发展营造良好舆论氛围

刘正荣

2018年4月21日，由国务院国资委新闻中心、国务院国资委研究中心、经济参考报社共同主办的第二届中国企业改革发展论坛在北京举办。新华社副社长刘正荣出席并致辞。

刘正荣表示，国资委作为国企改革发展的主要推动者和组织者，统筹布局、试点先行，多领域改革协同推进，国有企业发展活力得到有效释放，整体实力得到显著提升，应该为国有企业发展取得的重大成就点一个大大的赞。

以下为演讲实录：

尊敬的乐江部长、亚庆主任，同志们、朋友们：大家上午好！很高兴，我们再次相聚在第二届中国企业改革发展论坛。首先，作为主办方之一，我代表新华社，对各位嘉宾的到来表示热烈的欢迎，感谢本届论坛的共同主办方国务院国资委，感谢中国发展研究基金会、中国企业改革与发展研究会、中信改革发展研究基金会等协办单位对本届论坛的大力支持！

党的十九大开启了中国特色社会主义新征程，为中国经济的转型发展指明了方向路径、描绘了壮阔前景。十九大报告指出，要深化国有企业改革，发展混合所有制经济，培育具有全球竞争力的世界一流企业。作为中国特色社会主义的重要物质基础和政治基础，国有企业是党执政兴国的重要支柱和依靠力量，必须深入贯彻党的十九大精神，不断做强做优做大，更好地服务国计民生，更

好地服务决胜全面建成小康社会、实现“两个一百年”奋斗目标和中华民族伟大复兴的中国梦。

改革开放40年来，国有企业改革在改革开放全局中始终处于重要地位，是党和政府高度重视、人民群众普遍关心的重大工作。党的十八大以来，以习近平同志为核心的党中央高度重视深化国有企业改革，进行一系列顶层设计，作出一系列决策部署，为国企改革提供了根本遵循。国务院国资委作为国企改革发展的主要推动者和组织者，统筹布局、试点先行，多领域改革协同推进，国有企业发展活力得到有效释放，整体实力得到显著提升。我们应该为国有企业发展取得的重大成就点一个大大的赞！

新华社作为党中央“喉舌”“耳目”和国家通讯社，为国有企业改革提供强大舆论支持和信息服务，是应尽之责。2015年，新华社与国资委签订了战略合作协议。三年来，在双方共同努力下，新华社构建起了由《经济参考报》牵头、各相关部门共同参与的国资国企信息传播服务平台。

下一步，新华社将在国资委等部门的支持下，进一步大力宣传党中央、国务院关于国资国企改革发展的重大部署和政策举措，深入报道各类所有制企业特别是国有企业改革发展中的新典型、新经验、新成就，依托新华社覆盖全球的新闻传播服务体系，做好中国企业开展国际互利合作的报道，并围绕国有企业改革发展中面对的新情况，组织智库力量深入开展调查研究、提出对策建议。

我们将积极配合国资委的工作，推动新华社和国资委的战略合作迈上新台阶，为国有企业更好更快发展营造良好舆论氛围，提供强大信息服务。

最后，祝本届论坛取得圆满成功！谢谢大家。

浔龙河以党建为引领推动乡村振兴战略的实践经验值得借鉴学习

党中央国务院高度重视民族品牌建设，将品牌战略与供给侧改革、“一带一路”、乡村振兴等紧密结合提升到国家战略层面。国家政策的支持，为培育民族品牌繁荣发展迎来了历史性的机遇。乡村振兴战略的提出，给中国乡村带来了革命性与历史性的变化，也必将带动涉农产业实现突破性的增长，尤其会涌现出一批大而强的涉农品牌，品牌化将成为乡村振兴的必由之路。

在此政策的引导下，浔龙河入选新华社民族品牌工程“成长之星”，为乡村振兴战略提供和分享卓越案例的经验，并树立品牌典范。浔龙河村党总支第一书记、中国城镇化促进会副主席柳中辉，于2018年3月16日赴京向新华社副社长刘正荣汇报工作。

柳书记表示，浔龙河以党建为引领，通过推动土地集中流转、环境集中治理、村民集中居住的“三集中”，蜕变成“全国美丽乡村示范村庄”。通过工商资本下乡，推动生态、文化、教育、康养和旅游等五大产业的振兴，力争为解决三农问题提供理论和实践支撑，为中国农村改革创新提供具有示范意义的实践经验。

刘正荣副社长在听完柳书记的汇报后，对浔龙河乡村振兴的探索与实践所取得的成就给予了充分肯定，对浔龙河以党建为引领的政治站位推动乡村振兴战略的举措表示了高度认可和赞扬。同时指出，在产业振兴上，关注民生，保护生态，维护好老百姓利益是乡村振兴战略的重中之重，新华社打造的民族品牌工程也将为新时代党的坚强领导和人民利益发挥应有的力量。

最后，刘副社长题字，赠送十九大《伟大复兴》纪念邮册勉励柳中辉书记不忘初心、牢记使命、做出更好的成绩！

“新华社民族品牌工程·汽车行动”启动

张永平

2018年6月24日，奇瑞汽车入选新华社民族品牌工程仪式在北京举行。新华社总经理室总经理张永平在出席仪式时宣布，在新华社民族品牌工程启动一周年之际，“新华社民族品牌工程汽车行动”正式启动。

以下是新华社总经理室总经理张永平讲话全文：

尊敬的尹同跃董事长、尊敬的王侠会长、尊敬的各位来宾：

大家下午好！

今天是几喜临门的好日子。去年的今日，新华社民族品牌工程正式启动。在一周年到来之际，奇瑞汽车正式入选新华社民族品牌工程！在此，请允许我代表新华社总经理室和民族品牌工程办公室，对奇瑞汽车的入选，表示热烈欢迎！对拨冗出席入选仪式的各位领导和来宾，表示衷心感谢！

奇瑞汽车是继东风汽车之后，第二个入选新华社民族品牌工程的汽车品牌。目前还有几家知名汽车企业正在完善入选合作方案。为此，今天我宣布，“新华社民族品牌工程汽车行动”正式启动。

党的十八大以来，党中央国务院高度重视品牌建设，提出“品牌强国”国家发展战略。新华社作为国家通讯社，始终坚持围绕中心服务大局，自觉参与和服务国家发展战略。2017年6月，新华社正式启动实施民族品牌工程，旨在整合新华社丰富的媒体资源，强大的传播能力以及专业的智库力量，为我国优秀民族品牌进一步扩大影响力提供有效的推广渠道，为唱响中国品牌加油助力，为我国民族品牌进一步走向世界铺路架桥。

经过一年的实践，新华社民族品牌工程建立了完善的服务体系，受到社会各界广泛好评。我们严格坚持标准，尊重企业意愿。截至目前，已有 30 个品牌成功入选。

“新华社民族品牌工程汽车行动”是新华社民族品牌工程第一个在垂直行业实施的子系统工程。目的是整合社内外资源，搭建权威专业的汽车全媒体传播平台和综合信息服务平台，提供品牌推广、市场分析、战略咨询、智库研究、展览展示等一系列服务，助力品牌提升，建立话语体系，为我国汽车产业的发展做出积极贡献。

奇瑞汽车今天入选民族品牌工程，同时成为我们汽车行动的重要对象。遥想 21 年前，安徽芜湖还是一个路上见不到几辆车的内陆小城。一位热血青年，却怀揣汽车梦想来到这里扎根，白手起家开创了奇瑞汽车，更是把毕生的心血和智慧都奉献在了这里。经过 20 余年的发展拼搏，奇瑞汽车已经成为中国汽车品牌的领军企业之一。今日，这位青年，已生了许多白发，他就是尹同跃董事长。尹董事长曾经说过，“干不成，跳长江！”这个义无反顾的声音至今仍然振聋发聩，这种舍我其谁的英雄气概至今令人感慨万千。就像中国的奇迹一样，每个行业都有着自己的传奇，而这些传奇正是由一个个像尹同跃董事长一样的领军人物缔造的。

今天，我们共同见证奇瑞汽车入选，新华社民族品牌工程大家庭又添新成员。我们将围绕奇瑞汽车发展战略，定制系统化的推广方案，依托新华社民族品牌工程全媒体传播和服务支撑两大体系，为奇瑞汽车进一步提升影响力提供有力支持。

我们将拿出全部的真心和大家一起塑造中国的民族品牌，我相信随着一批中国民族品牌的崛起，我们会更加自豪地面向世界，走向世界。

谢谢大家！

望"未来之星"茁壮成长

2018年6月2日，"新华社民族品牌工程·未来之星"服务行动正式在北京启动，"浔龙河"成为首个入选品牌。

新华社总经理室总经理张永平在启动仪式上介绍了新华社启动"新华社民族品牌工程·未来之星"服务行动的初衷。他表示，新华社民族品牌工程服务"未来之星"行动旨在助力"创新中国""美丽中国""健康中国"的建设，为创新型、成长型民族品牌提供传播平台，将在信息技术、美丽乡村建设、环境保护、医药食品和工业制造五大领域遴选15个品牌主体作为"未来之星"。

张永平介绍说，浔龙河曾是湖南省级贫困村，九年来以党建为引领，对乡村资源、治理结构、乡村文明进行重构，不仅摘掉了贫困帽，而且蝶变为全国文明村镇、全国美丽宜居村庄。可以说浔龙河是中国农村发生翻天覆地变化的缩影。新华社民族品牌工程服务"未来之星"行动将围绕浔龙河的发展战略，量身定制系统化的服务方案，为"浔龙河"品牌进一步扩大影响力提供支持。

为服务品牌强国战略，新华社启动"民族品牌工程·未来之星"服务行动，运用新华社丰富的媒体资源、强大的传播实力和专业的智库力量，为我国优秀民族企业进一步扩大品牌影响力提供有效渠道，为唱响中国品牌加油助力，为我国民族企业进一步走向世界铺路架桥。

张永平在致辞中表示，"新华社民族品牌工程·未来之星"服务行动将坚持高品位、高格调、高要求，为入选企业的品牌塑造和品牌传播提供扎实有效的服务，希望"未来之星"茁壮成长，共同奏响中国民族品牌的最强音，为实现中华民族伟大复兴的中国梦贡献力量！

高铁是民族品牌在世界舞台的“靓丽名片”对企业的品牌传播价值重大

张永平

新华社民族品牌工程专列，从2018年11月16日起，飞驰在京沪线和京广线上。专列通过车身、海报、广播、LED显示屏等形式，展示民族品牌企业的品牌形象。

11月16日，在上海举行的首发仪式上，新华社总经理室总经理张永平致辞演讲。以下是他的发言实录：

尊敬的各位来宾：

大家好！

一日之计在于晨。在这样一个充满希望的清晨，请允许我代表新华社总经理室和民族品牌工程办公室，对上海铁路局、华铁传媒的周到安排以及各位民族品牌工程入选企业代表的鼎力支持表示感谢！对新华社民族品牌工程高铁专列的开通表示祝贺！

高铁被誉为中国“新四大发明”，既是国家综合实力提升的重要标志，也是中国经济全速前进的缩影，更是民族品牌在世界舞台的“靓丽名片”。京沪线所经的长三角、京津冀，是中国经济活力最强的区域，车次客流量最大、含金量最高，对企业的品牌传播价值重大、意义深远。

大江南北，一路风行！我们与新华社民族品牌工程入选企业携手同行。他们都是民族品牌、中国骄傲。

今天的首发专列是新华社民族品牌工程和中国高铁强强联合的新起点。下一步，我们还将与优秀民族品牌勠力同心，让更多优秀的民族品牌登陆京沪线、京广线等高铁车厢，让企业的美名享誉中国大地。

新华社实施民族品牌工程，旨在整合新华社丰富的媒体资源，强大的传播能力以及专业的智库力量，为民族品牌进一步扩大影响力提供推广渠道，为中国企业进一步走向世界铺路架桥。

承载民族梦想，开启逐梦之旅。新华社民族品牌工程高铁专列是我们响应品牌强国战略的创新举措。我们将充分整合新华社内外资源，为入选企业搭起传播大舞台，助力企业驶上发展快车道，跑出中国加速度！

谢谢大家！

HENGDA

“直接扶贫”的恒大速度

导读：恒大的直接扶贫证明了企业可以进入扶贫这一传统的政府工作领域和公益领域，也证明了政府工作的一些职能和具体工作可以由企业或与企业合作完成。

1936 年春天，第二次国内革命战争之际，由贺龙指挥的中国红军第 2、第 6 方面军，在位于云贵川交界的乌蒙山区迂回作战近一个月，在当地老乡的无私支援下，彻底粉碎了国民党军重兵围歼的计划，实现陕北胜利会师。

此战，是中国战争史上灵活用兵、巧妙突围的著名战役。毛泽东后来在《七律长征》中用“五岭逶迤腾细浪，乌蒙磅礴走泥丸”对其进行盛赞。

80 余年弹指一挥间。乌蒙山区硝烟散尽，但那些曾与共产党人鱼水情深的父老乡亲却因重山阻隔，至今仍在重度贫困的包围圈中挣扎。仅贵州省毕节一市，就有约 92.43 万贫困人口至今难圆小康梦。

1988 年，在时任贵州省委书记胡锦涛的推动下，毕节获批成立全国首个“开发扶贫、生态建设”试验区。拉开了有组织、开发式扶贫的进程。

2012 年，全国 14 个集中连片特困地区扶贫攻坚工作启动，乌蒙山片区是其中之一。决战贫困的又一次“乌蒙战役”拉开大幕。

这一次，带领毕节山区 200 余万贫困乡亲奋力突围的，除了各级党委政府、民主党派，还包括众多工商界爱心人士。尤其是世界 500 强企业中国恒大集团一马当先，先是三年无偿投入 30 亿元整县帮扶毕节市大方县 18 万特困群众脱贫，后又追加预算至 110 亿元，将帮扶范围扩展至毕节全市 7 县 3 区 100 多万贫困人口。截至 2018 年 1 月，已累计捐赠到位 60 亿元资金。

与一般社会企业参与扶贫的做法有所不同，恒大不仅出资金，更出人才、出管理、出思路、出资源。集团副总裁兼任扶贫办主任，全公司上下共抽调2108名恒大员工成立扶贫办，直接驻扎扶贫一线。恒大集团董事局主席许家印的要求是“不脱贫不收兵”。

恒大公益扶贫的投入力度和参与方式刷新了中国社会扶贫史的纪录。中国社科院的官方报告盛赞其为“国内甚至国际上公益领域中的一个创举”。

重塑大方县

家住大方县凤山乡店子村的村民谢琼，人生命运刚刚迎来一次转机。

她的丈夫因病早逝，一人独自抚养两个年幼的孩子，日子过得颇为艰难。她原来住的茅草屋墙面漏风，“下雨还漏雨”。

在恒大集团实施的易地搬迁扶贫计划中，谢琼分到了“幸福二村”的一栋两层小楼，屋内床、沙发等家具一应俱全，甚至连窗帘、床上用品、电磁炉和电饭锅都准备好了。搬迁当日，谢琼和孩子“拎包入住”。她当场落泪，“以我个人的能力是不可能（住进这样的房子）的”。

为了保证像谢琼这样的搬迁群众搬得出、稳得住、能致富，恒大还在安置区附近集中配套了包括大棚蔬菜种植、经果林套种、肉牛饲养和乡村旅游等产业扶贫项目，并引进龙头企业，形成“龙头企业＋合作社＋贫困户＋基地”的包产包销模式。

谢琼一家既分到了房子，又分到了两个蔬菜大棚。她除了能在蔬菜种植基地务工赚取工资，每年还能拿到合作社蔬菜销售后的分红收益。这让一家孤儿寡母的贫困户重新又燃起了对美好生活的希望。

大方县黄泥乡曹门村的村民刘正朋，也在恒大的带领下打了一场翻身仗。

昔日，他们一家四口挤在一栋破败不堪的板壁房内，一阵风吹过，屋顶腐烂的茅草到处乱飞。他将自己的贫困归因于“文化教育程度不高，没有一技之长”。找工作难，赚钱更难——在大方县，这样的情况比比皆是。

在恒大集团提供的吸纳就业帮扶计划中，刘正朋通过参加培训，被培养成为一名合格的水电工人，被输出到恒大集团安徽六安分公司工作，每月管吃管住还有4000多元工资寄回家，一家老小从此衣食无虞。

在大方县，还有很多个“刘正朋”，正在恒大通过组织的各类职业技能培训重塑命运。迄今已有近16000名大方县困难群众实现就业，按照计划，三年内，恒大还将吸纳3万人到集团物业、园林、酒店等下属企业和施工单位等战略合作企业就业。在恒大看来，只要帮扶一个人实现稳定就业，就意味着给一个家庭带去脱贫的希望。

大方县位于贵州省西北部，是国家扶贫开发重点县，全县人口110万，175个贫困村，18万人家庭年人均纯收入（2015年末）低于2968元，处于国家贫困线以下。自从2015年12月1日开始结对帮扶以来，至2017年底，恒大集团已完成对大方县的30亿元无偿援助。在恒大集团和当地党委政府的通力合作下，通过产业扶贫、搬迁扶贫、就业扶贫、教育扶贫和保障扶贫等一揽子精准帮扶措施，大方县的公共服务短板迅速补齐，县域经济也被彻底重构。

恒大援建的103个扶贫重点工程目前已全部竣工。包括50个新农村、11所小学、13所幼儿园和1座建在县城边上的民族风情小镇——奢香古镇，此外还包括1所完全中学和1所职业技术学院，以及慈善医院、敬老院和儿童福利院等公益设施，也都相继投入使用。

恒大建设的幸福新村全部结合了新型城镇化和新农村建设的思路，除了让贫困户拎包入住外，每户还能分配到2栋蔬菜大棚，且配备肉牛养殖、乡村旅游等作为“第二产业”；搬迁群众可以选择经营两个大棚或者养三头牛、经营民宿，这是对当地贫困户的传统生产经营方式的深刻变革。

为了让搬迁群众既能安居，也能乐业，恒大通过引进43家种养殖上下游龙头企业，构建出“龙头企业＋合作社＋贫困户＋基地”的一条完整的产业帮扶利益链条，实现了农牧产品的供产销一体化经营，确保贫困户持续增收、稳定脱贫。

截至目前，在上述一揽子精准扶贫措施的推动下，大方县已有约12.73万贫困群众初步实现脱贫。时任中共贵州省委书记陈敏尔评价说，恒大集团结对帮扶大方县，为社会力量参与脱贫攻坚起到了示范引领作用，是贵州脱贫攻坚的大事件，必将在我国扶贫史上写下浓墨重彩的一笔。

开企业“直接扶贫”先河

企业扶贫是中国社会扶贫的一个重要组成部分，但以前企业扶贫并没有找到一个好的参与机制，一般只是捐钱捐物，有的是通过公益组织，有的是通过当地政府进行。恒大则开辟了中国企业“直接扶贫”的先河。

第十二届全国政协常委、全国政协经济委员会主任周伯华率队考察恒大集团结对帮扶大方县进展时评价说，在帮扶的过程中，恒大集团变点式帮扶为整县推进、变间接帮扶为直接参与、变单一捐资为立体帮扶、变大水漫灌为精准滴灌，形成了民企直接参与精准扶贫的新模式，为民企参与“补短板”，促进“共同富裕”提供了好的范例。

以往的企业公益性扶贫不论是通过政府进行，还是通过公益组织进行，企业对扶贫对象是否精准以及扶贫过程如何开展都是很少关注的，更不会负责具体项目建设，最后是否实现了预期目标，企业往往也很难把握。但恒大将公司管理中的目标管理和责任考核方法直接运用于扶贫，是恒大的创新之举。恒大将大方县2020年整体脱贫工作任务层层分解为各个阶段的具体目标，然后分工落实到各个团队和个人，进行目标管理和责任考核，这种方式极大地提高了扶贫工作效率，节约了时间成本和资金成本。

恒大的直接帮扶行为，充分发挥了企业市场性强、注重可持续性发展的特点，从而保证了项目建设的高效和后续的可持续性发展。因此，恒大的直接扶贫比以往的企业间接扶贫更精准、更高效。

实践证明，恒大的直接帮扶已经取得了高效率的成果，帮扶大方县仅两年的时间，总建筑面积约400万平方米的103项重点工程就已全部竣工，六大帮扶措施已覆盖大方县全部18万贫困人口，目前已使12.73万人实现初步脱贫。如此“恒大速度”，恰是企业直接参与扶贫的模式先进性写照。

扶贫工作是我国农村目前工作中的重中之重，中国社科院农村发展研究所研究员李静等专家认为，恒大的直接扶贫证明了企业可以进入扶贫这一传统的政府工作领域和公益领域，也证明了政府工作的一些职能和具体工作可以由企业或与企业合作完成。在我国未来进一步转变政府职能、市场机制发挥更大作用的情况下，政府和企业除了基础设施建设中的PPP模式，还可以在扶贫、公共服务等其他领域展开合作。因为，恒大的扶贫为社会扶贫和企业扶贫指明了一个新方向。

专家认为，恒大在大方县的扶贫是一种政府与企业的合作行为，这在政府扶贫工作中也是一个创举。其合作机制是通过政企联席会议的方式实现的。这一机制的特点是：政府负责的部分由政府通过行政手段贯彻和执行，恒大负责的部分由恒大通过市场行为和企业管理行为贯彻和落实。

虽然在初期需要一定的磨合，但随着实践的加深，一个更高效的扶贫协作机制逐步走上正轨。恒大与大方县政府各有分工，又有合作。大方县政府发挥政治优势和制度优势，负责项目审批、土地协调、基础配套、数据统计，确保帮扶资源精准对接建档立卡贫困户。恒大企业管理团队发挥决策执行效率高的特点，负责项目建设并帮助运行和管理，确保了按工作计划快速推进项目。

“恒大速度”的背后实质是政企协作的“大方速度”。以首批安置6000人的10个恒大新村以及奢香古镇为例，大方政府负责“三通一平”等基础建设，恒大则以援建资金负责房屋建设、装修和简易家具置办；大方县负责搬迁贫困户的核准和新居分配，恒大则根据清单逐户走访核实。

在专家看来，如果没有恒大的管理团队入驻，仅靠政府的决策和执行程序推进，或是仅有恒大管理团队执行，没有政府的支持，如此庞大的金额，如此众多的项目，要想如此快速地推进，是不可能的。这种政企合作模式的扶贫效率远远高于目前主要以政府为主体扶贫模式的效率。这种效率不仅是资金上比政府节约，而且在时间上比政府速度更快。

例如，易地搬迁项目，恒大给贫困户建的安置房，造价只有20万元左右，同样的房屋政府建造则至少需要30万元，原因是政府建造必须通过公开招投标进行，而恒大通过内部管理和决策高效进行，建筑材料由战略合作单位批量提供，节约了交易成本。

另外，政府的扶贫是由不同部门执行的，而恒大则是集团内综合考虑，分工执行。专家建议，这种政企合作、优势互补的模式完全可在“万企帮万村”行动乃至脱贫攻坚战中复制和推广。

中国社科院《扶贫蓝皮书：中国扶贫开发报告（2017）》详细收录了恒大集团在贵州毕节的扶贫实践案例。报告指出，在贵州省各级党委政府的坚强领

导、全力推动下，当地党委政府和恒大集团充分发挥各自优势，在扶贫领域开创了政企合作的全新模式，优势互补、高效协作，形成了强大的脱贫攻坚合力，创造了高质量的扶贫效率，是“国内甚至国际上公益领域中的一项创举”。

引领“大扶贫”格局

在 2017 年 5 月 14 日恒大集团帮扶乌蒙山区扶贫干部出征大会上，集团董事局主席许家印曾经满含深情地说：“我们要把帮扶毕节市 100 多万贫困人口实现脱贫，作为恒大的历史使命。我们能够让他们早日脱贫，过上好日子，这是我们最大的欣慰，也是我们每一位恒大人一生当中的光荣，一辈子的荣耀！”

在全国政协的鼓励和支持下，恒大集团着眼开发式扶贫，力图通过扶持产业、易地搬迁、发展教育和吸纳就业等举措，提高当地可持续发展能力，走出了一条极具特色的开发式扶贫道路。在中国社会扶贫史上，还没有一家民营企业无偿投入如此巨量的扶贫资金，去践行“先富帮后富、实现共同富裕”的新时代新使命。

这一方面源于许家印的家国情怀，另一方面，也与当今时代中国企业家的责任意识觉醒息息相关。

许家印曾披露早年的贫困经历：从小吃地瓜窝头长大，穿的衣服都是补丁摞补丁，1976 年高中毕业，想去砖瓦厂搬砖当临时工都不能如愿，后来赶上恢复高考制度，靠着国家每月 14 元的补贴读完大学，命运实现转折。饮水思源、达则兼济天下，对许家印这一代成长于历史大变革时期的中国企业家来说，这可能是其投身慈善事业时最为真切的感受。

而从整个时代背景来说，许家印式的扶贫也与中国当前国家综合实力的崛起相关。历史经验证明，大国的崛起都会伴随着企业家责任意识的觉醒。负责任的大国需要负责任的企业家。19 世纪的美国企业家多数都以商业投机为追逐目标，但是当时间进入 21 世纪前后，从比尔·盖茨到沃伦·巴菲特再到扎克伯格，印刻他们身上的不只是商业的成功，更是慈善、公益与公共事业的光环。

美国企业家的责任意识转向，在德国、日本也都曾经出现。这背后不只是慈善文化使然，更是因为在崛起时代，衡量企业家的不再只是商业上的成功，而是在社会上的影响力，而且，商业模式的成熟和财富的充盈，让企业开始有了参与国家战略、引领时代变革的可能。当下的中国正恰逢这样一个时代。国际地位的与日俱增，企业在全球话语权的强化，国民价值观念与财富观念的转变，时代与大局的呼唤，无不呼吁中国企业和中国企业家的社会责任转向。

扶贫开发是一项艰巨任务。没有全国动员、全民参与、集聚全社会的力量参与扶贫开发是难以取得胜利的。因而，习近平总书记在党的十九大报告中强调，要坚持大扶贫格局。当前，专项扶贫、行业扶贫、社会扶贫“三位一体”的大扶贫格局已初步形成，但还面临一些亟待解决的问题，如有些人把扶贫当作政府的事情，看成党员干部的工作，对扶贫工作不积极、不关心。这种认识是片面的。打赢脱贫攻坚战，仅靠政府是不够的。因此必须高度重视社会扶贫在大扶贫格局中的重要作用，进一步动员社会各方面力量参与扶贫开发，充分释放社会扶贫潜力。

在这方面，身为全国政协委员的许家印一向保持着高度的政治自觉。在恒大扶贫干部出征大会上，他曾发自肺腑地说：“没有国家的恢复高考政策，我还在农村；没有国家的 14 块的助学金，我也读不完大学；没有国家的改革开放政策，恒大也没有今天。恒大的一切，都是党给的，国家给的，社会给的，我们应该去承担社会责任，我们应该回报社会，我们必须回报社会。”

这不是空话，也不是虚话，而是他的心里话。

恒大的乐与善

情系乌蒙山

2015 年 12 月，恒大集团的目光开始聚焦于乌蒙山。在这片特困连片区，毕节市又成为贫中之贫、困中之困。

在全国政协鼓励支持下，恒大集团开始结对帮扶贵州省毕节市大方县，三年无偿投入 30 亿元，通过产业扶贫、搬迁扶贫、就业扶贫、教育扶贫等一揽子综合措施，确保到 2018 年底实现大方县 18 万贫困人口全部稳定脱贫。

一年零九个月来，恒大组成 287 人的专职扶贫团队常驻大方县，与当地干部群众一起开展脱贫工作，各项精准扶贫措施已覆盖 80% 的贫困人口，已帮扶 8.05 万人初步脱贫。

如今，大方县城乡面貌焕然一新，处处欣欣向荣。103 个重点扶贫项目全部基本竣工。其中，50 个新农村、11 所小学、13 所幼儿园、1 个奢香古镇以及完全中学、职业技术学院、慈善医院、敬老院、儿童福利院相继投入使用。427 个肉牛养殖基地、22 个蔬菜育苗中心、10223 栋蔬菜大棚、10.6 万亩蔬菜大田基地、10 万亩中药材和经果林基地已投入生产，引进的 43 家上下游龙头企业已形成“龙头企业 + 合作社 + 贫困户 + 基地”的产业帮扶模式，实现了供产销一体化经营，确保贫困户持续增收、稳定脱贫。

2017 年 5 月 3 日，除大方县外，恒大集团又承担了毕节市纳雍县、威宁县、赫章县、织金县、黔西县、金沙县、七星关区、金海湖新区和百里杜鹃管理区共 6 县 3 区的帮扶工作。

授人以渔

“不脱贫、不收兵”，这是恒大面对脱贫攻坚战时的决心。恒大计划继续向毕节投入80亿元扶贫资金。

相比扶贫资金的投入，一支优秀扶贫团队更为重要。为此，恒大从全集团系统选拔了321名优秀的扶贫干部和1500名本科以上学历的扶贫队员，与大方县原有的287人扶贫团队组成一支扶贫队伍，派驻到各县、乡、村，与当地干部群众并肩作战。

产业扶贫方面，目前已开工产业基地项目204个，其中蔬菜基地89个，肉牛基地103个，中药材基地9个，经果林基地3个。

搬迁扶贫方面，总面积达300万平方米的9个易地搬迁安置区已全面开工建设。

就业扶贫方面，恒大组织职业技能培训，帮助毕节市5万贫困家庭劳动力实现就业。目前，包括大方县在内，全市已组织培训21700人，吸纳就业14211人。

助力品牌价值回归

恒大集团踏实践行企业社会责任赢得了各方称赞。

恒大集团执行董事、副总裁、党委副书记史俊平表示，恒大坚持质量树品牌、诚信立伟业，持续打造高品质、高性价比的民生住宅产品，率先实施“无理由退房”，受到行业和市场充分认可。

2016年，恒大品牌价值392.6亿元，连续七年荣获中国房企品牌价值第一名。如今恒大集团已实现由“房地产业”向“房地产＋服务业”的转型，为拉动内需、推动经济社会发展服务。

碧桂园

BIGUIYUAN

更多精彩内容，请扫码观看

碧桂园入选新华社“民族品牌工程”首批企业

2017 年 8 月 26 日，新华社“民族品牌工程”首批入选企业签约仪式在北京举行，包括碧桂园在内的十四家企业入选。该工程是新华社服务国家发展战略的又一实际行动，将依托新华社媒体集群的传播力和经济智库的强大实力，为民族企业走向世界铺路架桥。

国务院参事室综合司司长吴润彪在签约仪式上指出，民族品牌是国家名片，既是一个国家的“硬实力”，也是一个国家“软实力”的重要体现。国家发展改革委宏观经济管理编辑部主任宋承敏表示：“随着经济全球化深入发展，世界进入品牌经济时代，各个领域的竞争已经越来越集中地表现为品牌竞争。”

“碧桂园作为中国新型城镇化的身体力行者和房地产行业的领军企业，在品牌建设方面依旧会不忘初心，继续按照碧桂园集团董事局主席杨国强先生所说的，用工匠精神去建设老百姓买得起的好房子”，碧桂园集团副总裁兼集团新闻发言人朱剑敏说，“希望这种对匠心和品质的坚守，通过‘民族品牌工程’得到更好的传播。”

8 月 22 日，碧桂园发布的中期业绩报告显示，上半年集团连同合营公司和联营公司共实现合同销售金额约人民币 2889.1 亿元，成为国内地产行业中市场规模最大的企业。作为 2017 年已跻身 3000 亿体量的“大象级”房地产公司，碧桂园依然在上半年的合同销售中取得同比 131% 的增长幅度，保持了高增长态势。在当日的业绩发布会上，碧桂园集团总裁莫斌宣布，集团年度销售目标将上调至 5000 亿元，成为国内年度目标最高的公司。市场普遍预计，碧桂园实现年度目标是大概率事件。

在坚持住宅开发主业的同时，碧桂园面向实体经济，以运营商的身份投身产城融合大潮，面向实体经济连续布局科技小镇与物流地产，为企业提供配套服务及产业支持，通过物业运营及开发实现自身的长期盈利。2018 年上半年，物业集团继续拓展，签约管理面积达约 2.51 亿平方米，物业管理及社区相关业务的收入约为 12.1 亿元，同比增长 24.6%；经营利润约为 2.58 亿元，同比增长 37.3%。可以预见的是，与开发业务相关度极高的物业服务，将成为碧桂园下一个重要的增长亮点。

据朱剑敏介绍，碧桂园从 2016 年开始参与广东省的“精准扶贫、精准脱贫”计划，今后将更多地在广东省“美丽乡村”建设和要实现“精准脱贫、精准扶贫”的村镇等方面进行帮扶。

碧桂园的扶贫经

梁广富最近的心情不错。作为河北省承德市滦平县两间房中心小学副校长，“不断改善校园环境”是他由来已久的梦想，如今，他的这个梦想成为现实。10月中旬，碧桂园为学校捐建的新操场已投入使用。

绿茵茵的人工草坪和200米塑胶跑道新操场给这所学校添色不少。回想起2018年8月动工时的情景，梁广富依然难掩激动的心情。“学生们的体育课将更加精彩，而学校的足球、篮球从此将有用武之地。”

这只是碧桂园众多扶贫项目的其中之一。为响应打赢脱贫攻坚战的号召，碧桂园不仅支持河北滦平当地教育事业发展，还在河北乃至全国开展了一系列扶贫行动，取得了不错的进展。

扶贫先扶智

“以往每年的夏季，我们开学第一课是除草。”梁广富告诉《中国经济周刊》记者，该校以往的操场和道路是土质的。经过一个暑假，校园里到处都是杂草。而除草后，又是尘土飞扬。上体育课时，学生们都不愿意在操场上玩。2018年碧桂园捐建的新操场建好以后，学校的面貌焕然一新，课间活动的学生也多了起来。

滦平县是国家扶贫开发重点县，也是河北省环首都扶贫攻坚示范区重点县，该县共有贫困村83个，是河北省2018年计划退出的18个贫困县中贫困发生率最高的县，脱贫摘帽任务十分艰巨。滦平县目前剩余的1.8万余名贫困人口中，大多数是老年、大病、残疾等无劳动能力的人。

地处燕山山脉的滦平县，其许多小学地处山区，教学设施老旧，一些操场、厕所等硬件设施年久失修，存在安全隐患。据碧桂园集团有关负责人介绍，在人民日报社对口帮扶的滦平县11所农村小学中，部分学校校舍使用时间30余年，有6所学校的硬件条件急需改善。碧桂园在这11所学校开展3+3教育扶贫模式，包括3大件：操场、厕所、水井；3小件：冰箱、微波炉、净水设备。在收集了学校需求后，碧桂园出资200余万元，对两间房中心小学、古城川小学、安子岭小学、蕨菜沟小学、靳家沟门小学、东营小学等6所学校进行包括操场、厕所在内的硬件设施修缮。8月14日，滦平县教育扶贫校园修缮项目启动仪式在滦平县两间房中心小学举行。这是碧桂园在滦平县正式落地的第一个大型扶贫项目，也是其“星空计划”教育扶贫在河北省落地的第一步。

截至2018年10月，6所学校已修缮完毕，实现了“做一成一”的帮扶承诺，共计惠及学生744人。“教育扶贫一直是我们重点关注的方向，经过两个多月的探索、调研，与相关部门深入沟通后，我们确定了在滦平县开展教育扶贫的模式。”碧桂园集团有关负责人说。

自碧桂园从事扶贫事业起，一直坚持“治穷先治愚，扶贫先扶智”。1997年初，当时仅有几百万身家的杨国强就拿出100万元捐资设立“仲明大学生助学基金”。

2002年，杨国强创办了国华纪念中学，在那里的孩子们衣食住行全部免费，还提供上大学、读硕士和博士期间的所有费用。至今已培养了2924名学生，阻止了贫困在这些家庭的代际传递。此外，碧桂园还创办了广东碧桂园职业学院和国良职业培训学校两所免费学校。

2018年5月20日碧桂园启动“全面推进精准扶贫乡村振兴行动”以来，在14个帮扶县都采用了“扶贫先扶智”的思路，通过开展入户调研和筛查，精准锁定了14个帮扶县的6万余名贫困学子。具体帮扶措施上，碧桂园设立了爱心助学基金。在刚刚过去的99公益日募集到了爱心助学基金捐助金额超过1000万元。此外，碧桂园积极动员和鼓励贫困家庭初中优秀毕业生报考国华纪念中学，或采取委培生、教研座谈等形式，结对提高帮扶县高中教育水平。对于贫困家庭的高中生、大学生，碧桂园可以为提供他们勤工俭学、志愿服务以及参与其他社会实践活动的机会。

为了让农民有“职”不贫，碧桂园还在推广碧桂园职业学院“产业融合、校企共育”模式，联动帮扶县所在地区优秀职业院校，精准培养新时代专业人才。据碧桂园集团有关负责人介绍，为了增强农民的就业能力，采取“菜单式”就业培训，有针对性地开展各项技能培训，如农业技术、家政电工等，让农村贫困户转型成为现代产业工人。

消费扶贫增强造血功能

门笑东是河北滦平县的名人，不仅因为他担任董事长的三源金谷农业科技发展有限公司是当地的知名企业，更因为在2018年承德市首届“中国农民丰收节”上，他精心打造的《孙悟空大战哪吒稻田画》惊艳亮相。

说起《孙悟空大战哪吒稻田画》以及滦平县当地的资源文化优势，平时不善言辞的门笑东变得很健谈。这几年，他看准当地地理位置的比较优势和文化底蕴深厚等特点，加之对农业的热爱，他把很多精力投在一个采用“农业＋旅游”模式的中国HUA大地艺术农创园项目上。

据介绍，该项目计划总投资56亿元，占地5000亩，重点发展有机水稻种植、稻田漂流、稻田捕捞、野外采摘、稻田画创意等项目，通过“农业＋旅游”模式，打造集种养殖、旅游观光、养老休闲、餐饮住宿等服务于一体的田园综合示范区。目前项目一期已经建设完成，流转土地2400亩，完成投资2.5亿元。

像三源这样一家在当地颇有名气的企业还需要碧桂园“扶贫”吗？“我们2018年的有机大米产量提高后，正在积极寻找销售渠道，而碧桂园正好在做这个。”在三源金谷农业科技发展有限公司旗下的金滦米业公司办公室，门笑东解开了《中国经济周刊》记者的疑问。

有机水稻种植产业是“农业＋旅游”产业的重要板块，据门笑东介绍，2017年的种植面积只有几百亩，大米的产量在100吨左右，在当地就可以消化。但2018年扩大了种植面积，目前共有2000亩左右的稻田，原粮的产量在600吨左右，如何把这么多有机大米销售出去成为他面临的挑战。

“好山好水好土养一方好物，山高水远路长却难觅市场”。这个时候，碧桂园旗下的平台派上了用场。

碧桂园滦平扶贫项目负责人王越超告诉《中国经济周刊》记者，碧桂园正

致力于打造扶贫自有品牌“碧乡农业”，并依托社区生活服务品牌“凤凰优选”，通过收购、代销等形式，打造良性循环的产业链销售模式。“碧乡相当于专门成立的一个公司，把农产品收集上来后，再放到凤凰优选进行销售”。

正是这种为优质农产品找销路的方式，架起了碧桂园和金滦米业之间的桥梁。门笑东坚信，鉴于中国 HUA 大地艺术农创园的地理优势和所在地区的文化底蕴，加之碧桂园的平台支持，滦平当地的“农业 + 旅游”项目一定能走出一片新天地。

事实上，通过消费推动城乡资源良性互动是很好的一种扶贫模式。如优质农产品的产销对接，让贫困村优质的农产品从田里直接走上市民的餐桌。

扶贫、地产“双主业”模式

滦平只是碧桂园精准扶贫项目中的一个缩影。据介绍，碧桂园成立 26 年来，累计公益投入超过 42 亿元。

2018 年以来，碧桂园更是将扶贫上升到主业高度，确立地产是扶贫基石、扶贫优于地产的“双主业”发展模式，组建数百人的专职扶贫队伍，结对帮扶全国 9 省份 14 县，承担 33.6 万建档立卡贫困人口的脱贫工作，确保在 2020 年，实现其精准扶贫的目标。

据碧桂园集团副总裁、广东省国强公益基金会理事长朱剑敏介绍，当前，该公司结合对口帮扶 14 县的扶贫经验率先建立“四库”，即产业资源库、就业岗位库、专家智库、贫困户动态数据库，为脱贫攻坚提供科学依据。

此外，强化到村到户到人精准帮扶举措，探索推进党建扶贫扶志、产业扶贫扶富、教育扶贫扶智、就业扶贫扶技及其他创新形式在内的“4+X”扶贫模式，将惠及 3747 个村 33.6 万建档立卡贫困人口。按照“一户一策”的原则，碧桂园为贫困家庭“量身定制”脱贫方案。

与此同时，“公益理念共同体”成为碧桂园扶贫的有力抓手。碧桂园现有 20 万员工，带动 200 万人就业，周边有大量的战略合作伙伴、上下游企业、商业联盟等，还有众多的社区和社群。“以往我们是基于更多的商业利益在一起发展的共同体，如今，面临这场三年内必须打赢的攻坚战，我们希望积极地倡导员工、社区群众，尤其是合作伙伴，能够一起参与到这项伟大的事业中来，形成新的公益理念共同体，形成更大的合力助推精准脱贫攻坚战，企业的文化建设也会得到很大促进。”朱剑敏说。

除了人力资源外，碧桂园还不断挖掘和开发特色、古色、红色、绿色这蕴藏在乡村的“四色”资源，目前，碧桂园已挖掘红色革命老区的旅游资源，联动各级政府，着力开发好党建扶贫模式下的“红色旅游”，把城里人吸引到美丽乡村来进行旅游扶贫，让农民在家门口“吃上旅游饭”。

碧桂园服务发布“城市共生计划”探路城市服务新蓝海

2018年12月26日，碧桂园服务在惠州潼湖科技小镇举行“智领未来，与城共生”城市共生计划发布会，正式推出城市服务2.0产品，提出将借助已有技术平台及大盘运营经验，推动城市精细化管理，做新型城市治理公共服务的探行者。

中国物业管理协会沈建忠会长亲临指导，国内城市治理研究领域的领军人物和资深专家也首次齐聚一堂，共商城市治理升级大计，谋划城市服务发展新格局。来自全国各地30个城市超过200名城市管理领导、公共事业企业精英出席了本次发布会，共同见证了这一场思想盛宴。

沈建忠在论坛上表示，从城市服务这个角度讲，物业服务的视野一下子从关注物业、关注社区延展到城市良性治理的大问题，这展示了物业行业创新发展的新理念，同时也表达了物业企业参与城市治理的决心和信心。

碧桂园服务执行董事、总经理李长江称，碧桂园服务将发挥自身“科技实力强、服务性价均好、业务全域覆盖、全产业链供给”的综合优势，深度拓展现代城市服务上下游产业链，并逐渐形成一套适用城市空间尺度的多场景服务体系，实现城市治理体系完善、城市管理效率和城市治理能力的飞跃提升。

据李长江介绍，早在2015年，碧桂园服务就创新性地与陕西省韩城市市政府签署战略框架协议，开启城市服务新模式。其后，碧桂园服务与遵义、衡水、开原、西昌等十余个城市达成战略合作，并持续推进项目落地。

“我们将借助碧桂园服务‘智能物联’硬件技术和‘社群运营’数据平台，践行‘智慧城市基础设施运营＋城市文化活动支持服务’双轮智擎驱动模式，通过协同专业资源提供一体化公众服务解决方案，让城市经济、文明协同发展。”李长江说。

据碧桂园服务首席市场官汪英武先生介绍，“城市共生计划”将基于城市公共空间的12个细分领域场景，推出AI城市公共服务、DC数字城市综管服务和IS产业协同运营服务。

汪英武提到碧桂园城市服务“可以借助集团自有全产业链优势，推动当地上下游产业链的发展”，通过特色农产品行销供应链合作，助推品质农业发展、实施“引进来走出去”战略，支持城市旅游产业发展、合作开展商业项目专业化运营，实现国有资产增值，助推当地产业升级，带来更多就业与税收。

“未来，随着智慧技术的完善以及政府对智慧城市政策的支持和鼓励，城市服务将有更广阔的市场和发展前景，全国各地的城市服务将呈现出更加繁荣的一面。”沈建忠说。

碧桂园召开精准扶贫乡村振兴行动启动会对口帮扶全国 13 个县

2018 年 5 月 20 日，碧桂园精准扶贫乡村振兴行动启动会在广东顺德碧桂园总部召开。活动当天，广西壮族自治区百色市田东县、河北省石家庄市平山县、甘肃省临夏州东乡族自治州等 13 个县与碧桂园签署对口帮扶协议，惠及 32 万未脱贫建档立卡贫困人口。

启动会上，碧桂园集团创始人杨国强表示，得益于改革开放带来的社会发展，碧桂园有机会做更多的事帮更多的人，并代表碧桂园集团承诺，碧桂园将参与到全国 13 县的对口精准脱贫、乡村振兴事业中去，努力把它做好，这是企业应尽的社会责任。

国务院扶贫办社会扶贫司巡视员曲天军在会上表示，参与脱贫攻坚并从中起到作用是企业履行社会责任的基石，碧桂园积极响应党中央、国务院的扶贫号召，踊跃参与国家脱贫攻坚伟业，走出了一条具有碧桂园特色的民企履行社会责任之路。

碧桂园集团党委书记莫斌在启动会上致辞，他说，“为响应践行党和国家关于精准扶贫、乡村振兴的战略，碧桂园决定把扶贫作为主业来抓。确保在 2020 年，力争在 2019 年之前，实现我们的精准扶贫、乡村振兴的目标，这是我们对社会的承诺，要真正地把精准扶贫、乡村振兴的事业进行到底。”

2018 年起，碧桂园将精准扶贫提升到主业的高度，计划采用一村一品、一县一业，因地制宜精准扶贫。目前，通过集团内部竞岗和外部招聘的首批扶贫人员，已经实现全脱产驻村扶贫。接下来，碧桂园将发挥党建引领作用，集团党委统一指挥，以产业发展和就业培训为主要措施，结合现代农业，探索一条可造血、可复制、可持续的乡村振兴道路。

据了解，碧桂园广西区域从2015年起开展“梦想碧桂园·百城公益行”教育扶贫行动，至今累计举办超20场，对优秀贫困学子和山区学校进行一对一捐助、援建教育基础设施，累计捐款达350万元，并向全区贫困学子提供国华纪念中学、广东碧桂园职业学院全免费、纯慈善受教育机会。

碧桂园还在广西招收贫困生实施教育扶贫项目，国华纪念中学每个学生的平均培养费用约为20万元，预计在广西招生40人；广东碧桂园职业学院对贫困家庭学生全额资助学费、教材费、食宿费、路费补助，每个学生平均培养费用约17万元，2016年广西招生17名，2017年23名。碧桂园还将帮助这些受资助的贫困户优秀学子就业，解决工作的后顾之忧。

据田东县副县长黄彩玲介绍，田东是国家级贫困县，是百色起义打响第一枪的地方，作为一个革命老区，田东2018年要实现脱贫摘帽的目标。在脱贫攻坚工作中，相信碧桂园的加入对田东县2018年能够实现如期摘帽会起到强有力的推动作用。

京东

JINGDONG

更多精彩内容，请扫码观看

京东 CES 豪签千亿家电大单

三星、夏普、海信、TCL、小米、创维、长虹、康佳……美国当地时间2019年1月8日，一场重量级签约仪式在拉斯维加斯举行：八大国内外一线家电品牌齐齐现身2019年国际消费电子展（以下简称CES2019），与京东家电现场签署总金额上千亿元的战略合作目标。

全球高等级消费电子展迎来中国渠道商

对于全球家电品牌来说，CES毫无疑问是开年的“重头戏”。创始于1967年的CES展会，迄今已有52年历史，是目前世界上规模大、水平高和影响广的消费类电子产品展览会。

作为消费电子行业举足轻重的品类，家电也是CES大展的重头戏，各大家电品牌每年都会在CES展会期间用各种黑科技、新产品来填满观众的眼球，让人眼花缭乱的新产品、新技术也无一不预示着未来一年整个行业的发展趋势。

一直以来，CES都是品牌商的舞台，2018年52周岁的CES大展迎来了在中国消费电子领域占据领先地位的渠道商——京东。本次CES，京东携众多高科技展品亮相展会，向全世界展示了中国零售巨头的风采。特别是在家电品类，作为连续四年超过60%家电网购市场份额（数据来源：工业和信息化部《2018年上半年家电网购分析报告》）的家电渠道商，京东的参展也引发了整个家电行业的关注。

此次与八大家电品牌的现场签约，正是京东作为中国乃至全球最具价值电子产品销售渠道的体现。

八大家电品牌的新年“小目标”

海信全品类3年100亿美元、小米家电+智能生态产品130亿元、TCL全品类100亿元、夏普全品类100亿元、创维电视50亿元、长虹全品类三年200亿元、康佳电视（含KKTV）三年120亿元……京东集团高级副总裁、3C电子及消费品零售事业群总裁闫小兵带队在CES展会现场分别与八大主流家电品牌确立了2019年的新年“小目标”。而在此之前，美的、奥克斯、志高等多家没有参展CES的主流白电品牌高层负责人都曾于2018年底到访京东总部，与京东家电一道确定2019年合作新目标。

从京东总部到拉斯维加斯，从世界的展示到中国的“目标”，家电品牌对于在京东平台的全年销售预期逐年增高。这固然源自于京东泰山北斗般的行业地位，也和其与家电品牌保持多层次全方位的深入合作息息相关。家电品牌与京东不仅是简单的供销合作，而是全方位的共享赋能。借助京东家电强大的仓储、物流、服务、大数据和云计算等方面的优势，帮助家电品牌进行合理消费者分析，精准感知用户需求，满足消费者多元化的需求。在共同不懈的努力下，京东与家电品牌为消费者提供了更好的家电商品和全流程服务体验。与此同时，亲密无间的合作也增强了京东与整个家电行业的黏性，进而形成正向的良性循环。目前，京东已经是戴森、飞利浦、美的、奥克斯的中国市场全渠道第一平台，同时也是格力、海尔、海信、西门子、博世等重量级品牌在中国的第一线上渠道。

在家电行业，京东始终扮演着商品、数据和资金流通枢纽的角色，消费者信赖京东，家电品牌支持京东。这不仅表现高屋建瓴的战略合作上，更可以从京东平台上销售的每一款家电商品中感受到“温暖”。

家电“新势力”展现市场新蓝海

CES展会最吸引人的莫过于那些五花八门的新产品，让无数消费者翘首以盼能在第一时间拥有。事实上，过往3年CES上的明星产品，都不约而同地竞相选择京东作为新品首发平台，并取得了成功。而索尼、海信、华为、小米、联想、三星等品牌，近几年也通过与京东合作，让各自品牌在CES上成为备受瞩目的创新新品，第一时间在中国市场取得了叫好又叫座的辉煌业绩。可以预见，本届 CES 大展落幕之后，又会有大批诸如海信 HZ65E8A 电视、睿米 F8 吸尘器等家电爆品迅速在京东上线热卖，让中国消费者第一时间享受到科技的魅力。

除了 CES 上亮相的明星展品外，京东还始终以用户为中心，凭借正品行货、海量选择和个性化定制，为消费者提供最合心意的产品，赢得用户信赖。2018 年 9 月推出的京品家电就是最好的例证。它是京东通过 AI 算法和大数据的集成，对于消费者家电购买喜好、页面浏览、停留时间、购买记录等信息进行抓取，进而以这些信息为基础导向，再与各大家电品牌商独家定制因需定产的家电优选品。只要打上“京品家电”标签的家电商品，都集成了品牌方和京东的所有优势资源，并得到京东家电给予的专属优惠。2018 年“11·11”全球好物节期间，已经上线的 63 个家电品牌的 44 个品类、超过 200 款京品家电，受到了消费者的热情追捧，整体销售额高达 10 月的 3.5 倍。“12·12”当天，京品家电继续受到消费者的热情追捧，其销售额已经占到京东家电整体销售额的近 10%，成为增长最迅猛的家电“新势力”，也显示出市场对个性化、品质化的专供优选家电商品日益增长的旺盛需求。

签约仪式现场，作为京东家电的亲密“战友”，各大主流家电都纷纷表示 2019 年将继续对京品家电给予全力支持：海信、TCL 均表示会在电视、冰箱、空调等核心品类进一步加强京品家电的大单定制合作；小米也在京品家电的大单定制合作上与京东取得了共识；夏普和三星同样确定了与京东在京品家电的未来合作方向；康佳和 KKTV 两个品牌则会在未来 3 年在电视产品上进一步深化“京品家电”的定制合作……

有了各大品牌的全力支持，可以预见，独家专供优选品将是 2019 年家电市场的新蓝海。

八大家电品牌与京东在 CES 展会上的战略签约，不仅是家电行业 2019 年逆风飞翔、再创巅峰的必然选择，同时也是京东通过重构“人、货、场”来塑造与消费者和品牌关系的战略部署。

“京东将通过参展 CES，以及和各大家电品牌的战略签约，实现消费互联网和产业互联网的双向发力，不断降低成本、提高效率、提升用户体验，把自身打造成全球消费电子领域最受信赖的平台。”闫小兵在签约现场表示。

京东依托电商平台优势打造过硬扶贫品牌

京东创新扶贫帮扶方式，覆盖832个贫困县，上线商品超300万种，农特产销售额超300亿元——

依托电商平台优势打造过硬扶贫品牌

自2016年1月与国务院扶贫办签署战略合作协议以来，京东集团发挥电商优势，积极践行电商精准扶贫战略，从产业扶贫、用工扶贫、创业扶贫和金融扶贫四大领域入手，打造了"跑步鸡""游水鸭""飞翔鸽"等一系列扶贫项目，全力帮扶贫困县脱贫增收。根据京东大数据研究院发布的2018电商扶贫品牌报告显示，2016年第一季度至2018年第二季度，京东在全国832个贫困县上线商品超300万种，实现销售额超300亿元，直接带动50万户建档立卡贫困户增收。

依托电商平台优势，京东逐渐探索出新的扶贫模式，将脱贫攻坚与企业发展融为一体，积极落实国家扶贫政策。

创新开展电商扶贫

京东集团党委书记、副总裁龙宝正表示，以品牌化为核心，为进一步发挥规模经济和网络效应的优势，京东将从6个方面进行扶贫"助力"，即品牌打造助力产业升级、创业就业助力富民增收、科技赋能助力深度参与、物流布局助力渠道畅通、金融支持助力服务保障、公益创新助力社会联动。

以京东"扶贫跑步鸡"项目为例，在扶贫品牌培育方面，该项目从养殖、营销推广、技术追溯等各个环节介入，打造绿色农特产品规模化、标准化的品牌，并在更多地区推广复制。实践证明，京东“扶贫跑步鸡”项目既吸引了贫困户积极参与，又为消费者提供了绿色无公害的优质产品，实现了贫困户、消费者和项目实施企业多方共赢。该项目成功入选2018“大国攻坚、决胜2020”精准扶贫推荐案例。

此外，京东金融京农贷为每个贫困户提供4500元免息贷款，仔鸡由扶贫办分发给已建档立卡、征信记录良好的贫困户进行散养。科学记录每只鸡的自然生长周期，散养160天以上，达到100万步方可上市销售。每只跑步鸡售价128—188元，贫困户饲养每只鸡可获利30元左右。扶贫跑步鸡作为河北武邑县贫困户参与度最高的项目，两年来已帮扶贫困户超千户。

“长期以来，京东平台在消费者中建立起信任。从京东自有的‘跑步鸡’‘游水鸭’‘飞翔鸽’，再到数百个京东合作商家的扶贫品牌，之所以受到市场热捧，根本原因在于消费者的信任。”龙宝正介绍了京东扶贫模式的奥秘。

“六大助力”赋能扶贫品牌

除了“跑步鸡”“游水鸭”“飞翔鸽”等自有品牌扶贫项目，京东“六大助力”扶贫模式也全面覆盖了各地的京东扶贫商家。

品牌打造助力产业升级。京东重点培育了一批管理先进、标准严格、成长性强的现代化农业龙头企业。两年来，京东先后推动苍溪红心猕猴桃、石城莲子、饶河蜂蜜、广灵小米、竹溪大鲵、日喀则冰川水等几十个贫困县的数百个农产品向规模化、品质化和品牌化方向发展。

创业就业助力富民增收。2016年以来，京东联合各地教育机构共举办630多场培训，为贫困县13余万人次开展电商培训，为扶贫品牌建设培养人才，已累计解决3.6万名贫困地区人员就业，并为快递岗位提供快递车免息贷款、食宿和岗前培训等服务，实现“一人就业、全家脱贫”。

科技赋能助力深度参与。京东商城依据大数据和个性推荐算法，实现“千人千面”的精准营销推荐机制，突出品牌特色，让凉山源泽橄榄油、喀什小圆枣等扶贫产品在大促期间销量翻倍，转化率和重复购买率有效提高。京东云结合扶贫项目，为地方搭建产业服务平台和电商运营中心，以云计算和大数据支持特色产业和区域品牌打造。京东 X 事业部利用无人机等设备，在内蒙古科右前旗等地建立京东扶贫农场，通过订单式农业销售农场农特产品。

物流布局助力渠道畅通。通过在全国建设先进的多温层冷库，京东解决了生鲜产品的上行难题，配送服务覆盖全国超过 300 个城市。在原产地设立协同仓也是京东在物流布局方面的创新举措，企业只需将包装好的产品送到协同仓，即可缩短从养殖区域到消费者手中的距离，从而有效保证产品尤其是生鲜产品的品质。此外，京东还应用区块链防伪追溯技术，让消费者可以全程了解每一件产品从农场到餐桌的信息，让消费更安心。高效物流大大提升了消费者的体验，为扶贫品牌的塑造提供助推剂。

金融支持助力服务保障。京东针对农村地区贷款难、授信难问题，充分发挥互联网金融产品的优势，为“跑步鸡”“游水鸭”“飞翔鸽”等扶贫项目提供“互联网 + 金融 + 产业”的扶贫支持。金融支持加速了扶贫品牌的孵化，缩短了品牌走向成熟的时间。京东还推出了扶贫众筹平台，目前已完成富平柿饼、光山信阳毛尖、砀山黄桃罐头、抚远鱼子酱等来自 100 余个国家级贫困县的 300 多个项目的众筹，并带动后续销售资金 10 多亿元。

公益创新助力社会联动。京东公益在全国范围内与百余家公益基金会合作，创新搭建京东公益“物爱相连”平台，率先建立了“一键捐赠、物资直送”的全新模式。公益支持为扶贫品牌提供更多温度和情怀元素。截至 2018 年 10 月，平台已收到数千万社会公众为扶贫地区捐赠的物资近 200 万件。同时在京东商城还开设“爱心东东”功能，联动近 10 万爱心品牌商家，通过在商城售卖配捐的形式，定向捐助国家精准扶贫慈善事业，促进地方扶贫模式、扶贫品牌的发展。

大数据破解市场营销难题

随着手机购物越来越便利，人们更倾向于在网上购买农产品，带动农产品网上销售高速增长。每逢佳节，异地工作的年轻人都愿意远程下单，为家中的父母亲人购买特产。居民也喜欢从网上购买天南地北的特产，在千里之外品尝家乡的味道。

京东大数据显示，2017 年第四季度，线上扶贫农产品销售环比增长 57.5%，形成一个高峰，2018 年上半年继续保持稳步上涨势头。近 3 年来，线上销售农产品的品类不断丰富，消费结构也在持续优化。2018 年生鲜品类中的水果销量首次超越粮油类跃居第一。

从贫困县农产品的销售市场分布来看，广东、北京、江苏、上海、山东仍是全国最大的贫困县农产品销售市场。对于东部发达地区的消费者来说，来自中西部贫困地区的特产具有绿色、环保、健康等特点，满足了人们对于高品质农产品的需求。而发达地区旺盛的需求，正是带动贫困地区脱贫的重要市场力量。在这中间，高效的农产品电商平台成为衔接供需的“高速公路”。

此外，“产地 + 农产品”的消费者搜索词越来越多，这意味着对于缺乏产品品牌的初级农产品来说，以产地与农产品组合关联的区域公共品牌有利于提升知名度，在京东平台上，洛川苹果、赣南脐橙、宁夏滩羊、长白山黑猪肉等来自贫困地区的农产品区域公共品牌均有良好的销售表现。而对于能够做深加工的农产品来说，打造自身的产品品牌无疑是事半功倍的举措。通过京东大数据分析消费者评价、搜索习惯等信息，深入挖掘农产品地域文化因素、凸显品牌个性化色彩、提升与消费者的情感连接及强调绿色健康特质，是打造农产品品牌的重要手段。京东扶贫“跑步鸡”“飞翔鸽”、北大荒黑蜂蜜、大凉山橄榄油等众多扶贫品牌的成功实践，离不开京东大数据全面、精准及深入的研究。

龙宝正认为，目前电商扶贫的重中之重是帮助贫困地区形成有影响力的产品品牌。正是在这样一种精神的指引下，京东在电商精准扶贫的道路上不断前进，通过“京东版”电商扶贫模式，改善贫困地区人民生活，帮助他们脱贫致富。

物爱相连——京东物流为SOS儿童村献上暖心中秋

在中国文化中，中秋意味着阖家团圆。皓月当空，举目遥望，天涯共此时，月圆人团圆。2018年的中秋节前夕，中国SOS儿童村协会邀请到京东物流、京东超市和京东公益来到中国天津SOS儿童村，为孩子们带去了一个美好快乐的节日。

中国SOS儿童村是中国政府和国际SOS儿童村组织合作的公益机构，每个儿童村有12—18个家庭，每个家庭由按严格条件招聘的妈妈和7—8名儿童组成。这里的孩子大多是失去父母和家庭的孤儿。在本次中秋公益活动中，京东物流在水立方特别设计了一个“HelloMoon探月展”场景，通过“中秋爱心面单”的活动，把水立方的游客和儿童村的孩子们链接在一起，游客们的爱心结合装满中秋礼物的礼物箱被京东物流小哥亲自送到天津SOS儿童村的孩子手中。

孩子们在收到中秋快递礼物的时候异常兴奋，有趣的游戏互动更是惊喜连连，孩子们脸上洋溢着幸福的喜悦。孩子们不仅感受到了现代物流的高效便捷，更分享到了爱和中秋团圆的喜乐。

除了爱心礼包，京东物流还联合京东超市积极参与到京东公益的“京益计划”中，联合了700多家品牌商一起加入线上“爱心东东”项目，捐赠用于中国SOS儿童村的失去家庭关爱的孩子们，帮助他们健康快乐成长。

中国SOS儿童村协会代理秘书长朱飞表示：“非常荣幸，SOS儿童村项目能够作为京东的公益合作伙伴，通过京东物流和京东公益的平台链接到更多社会资源。此次活动京东物流精心设计了多种多样的方式，激活全社会的每一分公益力量，不只在这个中秋，而是在任何时刻为需要的人送去温暖和希望。通过整合品牌商、电商平台、活动IP、公益机构、物流资源，既能最大化让公益活动获得关注，也激发了社会中的公益能量，让每个参与者都获得正向激励，大大增强了公益活动的可持续性。”

京东物流华北区域分公司快递部王贺月表示：“物流是社会生活的基础架构，是推动大众生活走向未来的重要力量，因为深知自己的使命，公益和社会性事业一直是京东物流的重要关注领域，随着链接公益能量的模式日渐成熟，这种链接社会资源的能力，也是最大化发挥了京东物流的智慧物流网络、快递高效的优势。未来大家还将看到京东物流更多常态化的公益价值输出。对社会价值的坚守，是京东物流的核心发展驱动力，也将引流整个物流行业走向更美好的未来。”

格力

GELI

更多精彩内容，请扫码观看

攀上新高峰：格力获第三届中国质量奖

2018年11月2日，由国家市场监管总局组织的第三届中国质量奖在北京国谊宾馆谊和厅举行颁奖仪式。经中国质量奖评选表彰委员会审定，包括珠海格力电器股份有限公司、潍柴动力股份有限公司等在内的9家单位及1名个人荣膺中国质量奖。

中国质量奖是由原国家质检总局提出、国务院批准设立，经自愿申报、形式审查、材料评审、专家审议、陈述答辩、现场评审、评选表彰委员会全体会议投票、总局局长办公会审核等环节产生，具有权威性和公正性，是对我国各行业在质量管理作出突出贡献的组织和个人的表彰，对我国各行业的质量管理具有标杆作用。

第三届中国质量奖评审工作启动以来，共有128个组织和16名个人入围候选名单。经过多轮的审核甄选环节，格力电器凭借“让世界爱上中国造”格力完美质量管理模式最终脱颖而出，成功获得这一奖项。这是格力继获得第二届中国质量奖提名奖之后攀上的新高峰。

质量护航独创完美质量管理模式

据了解，“让世界爱上中国造”格力完美质量管理模式由“四纵五横”的T9质量管理体系和“质量预防五步法”“质量技术创新循环D-CTFP”管理方法共同构成，是格力在质量管理领域多年实践探索的理论总结，具有极强的操作性、有效性和复制性。

T9质量管理体系具体包含了9个在管理模式中需要重点优化的要素，其中，目标管理、技术系统、组织系统、标准系统、信息系统为五大支撑要素，简称“五横”；研发过程、采购过程、制造过程、售服过程为四个主要过程要素，简称“四纵”。“四纵”均需要在“五横”的支撑下，通过“质量技术创新循环 D-CTFP”和“质量预防五步法”的驱动优化和技术管控，最终实现在研发、采购、制造、售服等四个过程均达到卓越质量的目标。

格力电器相关负责人介绍道：“以完美质量为终极目标，格力独创了‘质量技术创新循环 D-CTFP’和‘质量预防五步法’，解决了制约企业质量水平持续提升的关键问题。”

“质量预防五步法”通过需求调研、计划制定、执行落实、检验检查、改进优化等五个步骤，对 T9 质量管理体系中的“四纵”进行严格的过程管控，从源头处杜绝质量问题。

在严控生产过程的同时，为确保万无一失，格力同步运用质量技术创新方法论——“质量技术创新循环 D-CTFP”，从顾客需求引领（C）、检测技术驱动（T）、失效机理研究（F）、过程系统优化（P）四个方面运用适宜的质量工具和方法，深入排查质量隐患，有效保证质量技术创新的效率和成功率，持续提升格力质量管理水平。

深耕质量管理成就精工制造

近年来，随着格力研发制造水平的不断提升，对产品品质的追求也可谓“百尺竿头更进一步”。2012 年，格力电器董事长董明珠提出“以品质替代售后服务，最好的服务就是不需要售后服务”的质量管理方针，并组织公司中高层及质量管理技术人员提炼总结了“四纵五横”管理体系。2015 年，格力提出“让世界爱上中国造”的品牌定位，同时，在 20 多年对品质不懈追求的基础上，“让世界爱上中国造”格力完美质量管理模式也最终形成。

在以满足顾客需要为核心价值的格力完美质量管理模式下，格力产出的优质家用产品也屡获质量奖项，赢得市场认可。2017 年 12 月，格力净水机荣获“布莱恩 · 2017 产品质量奖”，让消费者不再有饮水安全之忧；大松电饭煲在广西消费者权益保护委员会进行的 20 批次电饭煲比较试验结果中拔得头筹；2018

年 1 月，大松电饭煲再获首批“广东优质”认证证书，让“不用漂洋过海买电饭煲”成为现实；9 月，“第十四届中国家用电器创新成果推介”活动在德国柏林举行上，格力电器大松 IH 电饭煲（GDCF-4001C）、光伏多联机分别获评“年度产品创新成果”和“年度卓越创新成果”……格力紧跟消费者需求、紧抓过程质量而造就的家用空调精品，如格力·玫瑰系列空调、格力·画时代艺术空调、全能王 U 尊等更是备受消费者青睐……

随着中国经济的飞速发展，消费者对产品质量的要求也越来越高。格力的发展历程证明，只有重视质量才能受到市场的认可，才能拥有源源不竭的发展动能。唯有越来越多的企业以消费者的美好生活需要为己任，以高于国际和行业的质量标准要求自身，中国制造才能真正崛起。

财富网评：董明珠连任背后的发展密码

外界备受关注的格力电器董事会换届选举尘埃落定。2019 年 1 月 16 日晚间，格力电器（000651）发布公告称，第十一届董事会第一次会议审议通过《关于选举董事长的议案》，以同意 9 票，反对 0 票，弃权 0 票，选举董明珠为公司董事长。这是董明珠第二次连任格力电器董事长。

个性鲜明的董明珠何以打动股东，得以成功连任，其背后的发展密码到底何在?

格力的坚持与“掌门人”的定力

长期以来，格力电器以在制造业实体经济领域的坚守而著称。

与某些时髦的互联网企业不同，在实业领域稳打稳扎的格力曾经被人称为传统企业，这个略带恶意的称谓往往暗示着对方是个沉闷守旧的企业。然而，格力却用自主创新领域的亮眼成绩刷新了人们的刻板认知。

12 月 25 日，在第二十届中国专利奖颁奖大会上，格力电器获得 12 项专利大奖。其中，格力自主研发的“光伏直驱系统及其控制方法”获中国专利金奖，成为空调行业迄今唯一获得专利金奖的技术。这是格力长期增强自主创新能力和实力取得的成果。

格力之所以能坚持做实业、谋创新的初心，与其“掌门人”董明珠的果敢和坚持是分不开的。

长期以来，董明珠带领企业扎扎实实做实业，并以优秀业绩赢得了广泛的尊重。在波诡云谲的商场上，如果掌门人没有足够的定力和毅力，企业是难以做到十数年甚至数十年坚持主业不动摇的。但是，董明珠和格力做到了。

对于那些真正坚持自主创新、以优质产品和服务说话的企业，时间会给出证明，市场会给出回报。近年，格力不出所料获得整体业绩的高速增长，据公司三季报显示，格力电器 2018 年前三季度实现营收 1500.50 亿元，同比增长 33.94%，实现净利润 211.84 亿元，同比增长 36.59%。

正是有了如此亮眼的业绩，在一些企业纷纷传出裁员减薪的消息，弄得不少人人心惶惶之际，前不久，格力逆势给全员加薪，引起社会极大关注。

实际上，格力此前已多次发出“不裁员”“不降薪”信号，此番再次全员涨薪，在和股东分享企业发展红利之余也不忘与基层员工共享，体现出其作为家电业巨头的自信和担当，同时，这也是对长期以来某些企业不尊重基层员工福利和权利的价值观的纠偏。格力这种看似高调的行为，具有强大的正向价值和示范意义。

网红的气质和企业家的底气

很大程度上，董明珠就是格力电器的形象代言人。董明珠作为中国女企业家的优秀代表，个人风格十分鲜明，甚至被人称为网红企业家，自带明星气质。

众所周知，在许多公众场合，作为格力电器“掌门人”的董明珠，以自信果断示人，乃至有几分强势。

2013 年 12 月 12 日，雷军向董明珠下战书，称 5 年内小米的营业额将会超过格力，赌约是一块钱，董明珠立即表示，超过格力是不可能的事情，要赌就赌 10 个亿。

这个赌约引起人们对中国制造业和互联网经济的未来进行深入思考。而这两位企业家的信心满满也表明，无论是制造业还是互联网经济在未来仍将有很大发展潜力。所以，从这个意义上讲，这个所谓的赌约，没有输家。

董明珠的连任受到广泛关注。这固然与董明珠本人的影响力和个人魅力分不开，但是，也要看到，社会之所以关心她的连任，还在于公众对格力乃至中国制造业未来的关注。

董明珠带领的格力电器是中国家电行业的领军企业和制造业的优秀代表之

一，当前，在越来越激烈的竞争环境下，以格力为代表的中国制造业如何通过打造核心竞争力应对互联网时代的新挑战，如何通过品质革命推动中国制造进一步走向世界，这些都是值得关注的议题。

愿董明珠董事长继续带领格力电器践行创新、绿色、共享等发展理念，实现高质量发展，为社会带来新的精彩。

董明珠开工贺词：乘时代之东风让梦想再启航

日前，格力电器董事长兼总裁董明珠发布新年开工贺词。董明珠表示，新的一年，要以更超前的理念、更优质的产品、更精良的质量、更完善的服务，不断满足广大消费者对美好生活的向往，努力让格力电器成为中国制造的示范者和擎旗者。

以下为董明珠讲话全文：

回望旧岁，在过去的2018年，格力电器坚持自力更生、艰苦奋斗，以矢志不渝的恒心和毅力，以挑战自我的决心和勇气，走出了自主创新的光明道路；九万员工同舟共济、砥砺奋进，取得了丰硕的成就和宝贵的经验。

展望新年，面临已至的2019年，我们要登高望远、继往开来，在纷繁复杂的形势背景下，不管东南西北风，咬定青山不放松，以逢山开路、遇水架桥的信心和智慧，勇攀世界科技高峰，奏响“让世界爱上中国造”的时代强音！

空谈误国，实干兴邦。格力电器之所以能取得今天的成就，靠的是全体员工凝心聚力、真抓实干。

“实”是格力电器生生不息、历久弥新的文化，新的一年，我们要以实干为基，站位新时代，踏上新征程，肩负新使命，谋求新作为，以更超前的理念、更优质的产品、更精良的质量、更完善的服务，不断满足广大消费者对美好生活的向往，努力让格力电器成为中国制造的示范者和擎旗者，这才是我们最高的目标和追求！

“仰望星空，脚踏实地”。我们要始终保持谦虚谨慎、艰苦奋斗的作风，“即

使站在山顶，头顶还有星空”，创新没有止境，格力电器发展的道路还很长。

发展实践中感到，最大的、天大的困难，就是挑战自己，只要有决心，就一定行！

我们要以更坚定的信心、更有力的举措，圆满实现新年度营收的既定目标；同时，要以永不懈怠的精神状态和一往无前的奋斗姿态，阔步迈向2023年宏伟蓝图的远大征程，努力为实现“中国梦”和“两个一百年”奋斗目标贡献力量。

“事业为基，人才为本”。人才队伍是第一资源，骨干是中流砥柱，企业发展壮大的关键是骨干队伍和核心团队建设。

我们要把五湖四海志同道合、德才兼备以德为先作为选人用人的根本标准，建立健全选、育、用、留的人才机制，做到公平公正、公开透明、公私分明，努力锻造一支“忠诚、奉献、干净、担当”的高素质干部队伍，积极营造人才辈出、活力迸发的良好环境。

鼓励和提倡把骨干放到风口浪尖上去摔打锤炼，当先锋、打头阵、挑大梁、立新功，培养历练骨干队伍勤于拼搏、乐于奉献、敢于斗争的过硬作风，使更多的80后、90后优秀年轻骨干脱颖而出，为格力电器建设发展百年大计源源不断注入生机和活力。

我们的愿景，是打造员工与企业之间的命运共同体

“众人拾柴火焰高，众人划桨开大船”。企业是船，我在船上，企业的兴旺发达离不开每一位员工的勤奋努力，个人的成长进步也离不开企业这个平台的关心培养。

在企业建设发展中，我们始终坚持以员工为中心，以员工的获得感、幸福感、安全感为目标，为员工提供更好的发展平台，积极与员工共享发展成果。

对于每一位格力人而言，要以到企业为家、以建企业为责、以兴企业为荣，把个人成长与企业发展紧密结合，共同构建休戚与共、甘苦共担的利益共同体、责任共同体、命运共同体。

我们希望打造以爱国精神、奉献精神、挑战精神、大爱精神为核心的企业文化，让每个格力人都把公司的使命、愿景、目标根植入心，真正成为企业发展的见证者、开拓者、搏击者。

我们的梦想，是缔造一个多元化、科技型全球工业集团

“千里之行，始于足下”。目前，格力电器在空调、生活电器、高端装备和通信设备四大领域全面蓄势发力，已从专业化的空调企业跨越转型成为多元化的工业集团。

2019 年我们要秉承挑战精神和颠覆思维，持续加大营销、管理、人才、技术“四个创新”力度，大力发扬工匠精神，努力造就完美质量，深入拓展以光伏空调为代表的创新型空调产品推广，着力挖掘新的增长点，巩固保持在全球空调市场的领先地位；在生活电器领域，加大以冰箱、洗衣机为牵引的生活电器发展力度，以消费者需求为研发导向，深耕细作、厚积薄发，创造更多更好的优质产品；继续深化智能装备领域，不断掌握关键核心技术，依托自主研发生产的智能装备，稳步实现生产的降本、增效、提质。此外，加强全公司的智能化体系建设，加快管理系统和通信系统的智能化步伐，进而实现产品智能化、生产自动化、管理信息化。

乘时代之东风，让梦想再启航。

2019 年，有机遇也有挑战，大家还要一起拼搏、一起奋斗，我们都在努力奔跑，我们都是追梦人！在前进道路上，我们要懂得感恩，感恩平台、感恩品牌、感恩团队，也感恩从未止步和懈怠的自己！在新的一年里，让我们继续万众一心、扬帆远航，创造更加壮丽的事业和美好的未来！

SUNING

更多精彩内容，请扫码观看

苏宁集团入选新华社“民族品牌工程”

2017年11月30日，苏宁集团入选新华社“民族品牌工程”仪式在北京举行。苏宁集团成为新华社“民族品牌工程”第19家入选企业。

商务部原副部长、中国国际经济交流中心副理事长兼常务副主任魏建国说，新华社“民族品牌工程”开创了一条中国民族品牌走向世界的创新道路，很好地将中国的民族品牌与国家主流媒体结合在一起。强大商品出口的背后离不开强大的文化支撑。中国企业和中国品牌走向世界，需要充分借新华社强大的公信力、传播力和影响力。今后会有更多的中国品牌加入到“民族品牌工程”，需要新华社以及所有的媒体工作人员，从客观、公正的立场，创新传播民族品牌，让全球市场分享中国品牌发展带来的价值，通过共商、共建、共享，共同打造利益共同体、命运共同体、责任共同体。世界会因新华社“民族品牌工程”平台和所有入选品牌的做大做强而改变。

第十二届全国政协委员、国家公务员局原副局长、中国国际经济技术合作促进会第五届理事长杨春光表示，中央提出要“推动中国制造向中国创造转变、中国速度向中国质量转变、中国产品向中国品牌转变”，这“三个转变”，为我国在新形势下建设品牌强国、提高经济发展质量和效益做出了科学指导、指明了发展路径。新华社实施民族品牌工程恰逢其时，意义重大，为我国优秀民族企业进一步扩大品牌影响力提供有效渠道，为唱响中国品牌加油助力，为我国民族企业进一步走向世界铺路架桥，是功在当代利在千秋的好事。

清华大学苏世民书院常务副院长潘庆中认为，“一带一路”倡议让我们的民族企业以更广阔的国际视野开展合作，新华社启动“民族品牌工程”，是助力民族品牌走向世界的重要工具，对于推动品牌强国战略、构筑民族经济长城意义深远。

“民族品牌工程”是新华社为推动品牌强国战略，全力打造的国家级传播工程。工程由两大体系构成：一是全媒体传播体系。《参考消息》《新华每日电讯》《经济参考报》《瞭望》《半月谈》等21种报刊、新华网和新华社客户端等网络媒体矩阵、新华社国内外社交媒体集群、户外大屏集群、新华电视和新华广播等构成全媒体、全覆盖传播网络，为民族品牌辟出专门版面、页面和时段，面向海内外高密度、立体化传播优秀民族品牌，确保达到百亿人次的传播效果。二是服务支撑体系。新华社下属的中国经济信息社、中国财富传媒集团、中国广告联合有限责任公司和中国环球公共关系有限责任公司形成专业优势互补的联合体，为入选的民族品牌企业提供智库咨询、国内外市场信息、品牌拓展和“一带一路”走出去项目对接等全方位、多层次的个性化服务。

新华社总经理室总经理张永平表示，作为国家通讯社、世界性通讯社，新华社有责任、有义务为品牌强国战略提供全方位支撑，帮助民族企业塑造民族品牌，培育更多“百年老店”。

创立于1990年的苏宁是中国领先的商业企业。历经二十余年的发展，苏宁确立了“引领产业生态、共创品质生活”的企业使命，其产业经营不断拓展，目前已经形成商业、地产、金融、文创、体育、投资六大产业协同发展的格局。2017年7月，苏宁集团旗下苏宁云商首次跻身《财富》的全球财富500强榜单。随着“一带一路”倡议的提出，苏宁迎来了国际化发展的新空间、新机遇。苏宁创新培育的大消费生态圈已经走出国门，正积极地与“一带一路”上的众多国家开展合作。

苏宁云商集团副董事长孙为民表示，新华社拥有遍布全球的网络、资源和专业人才，具有强大的国际国内传播能力，是世界级的权威媒体平台。此次与新华社合作将产生双方优质资源聚合效应，释放更强大的品牌势能，期待携手新华社“民族品牌工程”一起向世界传递苏宁声音，向世界展现中国民族品牌的文化自信。

仪式上，双方对外宣布将从品牌故事、海外传播、品牌推广、大型活动等方面开展全面战略合作，共同提升苏宁在海内外的影响力。

侯恩龙：未来十年电商将进入场景互联时代

“纯电商的黄金十年已经结束。这个夏天，彻底告别纯电商购物节，苏宁要用智慧零售新场景，犁一遍零售的土地”。

2018 年 7 月 27 日，在一座 10000 平方米的“燃客城”内，818 发烧购物节如期举行，苏宁易购总裁侯恩龙直言纯电商的时代结束，下一个十年将进入场景互联时代，智慧零售的新场景将遍地开花。

场景互联被提及不下 10 次

智慧零售时代，场景对于零售行业，正如阳光、空气、水对于人类生存一样，不可或缺，同时也无处不在。

在 818 发布会上侯恩龙的演讲中，“场景”一词贯穿始终，需求即场景、产品即场景、内容即场景、服务即场景，每一个场景都关乎用户体验。在“人、货、场”三大核心要素中，场景是连接人和货的桥梁，也是最为关键的一环。

2018 年 818，苏宁通过线上线下随时可见、随时可触的无限渠道场景，满足消费者在任何时间、任何地点、任何服务的需求。目前苏宁大开发战略已经建立了“两大、一小、多专”的店面类型组合，超过 5000 家互联网门店，实现从线上到线下、从城市到县镇市场的全面覆盖。

同时，在线上渠道，场景化比价格战更加重要，尤其是在 818 这样的大型购物节点，苏宁为用户搭建了一系列优质的内容消费场景。

苏宁 818 上线红人短视频平台——头号买家，瞄准内容电商红海，与流量明星、达人大V、素人以及专业MCN机构合作，“比抖音更有趣，比小红书更会带货”，搭建短视频平台的内容消费场景，让购物节变得更加丰富、更加有趣好玩。

营销产品也是一种场景，2018年818期间，苏宁上线两大产品——苏宁拼购和苏宁有房。苏宁拼购主打正品低价、便宜有好货，在社交电商的场景下，严控品质，拼卫星、拼房子、拼汽车，8月8日苏宁设立拼购日，无所不能拼。

苏宁有房则是苏宁最新上线的无中介二手房交易平台，每套房仅收9999元的服务费，相比于目前的房产中介，服务费大幅降低，同时致力于解决目前房产中介市场上信息不透明、交易流程复杂等痛点。

服务首次被定义为场景

此外，服务场景的优化，也是本次苏宁818的重点，如何保障消费者的购物体验，直面消费者的服务环节尤为重要，服务工程师和快递员，则是搭建优质服务场景的“总设计师”。

2018年818发烧购物节，苏宁持续针对一线服务人员打造两大节日——第一届服务工程师节和第二届快递员节。

前不久，上海市消保委数据对当地空调维修服务展开调查，11家被调查服务商中，9家存在各种各样的问题，苏宁收费合理、服务到位，成为正面典型。

物流方面，国家邮政局通报近几个月的邮政业消费者申诉情况里，苏宁口碑持续稳定第一。

服务工程师和快递员，一线的服务人员是扛起818的超燃英雄，对他们来说，认可比黄金重要，只有给予服务人员足够的认可和支持，才能够保障消费体验，让各个消费场景更加流畅地连接起来。

从跨产业到跨界，818与百度等共振

搭建出了优质的场景，如何把这些场景连接到一起，实现随时随地的场景互联更为重要，苏宁的线上线下双线渠道，无疑是连接各个消费场景的独家优势。

“纯电商时代结束，下一个 10 年进入场景互联时代”，侯恩龙对于整个消费趋势的把握，有着独到的理解。苏宁搭建线上线下全渠道的消费场景，连接合作伙伴和消费用户，6 亿生态会员全面打通，以 818 发烧购物节为契机，实现智慧零售场景互联的样板。

以距离消费者最近的苏宁小店为例，在苏宁大开发战略中，小店是与消费者接触最频繁的智慧零售场景。在这样一个消费者身边的场景中，实现多个业态多个场景的融合互联，包括房产、帮客、彩票和物流等等，2018 年 818 是苏宁小店首次参战，将为用户带来全新的“发烧”体验。

除了小店外，苏宁已在线上线下多个领域实现场景跨界，与天猫、万达、大润发、咪咕、中石化等行业巨头达成战略合作。就在 818 发布会当天，第一批进驻大润发的苏宁门店已经开始试运营，818 期间，将有近 300 家大润发门店完成升级，侯恩龙表示，818 是苏宁和大润发的首次联合大练兵，将实现业绩翻番。

在发布会现场，百度、咪咕、今日头条、海尔、华为、七匹狼、维达、光大银行等企业高层登台，就“燃”的主题展开即兴演讲，818 不只是购物节，苏宁要把生活中的各个场景连接到一起，实现全民狂欢。

百度公司副总裁荆伟表示，“苏宁和百度都在致力于更懂用户，今天走进燃客城，感受到了苏宁智慧零售的魅力，百度将与苏宁一起，将最新的技术整合到智慧零售的新场景，百度的技术、流量、入口将全面助力苏宁 818，点燃消费市场”。

10000 平方米燃客城想象场景互联

为了让消费者更加直观地感受场景互联的魅力和乐趣，苏宁 818 搭建了一座 10000 平方米的“燃客城”，涵盖吃货乐翻街、科技发烧馆、热血运动场、电竞游乐城和艺术公园等多个模块，可以说是场景互联的样板间，同时也是未来生活的 demo 店，而苏宁 818 的发布会，正是在这样一座“燃客城”中举办。

走在“燃客城”内，沉浸式地体验各种场景，360° 自由意志的机械臂、米其林星级大厨驻场、电竞游乐城德云色激情吃鸡解说以及各种艺术 IP 的现场展览，将科技、艺术、运动、电竞、美食等各种场景融合在一起，正是侯恩龙所说的“智慧零售，场景互联”。

苏宁 818 用一座“燃客城”，切实说明了场景互联并不是纸上谈兵，而是可以真实感受、体验和触摸到的，纯电商的发展已经陷入瓶颈期，只有线上线下多个场景的融合，才是当今零售市场的新趋势。

正如苏宁 818 的主题“燃，就现在”，苏宁的智慧零售将点燃场景互联新阶段，引领消费体验走向全面升级。

地表温度60度的超燃英雄：苏宁快修为工人兄弟修手机

炎炎烈日下，建筑工张师傅正在江苏淮安的一处工地上打桩，地表温度将近60度，只是站在太阳下就已经汗如雨下，而张师傅和他的工友们，中午两点刚过就已经在工地上开始工作。

“热，热也得干活啊，一方面工程有完工期限，另一方面，挣钱供家里的大学生上学啊”，张师傅拿着挂在脖子上的毛巾擦了擦汗，喝口水继续工作。

最开心的时刻：下工后用手机和家人视频

对张师傅和他的工友们来说，一天中最开心的时候就是晚上下工后冲个澡，躺在宿舍床上拿手机和家人视频聊天。这几年工地住宿条件越来越好，有空调有WIFI，工人们也基本都换上了大屏幕的智能手机，下工后用手机和家人微信视频、打游戏、看电影、看剧，一扫白天烈阳下工作的疲惫。

可以说，智能手机的普及，很大程度上丰富了工地工人们的娱乐生活。但相比于老人机，大屏幕的智能手机使用损耗也更加频繁，工地干活不小心就会出现磕碰，手机屏幕裂屏、内存不足出现卡顿严重等情况，往往使用体验很差。

了解到这一情况，近日苏宁快修的工程师们走进了淮安开发控股的一处工地，为工地的工友们维修手机，免费贴膜、换屏幕、清理内存、解决卡顿等，尽最大努力，让建筑工兄弟们能获得更好的智能手机使用体验，在一天辛苦的工作后，用流畅的手机，与家人视频通话，看电影、玩游戏享受一天中最舒服的时刻。

修手机动辄数百元，“将就着用吧”

据苏宁快修的手机维修工程师介绍，工地工友们的手机维修需求很大，尤其是换屏幕和换电池这两大需求最多，因为工作性质原因，很多工友的手机屏幕都或多或少出现了裂屏和划痕，但一方面因为没时间去维修，另一方面也不想花钱，就一直凑合着在用。

张师傅就是其中之一，一年前换掉了自己的功能机，花了500多元买了一部小米红米智能手机，年轻工友们教会了他使用微信视频，偶尔还看看新闻。然而没用几个月，在一次弯腰干活时，手机掉地上屏幕摔裂了，后面又陆续摔过几次，张师傅也一直没修，将就着用。

“我手机买的时候才花500多，去外面修手机换屏幕就要150块钱，太贵了不划算，将就着用吧”，张师傅无奈地笑了笑说。

了解到张师傅的情况，苏宁快修的工程师当即决定，免费为张师傅换一块新的手机屏幕，并且还为张师傅的手机清理了内存，经过短暂的维修清洁，这一部500多元的手机完全大变样，“就像刚买回来时候一样，感谢感谢”，张师傅笑得很开心。

像张师傅这种情况的工友还有很多，出门在外，能省一点是一点，挣的每一块钱都是辛苦钱，动辄上百元的手机维修费用，往往让工友们选择“将就着用”。

“超燃英雄”的成就感：让工友们用手机不将就

在工地项目间手机维修现场，苏宁快修的工程师们一刻不停地接待前来维修手机的工友们，现场快速拆机换电池、换屏幕，耐心回答工友们关于手机使用过程中遇到的各种问题。

“今天走进工地为建筑工兄弟们修手机，虽然高温炎热条件很差，但内心真的很满足，每修好一部手机，看着工友们开心的笑脸，就非常有成就感，工友们都很辛苦，希望通过我们的一点点努力，可以让工友们不再将就，一天辛苦工作后能够通过手机更好享受休息娱乐”，苏宁快修的工程师表示。

在2018年的818，苏宁提出了“超燃英雄”的概念，面向一线服务人员，物流快递员、空调安装工程师以及手机快修工程师等，他们是这个夏天保障用户体验的“超燃英雄”。

记者问及这次走进工地的苏宁快修工程师，能不能称呼他们为“超燃英雄”，他们表示，“我们只是做了专业范围的一点力所能及的事，这些在地表温度60度高温下工作的建筑工兄弟们，可以称得上是‘超燃英雄’，其实每个行业每个岗位认真工作的劳动者，都是‘超燃英雄’，值得尊敬”。

这次走进淮安开发控股工地只是“960万平方公里的苏宁快修”计划的第一站，接下来苏宁快修将走进更多有手机维修需求的单位和地区，不仅是城市工地，还将进驻边疆厂矿企业，帮助更多的用户维修手机，将好服务和好体验带到全国各地。

张近东：500强企业要敢于打破故步自封的舒适圈

蝉联互联网零售业No.1，立足实业创新发展

中国民营企业“500强榜单”以企业年度销售总额（营业收入）为主要依据，参考企业净资产、纳税额、净利润等指标。

张近东创业的28年，不断突破发展边界，扩大苏宁的版图，创新发展模式。自2009年开始探索向互联网转型时，张近东以“科技转型、智慧再造”为核心，开启智慧零售探索。他强调“未来的零售企业，不独在线下，也不只在线上，而一定是要线上线下完美融合的O2O模式。”

随后，行业的发展印证了张近东的判断，传统电商纷纷布局线下，全品类、全渠道、全客群的零售之路成为行业共识。

2017年12月，苏宁召开智慧零售大开发战略发布会，宣布到2020年互联网门店规模要达到两万家。2018年以来，苏宁形成了“两大、一小、多专”的店面业态产品，实现从线上到线下、从城市到县镇市场的全覆盖。

当时间进入2018年，苏宁连续两个季度的高速增长再次证明了张近东的远见。根据苏宁易购发布的2018年半年度业绩快报，2018年1—6月，苏宁易购实现营业收入1107.86亿元，同比增长32.29%，收入增速连续两个季度突破30%；商品销售规模1513.19亿元，同比增长44.63%。

2018年7月，苏宁易购再次跻身《财富》的世界500强榜单，并以487.8%的利润增长率在所有上榜中国企业中位列前三。

“40年里，一批又一批的民营企业不断壮大，实现了从中国500强向世界

500 强的跨越式发展。一系列 500 强的涌现，既源于中国良好的经济环境，也来自于民营企业充分发挥体制机制优势，立足行业、立足实业创新发展。”张近东表示，500 强企业要保持稳健的发展，就必须要敢于打破故步自封的舒适圈，主动适应时代趋势，参与国家经济体制改革。

“500 强是荣誉，更意味着责任、压力和动力”

格局决定布局，布局决定结局。张近东创业的每一步，与时代发展同频共振。在苏宁第二个十年的发展中，张近东便顺应西部大开发、东北振兴、中部崛起等政策，迅速带动苏宁成长为一家千亿规模的企业。

2003 年，国家提出振兴东北老工业基地的政策后，苏宁顺势进入辽宁市场，15 年里，经营规模超过 85 亿元，2018 年前 7 个月销售同比增速近 40%，领先行业平均增速。

2004 年的中国，翻滚着“中部崛起”的浪潮。那一年，山西、河南、湖北、湖南、安徽和江西 6 省被划定为中部崛起省份。彼时的湖南，开始破旧立新，发展机遇俯拾即是，张近东又在这一年挺进湖南。

“民营企业要积极顺应国家产业政策、区域发展政策所带来的机遇，要真正地立足行业、立足全国去顺势发展。”张近东说。

在多年发展中，苏宁一直处在体制改革试点的前沿，相继参与了中小板、全流通等资本市场的改革进程，以及民营银行试点、混合所有制改革等重要体制的创新，为苏宁的发展集聚了源源不断的活力。

2018 年，苏宁已经形成了易购、物流、金融、科技、置业、文创、体育、投资八大产业协同发展的智慧零售生态布局，业务覆盖美国、日本和欧洲等国家和地区。放眼世界的张近东，也将苏宁的业务拓展至全球。自 2009 年起，苏宁先后收购日本 LAOX 株式会社、香港镭射电器公司，2013 年又在硅谷设立苏宁美国技术研究院，2014 年，苏宁开始积极推动海外零售供应链建设……

张近东认为，500 强企业要实现更大的发展，就必须要不断地创新，只有与世界知名企业同台竞技，才能真正发展为国际一流强企。

“500 强是荣誉，更意味着责任、压力和动力。”按照张近东的规划，苏宁正向着2020年全渠道高于互联网转型期增长的两倍增速，线下两万店、苏宁大生态协同发力，交易规模4万亿的大目标发起全面冲刺。“目前的突破只是开始，未来我们还将打造更多的世界500强、世界100强！”

智慧零售助丰收
苏宁联合中国扶贫基金会助力隰县精准脱贫

金秋九月迎秋收。2018 年 9 月 19 日，在首届“中国农民丰收节”即将来临之际，苏宁携手中国扶贫基金会善品公社、山西隰县人民政府在隰县习礼村举办苏宁易购 · 善品公社 · 隰县玉露香梨上市发布活动。隰县人民政府县长王晓斌、隰县果业局局长、县长助理段兰虎，苏宁易购太原大区副总经理李景好、中国扶贫基金会善品公社产品主管李爱军等嘉宾出席活动，并与习礼村玉露香果品合作社代表共同为苏宁、中国扶贫基金会定点打造的“山西隰县‘互联网 + 扶贫’产业发展与提升示范基地”揭牌。这也标志着隰县脱贫攻坚的主打产品——“玉露香梨”正式在苏宁易购善品公社官方旗舰店发售。

活动上，隰县人民政府县长王晓斌为苏宁的精准扶贫“点赞”。他表示，苏宁易购作为国内电商平台的优秀代表，扎根山区贫困县进行定点扶贫，助力以玉露香梨为代表的隰县农特产品上行，帮助隰县脱贫，充分体现了苏宁的社会责任担当和公益情怀。

据悉，隰县是全国扶贫开发工作重点县，而玉露香梨一直是隰县脱贫攻坚的支柱产业。然而，随着近年来玉露香梨规模快速扩张和市场竞争日益激烈，产业脆弱性和风险也在增加。玉露香梨产品、供应链、品牌等关键环节的竞争力需要培育和提升，以保证这一脱贫主导产业能够可持续发展。

为此，2018 年 1 月，苏宁与中国扶贫基金会签订山西隰县玉露香梨产业扶贫战略合作协议，苏宁投入近 500 万元，联合中国扶贫基金会，依托各自在产业运营、商业资源、品牌公信力等方面的资源优势，以“农民专业合作社”为组织载体，围绕组织培育、技术推广示范基地打造、品控管理、生产服务、贫

困户带动、营销推广、品牌建设等方面，全面扶持隰县玉露香梨产业竞争力培育和产品上行，推动地方整体电商运营能力的建设和提升，帮助贫困农户增收脱贫，助力振兴乡村经济。

对此，苏宁易购太原大区副总经理李景好表示，助力贫困地区脱贫攻坚是苏宁一直以来的重要战略工作，也是苏宁的社会责任所在。苏宁将通过智慧零售的模式优势和资源优势，通过产业扶贫、教育扶贫、就业扶贫、捐资扶贫为一体，构建精准扶贫长效机制，助力隰县乃至全国更多贫困地区的脱贫攻坚事业。

在当天的活动上，习礼村的村民也为迎接首届“中国农民丰收节”的到来举办了隆重的庆祝仪式。具有山西地方特色的锣鼓、晋剧表演、百人流水宴等特色民俗节目既代表着村民迎接秋收的喜悦，也表达着他们对明年收获丰收的深切盼望。

据悉，围绕首届“中国农民丰收节”，苏宁集中开展了以庆丰收、享丰收、促丰收为主的“丰收大‘吉’”主题活动，此次活动也是苏宁联合中国扶贫基金会举办的特色村寨活动之一。活动举办地习礼村还获评中国农村杂志社、中国村社发展促进会发起的“首届‘中国农民丰收节’百个特色村寨庆丰收活动举办地”。

而在“丰收节”期间，苏宁将通过线上线下双线联动，开展丰富多样的农产品促销及涉农文化交流活动。

苏宁将通过围绕首届“中国农民丰收节”的系列助农活动，帮助地方打造农产品品牌，助力电子商务精准扶贫，提升地方农业电商生态水平，进一步推动农村地区的优质农产品走进千家万户，让消费者得实惠、农民增收益。

更多精彩内容，请扫码观看

茅台7年助14万学子圆梦大学
2018年向“三区三州”倾斜

2012年高考后，王旭被四川大学录取。在“国酒茅台·国之栋梁”希望工程圆梦行动资助下，王旭顺利入学。家境无择，奋斗由己。2017年，王旭以四川大学优秀毕业生的光荣称号顺利保研，进入清华大学攻读博士学位。

2018年8月25日，在“国酒茅台·国之栋梁——希望工程圆梦行动2018脱贫攻坚公益计划”新闻发布会暨助学金发放仪式的现场，茅台宣布2018年继续捐赠1亿元用于资助建档立卡贫困家庭大学新生，同时，把资助重点向“三区三州”地区倾斜，更深入地投入精准扶贫。为继续反哺家乡，本年度资助额度中的一半，仍将用于资助10000名贵州学子。

5000元成为撬动人生的杠杆

据悉，“国酒茅台·国之栋梁”希望工程圆梦行动，自2012年启动以来，已持续开展7年——茅台集团每年向中国青基会捐款1亿元人民币，资助2万名贫困学子，资助标准为每人一次性5000元。7年来，茅台集团累计捐款7.14亿元，辐射全国31个省（区、市）及新疆生产建设兵团、全国铁道系统，帮助14.28万名来自农村贫寒家庭的莘莘学子顺利走进大学校园。

发布会上，茅台集团、中国青基会授予已经大学毕业走向工作岗位或继续深造的5位优秀茅台学子“栋梁奖”，意在鼓励14余万名茅台学子发奋图强、立志成才，为实现中华民族伟大复兴的中国梦贡献青春与力量。

王旭是获得“栋梁奖”的5位学子之一。连续5年，王旭都取得了专业第一的成绩，获得过两次国家奖学金，两次国家励志奖学金。“国酒茅台·国之栋梁”为王旭照亮了人生道路，她也一直想要将这份爱心和关爱传递下去。本科期间，王旭参加了很多公益活动，比如“向阳花”作文批改活动，与贫困地区小学生一对一结对，建立书信来往，提高他们写作水平；爱心100·爱心包裹劝募公益活动，走上街头，为偏远山区的孩子们劝募等。

出生于甘肃省甘南藏族自治州迭部县的沙九，是2014年甘南藏族自治州的高考状元，同时也是迭部县一所并不正规的补习班的老师。被中央民族大学录取后，沙九得到了茅台集团的资助，不用再为自己的求学费用而担心，便拿出了州政府和团县委给他的奖励和助学金，在假期之余办起了补习班，免费帮故乡的贫困学生补习。如今，沙九辅导过的学生已经超过了2300人次，大多都考上了理想的大学。大学期间，沙九连续两年专业成绩排名第一，综合考评成绩排名第一。前后荣获38项奖项，2017年以优异的成绩获得了免试攻读硕士研究生资格。

“受助的学生都是好样的。你们在困难的家庭环境下，发奋努力、刻苦读书，成为象牙塔里面的天之骄子。艰苦的成长经历，也将是你们一生当中最为珍贵的精神财富。”茅台集团党委书记、董事长、总经理李保芳代表茅台3万名员工表达了对受助学子的期待和祝愿，“由衷地希望你们在未来的四年中，敢于有梦、勇于追梦、勤于圆梦，继续发扬艰苦奋斗的精神，始终保持吃苦耐劳的本色，珍惜时间、珍惜机会，认真学习，努力成为国家需要的人才，为自己、为家庭、为社会、为国家，承担起更大的责任，成为真正的‘国之栋梁’。”

实现“精准滴灌”

北京师范大学社会公益研究中心和北京七悦社会公益服务中心的研究人员组成专业第三方团队，现场发布了“国酒茅台·国之栋梁”希望工程圆梦行动项目评估报告。据悉，此次评估选取样本规模大、范围广，评估组深入了新疆、贵州、山西与江西4个省区、10个县市、16所高校，其涵盖了青基会、团委、受助学生、受助家庭等253个个案，回收有效问卷2600余份。

评估团队在深入调查后表示，“茅台助学圆梦行动”在受益人选择、资金递送、公开透明等关键环节严谨细密，学生收款到位率为100%，有力地确保了项目运作过程的公正性，维护了“国酒茅台·国之栋梁”——希望工程圆梦行动大型公益助学活动这个全国品牌的整体公信力。

据介绍，从项目模式来看，“茅台助学圆梦行动”有三大亮点：首先，实现了“精准滴灌”，即不仅帮助贫困新生“从家门到校门”，而且还支持其渡过了“录取通知到勤工助学”这个特殊的压力期，因而社会效果实现最大化。第二，是“无条件”的资助，即资助无附加条件，给了孩子们一个自我判断的时间和自主选择的机会，从而避免“交换心理”，让感恩之情以最自然的状态被激发。第三，资助之外还开始了发展类服务，即通过支持实习、实践、就业、创业来提升茅台学子的发展能力，帮助学生及其家庭更好更快地摆脱贫困。

据悉，圆梦行动最初受益对象被指定为当年参加高考并被全日制普通高等院校录取的本科前三批（即本科提前批、一本、二本），家庭经济困难、品学兼优的高中毕业生。2013年开始，资助对象优先顺序有了特定的排序：孤儿、单亲家庭子女、家庭成员伤残、学生本人伤残、家庭因自然灾害经济损失重大。到2017年，这一排序又进行了调整，变为建档立卡贫困家庭学生、孤儿或单亲家庭的子女、家庭成员伤残或长期重病的学生、学生本人伤残者、家庭因自然灾害经济损失重大。到2018年，茅台进一步提出，增加对“三区三州”和其他深度贫困地区的倾斜力度。

茅台的意图很明显：捐资助学是阻断贫困代际传递的重要手段，应当成为助力脱贫攻坚的有生力量。

向“三区三州”深度贫困地区倾斜

作为党中央确定的“三区三州”深度贫困地区（即：西藏、四川省藏区、新疆南疆四地州和四川凉山、云南怒江、甘肃临夏等“三区三州”）之一，凉山地处边远、山势险峻，贫困程度深。

按照团中央书记处关于支持“三区三州”统一部署，希望工程也将奋力而为、尽锐出战，携手茅台集团对凉山州2018年度建档立卡高考录取大学新生实现全覆盖资助。2018年，希望工程多个项目对凉山州的公益支持将超过1000万元。

30年前，李保芳还在六盘水市工作期间，就曾到过凉山州西昌市考察，那时候交通不发达，从西昌到宜宾，翻越大凉山，走了整整一天。“时隔30年，由于地理环境等原因，我们仍然可以看到，凉山地区部分学生还在爬天梯上学。”李保芳感慨地说，“能在这个教育体系独特、比较典型的地方，把助学金送到爬着天梯成长成才的寒门学子家门口，意义非凡。”

据介绍，2018年“国酒茅台·国之栋梁”将调整帮扶重点，向全国“三区三州”等深度贫困区适当倾斜；同时，茅台与共青团组织携手开展扶贫攻坚，聚焦建档立卡的贫困家庭大学生；在三年公益计划的第二年，不止资金资助，还向贫困家庭大学生提供实习就业机会。

帮助一名大学生，就等于帮助了一个家庭。“将来，还会有越来越多的受助学生顺利毕业，成为国家的人才、社会的中坚、家庭的支柱。他们，将会以最快的速度，帮助千万家庭摆脱贫困。”李保芳在活动现场一再表态，“茅台会坚持下去，把这件事做好。”

用水思源：茅台等五家酒企共筑生态扶贫模式

2018年6月25日14时，由茅台集团发起，四川郎酒、贵州习酒、贵州国台、贵州钓鱼台等四家酒企共同参与的大型公益活动——“走进源头·感恩镇雄”在赤水河源头第一村，云南省镇雄县赤水源镇银厂村长槽村民组拉开帷幕。

上千村民自发赶到现场，共同见证赤水河源头地区历史上规模最大的公益捐赠活动的举行：茅台1000万元、郎酒800万元、习酒400万元、国台100万元、钓鱼台100万元——2400万现金，这份礼包令当地百姓非常开心。据当地村干部说，来得最早的观众6个小时前就早早坐在山边等待活动开始，“老百姓听到这个消息，都非常激动”。

“到镇雄来，是我们多年的夙愿。站在这片热土上，我的心里满满都是感动。”茅台集团党委书记、董事长、总经理李保芳在致辞中这样表达。

李保芳说，他的感动源于两个因素——

首先为镇雄父老的格局与坚守。镇雄有十分丰富的矿产资源，煤炭资源远景储量达74亿吨，占云南全省的10.7%；煤田煤层气储量、硫铁矿资源储量，则处于全国领先地位。但直到今天，镇雄仍然是国家级贫困县，在云南27个深度贫困县中，脱贫任务最为艰巨、最为困难。

“在我们看来，最为重要的原因是，镇雄县历届党委、政府和广大父老乡亲，在开发与保护的问题上，义无反顾地作了选择。为保护赤水河源头脆弱而珍贵的自然环境，镇雄的父老乡亲们，始终在默默地付出。赤水河也才能因此得名‘美酒河’。这样的格局与坚守，让我们感动。”

二为同行伙伴的情怀与担当。“大约半年之前，我和我的同事们讲，茅台能有今天的发展，我们理应感恩，要在合适的时间到镇雄来，想办法为赤水河源头百姓的付出有所回报。茅台提出‘走进源头·感恩镇雄’的倡议和邀请后，郎酒、国台、钓鱼台和习酒，都在第一时间给予了热切响应，纷纷要求主动参与进来，为镇雄的脱贫攻坚尽一份力。”

据了解，作为长江上游唯一没有被开发、没有筑坝蓄水的河流，赤水河沿途不仅是我国生物多样性的重要保护区，也是全世界首屈一指的优质白酒产区。

据镇雄县县长郑维江介绍，赤水河在镇雄境内有97公里，流经14个乡镇，流域面积达1600平方公里。就是说我们3600多平方公里流域面积就是的1600平方公里，大约承载了近70万居民。

郎酒集团董事长汪俊林在与镇雄县有关方面对话时感慨道，“我们几家酒厂都是靠着赤水河逐渐长大的。镇雄人民为赤水河保护做出的贡献，对我们几家酒厂来说，也非常重要。所以，我们非常感恩源头地政府和老百姓给我们的帮助。”

“茅台、郎酒、国台、钓鱼台和习酒，作为生于斯、长于斯的白酒品牌，我们都是赤水河良好的生态环境红利最直接的受益者。方圆五百里，除了我们，还有五粮液、泸州老窖、剑南春、董酒等数十个知名品牌，约占中国名酒的60%。”

李保芳强调，“今天，我们携五家企业和央视数万员工的心意来到这里，旨在省亲与感恩。茅台、郎酒、国台、钓鱼台和习酒，将共同捐资2400万元，用于支持镇雄县脱贫攻坚、建设小康。”

据悉，除了2400万元捐赠，茅台集团还决定从2018年起，将“国酒茅台·国之栋梁”大型公益助学活动的资金向镇雄县优秀的高考寒门学子倾斜。此次公益活动开幕前，茅台部分经销商，还积极走村串寨，累计组织捐款170余万元，用于资助赤水源镇，开展基础设施建设、环境保护、助学扶智等。

“云贵川一衣带水，我们因赤水河血脉相连。”李保芳动情地指出，这次来镇雄的，既有国有企业，也有民营资本，分属贵州、四川两省。

“我们特别希望，能以上述资金支持、项目支持、品牌支持等方式，共同为镇雄脱贫攻坚、同步小康做点实事。”

镇雄县委书记翟玉龙评价茅台等机构的善举时强调，在“赤水源头第一村”

开展的“走进源头·感恩镇雄”主题活动，是“为镇雄干部群众矢志不渝保护‘赤水’鼓劲加油，为镇雄贫困同胞坚定信心摆脱贫困添柴加薪。”

“赤水河是我们共同的‘生态河’‘美酒河’‘英雄河’，源起镇雄、滋养镇雄，与镇雄人民朝朝相伴、和谐共生，是镇雄人心目中名副其实的‘母亲河’。”

翟玉龙指出，为了保护好赤水河，镇雄县确定了退耕还林优先、河道治理优先、综合整治优先的赤水河保护“三个优先”原则，专门成立了赤水河流域环境保护工作领导小组，将赤水河流域生态环境保护纳入经济社会发展绩效目标考核，严执法、控污染、防破坏，像对待生命一样对待赤水河，像保护眼睛一样保护赤水河，县内赤水河流域水质稳定达到了地表水Ⅲ类标准。

“今天的主题活动，不仅是对镇雄百万干部群众在赤水河保护中担当作为、吃苦流汗的肯定与鼓励，更是对上下同心、互动互补推进赤水河全域大保护的示范与呼吁。”翟玉龙指出，此次活动为镇雄持之以恒保护好赤水河坚定了信心、注入了动力，必将掀开赤水河流域生态保护的新篇章，必将成为政企合作推进流域治理的新典范。

据悉，镇雄境内赤水河流域还有7.7万多群众生活在贫困线下。“他们用‘宁可自己苦一点也不能搞破坏’的牺牲精神守卫着赤水河的‘水清、岸绿、景美’，他们也迫切需要闯出一条以‘生态’求‘生存’的绿色脱贫之路。”

镇雄县有关人士强调，他们将坚定不移贯彻落实习近平精准扶贫精准脱贫战略思想和生态文明思想，树牢“绿水青山就是金山银山”的理念，一体化推进脱贫攻坚与生态文明建设，积极与赤水河流域兄弟县区、社会各界开展合作，共同把赤水河打造成一条责任共担、生态共享、发展共赢的“连心河”。

活动开始前，几家参与单位与镇雄有关方面，就如何长效化开展脱贫攻坚工作作了深入交流。

“这片土地的人民和我们之间的缘分，已经持续了两千多年，”茅台集团党委副书记、纪委书记赵书跃动情道，我们的确需要思源，特别是到了源头现场，这种感觉更为震撼。

镇雄县有关人士强调，他们将树牢“绿水青山就是金山银山”的理念，一体化推进脱贫攻坚与生态文明建设，积极与赤水河流域兄弟县区、社会各界开展合作，共同把赤水河打造成一条责任共担、生态共享、发展共赢的“连心河”。

“我们现在是‘有绿水青山没有金山银山’，我们相信未来不久，镇雄一定会‘有绿山青山也有金山银山’。”镇雄县有关负责人这样表示。

李保芳分享了他沿途所见所感后指出，镇雄人民做出的牺牲非常不简单。“对镇雄来讲，今天的支持，或许微不足道，甚至杯水车薪。但我们坚信，这将是一次有益探索、一个良好开端。从今往后，社会各界一定会有越来越多的同行和朋友，关注赤水源头、关注镇雄百姓。”

五粮液

WULIANGYE

更多精彩内容，请扫码观看

五粮液参与发起成立“精准扶贫美好生活联盟”

2018年10月26日，“精准扶贫联盟计划”启动会暨精准扶贫高峰论坛在成都举行，五粮液集团与中国工商银行、中国红十字会、央广网、顺丰集团、百度集团、本来生活、沱沱工社一道，共同启动“精准扶贫联盟计划”并签署精准扶贫联盟合作计划书。“精准扶贫美好生活联盟”首批合作成员将发挥各自在产业、金融、传播、渠道等方面的优势，从金融帮扶、贫困地区特色产品销售等多方面着手，携手助力贫困地区精准脱贫。

“精准扶贫美好生活联盟”（以下简称联盟）是在国务院扶贫办、中国人民银行、四川省人民政府、陕西省人民政府指导下，联合大型金融机构、权威媒体、电商平台等机构和企业共同成立的综合性服务平台。联盟着眼于农村贫困地区产业可持续发展和农村贫困人口生活持续改善两大关键目标，坚持“场景共建、资源共担、以点切入、创新行动”四大原则，共同构建商融互促、产业扶持、销售渠道、全媒体宣传相结合的全链条扶贫愿景。四川省金阳、通江、万源、南江4县，陕西省铜川市宜君、印台2县成为联盟首批帮扶对象贫困县。

作为联盟合作成员之一，五粮液集团党委书记、董事长李曙光表示，在当前脱贫攻坚进入最为关键的冲刺阶段，联盟的设立是寻求发展路径、创新扶贫模式的一次有效探索。通过对贫困地区基础设施建设、产业发展、贫困农户等提供资金帮扶，对产品销售提供“互联网＋金融”的电商服务平台，可以为贫困地区和贫困人口创造良性、可持续的发展环境。同时，也是优化整合资源、凝聚各方力量的一次跨界合作。联盟各方成员分别拥有渠道、平台、资金等资源优势，能够形成涵盖全产业链、全供应链、全服务链的无缝扶贫开发支持体系。

此外，也是增强“造血”功能、激发内生动力的一项有力举措。通过积极打造电商扶贫服务链，可以帮助贫困地区扩大销量、提高收入，为贫困户建立增收致富的长效机制。

作为浓香型白酒的典型代表和白酒龙头企业，一直以来，五粮液通过产业扶贫、就业扶贫、教育扶贫和新农村改造扶贫，设立全国首支乡村振兴发展基金，升级建设百万亩酿酒专用粮基地等有效措施，帮助对口帮扶贫困地区走出了一条共建共赢、可持续发展的脱贫增收的致富之路，助力农民增收、农村增绿、农业增效。

五粮液慈善捐赠情暖雪域高原

发挥国企担当引领、反哺社会主动作为是五粮液集团始终坚持的初心。在第5个“国家扶贫日”、第26个国际消除贫困日到来之际，五粮液集团通过四川省五粮液慈善基金会，将价值240万元的御寒衣物、210万元产业帮扶资金以及价值1万元的教育图书送到海拔4200多米的甘孜州理塘县藏区同胞手中。

2018年年初，按照省委、省政府坚定不移打赢脱贫攻坚战的工作部署，五粮液集团主动承担起对口帮扶理塘县的脱贫攻坚任务。在实际工作中，公司党委把助力深度贫困地区脱贫攻坚工作作为重要政治任务抓紧抓实抓好，注重扶贫与扶志、扶智相结合的工作思路，充分发挥五粮液集团产业多元、平台多维的优势，精准链接“一二三”产业，多次组织扶贫工作组深入理塘县各乡村实地调研，因地制宜积极探索多渠道、多样化、创新型、见效快的精准扶贫、精准脱贫新路径。同时，五粮液集团选派两名优秀员工驻村帮扶，建立起解决贫困问题的长效机制，带领当地群众真抓实干，将致富活水引入贫困地区。

此次向理塘县的捐赠活动，是四川省五粮液慈善基金会按照五粮液集团党委的统一部署，在深入研究理塘县实际情况的基础上，结合当地资源禀赋进行的一次爱心善举。

理塘县平均海拔4200米，最高海拔6204米，地高天寒的自然环境严重制约当地经济发展。五粮液慈善基金会捐赠的210万元产业帮扶资金将用于帮助上马岩村筹建成立甘孜州首家村集体资产经营管理有限责任公司，以村集体资产经营管理公司入股村合作社的方式，采取民主表决、集中投入、多方联动、产业带动、农户受益的模式，有效整合撬动900万元的产业发展资金投放到发展潜力较大的香菇产业中，打造融种植加工与深度体验于一体的五粮液理塘上马岩香菇产业示范基地，并以发展生态农牧产业为基础，大力推进一二三产业融合发展，形成可持续发展机制。

针对理塘县属高寒农牧结合区，自然条件相对恶劣的实际情况，五粮液慈善基金会积极协调五粮液圣山家纺公司，向藏区同胞们捐赠了1万余件、总价值240万元的御寒衣物，确保藏区同胞度过一个身暖心更暖的冬季。

教育底子薄、发展程度低是制约藏区发展的瓶颈问题。五粮液慈善基金会针对理塘中学图书室刚修建完成、教学用具尚有较大缺口的实际情况，特向理塘中学捐赠了价值1万元的教学图书，帮助藏区孩子们进一步开阔视野、浸润心灵。

此次向理塘县捐赠的款物是该慈善基金会自2018年8月28日成立以来的首个捐赠项目。事成于和睦，力生于团结。五粮液慈善基金会将在五粮液集团的坚强领导下，主动关注、积极参与并做好五粮液慈善公益事业的建设与发展，并与理塘7万藏区同胞并肩作战，确保脱贫攻坚取得最后的胜利，让藏区同胞走向幸福大道。

以酒为媒产融结合

——五粮液努力成为中俄交流合作的桥梁与纽带

2018 年 9 月 14 日，以“聚焦产业发展的中俄金融合作”为主题的中俄金融合作圆桌会议在黑龙江哈尔滨市开幕。本次会议由亚洲金融合作协会、中国经济信息社、俄罗斯银行联盟和哈尔滨新区管委会联合主办，五粮液集团作为战略合作伙伴全程支持。事实上，五粮液与俄罗斯的缘分远不止于此。

品“味”俄罗斯

都说足球与啤酒是绝配，但是 2018 世界杯来到了伏特加的故乡俄罗斯，中国白酒围绕世界杯上演了一出精彩纷呈的营销大戏。你带着酒，我带着人，五粮液“酒王军团”强势出征俄罗斯！

五粮液公司在世界杯期间，举行五粮液“万店浓香世界杯”观赛之旅主题活动，率“万店终端”经销商、五粮液品鉴顾问团等分 8 个批次数千人组成“酒王军团”观看世界杯赛事。

对内来看，“酒王军团”极具荣耀感，是五粮液以实际行动回馈“万店终端”客户的具体表现，彰显了五粮液品牌的感召力；对外来看，这支“酒王军团”现身四年一度的世界杯现场，五粮液的品牌形象充分展现在来自世界各地的球迷面前。

五粮液还打出组合拳，军团出征的同时打造出一款“万店浓香”主题纪念酒。五粮液结合热点，推出主题纪念产品，成为五粮液品牌产品“1+3 战略”中打造“独特、稀缺、个性”维度的又一力作，同时也借世界杯热点让五粮液“国际范儿”

的品牌形象在俄罗斯绽放。

此前，2017 年 2 月，五粮液选择在莫斯科当地有影响力的中餐馆，举办五粮液走进俄罗斯 VIP 品鉴晚宴。通过品鉴和面对面沟通交流，拉近与对五粮液品牌推广和销售有帮助的人士的距离，让他们先品味中国文化，感受五粮液的魅力，更直观提升在场人士对五粮液品质和品牌的认知，加速五粮液占领中国酒在俄罗斯主流市场的进程。

通过努力，五粮液现已成功供货到俄罗斯市场，产品覆盖高中低端，渠道供应涉及当地餐饮、商超等。

五粮液的“国际范儿”

五粮液在俄罗斯的布局是其国际化战略的缩影。在新时代、新形势下，加速中国白酒“走出去”，是白酒行业所面临的时代课题。作为浓香型白酒的典型代表和中国白酒的龙头企业，目前，五粮液正积极实施“走出去”战略。

白酒兼有物质产品和精神产品双重属性，五粮液紧抓“一带一路”历史机遇，努力让中国白酒成为“一带一路”沿线国家民心相通的桥梁、纽带。

据了解，一方面，五粮液构筑海外三大营销中心，负责所辖范围的品牌打造、销售促进和产品开发工作。在现有经销商分销模式的基础上，设置以德国杜塞尔多夫五粮液国际（欧洲）有限公司为基地的欧非营销中心、以五粮液国际（香港）有限公司为基地的亚太营销中心和以五粮液国际（纽约）有限公司为基地的美洲营销中心，通过海外营销中心进行更深层次的品牌文化传播、消费者互动，实现对华人群体和本土消费者的直接营销。

另一方面，扎实推进市场工作，提升市场表现。通过参加展会寻找市场开拓机遇、举办专题活动加强与国际知名品牌合作、与优质经销商合作耕耘市场等多种方式，目前五粮液已在西欧、北美、亚洲、东欧、澳大利亚等市场均有所突破，用世界性的语言向消费者传达“中国的五粮液世界的五粮液”。

再造一个“金融五粮液”

2017 年，五粮液开启了“二次创业”征程，定下了“十三五”期间打造千亿集团的目标。为此，五粮液明确了以“做强主业、做优多元、做大平台”作为“十三五”期间的战略发展主题，进一步确定了加快推进“1+5”的产业布局。

酒业主业进一步做强，包括大机械、大物流、大包装、大金融、大健康产业等 5 大产业。其中大金融产业：要求要进一步落实好产融结合战略，实现双轮驱动发展，整合金融资源，以财务公司、商业银行、证券、基金等金融业务为基础，打造五粮液金控集团，实现金融和实体产业的协同发展，力争“十三五”期间再造一个“金融五粮液”。

在五粮液集团公司的整体战略部署中，加快金融领域方面的布局、大力推动产融结合是发展的必然趋势。集团公司党委书记、董事长李曙光指出，把金融板块的传统业务和创新业务发挥好、集成好，将对五粮液集团公司整个主业的产业链产生非常重要的支撑作用。

2017 年 3 月，自李曙光董事长上任初期，就先后走访中国银行、中国农业银行四川省分支机构以及招商银行四川省分支机构，针对金融信息化技术利用、金融资本推动多元产业支持等方面进行沟通交流。

此后，五粮液在金融领域动作频频、成果丰硕。2017 年底，五粮液与大丰银行在澳门签署《战略合作协议》，双方在并购、融资等业务领域开展合作，并与亚洲地区资产管理规模最大的投资基金之一的高瓴资本就五粮液资本运作、发展战略等方面进行了沟通交流。

2018 年初，五粮液与招商银行成都分行签署战略合作协议，将为五粮液在二次创业以及做大做强“1+5”产业提供产业金融、消费金融等方面服务，探索实体经济 + 金融服务和战略合作。

6 月五粮液与中国工商银行就深化银企合作、创新合作方式、拓宽合作领域等进行了探讨，并就进一步提升双方战略合作水平达成共识。

8 月五粮液与中国银行就拓展合作范围、提升合作水平进行探讨，针对海外金融、供应链融资、金融产业发展、客户资源共享、人才交流培养等方面推进双方战略合作落实。

同月，设立五粮液乡村振兴发展基金，成为国内首支围绕“乡村振兴”战略而设立的私募股权投资基金。重点围绕农村一二三产业融合发展和乡村振兴示范区建设，助力四川特色产业发展。

五粮液相关负责人表示，组建五粮液基金管理公司是五粮液集团在风险可控的前提下，主动承担社会责任、加快金融领域布局的有力体现，有利于发挥国有企业资金杠杆作用，撬动金融资本进入乡村领域，更好地承接国家、省市惠农政策落地。在基金运作过程中，将通过支持、整合、打造一批有竞争力的涉农产业企业，放大其引领、带动和辐射作用，强化自我造血功能，以可持续发展的方式为地方企业拓宽发展空间，在加快推进供给侧结构性改革、不断满足人民群众日益增长的美好生活需要的同时，为投资者实现回报合理化、价值最大化。

泸州老窖

LUZHOU LAOJIAO

更多精彩内容，请扫码观看

怀揣家国情怀助力富国强军

——泸州老窖连续十年开展双拥公益活动

在泸州老窖，有一个被国窖人从骨子里视为非常光荣神圣的传统，就是坚持了十年的拥军慰问活动。每年“八一”建军节期间，泸州老窖均奔赴大江南北，走进边防军营，开展拥军慰问，与人民子弟兵结下了深厚情谊。这是浓香国酒历经岁月沉淀的深厚家国情怀的一种自然流露。

“家国情怀”，是一个人、一个企业对自己国家和人民所表现出来的深情大爱，是对国家富强、人民幸福所展现出来的理想追求，是对自己国家的一种高度认同感和归属感、责任感和使命感。

2017年是中国人民解放军建军九十周年，泸州老窖再次以“保家卫国，我们同行，泸州老窖，礼敬英雄”为主题，为守卫祖国的人民子弟兵送上一系列温暖的祝福。

怀揣家国情怀助力富国强军梦的实现

中国历史的最大特色之一是追求国家富强统一，家国天下是中华民族的特有情怀。百姓希望国家强盛，有力量、有实力为自己提供安全和丰裕的保障，民族精英均有“修齐治平”、参与国事的美好愿景。而所有美好的愿景，都以国家富强，国防强大为前提。

而在当代，走中国特色军民融合式发展路子，坚持富国和强军相统一，建设巩固国防和强大军队更成为我国现代化建设的战略任务，同时也是实现伟大“中国梦”的重要体现。

在中国，白酒堪称“生命之水”，承载了中国人的情感，寄托了中国人的情怀。作为大型国有骨干企业、民族产业代表，泸州老窖股份有限公司长年坚持拥军优属的优良传统，2017年，是泸州老窖连续展开拥军慰问的第10年，泸州老窖继续以“保家卫国，我们同行，泸州老窖，礼敬英雄”为主题，为守卫祖国的人民子弟兵送上老窖人的心意。

自2017年7月初慰问团走进中国人民解放军驻港部队，开启双拥慰问序幕以来，不到一个月时间，泸州老窖已完成近100支部队的慰问。从祖国海防，到边陲哨所，从东南沿海到西北内陆，泸州老窖2018年计划一共将慰问部队超过500支，这份坚持，与全社会积极、热情的拥军氛围分不开，也是“浓香国酒”的责任体现。

泸州老窖将军队精神融入企业管理

泸州老窖的故乡——四川省泸州市自1994年起已连续七次获得“全国双拥模范城”荣誉称号，泸州拥有“四渡赤水”“朱德纪念馆”等红色资源，市政府长年开展多种形式的双拥宣传教育，强化国防教育、阵地教育和舆论宣传，大力推动社区拥军、行业拥军和企业拥军。作为泸州市的龙头企业，泸州老窖在双拥工作中也始终争做全市、全省企业的表率。

和平年代，泸州老窖坚持开展双拥工作，是为了向保家卫国的将士、国家的英雄、祖国的荣耀致敬，同时也想通过这一公益活动，让企业自上而下地学习军人肩负责任、敢于拼搏、特别能战斗的优良作风，并将军队坚韧不拔的作风和严谨的纪律融入企业的管理。对于泸州老窖而言，这既是必须要传承的责任，更是在当下企业发展和竞争过程当中必须要具备的一种精神内核。

用公益事业赢得社会尊重

2017年3月，泸州老窖·国窖1573作为中央电视台“2016寻找最美医生”的公益合作伙伴，向一直默默奉献、为我们的健康保驾护航的医生群体致敬。

其实多年来，泸州老窖始终以高度的社会责任感关注文化、关注民生、关注环保、关注公益，共同推动社会进步，用实际行动服务行业、传承文化，主动承担社会责任，通过捐资助学、扶贫济困、参与灾后重建等一系列公益活动赢得了社会的尊重，并由此荣获国家民政部颁发的我国政府最高规格的慈善奖项——中华慈善奖。

家国情怀是中华民族文化的重要基因，是当代企业的精神内核，是品牌企业恪守的社会责任。有国才有家，有国才有企；国家好，家与企业才会好。历史的经验昭示我们，拥有家国情怀的企业才能走得更远、更高。作为“浓香国酒”，泸州老窖也在用自己的实际行动彰显企业对“家国情怀”的坚守。

作为保家卫国的将士，军人是国家的英雄，祖国的荣耀。经济的发展、人民的幸福安宁需要强大的国防，泸州老窖连续十年开展拥军活动，是为了向英雄们致敬。作为国家拥军模范企业，泸州老窖将始终秉承“天地同酿，人间共生”的企业哲学，在发展中不忘社会责任，必将拥军这一优良的传统传承下去，谱写军企鱼水情深的历史新篇章。

聚焦精英消费层
泸州老窖窖龄酒发力次高端市场

以“时代的品格，向上的力量”为主题的2018百年泸州老窖窖龄酒精英俱乐部年度盛典·精英对话在海南三亚举行。来自文化界、媒体界、商界不同领域的优秀代表应邀到场，与200余位百年泸州老窖窖龄酒精英俱乐部会员共话精英生活方式，诠释时代精英品格。

跨界对话：精英生活的多样表达

时代造就精英，那么作为时代精英应有怎样的品格和担当？《中国国家地理》杂志社社长兼总编辑李栓科，首届鲁迅文学奖获得者王久辛，中国酿酒大师、泸州老窖股份有限公司副总经理张宿义等8位嘉宾发表了自己独特的见解。

“真正的精英是质朴而又博雅的人，他们是持正守中的思想者，又是领秀风尚的先锋，独立而不偏执，沉郁又有胆识，并且是身体力行的实践者。”王久辛在活动现场表达了对精英的理解。

李栓科以“在突破和挑战中发现美好生活”为主题分享了他的行走与探险感悟。他认为：“每个人有机会都应该走得更远，看看那些我们没有见过的风景，开阔胸怀，让我们的人生变得更加厚重。”

张宿义先生分享了专业的酿酒知识和自己关于“喝酒”的见解：“中国的酒和文化一脉相承，而中国的精英也如中国的酒，需要时间的积淀，岁月的磨砺。一代代的精英与酒的故事，给中华文化增添了无数辉煌篇章。”

营销典范：从体验到价值认同

百年泸州老窖窖龄酒是泸州老窖打造的核心大单品之一，产品定位聚焦中国商务精英用酒第一品牌。百年泸州老窖窖龄酒深谙精英人士对品质生活的热爱与追求，通过跨界合作打造平台，成立了泸州老窖窖龄酒精英俱乐部。

泸州老窖股份有限公司销售公司党委书记、常务副总经理李小刚介绍，百年泸州老窖窖龄酒精英俱乐部的建立旨在长期性、系统性地服务各界精英人士，多维度、立体化为精英人群建立沟通交流平台，并定期开展“精英大讲堂”、知名企业参观访问，“精英俱乐部之夜”主题活动等。

仅在2018年，窖龄酒以摄影、音乐、学习、运动等为主题，围绕精英生活方式走进8个城市开展了12场“精英俱乐部之夜”品鉴晚宴，在白酒行业内和精英人群圈层中引起了强烈反响。通过参与体验、分享精神生活方式，百年泸州老窖窖龄酒与品牌受众进行了亲密互动，在这过程中强化了品牌的调性，使百年泸州老窖窖龄酒的“精英”形象深入人心。经过两年的运营，百年泸州老窖窖龄酒“精英俱乐部”在全国建立分部130余家，吸引了近3000家企业8000余会员，汇聚了众多精英人士，也积累了良好的口碑。

业界人士认为，百年泸州老窖窖龄酒通过不同的主题活动，完成了对消费者的文化和理念输出，并在体验中完成了消费者对百年泸州老窖窖龄酒的价值认同，成为中国白酒营销的典范。

从悠久的窖池、高品质的酒体，到不断挖掘和提倡的精英文化，最后到每个消费者真切的个人感受，百年泸州老窖窖龄酒成功打通了线上品牌文化传播到线下体验营销的闭环路径，再加上目标群体定位准确，以及对精英群体的足够重视，百年泸州老窖窖龄酒一推出，就受到了市场的认可，只用了两年时间就已成长为十亿级大单品。

情暖向田村
刘淼：这颗糖甜在口里，蜜在心里

2019年1月3日，泸州老窖股份有限公司“2019年新春慰问古蔺县龙山镇向田村暨‘以购代捐’认购和公益教育综合服务平台授牌仪式”在向田村隆重举行。

隆冬时节的向田村刚下过一场雪，泸州老窖股份有限公司首先为向田村村民带来了新春的慰问。

活动上，公司党委书记、董事长刘淼致辞并说道：“作为龙山镇向田村的对口帮扶单位，泸州老窖股份有限公司每年都会来向田为大家送上新年祝福。2019年，我带上我们公司所有高层一起来到向田，首先祝贺向田村在2018年通过验收，成功脱贫摘帽。”

活动还举行了泸州老窖有限公司捐赠70万元修建向田村产业配套综合体的奠基仪式，该产业配套综合体将用于向田村农产品的加工、仓储、物流和交易，提升向田村的产业附加值。

2019年向田村“五个一”帮扶力量工作推进会上，当了解到向田村有10户困难家庭的厨厕整改遇到了资金问题时，刘淼董事长当即提议，泸州老窖股份有限公司领导班子10名成员，每人以个人名义捐款1万元，合计资金10万元用于解决这10户困难家庭的厨厕整改。提议立即得到了在场泸州老窖高管成员的一致同意。

刘淼董事长还表示：“向田村和我第一次来时比，发生了翻天覆地的变化。这离不开各级帮扶力量的共同努力，我们虽然来自不同的岗位、体系，但是我们在中国共产党的领导下形成了一个强有力的团队，团结一心、实实在在、‘真扶贫，扶真贫’，得以变荒为宝。向田的发展不仅要有一张蓝图、有远景规划，更要有阶段性的、客观、科学、切实可行的目标。泸州老窖股份有限公司也会推进‘天地共酿，人间共生’的企业哲学，主动承担社会责任，践行国企担当，继续支持向田村‘摘帽’后的发展。”

“作为脱贫攻坚龙山战区指挥长，见证了向田每个阶段的变化。现在的向田村，已经没有了贫困的模样和气息，处处一片和谐、幸福，这让我感到欣喜。向田村今日的新面貌，离不开泸州老窖股份有限公司践行国企担当，勇当帮扶单位表率，对向田村真帮实扶、真切关怀，我对此非常感谢也十分感动。‘摘帽’成功后，要高度重视村两委班子的建设，转变思想，继续引导，‘扶志’与‘扶智’并行，注重‘苗子’培养，脱贫奔康，共同富裕。”县委常委、纪委书记、监察委主任章磊说。

接着，刘淼董事长一行参观了由中国建设银行泸州分行援建向阳小学的益教育综合服务平台，并向同学们捐赠了文具。

这颗糖真甜，这是对泸州老窖最好的认可

刘淼董事长一行来到他所结对帮扶的特困户刘华琴家里。刘淼董事长向刘华琴详细询问了家中这一年来的变化和脱贫情况，对刘华琴的孩子小罗爽的身体状况尤为关注。

小罗爽已经 7 岁了，2 年多前的他被癫痫病折磨，频繁发作，十分严重。刘淼董事长在了解到小罗爽的具体情况后，组织公司扶贫项目组多次召开会议进行讨论和部署。从 2016 年 7 月 12 日开始，小罗爽被安排到西南医科大学附属医院接受检查和治疗。2016 年 8 月 23 日，小罗爽接受了脑部手术治疗，手术很顺利。

这两年多的时间里，刘淼董事长时常关注小罗爽的康复情况，如今听刘华琴说小罗爽病情已经得到控制，2019 年他们一家还搬入了新房，刘淼董事长感到非常欣慰，并嘱咐小罗爽每年都要去西南医科大附属医院进行身体检查。

交谈中，小罗爽突然跑了出去，回来时手里抓着一把糖放在刘淼董事长手里：

“刘叔叔，你吃。”看着手里一颗颗的糖果，刘淼董事长剥下一颗吃下，不禁感慨道：“真甜啊。这是向田村对泸州老窖最好的认可。你在这里做了些什么，村民们的眼睛是雪亮的。今天公司高层领导一起带领企业员工来向田村慰问，就是让大家都看一看向田村现在的新貌。大家的努力没有白费，泸州老窖的扶贫取得了丰硕成果。”

东风汽车

DONGFENG QICHE

更多精彩内容，请扫码观看

东方风来，中国品牌故事引人入胜

2018 年 6 月 30 日，在历时 9 个月、造访 6 大洲 12 个主要城市、航行 45000 海里后，2017—2018 赛季沃尔沃环球帆船赛在荷兰海牙收官。中国之队“东风队”率先冲过位于荷兰海牙的终点线，一举夺得第 11 赛段冠军和总积分榜榜首的位置，成为赛事历史上首支获得总冠军的中国船队，缔造了中国在帆船运动中的奇迹。

6 月 30 日，东风公司在位于海牙赛事村的东风馆召开“一带一路·与你偕行”新闻发布会，向胜利归来的东风队的英雄们致敬，向一直支持和关注东风队的各界朋友致谢。

“两度参赛，我们的收获早已超越比赛本身。这项挑战人类生存与意志极限的海上竞技赛事，不仅带给人类一场赛事盛宴，还推动着人类对远洋帆船文化的探知和文明进步。同时，东风队的成长，也是东风公司和中国企业改革开放的一个生动缩影。”时任东风公司党委常委、副总经理安铁成说。

行稳致远，东风品牌 1+1>2

沃尔沃环球帆船赛有着“航海界的珠穆朗玛峰”之称，是全球顶尖的离岸帆船比赛。在上一赛季，东风队这支由东风商用车冠名的船队参赛即荣获季军，赢得了全球粉丝和社会公众的广泛关注和支持，让世界认识了来自中国的东风。

本赛季由东风汽车冠名，在最后一场比赛中，出现了东风队最后 45 分钟的疯狂逆袭与反超，战况激烈万分，在夏尔船长和东风队船员的奋战下，东风队强势夺回领跑者宝座，以最终的胜利结束了 9 个月的“极限挑战”。“我希望更多的中国人能看到我们的成绩，并为此感到骄傲。这些年轻的中国小伙子才二十几岁就夺得了沃帆赛的总冠军，未来都属于他们。”夏尔船长激动地说。中国船员陈锦浩说：“我希望未来能有一支真正的‘全华班’中国队征战环球帆船比赛，这是我的梦想。”

2017—2018赛季沃尔沃环球帆船赛2017年10月在西班牙阿利坎特启航，途径12座城市、横跨五大洲四大洋，历时9个月终抵达终点站荷兰海牙。而此次代表中国参赛的东风队取得了更为优异的成绩，东风队能在两次的比赛中均取得优秀的成绩，靠的绝非运气。东风队，赛事40多年的历史上首支中国企业冠名的中国参赛队，是由来自6个国家的12名专业水手组成的国际化联合战队，从当初不被看好到从赛队中脱颖而出，得到了社会各界的认可与肯定，两届赛事5年多的磨砺和蜕变，值得大家铭记这支世界顶级远洋帆船赛队，更值得我们总结和传送他们为此项运动所作出的示范价值和意义。

安铁成表示，东风汽车独家冠名的“东风号”连续两次参赛，获得了优异成绩并不断刷新中国远洋航海的纪录，同时在全球传播中国汽车品牌，为中国品牌和中国文化走向世界搭建了传播桥梁，这是东风公司积极践行国家“一带一路”倡议的一项重要举措。

从十堰到武汉，从中国到世界。东风公司近半个世纪以来始终坚持以客户为导向，秉承匠心精神，引领技术转型升级创新，传承“和”文化，打造东风卓越品牌。东风队在两次沃尔沃环球帆船赛中的出众表现，也为东风品牌的传播带来了1+1>2的绝佳效果。

“我觉得东风队已经不再是一个体育类项目的参赛队伍，从某种程度上来说，我们代表东风汽车集团有限公司旗下的一个子品牌。跟所有子品牌是一样的，但是我们带着更多的梦想，走出了国门，到达了各个停靠港，让燕子飞得更远一些。”2017—2018赛季沃尔沃环球帆船赛东风队总经理布鲁诺·杜布瓦如是说。

践行国家倡议，偕行出海讲好中国品牌故事

2018年恰逢“一带一路”倡议提出五周年。2017—2018赛季，沃尔沃环球帆船赛停靠港与“一带一路”沿线国家相契合，赛事的中国元素和东风元素，将有助于“一带一路”沿线国家民众更好地了解中国文化和中国企业。东风公司一直以来致力于将东风品牌发展成为国际化知名汽车品牌，并积极响应国家“一带一路”倡议，为此不断开拓新的发展路径，营造良好环境。

在2017年10月本赛季开赛时，东风公司在西班牙阿里坎特首站已发起“一带一路·与你偕行”倡议，持续吸引了全球范围内各方伙伴的广泛关注，并对相关国家区域产生积极影响。中国驻西班牙大使馆参赞、中国驻开普敦领事馆总领事、中国驻荷兰大使馆参赞先后到访东风馆，欢迎东风队并见证东风汽车在相关区域的海外事业发展。中远海运、中国工商银行等中国企业伙伴积极协同，与东风公司携手发展海外市场。比利时SMT公司、东风汽车赞比亚有限公司就非洲战略市场的区域业务，与东风公司达成初步合作意向，有效推进海外业务发展。

发布会上，中国驻荷兰大使馆经济商务参赞张国胜对东风队表示祝贺。他说，帆船比赛与“和平合作、开放包容、互学互鉴、互利共赢”的丝路精神高度契合。“一带一路”倡议提出五年来，中荷两国企业在共建“一带一路”方面取得了积极成果，为中荷两国带来了巨大发展机遇，并不断造福两国人民。未来中荷共建“一带一路”的合作必将成为典范。

在此次发布会上，东风商用车有限公司向比利时SMT公司交车。在2017年12月的南非开普敦站的新闻发布会上，东风商用车有限公司与比利时SMT公司签约，双方巩固并深化了合作内容，目前，已经交付50台东风天龙，计划2018年内共交付150台。

中远海运集团欧洲公司副总裁王松文在发布会上说道：“这一赛季，因企业精神理念的契合，我们伴随着东风公司一同关注和支持着东风队的全程赛事，并在这个广阔的文化交流和商务合作平台上寻求着国际化的合作与发展。本赛季的旅程虽已结束，但是中远海运集团与东风公司的合作才刚刚开始。我们将携手推进海外的业务拓展和品牌传播，实现中国民族品牌的‘偕行’发展，让世界了解中国品牌。”

沃尔沃环球帆船赛用整个地球作赛场，船队跨越四大洋，造访五大洲的12个主要城市，赛事总航程45000海里，拓展成为一条现代文明推广的海上丝绸之路。东风公司作为中国首家汽车企业在全球范围内积极响应国家“一带一路”

倡议，不断地邀约不同国家的合作伙伴，商务往来，文化交流，资源共享，合作共赢。“一带一路·与你偕行”成为东风传播的主旋律，各个站点累计偕行伙伴近 20 家知名企业，其开放包容，互惠互利的模式也吸引着越来越多的伙伴加入到倡议中来，共同构建和谐发展的共同体。

建设具有全球竞争力的世界一流企业，是东风公司肩负的重要使命。在“一带一路”倡议提出五年多来，东风公司积极参与“一带一路”建设，积极推进一系列国际发展项目，协同中国企业“走出去”，探索新路径，加快国际化业务发展。2017 年，东风汽车公司全年出口汽车 6.5 万辆，实现了大幅增长。东方风来。东风正在以自己的姿态讲好东风故事，传播中国文化。

有情有义有“东风兄弟”

在美国电影《车队》中有这样的经典桥段：俩小孩儿拼爹，一个说：“我老爸是总统。”另一个马上说：“我爸是卡车司机。”为了让中国的卡车司机活得更有尊严和价值，12 年前，全国首家卡车司机互动组织——“东风兄弟俱乐部”应运而生。

12 年，一个生肖轮回。这 12 年一路走过，连创始人也想不到，俱乐部竟聚拢了来自全国的 55 万名“兄弟”，这些会员不只限于东风品牌卡车的司机，全国所有品牌卡车司机的身影在“兄弟”大家庭中都能见到；“东风兄弟”成为卡车司机们值得托付的平台，有情有义互帮互助，将爱心、奉献传播到全社会。

全国首家卡车司机俱乐部 12 年聚拢 55 万名“兄弟”。12 年前，为了更好地服务东风轻卡的客户，东风员工王桥倡议东风汽车股份有限公司的有关领导，搭建一个俱乐部平台，为购买东风牌卡车的司机兄弟们提供人文关怀、救援维修、路况指引等增值服务。

“这个点子不错。”时任东风汽车股份有限公司副总经理、营销公司总经理的卢锋肯定道。不久，“东风兄弟俱乐部”问世。草创时期的俱乐部成员，仅有出点子的王桥和另一位同事。

“俱乐部运行的头两年，我们非常迷茫，差点崩溃了，一直找不到突破口。慢慢地，我们才体会到，这个群体有那么多艰辛，同时走进他们的内心世界是那么不容易，他们漂泊在外、遇事茫然无措……”王桥说，因为交通事故多、物流欺诈多、公路三乱多，社会对卡车司机存在偏见，社会认可度低，高峰时期，曾有 18 个部门可对卡车司机进行处罚。

“在外地遇到困难，如果能有人指个路，帮忙找个靠谱的配货站，遇到碰瓷的能有一个当地朋友在身边，甚至小到送一个工具、提供一个补胎流动车的电话……都能给卡车司机带来实实在在的帮助。”王桥说，因为卡车司机感受到俱乐部大家庭的温暖，才会在12年里吸引了55万名兄弟聚在一起抱团取暖。

12年过去，谁也没有想到，总部位于襄阳的“东风兄弟俱乐部”麾下竟然聚拢了来自全国的55万名会员。这些“兄弟”中，不仅有开“东风”的司机，还有开其他品牌的卡车司机。

因为良好的社会影响力和全新的运作模式，继东风之后，江淮汽车、联合重卡等汽车公司也成立了类似的卡车俱乐部，“一不小心，‘东风兄弟俱乐部’成了全国第一家专业服务卡车司机的品牌……”王桥自豪地说。

从无到有，从小到大；从在路边趴活儿，到经营性运输；从为生存而战，到更有尊严地生活……“有困难，找兄弟”，东风兄弟俱乐部用12年的时间，改变了一个群体，唤醒了一种真善美的东西，在极大传播东风汽车品牌的同时，也彰显着东风作为国企值得托付的社会责任。

东风“兄弟”互帮互助宛如一家人

2014年3月13日，山东潍坊会员王延飞驾车路过泰安市中外环路时，车上的货物意外散落，那会儿已是晚上近十点。心急如焚的王延飞通过俱乐部互助热线，拨通了俱乐部泰安“兄弟”尹大鹏的电话。尹师傅问清楚情况后，立即打的跑了十几公里，到达现场帮忙收拾散落一地的货物。两个多小时后，货物被如数堆上了车。

担心“兄弟”太急太累没有吃饭，细心的尹大鹏还顺带了煮鸡蛋和包子给王延飞。当晚零点多，收拾好货物、吃着“兄弟”带来的爱心餐，王延飞感动得直落泪。

马寨传是外地到新疆谋生的一名卡车司机。2011年3月2日，老马开车在一个十字路口与一辆大货车发生碰撞，造成两名司机重伤、1名副驾驶轻伤的事故。老马的运输车——东风多利卡是借钱买的，家里还有2个上学的孩子，生活十分困难。出了车祸后，他急切需要帮助。

东风兄弟俱乐部新疆金大地分部得知消息后，迅速将马师傅的车祸情况上报位于襄阳的东风兄弟俱乐部总部，请求爱心援助。同时，分部主动减免了马师傅的部分修车费用。

总部接到求援的消息后，启动爱心救援体系，在部分会员中发起“您给马师傅发一条慰问短信，我们代表您给马师傅捐助 10 元钱”的公益活动。公益信息发出的第一天，病床上的马师傅就收到了 200 多条短信……

小到相互帮助购买配件、分享货源、请拖车，大到出门在外联系其他区域司机帮忙配货、遇险求助……这 12 年，互助故事数以万计，全国已经有 55 万名卡车司机加入到这个互帮互助组织。

经常查看俱乐部的微信、QQ 群、微博、网站、彩信、短信等信息平台、出门前给目的地城市的兄弟打个电话、遇到兄弟们有困难主动去搭把手，已经成为大家的习惯。

“东风”探索前行让卡车司机过上有尊严的生活

“十年前，卡车司机没人关注、没人在乎，我们成立这个公益组织就是为了来关心这个群体。”王桥说，东风俱乐部的核心就是互助精神，也是这些年运行的最大价值。

2009 年，东风俱乐部第一次把人缘好、能力强、够热情的会员评选为“雷锋会员”，第一次只有 6 人，现在已有近百名“雷锋会员”。“雷锋会员”成了俱乐部最够义气的兄弟的专属名称，也是俱乐部会员最高的荣誉称号。

近两年，俱乐部发现，众多卡车司机在外跑车，很少有时间兼顾家庭，但又渴望有人在亲子关系方面给予指导。于是，俱乐部设立了卡车司机子女教育热线，除了线上解答孩子教育问题外，还坚持开展全国卡车司机子女书画大赛、“对妻子说心里话”等家庭活动，努力把卡车司机群体发展为一个充满正能量、活得更加有尊严的群体。

2014 年 8 月，有互助会兄弟提出为贫困山区的孩子献爱心活动。不到半个月，来自山东、四川、河南、湖北等地的会员，给总部寄来了几十个包裹，数千件衣服、学习用品和体育器材等，这些都被捐赠给南漳县东巩镇苍坪完全小学的贫困学生们。

“东风兄弟”们由关注自己拓展到关注社会，卡车司机们的胸怀也变得博大。从关注自我的“向善、为善”到关爱社会的“扬善”，将司机们之间的互爱，延伸到关爱社会上的弱势群体。

风起十堰，向潮而立！解码东风改革开放 40 年

春潮拍岸千帆进，逐浪前行海天阔。

40 年，一个孩童，将成长至不惑的中年。一方土地，可收获几十季满仓的喜悦。

40 年，一场席卷中国大地的春潮经久不息，一个车企，又该如何掀起它的波澜？

从山沟里的“三线”建设蹒跚起步到全面开放合作走出大山，从生产单一军工产品站稳脚跟到发展全系车型走出国门，从工厂化管理到现代集团化运作……作为国内少有的全程经历了改革开放 40 年的车企之一，东风公司恪守本源又顺势而为，它的每一个跨越，无不深深打上了改革开放的烙印。

以战略思维谋全局年销量从五千跨越四百万

缘起“三线”建设，选址十堰山乡荒野之地，这注定是一场与天斗、与地斗的较量。

1969 年 9 月底，伴随着隆隆的开山炮声，中国第二汽车制造厂（东风公司的前身）拉开了建设序幕。来自长春、北京、上海等全国各地的数万名建设者，打起背包，辞别亲人，从五湖四海汇集到鄂西北，一段筚路蓝缕的创业征程蹒跚起航。

当时，二汽第一代领导人饶斌创造性地提出“聚宝”和“包建”的建厂方针。由国内汽车厂家和设备厂家分别包设计、包生产准备、包人员培训、包生产调试，

并在实际操作中大量采用新技术、新设备、新材料、新工艺即“四新”。这种“包建”和“聚宝”的方式，依靠自己的力量，立足于国内的先进经验，敢于赶超世界先进水平，二汽走上一条自力更生的道路。

二汽出车，举步维艰。时任二汽第二任厂长黄正夏曾在回忆录中写道：“饶斌以身作则，带着我们一起去拉板车，硬是把钢材从汉江拉进了十堰。1975 年 6 月二汽建成第一个基本车型两吨半越野车 EQ240。”

幼年的二汽不仅经受了企业诞生时的艰辛，也面临着亏损和巨大的生存风险。1978 年，东风 5 吨民用车 EQ140 下线，成功实现“军转民”。这一年二汽一举闯过“亏损关”，第一次向国家上缴利润 279 万元，获得新生。

就在二汽人满怀信心继续创业的时候，1980 年，一则二汽将要停缓建的消息传来，犹如晴天霹雳。生存危在旦夕，二汽如何挽回危局?

犹如沉沉黑夜划出一道耀眼的光芒，度过无数个不眠之夜的黄正夏，提出并制定了“自筹资金，量入为出，续建二汽”的大胆设想。当年 3 月 22 日，国务院批准二汽续建，二汽赢得了生存与发展的机遇。

“国家‘断奶’放手、企业大胆开拓，比在计划经济体制下按部就班建设，要强十倍、百倍，是真正地解放了生产力，促进了二汽快速发展，为国家的经济发展做出了实质性的贡献，‘坏事’变成了‘好事’，是一场体制和机制的革命。”——黄正夏在回忆录中写道。

1980 年 7 月，邓小平同志来二汽视察，充分肯定了这一决策，指出这是国家计划财政体制的一种改革。

1985 年，敢为天下先的二汽人，提前两年建成了年产 10 万辆汽车的生产能力，迎来了事业发展的春天。80 年代中后期，二汽在汽车产销量、上缴国家利润和税收等方面连续数年占全国汽车企业 60% 以上，创造了 20 世纪 80 年代的辉煌。

之后，二汽建设者们根据当时中国汽车“缺重少轻无轿”的格局，果断走出十堰，一个高起点、大量采用新技术，包括发动机、铸造、试车场等新项目的轻型车基地在古城襄樊北部的油坊岗开始大规模建设。以襄樊基地建设为标志，东风顺利实现了“一级跳”。

1991 年 4 月 9 日，东风第 100 万辆汽车在二汽总装配厂下线。用 16 年实现了第一个百万辆，在当时被赞誉为“东风速度”。

当商用车事业逐步步入成熟期的时候，东风公司又开始谋划自己的轿车事业。20 世纪 80 年代后期，东风人毅然向国家请战：上轿车项目。经过一系列艰辛和曲折，1992 年 5 月 18 日，神龙轿车项目在武汉破土动工，一个现代化的轿车基地就此诞生，东风实现了“二级跳”。

2000 年后，东风公司的经营业绩以年均 30% 的速度递增。2003 年，东风公司完成了几代东风人的夙愿，公司总部搬迁武汉，胜利地实现了“三级跳”。

进入 21 世纪以来，东风公司按照“开放合作，自主发展，做强做大，优先做强”的既定发展战略，产销规模进入快速增长期，且实现从单一军工产品到商用车、乘用车、新能源车的全品类发展。2017 年，东风公司销售汽车 412.1 万辆，比 1978 年的约 5000 辆增加了 800 倍。营业收入上，2017 年东风公司实现营业收入 6305.3 亿元，比 1978 年 1.6 个亿增长了 3900 倍。

40 年沧桑巨变，始于千位数的涓涓细流，浩荡于年销 400 万辆的豪迈跨越。

以创新思维增活力

从工厂型到公司型的蜕变

“开弓没有回头箭”，在 20 世纪八九十年代国企改革的大潮下，饱尝了改革甜头的二汽人以敢为人先的创新精神，全面引入市场机制。

率先实行“双全面”“三全面”生产经营承包责任制，率先推行“厂长负责制”，率先按照现代企业制度要求建立三层次企业管理制度，逐步实现了工厂型向公司型的转变，孕育着勃勃生机。

1992 年 9 月 1 日，这是一个所有东风人都应该铭记的日子。这天，第二汽车制造厂正式更名为东风汽车公司。走出这一步，意味着东风义无反顾地站在了市场经济的潮头。

然而，就是这样一家发展迅猛的企业，在 20 世纪 90 年代中后期，在由计划经济向市场经济转轨的过程中，东风也同大多数国有企业一样，陷入了“船大难掉头”的困境，曾累计亏损超过 5 亿元，最困难的 1999 年曾连续拖欠职工工资达 4 个月之久。

体制死板、产权不清晰、包袱沉重……所有这一切，急盼一场更具活力、更为深刻的变革。

1999 年 6 月，东风体制改革正式拉开帷幕。

在时任总经理苗圩的带领下，东风大刀阔斧地对旧体制进行脱胎换骨的改造，初步建立起层次清晰、责权明确的母子公司型体制框架，初步实现了投资决策、资产经营功能与生产经营功能的分离，初步建立起了适应社会主义市场经济的现代企业制度，逐步实现了从管理一个工厂到管理一个公司，从管理一个企业到管理一个集团的巨大转变。

改革，打破了坚冰，激发了企业活力。2000 年，东风人柳暗花明，迎来了历史性的新跨越：全年生产汽车 210938 辆，销售汽车 221036 辆，实现销售收入 287 亿元，实现利润 13.79 亿元。

“这要归功于我们在体制、机制上的改革，是改革激发了‘东风’的活力之源。”时任东风公司总经理苗圩曾这样感叹。

为了进一步转换国企机制，开辟新的融资渠道，东风从上世纪末就开始谋求整体海外上市。历经数年的艰辛布局之后，2005 年 12 月 7 日，东风汽车集团股份有限公司发行的 H 股股票正式在香港联合交易所主板挂牌上市。

东风上市是我国汽车产业发展的重要里程碑，进一步推进了汽车行业深化改革和资本化改造的进程，极大提升了中国汽车行业在国际资本市场的地位和影响力。同时，也标志着东风公司跨入了公司法人治理结构的新阶段。

2017 年底，东风更名为东风汽车集团有限公司，更名后公司性质由全民所有制企业变更为国有独资有限责任公司，将更好地参与全球竞争和产业转型升级。

以开放思维拓视野

从“引进来”到“走出去”的深化

“立足湖北、面向全国、走向世界”，东风率先实施对外开放，深化国际合作，探索做强做大之路。历史前进的步伐，总是因一个个具有里程碑意义的节点而更加昂扬激越。

1987 年，中美合资的东风汤姆森有限公司成立，这是东风成立的第一家中外合资企业，开启了东风融入国际、走向世界的先河；

1992 年，东风公司与法国雪铁龙公司合资成立了神龙汽车有限公司，同年首款轿车富康车下线，火爆全国，成为备受推崇的“老三样”之一；

2003 年，东风和日产共同出资组建的“东风汽车有限公司”正式运营，成为迄今我国汽车工业最大的跨国合作；

2014 年，东风战略入股法国 PSA，开创了中国汽车企业国际化发展的新模式；

2015 年，东风与沃尔沃集团共同出资组建东风商用车有限公司，共同致力于发展“东风”品牌商用车。

推进行业战略协同、资源共享，是东风开放合作的又一重大举措。继 2017 年 12 月一汽、东风、长安三方签署战略合作框架协议后，2018 年 7 月，T3 物流战略合作协议、移动出行意向协议书相继签订，众多合作项目加速落地。2018 年 8 月，东风与华为签署深化战略合作协议，双方将在汽车新四化、企业信息化领域深化战略合作。

不安于现状，不墨守成规，新时期的东风更是大步“走出去”。在伊朗建成东风首个海外 KD 组装阵地；在俄罗斯建立东风首家海外销售公司；在越南等东盟国家，东风中重轻微卡分别以整车、KD 的方式展开销售运营，2016 年开始推进乘用车出口，组建 4S 店；在印尼建立工厂，并以此为基地覆盖东南亚各国。海外事业实现了从整车出口到建厂，从产品输出到品牌输出的转变。

同时，东风公司抢抓“一带一路”机遇，两度冠名“东风号”船队参加世界顶级帆船赛事，借“船”出海。北京时间 2018 年 6 月 24 日夜，一艘印有东风双飞燕 LOGO 的帆船“逆风翻盘”，率先冲过位于荷兰海牙的终点线，并成为沃尔沃环球帆船赛赛事历史上首支获得总冠军的中国船队。

“两度参赛，我们的收获早已超越比赛本身。这项挑战人类生存与意志极限的海上竞技赛事，不仅带给人类一场赛事盛宴，还推动着人类对远洋帆船文化的探知和文明进步。同时，东风队的成长，也是东风公司和中国企业改革开放的一个生动缩影。”东风公司党委常委、副总经理安铁成说。

目前，东风公司已累计向全球 80 多个国家出口 30 多款汽车，总销量超过

80 万辆，发展海外经销商网点 770 多家，服务网点 700 多个，海外事业布局有序推进。

以体系思维聚全力
从“摸着石头过河”到“五化”升级

开放合作与自主发展犹如鸟之两翼、车之两轮。在建厂之初就走自力更生道路的二汽，始终高擎自主创新的大旗，走出了一条独具特色的自主创新之路，做强做大东风品牌，有力支撑了东风事业的跨越式发展。

早在创业初期，二汽人发扬“自力更生、自主发展”的精神摸着石头过河，先后攻克了工艺、设备、工序等一道道难关，形成了 2 吨半、3 吨半越野车，以及 5 吨、8 吨载重车的生产能力。

东风因军而建，因军而兴。从 2009 年到 2017 年，八年三次“大阅兵”，以猛士为代表的东风军车以“零隐患、零故障、零抛锚”的过硬质量，向世界展示了东风作为“中国军车第一品牌”的实力和荣耀。拥有完全自主知识产权的东风“猛士”，不仅实现了 5 项理论方法创新，19 项新工艺新材料的应用，其全部 15 项战技指标中已有 12 项超过美军“悍马”，其余 3 项均为国际一流，并取得 75 项专利技术，被誉为“陆军航母”。

在商用车领域，东风公司积极升级产品，东风天龙、天锦、凯普特、柳汽 H7 等车型受到用户追捧。数据显示，2017 年东风公司商用车销售 59.3 万辆，重回行业第一，市场占有率提升 0.8 个百分点。

乘用车方面，2009 年，东风自主品牌乘用车的开篇之作“东风风神 S30”正式发布。此后东风品牌全面布阵，近年来先后推出了数十款具有家族标识的新车型。东风风神 AX7、东风风光 580 等产品，以“百花齐放”的姿态，覆盖乘用车细分市场。

“十三五”以来，科技革命的浪潮席卷全球，面对汽车产业发展大势，伴随改革开放成长壮大的东风该谋求怎样的新发展？为此，东风创新性地提出“五化”，即轻量化、电动化、智能化、网联化、共享化，再一次唤醒一个企业高质量发展的原动力。

轻量化方面，纯电动轿车 E70 同比实现减重 41KG，东风天龙旗舰重卡，通过轻量化开发，整车自重由 10.2T 降低至 8.7T。

电动化方面，“电动、混动、氢动”并举发展，高水准建设的东风新能源汽车产业园投产使用，轮毂电机、E-POWER 等前沿技术逐步应用；以 E70 为代表的东风公司自主研发的新一代纯电动轿车，搭载完全自主研发的集成式驱动电机总成、整车控制器，整车续航里程达到 350 公里以上，优化配置后最大续航里程可超过 500 公里。

智能化上，东风无人驾驶乘用车和商用车分别达到 L3 和 L4 水平，推出东风风神 AX7 自动驾驶 2.0 版和东风 5G 自动驾驶样车；4 月 18 日，东风公司成为获颁自动驾驶路测牌照的首批汽车企业，东风自动驾驶 2.0 样车成功获得路测牌照。东风猛士无人驾驶车勇夺“跨越险阻 2018”挑战赛 A 组亚军。

网联化上，推出具有自主学习等六大功能的 WINDLINK3.0 人工智能车机系统，9 月推出的东风风神全新一代 AX7 全系标配 WINDLINK3.0 人工智能车机系统，未来三年，该系统还将覆盖到东风风神所有产品系列。

共享化上，目前已上线运行“易微享”和“东风出行”两个共享汽车平台，业务涵盖共享汽车、新能源通勤车、新能源出租车、网约车、新能源物流车等。与法国 PSA 集团合作推出的共享汽车出行服务品牌——“易微享 FREE2MOVE CARSHARING”也于 2018 年 9 月在武汉正式发布。

与东风自主创新水平同步提升的，还有整个体系研发能力。从 1983 年东风公司技术中心成立以来，目前已经形成以东风公司技术中心为主体，各子公司研发机构协同运行的复合式研发体系。研发投入不断加大，年均占销售收入 3% 以上，2012 年—2017 年科技活动费用达到 1000 亿元，其中研发费用 453 多亿元。研发实力不断增强，研发成果行业领先，东风猛士获 2008 年度国家科技进步奖一等奖，新能源客车技术获得 2009 年度国家科技进步奖二等奖；2012 年—2017 年获中国汽车工业科技进步奖数量 54 项，居行业第一。

改革开放使东风自主品牌得到了长足发展。1997 年“东风”获得中国汽车工业第一个驰名商标，2006 年，东风品牌入选为“中国最可靠自主品牌”“最具市场竞争力品牌”“中国驰名商标十大标王”。2007 年，东风品牌入选世界著名品牌 500 强，被国家认定“中国名牌产品”称号。

“二汽尽管建设于崇山峻岭之中，但她必然要像飞鸟一样翱翔并冲向广阔的蓝天。”双飞燕商标设计者艾德昆老人的愿望正在变为现实。

2018 年 4 月，东风公司发布了新的品牌战略，确立了“品质智慧和悦”的品牌核心价值。

“她是我们认真贯彻落实习近平总书记‘三个转变’重要指示的战略安排，是我们深刻理解产业趋势、努力把握市场需求作出的战略举措，是对东风前 50 年历史及未来 50 年发展的理性思考。”东风公司董事长、党委书记竺延风表示。

2017 年，东风公司自主品牌汽车销售 143.9 万辆，同比增长 4.5%，销量保持行业第三。在 2018 年《财富》世界 500 强排行榜上，东风公司以 932.94 亿美元的营业收入位居 65 位，位居中国上榜企业第 16 位，全球汽车企业排名第 10 位，国内汽车企业排名第 2 位。

历史使命在侧，责任担当在肩。2018 年召开的东风公司第九次党代会在荆楚大地将高质量发展的战鼓又一次擂响。东风绘就了未来五年的发展蓝图——实现“三个领先、一个率先”，即经营质量行业领先；自主事业行业领先；新兴业务行业领先；东风员工高质量跨越小康，率先享有新时代美好生活。

“三个领先一个率先”，八个字成为促进东风公司迈向卓越东风的强大势能。向改革要动力，向开放要活力，即将迎来天命之年的东风，将在全面深化改革、全面扩大开放中再出发，劈波斩浪，奋楫争先。

民营企业家迎春座谈会召开
月星集团丁佐宏：对民营经济发展充满信心

2019年1月21日，民营企业家迎春座谈会在北京召开，中共中央政治局常委、全国政协主席汪洋出席会议并讲话，向广大民营企业家表达党中央、国务院的新春慰问。

月星集团董事局主席丁佐宏参加迎春座谈会后兴奋地表示："汪洋主席讲话时强调，要深入学习领会习近平总书记在民营企业座谈会上的重要讲话精神，深刻认识民营经济在改革发展中的重要地位和作用，党中央坚持'两个毫不动摇'的方针不会变，民营经济发展的条件一定会越来越好，天地一定会越来越宽，这让我们对未来发展再次充满信心。"

丁佐宏曾因做木工活受伤导致手指被截，他坚定地说："工匠精神需要付出代价，不过对于民营经济发展的信心我丝毫没有残缺。"丁佐宏表示，一定和民营企业家们一起，坚定信心、保持耐心、瞄准靶心，以抓铁有痕、踏石留印的作风，为中国经济建设贡献自己的绵薄之力。深耕实体服务业30年的月星集团一定做好"美好生活提供商"，最大限度地满足消费者对于美好生活的追求。

据了解，月星集团于2018年年末逆势开启"全球诚邀美好生活共创者"大型招聘活动，扩充月星团队，为进一步发展夯实基础。丁佐宏透露："目前对于月星开放的百个高管职位，已有上万名应聘者前来，筛选工作正在有条不紊地进行着。"

党的十一届三中全会以来，我国民营企业从无到有、从小到大、从弱到强，不断发展壮大，为改革开放和社会主义现代化建设作出了不可磨灭的贡献。刚刚过去的2018年，是中国改革开放40周年，也是月星集团成立30周年。

作为改革开放的见证者、参与者和受益者，月星集团能够发展壮大，旗下月星家居、环球港品牌能够得到消费者的初步认可，“这归功于中国共产党的坚强领导，归功于中国特色社会主义理论体系的正确引领”。丁佐宏说，“尽管民营企业现在面临一些困难和问题，但正如汪洋主席在迎春座谈会上所说的，这是我国经济走向高质量发展难以避免的阵痛和不适，只要信心和坚守不改，我坚信民营经济发展的条件一定会越来越好，天地一定会越来越宽。”

据悉，2018 年 10 月 24 日，全国工商联举行新闻发布会，发布由中央统战部、全国工商联共同推荐宣传的“改革开放 40 年百名杰出民营企业家”名单，丁佐宏在列。

月星集团丁佐宏：中国民族品牌应致力成为国际品牌

2018 年 5 月 9 日，月星集团董事局主席丁佐宏在上海参加新华社民族品牌工程“中国品牌日”系列活动期间表示，中国企业应走出国门，只有成为国际品牌，才是真正的民族品牌。

月星集团是一家多元化企业集团，创立于 1988 年。历经近 30 年发展，现已成为商业连锁化、投资多元化、品牌国际化的大型企业集团。业务涵盖商业地产、家居商业连锁、家具制造、酒店业务、文旅产业、金融服务等领域。该集团已连续 19 年跻身“中国民企 500 强”，并于 2017 年 12 月入选新华社民族品牌工程。

成立 30 年来，以家居起家的月星旗下生产的产品已遍布全球，但丁佐宏表示，希望月星家居和月星环球港的商业模式也能走向全球，让境外消费者也能受益于中国民族品牌的创新发展成果。

以上海月星环球港为例，环球港打破了大型商业综合体的传统概念，全面提出“文旅商”三位一体新模式，将文化、旅游、运动等新锐的生活休闲方式嵌入到商业经营中，这一模式已在多座城市复制成功。丁佐宏表示，环球港的商业模式已受到了美国等境外潜在合作伙伴的青睐，希望能把这一模式复制到当地。

丁佐宏认为，“一带一路”倡议为中国企业走出去提供了更大的舞台，促进文化交流和商贸互通是“一带一路”沿线各地政府和企业共同努力的方向。月星集团正抓住“一带一路”倡议为中俄政企合作带来的新机遇，致力于将家具制造、家居连锁及城市综合体等领域的丰富经验带到俄罗斯，助力当地经济发展。

丁佐宏说，中国民族品牌的精神内涵应永恒不变，但产品及服务的内容要紧跟时代发展、紧跟国际发展的步伐才能引领市场、引领消费。唯有不断创新发展，民族品牌才能具有旺盛的生命力。

伊利

YILI

更多精彩内容，请扫码观看

伊利入选“民族品牌工程”品质助推企业走向国际化

2017年8月26日，新华社“民族品牌工程”首批入选企业签约仪式在北京举行。伊利凭借多年来在乳业中的优异表现，成为新华社“民族品牌工程”首批入选的唯一乳企，同时入选的还包括茅台集团、五粮液、泸州老窖、张裕公司等。

谈到伊利的发展，伊利集团副总裁张轶鹏表示，坚守品质是伊利一直以来最为重视的方面。为保障产品品质，伊利建立了严苛的质量管控“三条线”，即：在国标线基础上提升50%的标准，制定企标线，又在企标线基础上提升20%的标准，制定了更严的内控线，同时建立比肩国际水准的全球质量管理体系。

伊利的品质不断获得认可，在消费者心中塑造了质量可靠的品牌形象。“伊利集团从2005年牵手奥运，证明伊利产品符合奥运标准。同时，伊利集团也成为世博会合作的食品企业。”张轶鹏说。

不仅如此，在2017年度BrandZ™中国最具价值品牌100强榜单中，伊利再度蝉联食品和乳品类排行榜第一。据凯度消费者指数（Kantar Worldpane）发布的《2017全球品牌足迹报告》显示，2016年，伊利蝉联中国快消品品牌排行榜榜首，每年服务消费者超过11亿人次。

对于国内消费者比较关心的婴幼儿配方乳粉，张轶鹏介绍，伊利集团十几年来一直致力研究中国母乳成分，并建立了中国母乳成分数据库，只为让产品更适合中国宝宝。

对于产品品质的不倦追求，不仅使消费者受益，也不断加速了伊利国际化战略布局。2014年2月，伊利在荷兰成立伊利欧洲研发中心；2015年3月，

伊利携手欧洲生命科学领域的顶尖学府——荷兰瓦赫宁根大学，研究建立贯通全产业链的食品安全早期预警系统，并且升级中国首个母乳研究数据库。截至2016年底，伊利集团拥有科技活动人员2257人，累计专利授权量达到2091项。

此外，伊利还在大洋洲投资建立了全球最大的一体化乳业基地，在美洲主导实施了“中美食品智慧谷”等。张铁鹏表示“伊利集团在实现国际化战略上，正运用全球最尖端科研力量、智慧力量形成一个全球智慧链。”

伊利作为一个民族品牌正在蓬勃发展。新华社“民族品牌工程”将依托新华社媒体集群的传播力和经济智库的强大实力，为民族企业走向世界铺路架桥。

"伊利营养2020"战略升级 精准助力"三区三州"脱贫攻坚

2018年9月5日，"伊利营养2020"精准扶贫项目战略升级仪式在四川凉山举办。升级后的"伊利营养2020"以"立足产业、立体扶贫、精准担当"的独有模式，精准关注婴幼儿、孤残、老人等特殊群体；深耕"三区三州"等精准扶贫重点区域；不断探索健康扶贫与教育扶贫、产业扶贫等相结合的专业扶贫机制。精准帮扶贫困对象，全面守护国人健康。

此次活动，以四川省凉山州美姑县中学（西昌校区）为代表，"伊利营养2020"同步去往四川省洛古乡中心校、木尔乡中心校、美撒乡中心校、瓦吉小学等，面向凉山州多所学校捐赠了伊利学生奶456000盒。中国红十字会副会长、中国红十字基金会理事长郭长江，伊利集团执行总裁张剑秋，四川省红十字会党组书记、常务副会长冉茂琴，中国红十字基金会秘书长孙硕鹏，凉山州人大常委会副主任袁文林，凉山州副州长肖春，凉山州政府副秘书长杨德瑞，中国奶业协会副秘书长张智山，四川省红十字会赈济部部长夏鸣，凉山州红十字会常务副会长方虹，凉山州教育局副局长包晓华等出席捐赠仪式，共同见证了伊利精准扶贫项目升级和责任之举。

据国家统计局数据显示，2017年末，全国农村贫困人口约有3046万人。面对2020年农村贫困人口实现脱贫的战略目标，伊利集团率先响应，正式推出了"伊利营养2020"精准扶贫公益项目，与农业农村部、卫健委、中国红十字基金会、中国奶业协会等国家部委、重要机构，通过营养调研、健康教育与公益捐赠等多种形式，全面聚焦贫困地区和人口的营养改善，不断推进"无贫穷""零饥饿"等联合国可持续发展目标的实现。

生活在集中连片特殊困难地区680个县的儿童超过4000万，他们在健康和教育等方面的发展水平明显低于全国平均水平。为了从根本上改善贫困地区儿童营养状况，“伊利营养2020”将牛奶助学公益，作为项目中最重要的行动，积极开展。

作为深耕学生饮用奶领域的企业，伊利连续16年不懈坚持，大力支持国家“学生饮用奶计划”。仅2017年一年，“伊利营养2020”便为中国近1/3省份，送去了伊利学生奶480万盒，惠及超12万贫困地区学生，实现了总计1200万元的捐赠规模。2018年，该项目持续深化，全年总投入2100万元，覆盖全国25个省区、1.2万所学校。不仅如此，“伊利营养2020”整合多方专家、学者资源切实参与行动。通过积极开展培训课程，有效提高贫困地区青少年营养健康意识，培养健康卫生习惯和认知能力。

“帮助一个学子就是帮助一个家庭”，活动现场凉山州副州长肖春表示，支持教育就是关注祖国的未来，感谢伊利集团为凉山学子提供的营养支持，为凉山的攻坚扶贫提供了有力保障。

通过大量的实践积累，“伊利营养2020”探索出“立足产业、立体扶贫、精准担当”的模式。战略升级后，该项目强化了对“三区三州”等深度贫困地区的精准支持，强化对贫困婴幼儿、孤残、老人、重病患者等特殊群体的精准帮扶，不断探索健康扶贫与教育扶贫、产业扶贫等相结合的专业扶贫机制。

“伊利不仅是一家乳制品企业，更是一家健康食品企业”，伊利集团执行总裁张剑秋在活动中强调。要全面助力凉山地区特殊群体营养状况与营养环境的改善，“伊利营养2020”还携手中华红丝带基金开展了艾滋病母婴阻隔工作。

未来三年，伊利将向凉山地区母婴阻断家庭0至1岁的孩子，免费提供价值645万元的3万罐金领冠婴幼儿配方奶粉。与此同时，对凉山医务人员以及妈妈群体开展公益讲座，进一步提升凉山地区的科学喂养意识。预计到2020年，行动将惠及包括金阳、普格、越西等县在内的100多个乡卫生院和近700个村卫生室，2000多名医护人员、千名村医和近千名妈妈将从中受益。

活动现场，中国红十字会副会长、中国红十字基金会理事长郭长江表示，“见证了‘伊利营养2020’全面升级，未来，将更好地和孩子们在一起，和教育在一起，不断践行企业社会责任，发挥好中国社会责任领域行业领军的作用。”

作为第一家加入联合国全球契约组织的中国食品企业，“平衡为主、责任为先”是伊利秉持的企业法则。为了更好地将此践行，2017 年，伊利正式将企业社会责任管理体系升级为面向未来的“共享健康可持续发展体系”，即“WISH 体系”，寓意“美好生活”。

联合国全球契约组织亚洲与大洋洲总代表刘萌表示，伊利在公益领域推出的“伊利营养 2020”等项目都高度契合联合国可持续发展目标，在扶贫领域的实践成果令人赞叹。

为生活带来美好改变，“让世界共享健康”是伊利的梦想。现场，邀请学生填写“梦想卡”，通过气球“放飞”梦想并授予四川省凉山州美姑县中学（西昌校区）“美好学校”牌匾，这一系列温暖举动，是所有伊利人及相关方共同传递梦想的体现。

未来，肩负提高全民营养健康水平的巨大使命及助力国家脱贫攻坚的重大责任，伊利将不断助推精准扶贫，为促进可持续发展贡献更多力量。

关爱贫困地区特殊儿童
"伊利营养2020"走进贵州

2018年11月8日，"伊利营养2020"精准扶贫项目走进贵州石阡县特殊教育学校。据介绍，"伊利营养2020"以"立足产业、立体扶贫、精准担当"的模式，精准关注婴幼儿、孤残、老人等特殊群体。会上，新华社民族品牌工程携手伊利集团向石阡县特殊教育学校等捐赠了24000盒伊利学生奶，为孩子送上营养与健康。该校学生还同时获赠了来自爱心人士的图书、书包、篮球等文体用品。

"伊利集团的善举是力量更是榜样。"石阡县委副书记、新华社驻石阡扶贫工作队队长邓诗微说："在石阡县脱贫攻坚进入冲刺阶段的关键时刻，伊利集团来到我县开展助学公益活动，向石阡特殊教育学校捐赠营养奶，体现了企业的爱心和奉献，责任和担当，必将鼓舞学校师生，深怀感恩之心，自强不息、教学相长。"

石阡县副县长石凌燕介绍，石阡是全国592个国家级贫困县、贵州省50个扶贫工作重点县之一，属武陵山区集中连片特困区，有1个极贫乡，29个深度贫困村，计划2018年整县脱贫摘帽。

作为首批入选新华社民族品牌工程的唯一乳企，伊利集团一直积极投身社会公益实践。"伊利营养2020"精准扶贫项目始于2017年，项目由伊利集团携手农业农村部、国家卫生健康委卫健委、中国红十字基金会、中国奶业协会等国家部委、重要机构共同推出，旨在为贫困地区的学生提供营养支持。截至2017年底，该项目走过了中国近1/3的省份，为贫困地区超过12万名学生提供了营养支持。

此次活动，伊利将目光聚焦贵州石阡县，为当地的孩子们送上温暖。活动现场，石阡县特殊教育学校的孩子将集体创作的珍珠画“上善若水”回赠伊利集团。据了解，这幅作品由学校聋哑和培智学生们亲手制作而成。

伊利集团副总裁雒彦说：“企业的价值归属是坚守责任初心、解决社会问题。多年来，伊利集团始终坚持‘平衡为主、责任为先’的理念，为了更好地践行这份初心，伊利将企业社会责任管理体系构筑为‘共享健康可持续发展体系’，不断推动‘让世界共享健康’的梦想实现。”谈及项目的开展情况，雒彦透露，2018年，“伊利营养2020”将覆盖全国25个省、130个市县，聚焦贫困地区青少年营养改善的同时，也开展了针对特殊群体的营养帮扶工作，积极推出了类似于艾滋病母婴阻隔、“金领冠母爱计划”等公益行动。

“这里贫困学生、留守儿童较多，为了更好地解决学校和学生面临的困难，阻断贫困代际传递，助力石阡县打赢打好脱贫攻坚战，我们真诚地希望此类活动可以得到全社会范围内更多人士、更多机构的大力支持！”此次项目的参与支持方、新华社民族品牌工程办公室项目负责人表示，“一盒盒牛奶，代表了我们的关心与关爱，希望通过这样的鼓励和引导，形成‘星星之火，燎原之势’，提升石阡教育发展的内生力量，实现教育助推真正脱贫。这也正是‘伊利营养2020’精准扶贫项目的目标之一！”

立足产业优势
伊利“精准”公益有效助推扶贫攻坚

2018年9月5日，“伊利营养2020”精准扶贫项目战略升级仪式在四川凉山举行，此次活动中，伊利向凉山州美姑县中学（西昌校区）、洛古乡中心校、木尔乡中心校、美撒乡中心校、瓦吉小学等凉山州多所学校捐赠伊利学生奶共计456000盒。

中国奶业协会副秘书长张智山表示，伊利作为第一家深入“三区三州”落实精准扶贫战略的乳制品企业，用实际行动履行了行业领军企业的责任与担当。

聚焦特殊群体　伊利力推“精准”公益

“三区三州”是扶贫难度较大的地区，它指的是西藏、新疆南疆四地州和四省藏区；甘肃的临夏州、四川的凉山州和云南的怒江州。它们共同特点都是国家层面的深度贫困地区，这里经济发展水平低，孩子的教育环境和营养健康问题亟待解决。

以四川凉山州美姑县中学（西昌校区）为例，这个异地办学的高中目前有420余人，学生和老师的教室以及宿舍全部都是租借在西昌一个中专学校。美姑县中学（西昌校区）副校长康金文介绍，由于距家较远，学校里的孩子都是寄宿，一个孩子一个月的生活费在400元到600元之间。虽然当地政府提供了一些补贴，但很多都须用于学校建设。虽然食堂平均收费标准并不高，但很多孩子家庭条件有限，为了省钱，还是舍不得吃一顿带肉的菜。

“这次我们收到了伊利送来的牛奶，孩子看到了非常高兴，这对正在长身体的他们真的非常重要，这是社会对我们的关爱。我们学校会努力办学，让更多的孩子考上大学，感恩社会，回报家乡。”美姑县中学（西昌校区）党支部书记兼校长郑健说。2018 年，美姑县中学（西昌校区）共 129 人参加高考，有 46 人超过本科线，其中 3 人考上重点大学。

作为中国最早深耕学生饮用奶领域的企业之一，伊利已经连续 16 年大力支持国家“学生饮用奶计划”。仅 2017 年一年，“伊利营养 2020”便为中国近 1/3 省份送去了伊利学生奶 480 万盒，惠及超 12 万贫困地区学生，累计捐赠款项总计 1200 万元。2018 年，该项目持续深化，全年总投入 2100 万元，覆盖全国 25 个省区、1.2 万所学校。

“伊利捐赠价值占奶业 20 强企业捐赠价值的 19.5%，无论从捐赠的数量，覆盖的范围，惠及的学校数量均是行业的表率，彰显了伊利集团的责任感和奉献的人间大爱。”张智山说。

与此同时，为有效提高贫困地区青少年营养健康意识，培养健康卫生习惯和认知能力，“伊利营养 2020”还整合多方专家、学者资源切实参与行动，积极开展培训课程。

除了关注贫困地区青少年的营养健康，伊利同时聚焦贫困地区的母亲和婴幼儿。9 月 4 日，伊利集团执行总裁张剑秋走访昭觉县洒拉低坡乡和竹核乡，探望不幸被艾滋感染的母亲和孩子，了解当地村卫生室和母婴喂养情况。活动当天，伊利方面公布，未来三年，除了向凉山母婴阻断家庭 0—1 岁的孩子，免费提供价值 645 万元的 3 万罐金领冠婴幼儿配方奶粉之外，金领冠还将在凉山展开长期的立体帮扶，长期面向凉山医务人员以及妈妈群体开展公益讲座，提供科学育儿知识方面的援助，进一步提升凉山地区的科学喂养意识。

据了解，“金领冠母爱计划”是“伊利营养 2020”精准扶贫项目的重要内容之一，预计到 2020 年，该项目将惠及包括金阳、普格、越西等县在内的 100 多个乡卫生院和近 700 个村卫生室，将有两千多名医护人员、千名村医和近千名妈妈从中受益。

结合产业优势实现产业链共赢

“厚度优于速度、行业繁荣胜于个体辉煌、社会价值大于商业财富”是伊利一直以来秉承的发展理念。在行业里，伊利通过推动产业链不断完善作为自身持续发展的动力。

在产业链上游，为解决农牧民的养殖水平和牧场管理能力较弱的问题，早在2012年，伊利便开办“奶牛学校”，引入国内外先进技术，邀请百余位行业专家，为牧场业主讲解先进牧场管理经验，帮助牧场业主提升养殖理论知识、实操技能及经营能力。同时，伊利通过牧场合作伙伴发展学院，为广大牧场业主普及科学养牛知识并开展实践培训，提升牧场管理能力和经济效益，提高牛奶质量。

截至2017年，伊利支持牧场发展的举动带动了近4万人从事奶牛养殖行业相关工作，有效解决了当地社会人员就业问题。同时，牧场的奶牛养殖每年带动260多万亩青贮玉米的种植和销售，增加农户青贮玉米收益，提高了农民收入。

众所周知，乳业供应链长，融资难、融资慢、融资贵成为很多养殖户和小企业的发展瓶颈。为了解决这个问题，伊利成立担保公司、保理公司、互联网小贷公司，搭建专门服务于上下游合作伙伴的融资平台，探索出一种以“核心企业承担实质性风险责任”为特色的产融结合模式，带动产业链伙伴稳步成长。截至2017年底，伊利已经为2700余户产业链上下游合作伙伴提供了金融扶持，累计融资金额近138亿元。

在产业链中游，伊利不断完善质量管理体系，推进“质量领先3210战略”，在业内率先提出打造“全产业链质量管理生态圈”，集结全产业之力为消费者“舌尖上的安全”保驾护航。据了解，伊利采用“全生命周期环境管理”，坚持“绿色产业链”的发展方向，秉持“不创新，无未来”的理念，其研发总投入实现了22%的增长，高科技、高附加值产品占比达到49%。

以奶粉为例，伊利坚持16年自主开展母乳研究，积极参与和支持中国母乳库建设工作，其自主研发的“含α-乳清蛋白和β-酪蛋白组合的婴儿配方奶粉及其制备方法”获得了中国发明专利，并成功应用在其奶粉系列产品中。2004年，伊利开始建设婴幼儿奶粉追溯体系，目前，已完成奶粉全过程追溯平台建设。

在产业链下游，伊利力求满足消费者需求，通过在线参观、终端体验及工厂参观三个方面，运用微信平台、官网、电商导流、门店体验、优化工厂参观模块等形式，实现线上线下双层联动，使伊利品牌深入人心。

与此同时，伊利整合500多万销售终端、10亿级消费者和大量合作伙伴提供的信息，利用大数据技术对消费者潜在需求进行分析，力求通过全产业链的协调发展为消费者提供更优质的产品和服务。

2018年上半年，伊利实现营业总收入399.43亿元，较上年同期增长19.26%，净利润34.69亿元，营收净利润持续双增，稳居行业第一。业内人士认为，伊利持续践行公益、立足产业优势帮扶行业伙伴的举措，不仅为企业提供了“精准”公益的样本，也以实际行动助推了其“让世界共享健康”的梦想，更为乳业的持续发展积蓄了动能。

扬子江药业

YANGZIJIANG YAOYE

更多精彩内容，请扫码观看

扬子江药业集团入选新华社民族品牌工程项目启动

2018年1月25日，扬子江药业集团入选新华社民族品牌工程项目启动仪式在北京举行。双方将开展全面战略合作，共同提升扬子江药业集团在海内外的影响力。

新华社副社长兼秘书长刘正荣，第十届全国人大常委会委员、法律委员会副主任、全国工商联原副主席王以铭，国家质检总局发展研究中心主任付文飙，中国扶贫开发服务有限公司副总经理刁常海，新华社总经理室总经理张永平，扬子江药业集团董事长兼总经理徐镜人，扬子江药业集团副董事长徐浩宇，扬子江药业集团副总经理梁宏共同见证，新华社新闻信息中心主任储学军和扬子江药业集团总经理助理刘秀霞代表双方签署入选文件。

扬子江药业集团是中国医药工业领域的旗帜型企业。47年来，扬子江药业在创新和质量的双轮驱动下，提炼出了“任何困难都不能把我们打倒，唯有质量”的质量精神、“为父母制药，为亲人制药”的质量文化，打造了中国药品的匠心品牌。同时，扬子江药业积极践行在扶贫、拥军、助学、赈灾等方面的社会责任，着力助推中国医药科技进步与发展，并以振兴民族医药工业为己任，持续强化中医药药品研发，为人类谋取更多的“健康红利”，作出突出贡献。

王以铭在致辞中说，培育和发展优秀的民族药业品牌，是加快推进质量强国战略和健康中国战略的重要抓手。新华社启动实施民族品牌工程，依托国家通讯社媒体集群的传播力和国家智库的能力，服务优秀药业企业，对以优秀品牌为引领、促进我国药品行业转型升级，具有现实和深远意义。

付文飙说，新华社民族品牌工程，依托新华社全媒体资源，为中国企业实现质量和品牌升级，量身打造独具影响力的传播平台，对现阶段我国实施品牌强国和质量强国战略意义重大。本次入选企业扬子江药业集团作为我国医药领域的领军企业，在长期发展过程中，形成了以科技创新和优质服务为突出优势的核心竞争力，相信能够充分借力新华社民族品牌工程，更好地推进质量提升和品牌发展。

发展民族产业、打造民族品牌是扶贫攻坚的重要抓手。刁常海称，新华社以战略眼光和责任担当，搭建了一个好平台，让中国民族企业借力国家级媒体矩阵，讲好品牌故事，提升品牌内涵，实现全球传播。中国扶贫开发公司也将进一步整合资源、加大力度，努力为贫困地区的产业谋划，为民族品牌的发展振兴加油助力。

徐镜人说，新华社民族品牌工程，为有抱负的中国企业提供了更大格局、更宽视野、更高水准的传播平台与渠道，也为新时代中国企业贯彻新发展理念，坚持高质量发展提供了强有力的“助推器”。扬子江药业成功入选民族品牌工程，是新华社乃至社会各界对扬子江药业不懈努力的肯定和认同，扬子江药业将借助民族品牌工程的力量，持续向上，持续创新。

启动仪式上，新华社《中国名牌》杂志总编辑周志懿对扬子江药业集团的品牌价值进行了点评分析。

民族品牌工程是新华社为服务品牌强国战略，全力打造的国家级传播工程。工程由两大体系构成：一是全媒体传播体系。《参考消息》《新华每日电讯》《瞭望》《经济参考报》《半月谈》等 21 种报刊、新华网和新华社客户端等网络媒体矩阵、新华社社交媒体集群、户外大屏集群、新华电视和新华广播等，构成新华社全媒体、全覆盖传播网络，民族品牌工程将充分依托和整合全社的传播资源、聚焦民族品牌、服务民族品牌。二是服务支撑体系。新华社下属的中国经济信息社、中国财富传媒集团、中国广告联合有限责任公司和中国环球公共关系有限责任公司形成专业优势互补的联合体，为入选的民族品牌企业提供智库咨询、国内外市场信息、品牌拓展和“一带一路”走出去项目对接等全方位、多层次的个性化服务。

扬子江药业出海

泰州市扬子江药业总部，早上 8 点左右，匆匆上班的工人常能看到集团董事长徐镜人的身影。多年来，如果没有特殊安排，亲自巡视厂区已成为他每天的例行工作。

从 1971 年建厂至今，历经近半个世纪的磨砺与锤炼，老牌制药企业扬子江药业从一家制药小作坊成长为国内医药行业领头羊。2017 年，扬子江的产值、销售同比增长均超过 18%，利税更是连续 25 年保持两位数增长。在工信部过去三年公布的中国医药工业百强榜上，扬子江连年斩获冠军。

国内市场地位的奠定，并未让扬子江停止超越自己的脚步。在强敌林立的国际赛场中站稳脚跟，做“中国最强、世界一流的制药企业”，是徐镜人给集团定下的新目标。

两条腿走路力推国际化

“扬子江制剂起家，在出口品类上没有选择相对简单的原料药，而是选择了复杂的制剂和中成药。”扬子江药业集团国际事业部总监余瑛说。

余瑛介绍，制剂和中成药在海外注册与销售准入门槛都远高于原料药。而且，制剂在海外市场销售，价格竞争也非常激烈，不仅要面对印度、以色列等国仿制药企业的竞争，还有来自国内专门做外贸加工的厂家的冲击。

为此，国内药品出口结构，一直是原料药占主导。以 2017 年上半年西药类产品贸易为例，原料药出口额占比高达 82%。这决定了扬子江药业早期的海外市场探索异常艰难。

“很长一段时间，制剂在海外的注册无从下手，只能摸着石头过河。”扬子江药业集团国际事业部部长谢鹂至今仍清晰地记得，多年前2个产品在东盟国家注册的曲折：最开始公司按照现成处方工艺、质量标准准备注册资料，但在审评过程中，由于菲律宾当地相关标准和要求不断变化，公司先后补充质量控制项目、重新准备临床资料、补充原料药相关注册资料等。最终，从递交注册文件到获得注册证书，前后花了8年时间。

“在获得准入消息的时候，我们既激动又难过。”谢鹂说，8年时间里，不论是药政法规、竞争对手还是销售渠道都发生了很大变化，这意味着终于拿到证书的药品市场优势不复存在，回报相对较低。谢鹂于2000年初就加入了国际事业部，团队多次经历这样的案例，迷茫过，怀疑过，也有不少人离开。

“一时的困难与挫折只能吓跑心志不坚的人，核心人员一直在坚持。”谢鹂说，在摸索过程中，团队也越发坚信只有合法、合规、基础夯实，国际化之路才能经得起考验。目前扬子江药业已有78个中西药制剂出口至欧洲、亚洲、南美洲和非洲22个国家及地区，4个化学药已经开始了在欧、美、澳的注册工作。

以中药国际化为例，据了解，目前集团旗下的银杏叶片、胃苏颗粒、荜铃胃痛颗粒等10个中药品种已出口至俄罗斯、新加坡等地；百乐眠等品种在泰国注册成功，即将上市销售。

“中药因其独特性，单纯靠贸易不行，必须在文化宣传上花工夫。”谢鹂说，未来扬子江将加大文化宣传、经验分享、案例指导、病患教育等学术推广活动，推动中药国际化进程，以泰国等地的经验带动其他“一带一路”沿线国家的注册销售。与此同时，国际化思路也在不断转换。

“正视用现有文号在海外注册的难度，也考虑到国内药政的变化及全球制药标准统一的趋势，扬子江近年来开始‘两条腿走路’。”余瑛说，之前的国际化主要聚焦自有产品在海外注册销售，在此基础上，新模式侧重购买、合作开发、共同申报新产品。具体来说，即通过购买欧洲上市许可、在欧洲美国自主申报MA/ANDA、接受欧美委托加工、在澳大利亚TGA注册销售以及进口产品及技术合作等途径，加速集团国际化发展战略，实现弯道超车。

余瑛透露，扬子江正计划在美国设分公司，建立当地注册申报联络人团队，并聘用优秀的科学家和管理人才，匹配今后的国际化战略。

从标准出发掌握话语权

向国际先进的质量标准看齐是扬子江药业走出去的重要秘诀。长期以来，扬子江致力于按照美国 FDA 和欧盟 GMP 的实施标准，对生产环节进行设计和把关，打造生产质量管理体系和控制标准。目前，集团已有 4 个生产车间通过欧盟 GMP 认证。按照计划，2020 年所有车间需达到原研药生产水平。

“引入国际顶尖标准不仅仅是为了满足产品出口需要，更是为了保障质量安全。”徐镜人表示。各个环节的更新换代，执行起来，意味着巨大的人力和资金投入。“就连制药用水，欧洲、东盟及美国等各大海外市场的标准都不一样。”集团子公司海慈生物国际化项目验证专员黄波说，为了进一步提高产品质量，推进原料药出口，公司通过查阅不同市场的药典，并在多套标准中选取最严的标准，对制药车间的纯化水系统进行改造。

在药品国际化方面，扬子江也从推动标准国际化入手。

以中药为例，掌握中药质量标准体系话语权，推动中药标准国际化是扬子江药业发展中医药产业的规划之一。扬子江药业集团中药研究院北京中药所所长相婷认为，要让欧美接受中药，需要对中药产品的物质作用基础、作用机理、疗效进行客观评价，并保障产品疗效与质量稳定均一。

而药材又是中成药的源头和基础。扬子江药业选择从中药材出发，着手建立国际化的标准体系。

相婷介绍，2010 年，扬子江药业和欧洲药典委员会建立联系，确定了蓼大青叶、水红花子、虎杖、鱼腥草、泽兰的欧洲药典植物专论的研究工作，通过历时 7 年的研究，先后建立了 5 个品种的质量标准，并成功录入欧洲药典植物专论。

其中的艰辛自不待言。相婷说，更严峻的考验是，欧洲药典的要求颇为严苛，如果完全按照标准来，很可能对国内中药出口造成壁垒。为此，扬子江从产业端出发，遵循欧洲药典制定标准的指南和方式，并结合中国国内药材的实际情况，与欧洲药典委员会不断沟通磨合，这期间团队成员连续加班、放弃节假日已是家常便饭。

相婷表示，扬子江药业目前还承担了国家中医药管理局中药标准化项目，联合中国中医科学院、中国科学院上海药物所等科研院所，合作制定一系列国家标准、行业标准。

以质量为坚实后盾

不论是国内市场的领先，还是国际市场的开拓，过硬的质量都是扬子江药业最为坚实的后盾。对于质量管控上的投资，扬子江向来舍得砸重金。

几年前，为了改革传统中药生产工艺，破解能耗大、标准不可控等弊端，使生产更加智能化、数据化、精准化，扬子江开始建设龙凤堂，志在打造全国首屈一指的现代化中药智能工厂。2017 年 3 月，龙凤堂的 5 个生产车间已全部通过 GMP 认证并投产。

从外观上看，龙凤堂是中式古典建筑。但走进工厂内部却发现，这里汇聚了国内外先进的智能化制药设备和技术。

在年处理 2 万吨中药材的提取车间，几乎见不到工人的身影，但一切工作都在有条不紊地进行着：移动投料机器人通过穿梭车行走，对各投料口供料；翻箱倒料机器人通过对周转箱位置检测、输送、定位抓取等环节，不断将装有饮片的周转箱物料准确投放到提取罐中……

一切动作都由位于车间四楼约 200 平方的中控室实时控制。

龙凤堂制造部部长李伟欣介绍，提取车间建立了分布式控制系统（DCS），实行中央集中控制模式，每个品种在自控系统里建立了完整的工艺流程路线档案，车间根据生产安排，随时可调度各品种生产用流程图及工艺参数。如需生产某一品种，直接在系统里调出该品种及规格，并发出配货指令，系统将自动组合可用设备并对各工序进行模块化自动集成。

“在传统提取车间，药罐加水量、温度控制、蒸汽压力阀门等，都靠人工控制，工人经验的不同容易造成药品批次间质量不稳定，而且现场温度高达四五十摄氏度，生产条件比较恶劣。”李伟欣说，智能化设备则实现了加水量、阀门开启的蒸汽量、药材煎煮时间、排药渣等全流程的智能化、精准化，不仅保证产品批次的质量稳定，也最大限度地降低了劳动强度。

值得一提的是，工厂内各车间的连廊也“暗藏玄机”：这些宽大的连廊除了遮阳避雨，还承担着原药材库、前处理车间、净药材库、提取车间、综合仓库、各制剂车间之间的物流输送功能。

李伟欣介绍，在连廊内部，分上下两层全自动物流线，24 小时不断有来自制剂车间的成品和其他车间的辅料、包材经过。

除了先进智能化硬件设施的保障，扬子江药业的质量把控还靠文化浸染和管理加持。不论在总部，还是在分公司，“任何困难都不能把我们打倒，唯有质量”“为父母制药，为亲人制药”的标语都随处可见。在接受采访时，不论是生产线上的工人，还是管理人员，“质量”二字时常脱口而出。“唯质先行”的理念在扬子江人心中已根深蒂固。

在业界，扬子江药业的 QC（质量管理）小组赫赫有名。据了解，集团在生产、科研、质量第一线组建了 100 多个 QC 小组，常年开展质量提升、降本增效、科技创新等课题攻关，至今已累计完成 900 多个课题攻关，有 10 多项 QC 成果填补了国内外技术空白。

2017 年 10 月，在菲律宾举行的第 42 届国际质量管理小组大会上，扬子江药业的 6 个课题全部获得金奖，占中国代表团金奖总数 15%。此外，集团还以全球卓越绩效管理为标杆，在实践中创建了“扬子江药业质量风险管控模式”，将“三不原则”（不让患者承担风险、不让风险升级、不把风险转移给他方）和“四持续”（持续质疑、持续识别、持续管控、持续回顾）落实到药品全生命周期和全产业链中，实现对药品质量风险高标准的动态管控。

扬子江药业致力于
打造中国医药行业新的“质量标杆”

2018年5月9日，扬子江药业集团董事长徐镜人在新华社民族品牌工程“中国品牌日”系列活动上表示，面对高质量发展的新要求、新挑战，扬子江药业将坚定不移地走中药现代化、国际化道路，推进药品一致性评价工作，为我国医药行业树立新的“质量标杆”。

据介绍，2017年扬子江药业集团产值、销售双双突破700亿元，同比分别增长18.7%、18.65%。中国品牌建设促进会9日发布的2018年中国品牌价值评价信息显示，扬子江药业再次位列中国生物医药类品牌强度第一名、品牌价值第二名。徐镜人认为，这主要得益于企业不拘一格的用人机制和激励创新的管理体制。

在用人方面，扬子江药业大胆起用有能力的年轻干部和技术骨干，为他们提供发展空间和创新平台。目前，扬子江药业70%以上的员工是35岁以下的年轻人，有的员工从学校毕业进入企业两三年后就走上了管理岗位。扬子江还实现了“能者上，庸者下”的干部考评机制。

在管理方面，扬子江药业以质量为导向，坚持从源头入手，构建“大质量”体系，保证药品安全有效、质量可控。

扬子江药业在全面通过中国新版GMP认证的同时，结合美国FDA和欧盟GMP的实施标准，加快仿制药品一致性评价进程，力争全部符合国际标准。目前，已有4个生产车间通过欧盟GMP认证，一个产品通过国家药品一致性评价认证。为确保管理长效性，扬子江药业坚持在每年3月和9月开展两次“质量月”活动，现已连续举办 39 次。

扬子江药业不断创新管理模式，例如导入卓越绩效管理模式，推动企业围绕产品质量、服务质量、管理质量、经营质量等进行全方位升级，制订高于国家法定标准的企业内控标准，确保药品合格出厂。

围绕美好生活需求，扬子江药业高起点打造龙凤堂大健康产业项目，研制开发更多高质量、高疗效的中药新品，如双花百合片、荜铃胃痛颗粒等一大批拥有自主知识产权的特色中药品种。

据了解，下一步，扬子江药业计划开展两项大的工程：一是坚定不移地走中药现代化、国际化道路。以打造龙凤堂中药品牌为抓手，实施大健康产业发展战略，推动企业高质量发展；二是坚定不移地推进仿制药品一致性评价工作，开展美国 FDA 和欧盟 GMP 认证，以全球视野不断强化自身机制改革，逐步建立具有国际水平的研发体系、生产质量体系、营销体系。

“扬子江药业不仅是中国的、民族的，更是世界的。我们将致力于树立世界一流的品牌，用品牌牵引市场，让中国制药产业为人类创造更多更大的福祉。”徐镜人说。

以“匠心”坚守“初心”：“唯质先行”是扬子江药业的王牌

2018年3月26日，扬子江药业集团举办2018年“质量月”媒体开放日活动。集团每年开展两次质量月活动，至今已连续举办了39届。本次开放日，来自集团研发、生产、质量、经营等部门的管理人员与全国知名媒体齐聚一堂，共谋“质量强企”发展方略。

质量“拾级而上”以振兴民族医药产业为己任

本次“质量月”活动以“推进一致性评价与FDA项目，真抓实干解决发展主要问题”为主题，助力扬子江药业开拓国际主流医药市场。FDA认证是世界上最权威的食品药品认证机制，代表着国际认可的行业标准。仅一项药品的认证就可能需要涉及数万人的检测数据以及长达数年的检测过程。

扬子江药业集团党委书记、董事长徐镜人表示：“引入FDA标准不仅仅是为了满足产品出口需要，更是为了保障质量安全，要按照这个标准来对生产环节进行设计和把关。”

“唯质先行”一直是扬子江药业集团赢得市场口碑的法宝。多年来，集团始终秉承“求索进取、护佑众生”的企业理念，严把药品研发、采购、生产、放行、储存、售后六道关口，建立了一整套高于法定标准的企业内控标准。

目前集团已有20多个产品质量达到欧美药典标准，4个车间通过了欧盟GMP认证。在生产、科研、质量第一线成立了100多个质量管理（QC）小组，常年开展质量提升、工艺革新和技术攻关活动。2017 年 10 月，在菲律宾举行的第 42 届国际质量管理小组大会（ICQCC）上，扬子江药业集团获六项国际 QC 金奖，这也是扬子江连续 3 年在国际 QC 中取得不俗成绩。

本次开放日上，获得 ICQCC 评比金奖的海慈飞跃 QC 小组用中英双语重现了“枸橼酸他莫昔芬 A 晶型的研制”课题参赛的精彩片段。这是一种较为常见可用于乳腺癌治疗的药物，在保持有关物质、含量等其他检测项目均符合现有质量标准的前提下，QC 小组历经十个月的攻关，成功地将 B 晶型或混合晶型的枸橼酸他莫昔芬转化为符合原研标准的 A 晶型产品，有效增强了用药疗效，为众多乳腺类疾病患者带来福音，同时也为该产品进军国际市场提供了强有力的支撑。

长期以来，扬子江药业集团致力于按照美国 FDA 标准打造国内顶尖、国际一流的生产质量管理体系和标准，计划到 2020 年所有车间达到原研药品生产质量管理和控制标准。

搭乘“一带一路”快车　扬子江树民族品牌标杆

“一带一路”倡议的不断推进为中国传统产业国际化之路提供了新的机遇。近年来，我国中药进出口额不断刷新，相关国家在交通、产业、金融以及国际贸易等方面开展深入交流与合作，为我国中医药产业国际化发展提供新的平台和窗口。

“目前，集团已有 40 多个中西药制剂在欧洲、亚洲和非洲 10 多个国家及地区注册成功并销售。截至 2017 年底，其紫杉醇注射液、注射用亚叶酸钙、阿那曲唑片、荜铃胃痛颗粒等 51 个品种 54 个规格已出口到巴基斯坦、几内亚、菲律宾、俄罗斯等多个国家或地区。”扬子江药业集团副总经理梁宏在接受采访时表示。

梁宏表示，“东南亚地区及俄罗斯将是扬子江海外开拓的国际市场。亚洲地区由于地缘关系，受中国传统文化影响较多，对草药认知和功效比较认可，部分欧洲和非洲国家对我国中药亦有一定的认可度，这也为我国中药在亚、欧、非洲国家的发展奠定了基础。”

据介绍，扬子江的出口品类并没有选择占据医药外贸半壁江山的原料药，而是选择了艰难的化学制剂和中成药出口，通过推动中药质量标准国际化，向非洲与东南亚市场发力，迈出了扬子江特色的国际化品牌之路。

2018年两会上，徐镜人提到，“党的十九大再次明确了‘坚持中西医并重，传承发展中医药事业’的重要任务。对于中医药的发展，必须根据自身的特点和规律，通过创新支撑发展，努力提高中医药对中国经济和社会发展的贡献度，促进东西方医学优势互补，从而引领未来的医药工业发展。”

岁月有种不动声色的力量，推动着时间交替，万物转换。从1971年建厂至今，历经近半个世纪的磨砺与锤炼，扬子江药业集团从一家地方企业成长为中国制药产业的“质量标杆”，其中的坚守和艰辛外人不得而知，唯一不变的是扬子江人始终坚守的初心：“为父母制药，为亲人制药。”2018年1月，扬子江药业集团成为新华社“民族品牌工程”第二家入驻企业。

在与媒体交谈中，徐镜人反复强调，民企就是民族企业基石。今天的扬子江是一万余名坚守“匠心”、饱含“初心”的扬子江人合力贡献的结晶。从建厂时期的简陋厂房到如今雄伟大气的“龙凤堂”，迈进“新时代”的扬子江药业集团无异于中国工业发展的一个缩影，已成为中国民族品牌的标杆。

“感受爱、创造爱、传播爱”天狮集团积极践行企业社会责任

2018年5月18日，是第十三个“天狮5·18爱心日”。为了弘扬集团“感受爱、创造爱、传播爱”的爱心公益理念，天狮集团先后于5月3日和5月18日，前往武清区养老院与武清区和平之君儿童福利院，分别看望老人和孩子们，并为其送去天狮集团优秀的健康产品。

据了解，这也是天狮集团践行企业社会责任的重要内容之一。从关注弱势群体、支持教育事业，到保护环境、赈灾扶贫，从朴素的感恩回报到系统的慈善项目运作，从单纯的公益捐助到整合的爱心文化传播，天狮人“感受爱、创造爱、传播爱”，让公益爱心之花在全球绽放。

“爱老敬老送关爱温暖心”

为了弘扬天狮集团“感受爱、创造爱、传播爱”的爱心公益理念，天狮集团党委与产品规划与管理部联手，由天狮集团产品规划与健康管理部总监李悦绮带领十四名志愿者于5月3日来到武清区养老院进行“爱老敬老送关爱温暖心”慰问活动，不仅为老人送去了祝福，捐赠了价值40余万元的天狮优质健康产品，还带着老人们一起前往武清绿博园游览观光，赏美景，享绿色。

当天上午，李悦绮、天狮集团党委办公室主任冯樯等十四名志愿者先行来到养老院进行慰问。李悦绮代表集团全体员工为老人们送去亲切问候，祝福老人们能够健康长寿，万事如意。并在现场为老人们送上空气净化器、降压仪、中草药牙膏等天狮健康产品，并到房间里看望行动不便的老人送上了鲜花。

养老院周院长代表老人们对此表示感谢，特意送上“敬老典范”水晶杯以表达对天狮集团数年来长期关心关爱，并衷心祝愿天狮集团能够发展得越来越好！

简短的捐赠仪式后，天狮志愿者们搀扶着老人们乘坐天狮大巴车前往绿博园游览观光。最好的时光在路上，志愿者在车上给老人们讲解产品性能，表演节目，老人们一路欢歌笑语，脸上洋溢着幸福的笑容。很多老人兴奋不已，感恩现今美好生活，更感谢天狮集团为我们老人提供了外出参观活动的机会。

将时间轴拉长，天狮集团此类活动比比皆是。2017年7月11日，“感恩有你，健康同行”天狮集团系列公益活动来到广西柳州福利院，并向其捐赠47万元的爱心产品，用于改善福利院人群的健康水平，提升生活品质；7月12日，天狮集团来到湖州慈爱中心，向其捐赠价值20万元的爱心产品；8月2日，天狮集团走进浙江宁波象山县各福利院，通过象山县慈善总会捐赠价值10万余元的爱心产品，用于关爱各福利院的老人；7月30日—8月19日，“感恩有你，健康同行”天狮集团系列公益活动来到江西省革命老区。天狮集团向抚州利民嘉苑社区贫困家庭和残障家庭捐赠了价值10余万元爱心产品，在赣南地区3个福利院捐赠了价值30余万元的爱心产品。

事实上，爱老敬老是天狮集团践行企业社会责任的主要内容之一。早在2003年，天狮集团即成立天狮美景国际爱心基金会，注册资本为8亿元港币，是一个非营利性的慈善公益机构。该基金会的宗旨是募集资金，用于社会公益和慈善事业，为帮助社会弱势群体、改善人民生活品质做出应有的贡献。

“大手牵小手天狮爱飞翔”

儿童是祖国的未来，天狮集团同样关注下一代的健康成长。在5月18日当天，天狮集团十余名党员志愿者，代表天狮集团党委又一次来到武清区和平之君儿童福利院看望孩子和老师，为他们送去了价值6万余元的天狮健康产品和党员、积极分子筹集的善款购置的画笔、书本等学习用品，还带着孩子们一起前往武清南湖公园游园，让孩子们感受到天狮大家庭的温暖，享受快乐的时光。

志愿者们表示愿意常带孩子们多亲近大自然，这对启发孩子心智很有帮助。福利院的孩子们再一次充分享受了天狮人“感受爱、创造爱、传播爱”的爱心理念。

翻阅天狮集团公益项目时间表可知，这只是该公司诸多公益行为的一个案例。在 2017 年 7 月 27 日，天狮集团系列公益活动走进河南商丘社会福利院，为福利院孩子们捐赠 7 万余元的爱心产品；10 月 14 日，天狮集团携手中国扶贫基金会，助力当地留守儿童关爱项目——童伴计划，并参与“童伴计划”启动仪式，天狮集团捐资 50 万元助理项目实施，以期建立完善监护网络，保障留守儿童权益，让当地留守儿童能在社会大家庭的温暖中尽情绽放。

据了解，爱老敬老以及关注下一代的成长，只是天狮集团的公益项目之一。天狮集团经历数十年风雨沉浮，公司始终坚持以“仁爱”的精神和“上善若水”的胸怀，履行社会公民责任。

多年来，天狮集团在大健康事业道路上，倡导爱和人文关怀，以“共存、共好、共赢”的理念致力于“慈善”“教育”和“环保”等公益事业，积极推动个人与社会、自然之间的和谐发展，通过搭建体系化的公益平台，引领人们关爱他人、滋养社会、反哺自然，共同创享幸福和谐的美好生活。

“感受爱、创造爱、传播爱”

谈到天狮集团的责任理念，“感受爱、创造爱、传播爱”成为绕不开的三个词汇。据了解，感受爱，即天狮发展不忘社会各界的鼎力支持，天狮人用最朴素、最真挚的捐赠行动反哺社会感恩回报，诠释了天狮集团品牌价值核心“家—天下”的博大内涵与不竭动力。

创造爱，即用切实的行动实现对爱心的承诺，这就是天狮人创造爱的过程；通过天狮美景国际爱心基金，天狮的爱心慈善与公益事业得以更加系统化、持续化地运营，从简单的捐款捐物逐渐上升到履行社会责任的高度。

传播爱，即天狮认为，把爱的意义传递出去，用行动凝聚更多的爱心力量，提升整个社会的爱心公益意识，人人参与，人人奉献，共同创造美好和谐的生活，这才是爱的真谛。

为此，天狮集团从关注弱势群体到保护环境，从感恩回报到慈善项目运作，从公益捐助到爱心文化传播，在全球范围内公益爱心捐赠款物超过 15 亿元人民币，天狮身体力行地为社会的和谐发展贡献着自己的力量。诸多行动也在证明：爱心无国界，芬芳满天下，天狮的爱心事业仍在继续。

民族企业“走出去”的行业标杆

——天狮集团第三次创业故事

民族的也是世界的。随着“一带一路”倡议推进，为民族企业海外发展打了一针强心剂，中国本土品牌海外发展迎来难得的发展机遇。集团也不断地思考着，如何让天狮为世界产生更大的价值。

走国际化大健康发展之路，打造享誉世界的民族品牌的天狮梦。“握紧是拳头，环抱是地球，在全球的发展，少一个国家也不算全球化！”1997 年，在很多人质疑的眼光中，天狮集团挥师海外迈出了国门。

经过 20 年的发展，天狮已经在 110 个国家和地区建立了分公司，将全球市场重新划分为 21 个区域，并陆续启动了澳大利亚、法国、韩国、阿联酋等全球 37 个国家和地区的新市场，与全球众多国家的一流企业结成了战略联盟，通过消费创富，整合社会资源、网中带店、店中带网，实现价值层层叠加，全球大联盟，成为中国民族企业成功“走出去”的行业标杆。

“中国悠久的东方养生智慧，是民族文化的瑰宝，全人类健康的精神财富。”随着国家“一带一路”的发展，中国大健康产业在海外市场发展前景巨大。

天狮国际化经验可总结为“三大内涵”（繁荣经济发展、促进社会和谐、提升人员素质）、“六大要素”（坚持诚信、以人为本、合约合规、持续创新、珍视品牌、履行责任）。

“首先，必须懂得依法治理企业、依法保护企业，在此安全的发展基础下，组织好本土化、专业化的人才队伍。”集团认为，推动国际文化交流和友好合作需做到“相融不相克”，即提升文明、相互交流，力求达到统一思想、统一目标、步调一致，能够将战略目标和行动计划里程碑，依照可量化时间节点逐步落实。

其次，天狮以共享经济和体验式营销的创新模式，整合社会资源，坚持消费创富，经营家庭消费更创富。天狮的发展目标是成为受人尊敬的企业，因此坚定不移地以合伙人的心态，不论国度地凝聚全球合作伙伴，共享集团发展红利，实现业务环环相扣、价值层层叠加的全球大联盟，使得天狮成为值得信赖并具有国际公信力的企业。

“最后一点，也是非常重要的一点，就是坚守文化自信。”他强调，作为一家具有社会责任感的民族企业，在“一带一路”建设中，天狮还扮演着文化传播的重要角色，通过企业的海外活动，推广东方养生智慧，把中华民族的璀璨文化传播到世界。

在企业不断发展和壮大的同时，天狮持续致力于搭建国际友谊平台，加强各国文化交流，促进国际社会和谐。打造国际管理团队，积极推进国际化人才战略，以当地员工管理当地、服务当地市场，广纳海外英才。一支支国际化的精英人才管理团队在天狮集团生根发芽，天狮为千千万万各个国家、不同肤色、不同文化的事业伙伴打造了国际化的事业平台，帮助他们实现健康梦想、成就事业发展、实现人生价值。天狮也成为一个不折不扣的国际化大企业。

百年张裕

BAINIAN ZHANGYU

更多精彩内容，请扫码观看

张裕不断提升产品品质
积极响应“民族品牌工程”

2017 年 8 月 26 日，新华社“民族品牌工程”首批入选企业签约仪式在北京举行，张裕成为“民族品牌工程”首批入选企业。

当天，烟台张裕集团有限公司董事、烟台张裕葡萄酿酒股份有限公司（以下简称张裕）副总经理孙健出席了启动仪式。孙健在接受新华社媒体联合采访时表示，“企业品牌的不断持续，最根本的是保证产品质量。因此，产品质量应放在企业发展的首要位置。”

张裕从 1892 年创建，至今已有 125 年的历史。张裕集团的主要产品为葡萄酒、白兰地、香槟酒、保健酒四大系列数百个品种。其产品在国内市场的综合占有率为 20% 以上。2017 年一季度财报显示，张裕实现营收 18.97 亿元，同比增长 0.76%，净利润 5.17 亿元。

目前，张裕已经设有法国、西班牙、意大利、美洲等五大进口酒公司，负责海外并购及代理品牌在中国的销售。未来张裕还将继续走海外并购道路，从 2016 年开始，张裕将陆续在智利、澳大利亚各收购 1 家酒厂，计划收购 1 家法国波尔多梅多克酒庄和 1 家法国波尔多圣爱美隆酒庄。张裕国际化的具体目标是：计划在五年之内，海外市场的业务比重将达到整个公司销售额的三成。

“随着海外收购的不断完成，将把收购企业原来市场份额做得更大、更好。在这个基础上，再把海外的产品引入到中国。张裕将不断通过收购企业互相开放对方市场资源，从而实现市场份额的最大化。”孙健表示，近年来，随着进口葡萄酒的大量涌入，中国市场已经成了国际市场一部分，张裕做到各个品牌在同等价位上跟世界品牌进行竞争，张裕争取做到价位品质都优于对方。

业内人士认为，近年来，张裕在品牌国际化道路上越走越远，通过一系列对国际知名葡萄酒品牌的战略性海外收购，张裕的全球化版图扩张及强势资源整合都将得到进一步完善，其转型国际化葡萄酒供应商和晋升全球葡萄酒行业巨头的进程也将进一步加快。

孙健表示，随着消费群体的不断年轻化，企业要不断适应当下新媒体形式的发展，张裕也正在积极地用消费者可以接受的新媒体形式来讲述张裕的品牌故事。

"新华社作为国家通讯社，在海外拥有 180 多个分社支机构。"孙健说，张裕的国际化进程正在起步，希望通过新华社"民族品牌工程"将张裕的国际化进程传递给国内消费者。同时，也将张裕国际化的进程在国际上广泛传播。

全球累计销量突破 5 亿瓶 张裕解百纳全球化迈进下一程

2018 年 3 月 21 日，以“敬！下一程”为主题的张裕解百纳全球战略合作经销商大会在四川成都举行。这是张裕解百纳自 2017 年全球上市以来首个全球经销商大会。来自全球近 400 位经销商伙伴们，共同见证张裕解百纳“二次创业”新征程。

会上，张裕披露，截至 2018 年 2 月，张裕解百纳全球销量累计突破 5 亿瓶。

张裕集团董事长周洪江在现场分享了他对张裕解百纳下一程的展望。“张裕经销商对张裕的忠诚，对解百纳品牌的热爱让我很受感动。下一程，意味着归零，意味着未来。需要我们和经销商一起努力，提高品质，更好地服务消费者，我们的下一程会更美好。”

2017 年 11 月，张裕第九代解百纳在全球同步上市，看似正常的更新换代，背后却是张裕聚焦大单品、聚焦高品质两大核心战略的落地。回顾张裕发展的 2017 年，张裕公司总经理孙健强调，张裕解百纳聚焦四件事，一是品质升级，二是形象升级，三是防伪升级，四是管理升级。

产品上，解百纳从原来的四款产品缩减为三款，满足消费者对高品质葡萄酒的需求；品牌上，张裕开启全新形象升级，启用全新商标，瓶肩更高，瓶身更修长，并首次把“百年张裕”的方印印在商标上，让海外消费者一眼认出中国品牌；渠道上，2017 年，张裕推行“地盘论 + 牌照制”。全国经销商从 2016 年年末 3785 家缩减到到 2017 年年末 1730 家，第九代解百纳全国经销商 507 家，查处违规经销商 197 家，取消经销权 15 家，减量 34107 箱。

近年来，张裕解百纳迈向全球的步伐大大加快，目前已进入欧洲 5000 多家商超销售。而作为首个打入欧洲主流市场的中国葡萄酒品牌，张裕解百纳在海外社交平台上也拥有高人气，成为深受欧洲消费者认可的中国葡萄酒品牌。

对于下一程，孙健表示，解百纳 87 年来总共推出 9 代，10 年更迭一代，解百纳品质经过了时间的积淀。张裕未来仍将聚焦高品质，保证质量稳定，让品牌形象无懈可击。同时推动管理升级，全面推行经销商订单计划，继续加强窜货、低价、网上违规销售、私加包装的查处力度。

张裕方面透露，2018 年，张裕在营销方面有三大重点工作。一是加大解百纳市场投入，2018 年解百纳服务费用是上一年投入的三倍。二是推行“厂商相互制衡”的投入管控模式，与经销商签订投入预算、结算协议。三是“走心式”品牌传播，提升新主流消费人群的价值感知。“张裕未来在市场上能走多远，一个取决于我们与经销商的关系，另一个取决于我们与消费者的关系。”孙健说。

现场，张裕还借助微电影形式，展现 4 位经销商与张裕的合作故事。“我们希望张裕与经销商的关系，越来越像‘老夫老妻’，相濡以沫，渐入佳境，最终让张裕解百纳成为经销商最赚钱的品牌。”孙健表示，张裕解百纳得到这么多人的认可，离不开每一位合作伙伴的付出。

对于中国葡萄酒市场的发展前景，孙健认为一定会持续增长。张裕解百纳将从现在的 3000 万瓶 / 年提升至五年后的 5000 万瓶 / 年，增长率达 13%。“对张裕来说，第九代解百纳意味着‘二次创业’，相信解百纳这一大单品将持续为消费者带来美好体验。”

张裕：世界葡萄酒品牌运营商的进军之路

葡萄酒业素有“三分工艺，七分原料”之说。分布在智利的迈坡谷产区和卡萨布兰卡谷产区的智利魔狮酒庄，于 2017 年 5 月被张裕与智利蓝姆博公司（LAMBOSpA）成立的合资公司共同收购。

迈坡谷是智利最著名的葡萄酒产区和智利最主要的葡萄酒出口产区，而卡萨布兰卡谷则被业内称为“世界杰出葡萄酒之都”。在智利魔狮酒庄生产车间，储存葡萄酒的大酒罐大都采用厚达 1 米的水泥墩作为支撑。魔狮酒庄总酿酒师加哈尔多解释，这完全是出于抗震的需要。2010 年 2 月智利发生了 8.8 级强震，离此不远的一家公司仅瓶装酒就损失了 8 万瓶，而魔狮公司的酒庄却“毫发无损”，确保了生产和销售的可持续性。

烟台张裕集团有限公司党委书记、烟台张裕葡萄酿酒股份有限公司总经理周洪江表示，非常荣幸与智利蓝姆博公司合作，二者在葡萄酒业各有所长，“通过联手，一定能取得一加一大于二的效果！”他指出，智利葡萄酒给人的印象就是酒质好，但价格却低。海外收购企业与张裕在产品体系和全球营销网络上有较强的互补性。

近年来，张裕的国际表现颇为亮眼：自 2013 年以来，张裕已将国际化列为核心发展战略，完成对法国和西班牙 3 大酒庄的并购，在全球拥有近 2.3 万公顷葡萄园。如今，张裕葡萄酒已走出亚洲，进入欧洲、美洲销售市场。如张裕解百纳已进驻欧洲 5000 多家销售点销售，出口至全球 28 国，全球累计销量突破 4.6 亿瓶。

并购不是一方“强硬吞并”，而完全是“两情相悦”的结果。“张裕拥有悠久的历史、强大的管理和技术团队。尤其在销售方面，张裕的销售体系包括国内 35 家省级分公司、321 家城市公司、近万名销售人员和促销员、5300 个经销商和 29 个仓储物流中心，打造了中国最大的葡萄酒营销体系和无与伦比的渠道优势。智利完全可'借船出海''借风扬帆'，借助其葡萄酒营销体系和渠道优势，扩大出口量，将智利葡萄酒摆上中国百姓餐桌。"智利魔狮公司总经理尼尔森坦言。

张裕创建于 1892 年，是由中国近代爱国侨领张弼士先生在中国山东烟台创办，并由此揭开了中国工业化酿造葡萄酒的序幕。125 年来，张裕经历了从家族企业到国有企业，然后到上市公司，再到多元化投资企业的发展过程，并正在成为一家拥有多个国际优秀品牌的世界葡萄酒品牌运营商。

在一百多年来的精心培育下，张裕将蛇龙珠与烟台的风土充分融合，形成了独特的地域特点及口感风味，并成为迄今为止唯一被国际上认可的、由中国人培育的酿酒葡萄品种。为纪念这一中国特有的酿酒葡萄品种，2016 年 5 月 25 日，"世界蛇龙珠日"在香港设立，中国从此拥有了一个全世界独一无二的葡萄品种节日。

说起波尔多，人们会想起赤霞珠和美乐；说起勃艮第，人们会想到黑皮诺和霞多丽；说起澳大利亚会想到西拉；说起智利会想到佳美娜，那么提到中国，我们能想到蛇龙珠。世界三大酒评家之一的杰西丝·罗宾逊在品酒笔记中写道："通过 DNA 分析发现，蛇龙珠颇似佳美娜，这两个古老的波尔多葡萄品种，自 19 世纪中后期法国爆发葡萄根瘤蚜虫害以来，已经在法国绝迹，但蛇龙珠在中国的烟台表现良好，佳美那则在智利的安第斯山脉表现良好。"

在中国"销量大、价格亲民、产品形象深入人心"的单品以及品牌仍是稀缺。孙健称："张裕已将进口酒当成主要业务单元操作，做到各个品牌在同等价位上跟世界品牌进行竞争，争取做到品质价位都优于对方。2016 年，张裕把海外品牌全面嫁接到中国的主力渠道中来。张裕有 3700 个销售人员，以前销售进口产品的也就是一两百人，将来张裕将有 3000 人，将在各渠道销售海外并购的酒庄产品。"

孙健坦言："我们也曾在国内葡萄酒市场过热时盲目推出过若干个产品，多的时候达到 1000 多个单品，导致消费者无所适从，对品牌塑造并不有利。此后，张裕研究了国外大的同行企业走过的道路和品牌战略，觉得需要清晰地向消费者传递高、中、低这三大产业线概念。目前，张裕国产高端酒价格大致在300元到2000元之间，中端产品100元左右，低端产品价格在60元到70元之间。”

除把传统的葡萄酒产业做大做强做优外，一百多年前获得巴拿马万国博览会金奖的葡萄酒蒸馏酒——白兰地也是张裕的优势产品。此外，张裕发挥产业和文化优势，加快高端葡萄酒产业的打造和葡萄酒旅游板块的开发，以高端化酒庄为载体的新项目正在张裕国际葡萄酒城加速推进。

“事实上，张裕每向国内市场引进一个品牌，都会努力将这些产品打造成为中国市场的进口酒大单品。”周洪江满怀信心地说，“被并购企业必须满足三个条件：经营状况良好且处在上升期；拥有良好的经营团队和将企业做大做强的决心；产品品质优良，在海内外都享有较高的声誉。”

烟台张裕集团有限公司董事、烟台张裕葡萄酿酒股份有限公司副总经理孙健出席新华社“民族品牌工程”签约仪式并指出，新华社具有权威性，是国家通讯社，是全媒体的阵营，在海外有180个分社。正在推进国际化进程的张裕，需要把海外表现通过新华社传递给国内消费者，通过新华社国内国外体系，把张裕声音在国际上发出去。新华社“民族品牌工程”可谓正当其时。

张裕向全球葡萄酒品牌运营商转型

"给你 32 个赞"早就是社交往来中的段子，但认真而诚恳地竖起一个大拇指的点赞，特别是来自国际的点赞，更添"扬眉吐气"之快感，因为每一个点赞，都经得起考验。

近期的新闻里，不难找到这般欣喜之事。首趟中欧货运班列安全到站，中国高铁成功打通古代丝绸之路——外媒：中国制造了不起；中国首个空间望远镜成功发射，终于实现向天地联合观测的跨越——外媒：赶超美俄了不起；最新公布的超级计算机排行榜上，中国超级计算机包揽冠亚军，美国 20 年来首次被挤出前三——外媒：中国计算机了不起！而在葡萄酒领域，中国也收到了一个来自国际媒体的"了不起"。

2017 年 6 月，英国老牌报纸《约克郡邮报》（Yorkshire Post）以大版面报道了中国葡萄酒宁夏产区以及宁夏张裕摩塞尔十五世酒庄 (Chateau Changyu Moser XV) 的情况，盛赞中国葡萄酒令人惊讶的发展速度及品质。文章开头就写道，"巨额的金钱和来自奥地利先进的酿酒技术正在联合打造一个令人惊艳的酒庄，这个酒庄不是在法国的卢瓦尔河，而是在靠近北京的地方。"

《约克郡邮报》成立于 1754 年，是英国最古老的报纸之一，该报以报道英国以及国际新闻报道为主。报纸上的照片为张裕摩塞尔十五世酒庄 (Chateau Changyu Moser XV) 及酒庄酿酒师罗斯·摩塞尔（Lenz Moser）。

文章的作者为 Christine Austin，她是一位资深的葡萄酒作家以及各大国际葡萄酒大赛评委，她所写的葡萄酒文章曾获路易王妃国际葡萄酒作家大奖赛、兰森 (Lanson) 年度葡萄酒作家大奖。

在报道中，Christine Austin 对中国宁夏产区给予了很高评价，她认为宁夏产区是中国葡萄酒发展的最热点。“宁夏产区的气候非常适合葡萄的生长，一年光照达到 3000 小时；同时，这儿满布戈壁荒漠，白天温暖而夜晚寒冷，是典型的大陆性气候，特别适合葡萄保持新鲜度以及水果香气”，文章介绍到。

“当然，宁夏也有不利于葡萄生长的因素，比如宁夏产区的冬天能达到零下 25 度，如果管理不当或将对葡萄造成毁灭性的打击，但这并不能阻挡中国宁夏葡萄酒的产量和品质迅速发展，他们有很好的应对方式，譬如葡萄园经验丰富的张裕摩塞尔十五世酒庄则通过冬天为葡萄藤埋土的方式帮助葡萄园渡过难关”，Christine Austin 在考察张裕摩塞尔十五世酒庄后写道。

为了解中国宁夏产区的具体情况，《约克郡邮报》还特地采访了张裕摩塞尔十五世酒庄首席酿酒师罗斯·摩塞尔（Lenz Moser）先生，摩塞尔是欧洲著名酿酒世家摩塞尔家族的第十五代传人。在采访中，摩塞尔对宁夏产区抱有充分的自信：“降雨量会决定葡萄浆果的大小，宁夏贺兰山脚的气候十分干燥，因而这里收获的葡萄颗粒都很小，这意味着它们的皮相对更加厚，而酿出来的葡萄酒风味则会更加丰富。”

作为众多国际葡萄酒大赛的评委，Christine Austin 还对张裕摩塞尔十五世酒庄 2015 年赤霞珠干红进行了品鉴并在报道中给出了她的评语：“这款酒味道真的极好！（it's genuinely good！）单宁柔顺，有着黑醋栗、红色樱桃的香气，同时花香馥郁，还带有一点香料的味道，这样的葡萄酒绝对物超所值！”

在文中，Christine Austin 还表达了对张裕摩塞尔十五世酒庄产品在英国市场表现的期待，她认为这些产品在乐购（Tesco）拥有非常高的性价比。

实不只是 TESCO，据最新消息，张裕摩塞尔十五世酒庄的产品现也开始在国际顶级豪华酒店伦敦文华东方酒店销售。

除了《约克郡邮报》，在过去的两个月中，张裕还得到了《金融时报》(Financial Times)、《每日邮报》(The Daily Mail)、《卫报》（The Guardian）、《彭博新闻》（Bloomberg News）等 20 多家国际媒体的集中报道。经过 125 年的发展，以及近两年迅速的国际并购和国际战略合作，张裕已经成功转型成为全球领先的葡萄酒品牌运营商！相信在不久后，张裕也能让越来越多人感受到中国葡萄酒品牌的“了不起”！

康师傅

KANGSHIFU

康师傅入选新华社民族品牌工程

2018年6月26日，“航天精神中华行暨康师傅入选新华社民族品牌工程启动仪式”在北京举行。“航天精神中华行”科普展同时拉开序幕。

中国首飞航天员、中国载人航天工程办公室主任杨利伟，原西昌卫星发射中心党委书记孙保卫，原中国酒泉卫星发射心副司令张玉江，中国航天科技集团科技委顾问张履谦院士，国家月球探测工程副总设计师龙乐豪院士，新华社总经理室总经理张永平，新华社新闻信息中心主任储学军，康师傅控股执行长韦俊贤等出席。

“中国进入太空第一人”杨利伟表示，科学的普及和科技的创新同样重要，“航天精神中华行”对于普及航天知识，培育科学精神，激发全社会特别是青少年不断探索、不畏挑战的热情，点亮青少年的“航天梦”“中国梦”，具有重要意义。希望青少年们学好科学知识，未来更好地为国家和社会服务，也希望社会各界更多关注孩子们对科技的热爱，有更多的同学们参与进来，把航天精神代代传承下去，共同实现中国航天从跟跑、并跑到领跑。

储学军表示，新华社民族品牌工程的实施，彰显了新华社服务国家战略的责任担当，对于发挥品牌引领作用具有重要意义。民族品牌工程启动一年来，在服务民族企业、助力中国品牌方面发挥了重要作用。入选新华社民族品牌工程，首先要考量企业是否自觉服务国家战略、弘扬中国社会主流文化，并具有社会责任感。康师傅热心社会公益，处于行业领先地位，致力于传播中国优秀传统文化，符合新华社民族品牌工程的入选标准。今后，双方将在品牌推广、经济信息、智库服务、品牌故事等方面开展全面战略合作。新华社将依托全媒体传播体系和服务支撑体系，围绕康师傅的发展战略，提供系统化的推广方案，进一步提升康师傅的品牌影响力。

韦俊贤表示，入选新华社民族品牌工程，对康师傅而言既是荣耀，也是任重道远的责任。这将鞭策康师傅以更大的责任，承担起弘扬中华饮食文化、服务消费者美好生活的使命。“航天精神中华行”科普展的揭幕，承载着康师傅未来为航天品质代言的梦想。希望通过此项活动的开展，让青少年和全社会更好地参与到航天科学中来。航天工程的背后是严密的系统设计、严苛的质量和安全保障，康师傅在食品安全方面同样有严格的全程可追溯管理体系，未来将通过引入航天食品前沿科技，进一步提升食品安全系统管控，用航天品质打造民族品牌，通过好食材、好工艺、好味道，让康师傅成为更加闪亮的民族品牌。

2017 年 8 月 21 日，康师傅成为中国航天事业合作伙伴； 11 月 9 日，康师傅与中国航天基金会举办了签约合作仪式。自此，康师傅开始在航天科普和科技运用方面的实践行动。

截至 2018 年 6 月，康师傅共打造了三个食品安全科普教育阵地，包括杭州梦想探索乐园、天津饮品品牌体验馆以及 2017 年升级的天津梦想探索乐园。其中，天津梦想探索乐园将科普教育的范畴从食安领域延展到航天领域。康师傅启动这次全国性的航天科普展，身体力行助力航天强国建设，彰显了其在借鉴高精尖航天科技方面的雄心。康师傅希望面向青少年乃至更大的消费者群体，表达其对品质精益求精的不懈追求。

在航天科技的运用方面，康师傅一直走在行业前沿。自 2015 年起，康师傅投资 3 亿元建造了世界级大型 FD 冷冻干燥工厂。这种安全可靠的先进航天技术，保证了蔬菜的新鲜与肉类的营养，提升了产品的营养健康水平。

长期以来，康师傅奉行“诚信、务实、创新”的企业文化，在传承中华传统饮食文化方面取得了令人欣喜的成果。从中国源远流长的茶文化中汲取灵感并利用现代工艺研发而成的茶饮系列产品；汲取中国文化底蕴打造涵养泉、冰糖雪梨、酸梅汤等产品；研发提炼出百余种具有中国各地方美食特色的方便面口味。特别是“小鸡炖蘑菇”“泡椒牛肉”“油泼辣子酸汤面”等产品，结合了区域特色美食，承载着中国味道及家乡情怀。

康师傅始终坚守以食品安全为生产经营的立命之本，通过专业团队、科学设备、创新技术以及严谨体系，确保全产业链监控。康师傅共投资 5 亿元在上海打造了联合创新研发中心，团队人员超过3000人，实现了每年350万次、1500多项指标的检验检测，该中心还获得了中国CNAS实验室能力资格。

康师傅还紧抓两届奥运会的契机，漂洋过海开起了面馆——2016年开张了里约面馆，2017年春节期间新开了平昌面馆。很多人为此形成了一个认知：只要有康师傅的地方，就有中国味。

康师傅践行社会责任，助力航天科普展

2018年10月22日，“航天精神中华行暨康师傅食品安全科普展”在古城西安拉开序幕。据了解，此次活动是航天精神中华行暨康师傅食品安全科普展的首秀，康师傅希望借此助力青少年航天科普教育，以公益的方式使航天科普尽可能触及最广泛的青少年人群。“通过此次活动，希望航天精神能为全国青少年儿童注入新的红色基因。”中国少年儿童发展服务中心孙聚成副主任说。

食品安全是最大的民生，切实提高食品安全监管水平和能力，保障消费者“舌尖上的安全”是食品企业最大的公益。作为食品行业的领军企业，康师傅一直视食品安全为己任，通过航天科技中FD冻干技术在食品领域的应用，诠释了“每打开一包方便面，都是航天科技的一次小小闪光”。西昌卫星发射中心原党委书记孙保卫表示：“这项活动可以向孩子们普及航天精神的内涵，生动的展示航天技术与食品科学的跨界融合。”

作为一家食品生产企业，康师傅不断向大众传播食品安全知识，面向年轻群体开展食安科普教育。康师傅控股有限公司执行长韦俊贤介绍说：“培养孩子们对祖国科学的热爱，是康师傅作为民族品牌，行业领先企业应尽的社会责任。”此次航天科普展通过生动趣味的展览活动，使参观者近距离感受到来自航天的科技魅力，科普展期间对全城市民开放，邀请中小学生参加，让广大市民及学生能一起探索航天的奥秘。

近年来，康师傅不断践行企业社会责任，积极投身于各种公益活动，普及食品安全知识、打造航天级高品质产品、助力航天事业举办科普展、为培养一下代航天兴趣做出努力，做“最有温度的”中国制造，值得点赞的民族品牌。

民族品牌康师傅，与公益同行筑梦航天

2018 年 10 月 22 日，为期一周的航天精神中华行暨康师傅食品安全科普展在西安首秀。“航天科技 + 食品安全”吸引了学生族和周边群众广泛关注，在领略中国航天的神秘和魅力之余，也被航天技术在食品安全的应用吸引和震撼。

展厅中，一场儿童话剧吸引了家长和孩子们的驻足。五岁半的刘紫涵开心地拍动双掌：“康宝宝真好玩！”旁边的妈妈说，自己本来是陪着孩子观看，但发现故事生动形象富有童趣，自己在娱乐的同时也了解到康师傅对食品安全把关的严苛，还和孩子一起体验了康师傅星空面馆的美味。

文艺气息十足的康师傅星空面馆、以沙盘模拟的康师傅康巴诺尔航天育种示范基地、食品安全科普等活动，让大众重新将视野聚集在与航天品质对标的康师傅生产工艺上，在消除食品安全顾虑的基础上，讲述从茶文化到茶饮品、从遍访到钻研创造出的 260 多种方便面……正是这份倔强与细心，使得康师傅能够在市场“洗礼”之后重新登场亮相，引领产业发展。

来自西安市南湖小学四年级的孔德熙在康师傅科普展前品尝着食品，“每个都是水果的味道，我手里就是芒果味的，用 FD 冻干技术把它弄成葡萄干的样子，很好吃，原来方便面的蔬菜包是这样制造出来的，太神奇了！”

北京空天探索信息科技研究院院长尚庆国表示：“现在许多小朋友认为航天科技非常遥远，非常神秘。其实航天科技就在我们身边，之所以选择康师傅作为合作伙伴，也是因为他们对食品的品质要求与航天精益求精的思路一致。”

据了解，康师傅以创新驱动公益事业，相继开展“世界名校奖学金”“康师傅创新挑战赛”“食品安全科普创新公益大赛”等活动，探索创新公益形式，从高校到社区再到小学，遍布全国 50 余座城市。康师傅控股执行长韦俊贤表示：

“航天工程是严密的系统设计、严苛的质量和安全保障，而康师傅方便面从生产到流通要经过非常科学和严格的全程可追溯体系管理，未来将通过引入航天食品前沿科技，进一步提升食品安全系统管控，用航天品质打造民族品牌，通过好食材、好工艺、好味道，让康师傅成为更加闪亮的民族品牌。”

少年强则国强，康师傅助力科普教育点亮中国梦

2018年10月24日，古城西安，人气颇旺的航天精神中华行暨康师傅食品安全科普展陆续进行了三天，大唐西市博物馆始终人潮如流，已接待并服务近万人次。此次科普展以新颖的VR技术为青少年们提供航天互动体验、用丰富的航天科普知识和航天成果激发更多人探索太空的梦想。

现场零距离感受航天魅力　趣味科普激发航天梦想

当“神箭”“胖五”、首辆月球车“玉兔号”“嫦娥三号”探测器模型、“北斗卫星导航系统”等一个一个颜值担当出现在青少年们的面前时，小伙伴们早就迫不及待地把自己知道的航天知识和同学们三五成群地分享开来了。经过解说员对航天简史、两弹一星、长征火箭、空间站、航天互动、卫星应用、深空探测等知识的介绍，这些学生对天气预报、导航等航天应用有了更全面的了解。

最受孩子们欢迎的，还是“趣太空”“探索者”的VR互动体验装置，通过在神舟飞船模拟返回舱里体验乘坐飞船进入太空、返回地球的飞行过程，体验者不但能感受到发射升空的震动，以及航天员在飞行中经历的船体加速、旋转、减速着陆等运动，还能模拟登陆月球并感受与地球引力截然不同的1/6重力体验，这让平时只能通过书本、影像了解航天知识的学生们获得了一次难得的遨游太空经历。

丰硕成果体验航天梦照进现实

此次科普展上，我国航天事业辉煌的发展历程带给了青少年们民族自豪感和对梦想的憧憬之外，还有一大亮点就是对日常生活中的航天科技应用进行了互动体验。未来气息十足的星空面馆、以沙盘模拟的康师傅康巴诺尔航天育种示范基地、食品安全科普等活动，让青少年们通过亲自动手参与的方式，将刚刚学习到的知识和体验活动融入在一起，拉近了高科技和生活的距离。

少年强则国强。少年们在知识的海洋中畅游，在航天盛宴中学会“品鉴”。随着航天精神渐渐融入“血液”，儿时的“航天梦”照进现实，点亮希望。北京空天探索信息科技研究院院长尚庆国表示：“本次开展航天精神中华行主要是为了铭记中华历史，传承中华精神。现在许多小朋友认为航天科技非常遥远，非常神秘。其实航天科技就在我们身边，天气预报、导航等应用普惠大众。本次‘在家门口搞航天展’，能够最大限度满足更多人群，近距离接触中国航天事业发展，弘扬民族自信。”

此次“航天精神中华行”活动，是由康师傅和新华社民族品牌工程携手中国航天事业共同举办，得到了中国航天基金会、中国少年儿童发展服务中心等多家单位的支持。康师傅航天梦想体验营是一个全国性招募活动，通过零距离体验航天基地的恢宏魅力，与航天界大拿面对面，并可能让自己的作品随同搭载到达太空，为航天梦加油。

康师傅以创新驱动公益事业，相继开展“世界名校奖学金”“康师傅创新挑战赛”等活动，践行社会责任，助推教育、环保、弱势群体关爱、文化保护等领域发展。近四年来，食品安全科普创新公益大赛一路不断探索创新的食安科普方式，从高校到社区再到小学，康师傅的足迹遍布全国 50 余座城市，传递食品安全和航天科普知识，在青少年航天科普教育领域迈出了坚实的步伐。

LUHUA

更多精彩内容，请扫码观看

山东鲁花集团入选新华社民族品牌工程签约仪式举行

2018年1月18日，新华社民族品牌工程与山东鲁花集团有限公司在北京举行签约仪式，山东鲁花集团正式入选新华社民族品牌工程。

双方将从品牌故事、海外传播、品牌推广、信息服务等方面开展全面战略合作，共同提升山东鲁花集团在海内外的影响力。

颜江瑛说，培育和发展优秀的民族食品品牌，是推进食品安全战略的有力措施。企业只有不断提高食品安全水平和质量品质，才能保障公众饮食安全健康。而随着新华社民族品牌工程的推进，将有越来越多的食品领域民族品牌，依托新华社平台的优势资源和条件，实现更高更远的腾飞，为保障公众“舌尖上的安全”发挥更大的作用。

姜卫红说，新华社民族品牌工程，向世界传导以品牌经济发展为特征的中国现代化经济发展体系，引领并推动价值全球化发展。这是相应的文化基础、制度基础、产业基础、企业基础和专业基础等发生深刻变革的过程，新华社民族品牌工程作为重要的实践载体，其卓越的地位、作用和意义将持续彰显。山东鲁花集团作为新华社民族品牌工程中的一员，已成为这一过程的重要参与者、深度建设者之一。

孙东伟说，新华社实施“民族品牌工程”，既是贯彻落实党的十九大精神的务实举措，也是功在当代、利在千秋的好事。十分荣幸的是，鲁花成为这项宏伟工程的一名参与者、建设者。这是新华社乃至社会各界对鲁花三十多年不懈努力的肯定，也是鲁花未来发展获得的全新动力。鲁花入选新华社民族品牌工程，是一个全新的起点。鲁花将通过与新华社的紧密合作，增强企业品牌实力，

提升鲁花品牌内涵，为民族品牌加分，为提高人民美好生活品质加油。

鲁花是中国高端食用油的引领者、中国花生油第一品牌、农业产业化国家重点龙头企业，跨食用油、调味品等多个行业，多年来精心打造从花生种植、工艺创新到品牌建设、渠道终端的全产业链，为中国食用油安全奠定了坚实基础。特别是新近上市的鲁花高油酸花生油，油酸含量高达75%以上，不仅质量上媲美世界最好的橄榄油，而且传承了鲁花花生油香味浓郁的特色，不仅满足了国人对色香味俱全的饮食需求，更对中国食用油发展与安全做出新的贡献。

入选仪式上，新华社《中国名牌》杂志总编辑周志懿对山东鲁花集团的品牌建设和品牌价值进行了点评分析。

民族品牌工程是新华社为服务品牌强国战略，全力打造的国家级传播工程。工程由两大体系构成：一是全媒体传播体系。《参考消息》《新华每日电讯》《瞭望》《经济参考报》《半月谈》等21种报刊、新华网和新华社客户端等网络媒体矩阵、新华社社交媒体集群、户外大屏集群、新华电视和新华广播等，构成新华社全媒体、全覆盖传播网络，民族品牌工程将充分依托和整合全社的传播资源、聚焦民族品牌、服务民族品牌。二是服务支撑体系。新华社下属的中国经济信息社、中国财富传媒集团、中国广告联合有限责任公司和中国环球公共关系有限责任公司形成专业优势互补的联合体，为入选的民族品牌企业提供智库咨询、国内外市场信息、品牌拓展和“一带一路”走出去项目对接等全方位、多层次的个性化服务。

父子接力40载食用油企瞄准千亿

时至今日，山东鲁花集团总裁孙东伟仍旧记得父亲多年前对自己的谆谆教诲，那时父亲常常挂在嘴边的一句话是：“爱心是我们的向心力和凝聚力，创新是我们的发展提升力。”

当时正值改革开放初期，激情涌动，未来未知，所有人都在翘首企盼。

彼时，初创期的鲁花还一门心思埋头在5S物理压榨工艺的研发上，身后是无数质疑的目光，甚至有人调侃：孙孟全的精力都放在假大空上了，没戏！

那是一个浓色系食用油的年代，工农业发展如火如荼，新兴城市一座座拔地而起……在数以千万计的厂矿、村庄，散装食用油是挥之不去的记忆，这似乎已经成为一代人怀旧的主要标的之一：巨大的油桶、玻璃瓶里深褐色的浓油。

回忆起当时，孙东伟清晰记得父亲眼中如炬的执着。

给市场上了生动的一课

曾经有人劝过孙孟全，“先把牌子打响，产量打上去，赚了钱再说，搞研发不是你们乡镇企业该干的事。”对这样的好心劝慰，孙孟全也就是笑笑，乡邻的好意，在他看来没有必要去反驳，他更加觉得自己有义务让他们吃上更好的油。

5S纯物理压榨工艺诞生之时，孙东伟望着父亲健步而来的身影，真切体会到父亲如释重负的感受，这是一种血脉相连才能体会到的情感共鸣。当时的鲁花给市场上了生动的一课——乡村旮旯也能成就大业，没有什么是不可能的。

即便日后5S物理压榨工艺拿下国家科技进步奖，孙孟全觉得真正让他欣喜的不是这些表面荣誉。面对大举进口的色拉油，以及广大中国厂商蜂拥采用化学浸出工艺，孙孟全一度忧心忡忡。“营养价值均衡的花生怎样才能机械化量产出味道纯正、品质过硬、没有黄曲霉素困扰的食用油，提供给百姓大众的餐桌，更能符合中国人的口味，让他们一同分享？”他说这是他一门心思琢磨的一门功课。

这个性格朴实的山东人没有将5S物理压榨工艺归功于自己，他用了六年时间带头潜心研究，至今仍旧感恩其间被邀请来的全国各地的专家，大家风尘仆仆地钻在鲁花一间专门用于研发的小房间里，埋头攻坚，时常为各种技术问题争论得面红耳赤。

如今的鲁花，有明亮宽敞的六层楼科技中心，一流设施设备应有尽有，匹配着行业里的一批科研翘楚，这是当时的鲁花人所不敢想的。

5S物理压榨技术重大突破，在日后，也被看作改革开放大潮下无数奇迹故事中的一个，在莱阳当地，鲁花在坊间甚至被视为一种勇往直前的精神力量。

给行业提供了全新参照

依靠在压榨技术上的后天优势，鲁花奇迹般地打开了全国市场的大门，这被很多人看作是不曾想到过的事，鲁花的产品材料优质，工艺上乘，健康安全，这为当时标准界限模糊的食用油市场提供了一种全新参照。

即便到了今天，孙孟全仍旧坚定地认为，是爱心和创新支撑了鲁花三十余年来的成长，其实鲁花所做的一切，出发点都是造福大众，为人民服务。

这不是空话。骨子里深谙“为人民服务”思想的精髓，他觉得自己要在有能力的时候，尽可能去让这种精神延续，有一天当自己退居二线，他希望自己的后辈也能循着这股精神，勇往直前。

在鲁花集团，有个不起眼却被大家视作珍宝的地方，那是山东鲁花集团的旧址，这里矗立着的几栋矮小陈旧的建筑，是三十多年前创业时鲁花所在的办公楼，企业一路越做越大，几栋建筑却像是文物一样被精心看护起来，所有人心照不宣，老员工会带新员工在这里了解鲁花，新员工又变成老员工，不断接力，不曾间断。

对鲁花人而言，这不是参观，而是洗礼，加以精神传承。

而孙氏父子之间，亦在 2014 年悄然完成了传承接力，孙东伟从山东鲁花集团董事长孙孟全手中接过鲁花一把手大任，志在让优质的鲁花品牌绽放得更精彩。

令孙氏父子欣慰的是，代表鲁花精神的爱心、创新，已经在一代代鲁花人当中发扬光大。仅在 2017 年，鲁花所有油厂的创新项目受到厂级表彰的就达 1020 项，中心级别的创新项目达到 486 项，集团创新项目达到 232 项，一切都在自律中有条不紊地进行着。

给品牌进行价值传递

孙东伟说，鲁花选拔人才也是要这两种品质的人，一是道德品质要好，二是要有创新精神，爱心能做好团队，创新能够提升发展，形成良性发展。

以此为基石，鲁花练就一套德才兼备的内功，并得以发扬。孙东伟认为，鲁花的质量品牌优势得益于永不停歇的创新精神，人才团队优势得益于爱心和道德的凝聚力传承打造，绩效考核制度优势得益于激励机制下现代科学的管理理念，道德文化优势得益于企业从上而下对企业文化传承的认可与学习。

鲁花颇具特色的企业文化是每周一到周六，集团及全国各地分公司雷打不动的半小时早课，曾有企业为此专门造访鲁花一探究竟，艳羡之余并没有取走什么真经，“有些东西无法复制。”

靠着这股古朴的传承，鲁花在其所染指领域均取得佳绩。如今的鲁花，食用油年生产能力达到 110 万吨，调味品年生产能力达 30 万吨，不仅在食用油市场确立了品牌第一、市场覆盖率前三，在调味品市场也快速占领市场领军地位。

市场认同背后，是鲁花近乎愚公移山的坚持品质创新精神。

一件小事例颇能说明。孙孟全在一次日本考察途中，有感于当地陪同人员口中对“日本酱油远优于国产酱油”的说法，他说这让他觉得不甘心。“要知道，中国才是酱油的原产地。”最后当鲁花酱油面世之际，很少有人知道，这是鲁花花了十年时间才找到鲁花酱油的酱香菌。

十年可以用一句话一笔带过，但对当事人而言，这背后的攻坚克难，百折不挠，正是中国改革开放四十周年历程中千千万万创业企业的缩影。

孙孟全把这个发现视作“上帝”的恩赐，他立志要为“上帝”酿一瓶好酱油。一语双关，既是感谢上天，亦在感恩消费者，“消费者是我们永远的上帝。”

孙东伟透露，父亲退居二线后也闲不住，还在亲力亲为辅导员工，手把手传承，与他们一起交流、探讨产品，经常和员工们一起吃饭，大家也乐于与他分享。

这种传承，孙氏父子认为是民营企业的优势所在，鲁花贯彻“精益求精的工匠精神”就像是工匠对徒弟无私的教诲一样，不仅要教会徒弟手艺，还要教他堂堂正正做人，学会与世相处。

在他们看来，鲁花的凝聚力和向心力没有什么高深的奥秘。孙东伟说，“一个用爱心为基石打造的企业，最终反馈到社会和市场，一定是要让消费者、让老百姓体会到我们的用心和感激之情，消费者如果在初次购买鲁花的产品以后，愿意回购，愿意分享给家人朋友，这是对我们最大的褒奖。”

靠着有口皆碑的品牌价值传递，鲁花一路高歌猛进，从 20 年前年销售额过亿，再到 2011 年顺利突破百亿大关（102 亿元），直至 2017 年销售额达到 265 亿元，连续 20 余年保持业绩高增长。

孙东伟明白自己肩上责任之重，也明白父亲的期望是什么，“业绩是市场对我们的肯定，我们现在有 2 万多员工，30 多个生产基地，240 多个销售分公司，有领先的研发实力，我们将用诚意的用心和对梦想的执着，坚持以花生油为主的多油并举，坚持多品类调味品产业链，2025 年争取实现 1000 亿元销售额目标。”

孙东伟认为，作为一家农产品深加工企业，鲁花有着“心里时刻想着老百姓的民生意识。鲁花目前年纳税金额高达十多亿元，国家为企业发展提供了最有力的保障和平台，作为企业，就应当积极地用产业报国，在企业有能力做大做强的同时，尽可能地去多回馈国家，回馈社会。”他说，鲁花有义务让健康优质的好油、好调味品成为百姓餐桌主流，为消费者的饮食安全提供更多保障。让所有的员工、合作伙伴、种植户都能在稳健增长的过程中更富裕，更幸福。

“鲁花不仅要让好产品走向世界，更要用爱去惠利民生。”这正是鲁花集团“产业报国惠利民生”的初心所在。

孙东伟说，鲁花源自传统，更要继承传统、优化传统，通过不断精雕细琢、精益求精的精品理念，让来之不易的民族品牌在世界发扬光大。

鲁花公益讲座牵动着每一个莱阳家长的心

“大美莱阳三朵花，梨花、樱花和鲁花”，这是多少年来咱莱阳流传的一段佳话！鲁花公司可以说是莱阳的一个骄傲：为梨乡百姓提供了千万个就业岗位、第一纳税大户；把莱阳产品推向全国。这些年鲁花公司每年都投入千万元进行公益事业：建设了乡村小学、中学，帮扶弱势群体、捐赠贫困地区、爱心支教……

据了解，自 2016 年 11 月鲁花公司又组织了“鲁花道德大讲堂”的公益讲座活动，致力于促进优秀文化传播、促进家庭和谐幸福，针对“子女教育”“婚姻家庭”等方面，定期邀请国内专家学者来讲座。“鲁花道德大讲堂”目前已实施公益讲座 19 场，与莱阳总工会、教体局、妇联、古柳中学、盛隆小学、实验小学合办 6 场。

“我每期都去齐鲁王府参加，都是免费的……”“通过学习，我们现在能够更好地引导孩子学习了。”“鲁花每次请的专家确实很有水平，按照老师的方法，现在我们夫妻更彼此体谅了！”这是众多参加过活动的梨乡人民心声。

构建和谐家庭、幸福家庭、健康家庭是鲁花自觉奉献社会、致力实现的愿景和目标。家庭是社会最小的单元，而孩子又是家庭最可塑的一分子，所以孩子的成长牵动着每一个家长的心。

从一点一滴就可以看到一个企业的本质，鲁花不仅仅自我飞速发展，更是愿意回馈家乡父老，正如其企业宗旨所讲：“产业报国惠利民生”。应该感恩在一个小县城能有如此优秀的企业，并且这个企业的发展惠及到了社会大众，做有利于民生的事业。

一瓶酱油，给成美小姐一个不回日本的理由

笔者曾在临近北京南站的一间咖啡馆遇到一对带着小男孩的夫妇。这对夫妇很特别，女士名叫成美，来自日本北海道，在两年前，嫁给了一个中国山东男人。

在他们众多大包小包的行李中，一件酱油伴手礼盒引起了笔者的注意。

据成美小姐回忆，她的母亲因担心她不习惯在中国的生活，所以每次回乡省亲都要让她装许多日本的东西带去夫家，其中就包括日本的酱油。

成美小姐觉得，那是无法复制的家乡味道。每每嗅到那股香浓的酱油气味，她都会联想到母亲用日式酱油烹调的美味蒲烧鳗鱼。

一次偶然的经历，在中国的一间日式餐馆，她点了一道极普通的鲣鱼卷米饭，打算淋些许酱油在上面。

几乎是在打开酱油瓶盖的同时，她闻到了那熟悉的香气。震惊之余，她赶紧尝了一口，浓郁的酱香吃到最后竟有一丝丝的甜，正是自己思念已久的味道。

她迫不及待奔向后厨，询问厨师这味道的来源。从此，鲁花自然鲜酱油走进了她的生活。

作为中国食用油领军企业，鲁花集团自 2012 年起正式进军调味品行业。1999 年末，鲁花董事长孙孟全先生到日本考察，发现日本人非常钟爱酱油，每餐必备，其酱油口感各方面要高于国内酱油。本着“产业报国，惠利民生”的企业宗旨，孙孟全先生想：酱油是中国人老祖宗的发明，却在日本发扬光大，有中国人还专门去日本买酱油，为什么我们中国人就不能做出更好的酱油呢？鲁花一定要承担起这个责任，做出更好的酱油，引领中国酱油行业的二次革命。

做酱油的关键是菌种的培育。自 2000 年起，鲁花人便开始了菌种的研发培育，组织科研力量投巨资建立酱油菌种研究中心，进行科研攻关。历经上千次的筛选、培育、再筛选、再培育……整整十年的时间，鲁花人凭借不屈不挠的精神，终于研发出独特的酱香菌种——“鲁花酱香菌”。

为让菌种得到更好的繁育和生长，鲁花更是匠心独运地让菌种在音乐中成长，以期让这些小小的微生物激发全部的活力，更好地生香、凝香。小小微生

物聆听的“歌单”也由鲁花精心打造，秉持着高雅的品位——有中国古典名曲《高山流水》、意大利名作《四季》和闻名遐迩的《欢乐颂》等。“鲁花酱香菌”的独特最终决定酿造出来的酱油，酱香浓郁。这种酱香的味道，会将食材的味道烘托彰显到极致，让人们享受到自然的美味。

发酵，是酱油制作过程中又一重要的过程。鲁花经过科学研发反复论证，决定采用纯净发酵技术，投巨资建立全自动低温控制系统，构建一种恒温密闭纯净发酵环境，使各种杂菌在发酵过程中对酱油带来的干扰和影响降至最低，让鲁花酱香菌生香、凝香更彻底、完美。用这种技术酿制出来的酱油，品质稳定、口感细腻、柔和、纯正，无异味，酱香十足，不需添加任何防腐剂，酱色自然澄清，取少许倒入碗底，色泽金黄，挂壁红亮，酱香扑鼻，这种极其明显的优势是普通酱油所不具备的。

此外，鲁花自然鲜酱油采用独特的物理压榨取油技术，使发酵原浆不加水，原汁原味，保证了自然鲜酱香酱油浓度高、氨基酸态氮含量达到 1.2 以上、营养价值高，全面保留了自然鲜的酱香味。而且，在发酵过程中具有了天然防腐的功能，所以无须添加防腐剂和人工香精、色素，安全、安心。

某日资连锁卖场的日方采购经理在品尝了鲁花酱油后，浓郁的自然酱香味使他大为称奇，立即组织与日本最知名的酱油品牌进行对比盲测，结果鲁花自然鲜酱油以绝对优势胜出。此采购经理仍然表示怀疑，认为国内不可能做出这么好的酱油来，为了解除心中的疑问，他带队到鲁花自然鲜酱油工厂进行了现场参观。当鲁花的技术人员带领他们参观完一道道酿制工序，并进行现场品尝后，他们彻底折服了，给予鲁花自然鲜酱油最高的评价，“这是我见过的最好的酱油工厂，最好的酱油。”

2017 年，日本酱油协会的山崎来到鲁花带回日本了两瓶自然鲜酱油。当他吃了一瓶后，对其味道大加赞赏，竟一时间舍不得吃第二瓶，要求自己麾下的酱油研究所将第二瓶带走，加以研究。中国人做出了让日本人感到汗颜的酱油，对日本酱油业来说也是一种无形的压力和良性推动力。

2017 年，在素有国际食品业“诺贝尔奖”之称的世界品质评鉴大会组织的“国际优质食品 2017”评比中，鲁花自然鲜酱香酱油凭借独具特色的“酱香”味道和独有的“净酿”工艺，荣膺国际金奖，成为第一个获得此项国际殊荣的中国酱油，不仅引领了我国高端调味品行业的浪潮，而且受到了国际的认可和推崇。

鲁花自然鲜酱油，让成美小姐在异国他乡的生活更踏实了。今后，不管走在中国的哪个角落，都有自然鲜的好味相伴。一瓶酱油，给了成美小姐一个不用回日本的理由。

陈崇谦："一带一路"带来海外市场机遇

在2017年12月12日开幕的2017中国企业家博鳌论坛上，皓腾家居用品（上海）有限公司行政总裁陈崇谦表示，作为一家以家居产品为主的实体企业，皓腾家居充分感受到"一带一路"带来的海外市场机遇。

陈崇谦在本届论坛的"'一带一路'背景下的品牌与传播"主论坛上表示，近年来，皓腾家居借力"一带一路"，产品远销东盟、欧盟市场，同时也在大洋洲及北美市场取得突破。

在进军海外市场时，国内品牌经常会遇到语言不通、文化差异等多方面挑战，使传统品牌传播方式遭遇一道道壁垒。但他指出："产品本身就是通用的语言，也是最好的传播方法之一。如果一款产品质量过硬、使用便捷，符合用户需求，那么，这样的产品本身就具有强大的品牌传播效应。"

"找到适当的合作切入点，取长补短，才能取得更大的成功。"陈崇谦表示，要以合作的姿态打造企业与产品品牌。如今的市场竞争愈发激烈，不能再抱着以前的孤岛心态，而更应该强调合作，尤其是与强大伙伴的合作。

2016年，皓腾家居与清华大学美术学院强强联手，合作成立了"智能家居产品设计创新研究所"，借助外脑成功为企业赋能并增强了企业的品牌影响力，为中国企业提高创新研发能力树立了很好的典型。

"做品牌传播要学会借势，关注用户的个性化需求。"陈崇谦表示，皓腾家居长期致力于为用户创造更加良好的个性化体验，基于对用户需求的准确把握以及对流行趋势的准确认知，皓腾家居在设计上不断推出满足用户个性化需求的产品。

陈崇谦对企业未来的发展充满信心："借助'一带一路'的东风，我们能走得更快、更远，让我们的产品遍布世界上每一个角落。”

2017 中国企业家博鳌论坛由新华社中国经济信息社、新华网联合主办。本届论坛聚焦“合作与共赢：把握丝路新机遇”，深入探讨“一带一路”给中国乃至世界带来的无限发展机遇。

皓腾家居：坚持全链条绿色化发展理念

2017年12月19日，2017实现可持续发展目标中国企业峰会在北京燕莎中心凯宾斯基酒店成功举行。活动现场，皓腾家居获选为“生态环保与关注气候变化最佳实践”。

很少有人想到，除了空气净化器、防雾霾口罩、清洁能源供暖之外，家里的门窗也是抗击雾霾天气的关键。在皓腾家居用品（上海）有限公司产品实验室，其门窗类系列产品澳普利发以建筑门窗系统节能减耗为实践方向，依托创新科技与绿色设计理念，严格执行节能标准，提高保温隔热性能和采暖供热、空调制冷制热系统效率，探索实现绿色人居的有效解决方案。

“工业、交通与建筑行业是我国能源消耗的三大主体领域，也是温室气体排放的主要来源，相关研究表明，到2050年，建筑减排潜力高达74%，将为碳排放提前达峰贡献约50%的节能量。”皓腾家居集团行政总裁陈崇谦表示，建筑承载了人民对更加健康舒适的美好居住空间的需求，门窗系统节能既是推动建筑领域绿色低碳发展的核心，也是我国实现碳排放达峰目标的关键。

同时皓腾家居集团作为中国家居行业可持续发展的典范代表，于行业内率先提出“生产、分配、交换、消费”全链条绿色化的发展理念，通过对门窗系统节能降耗技术的创新突破，在推动绿色建筑节能及满足人民对更加健康舒适的美好居住空间的需求上做出了突出贡献。

凭借对绿色建筑节能方案的探索以及在循环经济与节能减排方面所作努力，先后成为新华社“民族品牌工程”首个家居品牌入选单位，并成功入选“2017联合国实现可持续发展目标中国区案例”。

满足绿色美好生活　皓腾家居定制进化论

2018 年 7 月 8 日，第二十届中国国际建筑装饰博览会在广州召开，作为本届博览会受邀参展的全铝定制家居品牌，皓腾家居集团携旗下 Oplv 澳普利发、ASIMPAL 龙国、LIMI、FOFO、IDER.WD 艾迪雅五大子品牌亮相展会，为消费者带来户外家居、室内家居、门窗系统等在内的全铝定制系列家居，受到行业上下游与媒体的广泛关注。

“皓腾家居集团从家居实用性、审美性与环境性三大属性维度，聚焦新时期家居消费升级的质变方向，建构定制家居集团内部的产业链闭环，满足从设计语言、风格、规格、审美、功能等多方面定制化需求，关注家居实际使用的多元场景以及家居与人、生活的关系。”皓腾家居集团技术总监赵壮丽表示，家居作为人居生态环境的重要组成部分，定制化发展方向与消费者生活方式的演变是高度契合的。

中国家居消费接连经历了生活方式与消费理念的多次升级，其中产品功能与使用场景的多元满足已成为支撑家居定制化的重要构成要素，消费需求更加多元不断催生着行业参与者的创新求变。

“传统印象中室内门窗的主要功能是通风换气，皓腾家居集团旗下澳普利发全系统门窗针围绕北方冬季能够有效保温，在南方夏季能有效隔热并防止冷空气外流，同时兼具空气净化功能等消费者关心的定制需求，提供了创新化解决方案。”澳普利发销售总监孙文红表示，门窗系统作为人居与自然环境互动的重要载体，承载了消费者对更加健康舒适居住空间的需求。

据介绍，经过反复科研实验，澳普利发双断桥节能系统门窗整体 K 值（门窗 K 值是指门窗的隔热系数，K 值越低，门窗的隔热能力越强，门窗的保温性能也越好）可达 1.45W/ ㎡ K，低于国内同行业的 1.8W—3.5W（m^2K）数值，甚至优于欧洲部分地区 1.6W—2.0W（m^2K）的行业标准。

据测算，通常情况下，如以温度单一指标进行衡量，使用高效节能门窗，温度可相差 4℃至 6℃左右。以一套 100 平方房屋夏季使用一台 2 匹的空调将室内温度保持在 26℃左右为例，每天电量消耗按 10 至 12 度计算，澳普利发全系统门窗可以有效节约 4 至 5 度电。

除了在门窗节能方面进行创新满足，在空气质量管理需求方面，澳普利发还引入窗式新风净化系统，即在不通风换气情况下，过滤室内空气中的PM颗粒，建立起室内外空气的“防火墙”。同时，实现对新装修居住环境中的异味、甲醛等有害气体进行全屋净化。

新城控股

XINCHENG KONGGU

更多精彩内容，请扫码观看

新城控股集团入选新华社民族品牌工程

2018年5月27日，新城控股集团股份有限公司入选新华社民族品牌工程仪式在北京举行。新华社副社长兼秘书长刘正荣，中国房地产协会副会长冯俊，上海市普陀区委常委、统战部部长黄海平，上海市普陀区委统战部副部长、工商联党组书记马毓，清华大学房地产研究所所长刘洪玉等出席入选仪式。

新城控股成立于1993年，主营业务包括住宅开发、商业地产开发与管理以及房地产周边的教育、健康、娱乐等幸福产业，集团目前总资产在2000亿元人民币左右。2015年12月4日，新城控股在上海证券交易所上市。2017年，新城控股销售额首次突破1000亿元，达到1265亿元，预计2018年将超过1800亿元。

中国房地产协会副会长冯俊说，新城控股加入新华社民族品牌工程，是自身品牌建设的一个重要里程碑。希望新城控股今后更加注重管理体系的完善，以更高质量的产品与服务，对消费者负责。

上海市普陀区委常委、统战部部长黄海平表示，25年来，新城控股集团从一家区域型企业，逐步发展成为横跨住宅地产和商业地产的行业领先的综合性集团。见证了中国改革开放，特别是中国新型城镇化波澜进程的过程。普陀区委、区政府为企业不断做强做大喝彩。希望未来能有更多像新城控股集团这样的一流企业参加到新华社民族品牌工程中来，用好新华社提供的这一平台，向世界描绘新时期中国经济建设与品牌战略的发展成就，展现品牌的自信与力量。

清华大学房地产研究所所长刘洪玉认为，新城控股集团的财富创造能力，财务稳健性、运营效率、资本市场融资能力，合作开发与收并购能力等指标均处在行业领先水平。此次入选新华社民族品牌工程实至名归。新华社响应国家

品牌强国战略，依托丰富的媒体资源、强大的传播实力和智库力量，为我国优秀民族企业捕捉变化、把握大势、响应国家战略提供智力支持，为我国优秀民族企业进一步扩大品牌影响力提供有效支撑，对发挥品牌引领作用、推动供需结构升级等，都具有非常积极的意义。

新华社总经理室总经理张永平说，新城控股集团经过 25 年的发展，成为国内领先的综合性房地产集团，一直专注于惠及千家万户幸福的事业，“让幸福变得简单”。新华社民族品牌工程将围绕新城控股集团发展战略，定制系统化的推广方案，依托全媒体传播和服务支撑两大体系，为新城控股集团进一步提升影响力，增强品牌美誉度提供有力支持。

新城控股集团负责人说，感谢新华社及时启动民族品牌工程，为有抱负的中国企业，提供更大格局、更宽视野、更高水准的传播平台与渠道；为新时代的中国企业，贯彻新发展理念，坚持高质量发展，提供强有力的智力支撑。幸福都是奋斗出来的。相信在新华社民族品牌工程的加油助力下，包括新城控股集团在内的所有民族品牌，必将在激烈的市场竞争中，越跑越快、越走越远为中华民族的伟大复兴增光添彩。

新城控股集团入选后，双方将从品牌故事、品牌推广、大型活动等方面开展全面战略合作。

后千亿新城“进化”之路：加速奔向世界500强

静水深流，厚积薄发。

中国的地产行业，从未有一家企业像新城控股这样，成立25年来，从不冒进，但也绝不掉队。以低调务实的作风，在聚光灯之外，完成一次又一次的自我“进化”与超越。

25年披荆斩棘，25年筚路蓝缕。在中国改革开放进程与房地产行业发展大潮中，新城控股写下了浓墨重彩的一笔。特别在其发源地江苏常州，新城更是当地经济社会发展的一扇窗口、一张名片、一段传奇。

如今，新起点上的发展号角已经吹响。在坚持高质量转型升级、生态化持续发展的基础上，新城提出“弘扬民族品牌，奔向世界500强”的发展目标。

千磨万击还坚韧，任尔东西南北风。新的发展路上，新城人的探索脚步永不停歇。在地产企业发展阵列中，人们也将会在前排看到新城人奋斗的身姿和踏实的步伐。

时代赋予机遇

这是一个属于春天的故事。

20世纪90年代中期，改革开放的春风已吹遍大江南北，中国航船正以前所未有的速度乘风破浪。而随着中国特色社会主义市场经济建设的推进，非公经济也在这时生机勃发。

——1993年7月，武进新城投资建设开发有限公司在常州创立。

——1998 年，新城正式进入常州市区，而后公司业务沿着沪宁线快速扩展到长三角市场。

——2001 年，新城地产（900950）在 B 股上市，成为江苏省最早上市的房地产公司之一。

——2008 年，新城首次将业务版图扩展至商业地产领域，同年进入中国房地产百强企业 20 强。

——2009 年，新城战略中心转移至上海，全面实施布局长三角深耕发展战略。

——2010 年，年度销售总额首次突破 100 亿人民币。

——2012 年，新城发展在香港联交所挂牌上市，股票代码为 01030。

——2015 年，新城控股吸收合并新城地产，于 A 股上市（601155.SH），年度销售总额突破 300 亿元人民币。

——2017 年，新城控股全年实现销售额 1264.72 亿元。业务覆盖全国 70 余个城市，累计开发项目逾 300 个。

一项项亮眼业绩背后，是一次次自我“进化”与蜕变。2018 年上半年，新城控股实现销售金额 953.11 亿、同比增长 94.17%，跻身行业 8 强，这是新城控股首次进入前十。在行业集中度愈发明显的当下，新城有望成为未来房地产行业发展的有力竞争者。

在江苏常州，新城控股当年在郊区建设的项目不少已成为繁荣的社区，这家企业也从 5 个人的创业团队发展到拥有 20000 余名员工，横跨住宅、商业地产的综合性地产企业集团。截至 2018 年 7 月，新城控股业务遍及全国 81 个大中城市，累计开发及在开发项目达到 393 个。

从新城的创业历程可以表明，企业的发展首先得益于伟大的时代。改革开放和中国特色社会主义市场经济建设，为民企的创立和发展创造了良好环境。我国的城镇化进程则推动了房地产行业的繁荣，让新城得以实现跨越式发展。

商住双轮驱动　匠心打造产品

时代是大环境。新城快速发展的背后同时也是系列内外因综合发力的结果。

比如，坚持匠心，精心打造好产品；坚持商住“双轮驱动”；踩准投资节奏，重点布局高能级城市；资本市场助力等。

在江苏常州，新城开发的项目往往被视为品质的保证。25年来，这家企业一直把建造好房子作为立业之基，以“让幸福变得简单”的理念打造满足百姓美好生活需求的产品，将产品力升级视为发展核心、推动住宅产品体系不断进化。

如今，新城从单一的建筑开发商，逐步发展成为多产品线、全生命周期服务的综合性地产服务企业。从客户视角出发，秉持“以人为本、崇尚自然、弘扬文化”的三大产品主张，研发出新一代住宅产品：典雅住宅。

同时，立足于“典雅”人文住宅的产品主张之上，新城通过对符合市场审美需求的建筑风格的研究与甄选，还确立了“新中式、大都会、现代简约”三种建筑风格，并与三条产品线“幸福乐居”“幸福圆梦”“幸福尊享”交错匹配，形成了更具适应性的新一代住宅产品体系，以满足不同消费群体的多样化审美与价值认同。

其中，2016年面市的高端住宅品牌“璞樾”位居新城控股住宅产品序列顶端，凭借在南京、上海等地亮眼的销售表现和不错的市场口碑，成为备受瞩目的新兴高端住宅品牌。

在产品方面，新城的产品设计随市场需求而动，结合当时市场，适时调整产品策略、户型结构。在营销策略上，针对各个项目的市场情况，有的保价，有的保量，灵活变动，实现整体的快速去化。

新城控股业绩快速增长的背后还得益于“住宅＋商业”双轮驱动的战略指引，不同于大多数房企，新城控股是地产行业内少有的将商业与住宅置于同等战略地位的房企。在发展过程中，商住之间紧密互动，既能互相协同、取长补短，又能相互独立、各自发挥。

以陕西西安为例。2017年新城控股吾悦广场率先挺进西安，商业开发过程中，新城控股积累了在当地的品牌影响力，并熟悉了当地的房地产市场。在随后的土地拓展中，新城控股商住协同的优势得到发挥，接连拓展了西安沣西新城和临潼区两幅优质居住地块，打造高品质住宅项目。

多渠道融资支撑　布局高能级城市

在新城的发展史上，有一个年份不得不提，那就是 2015 年。这一年，新城控股吸收合并新城地产，于 A 股上市（601155.SH），成为首家 B 转 A 的民营房企。由此，A+H 股双上市平台的搭建，使得新城控股的融资渠道更为畅通。也正是从这一年开始，新城业绩迅速增长。

新城控股高级副总裁欧阳捷认为，新城有很多关键年，但最重要的是 2015 年，B 转 A 之后，新城的融资渠道才真正打开，之后增长速度明显加快。

从一组数据可以看出：2015 年新城控股累计销售金额为 319 亿元，2016 年达到 650 亿元，2017 年实现合同销售金额 1264.72 亿元。另据最新数据，2018 年 1—6 月份，新城控股累计实现合同销售金额约 953.11 亿元，比上年同期增长 94.17%。

不难看出，2015 年以来新城控股发展速度令人瞩目。近 3 年新城控股复合增长率高达 71%，复合增长率在 2017 年 17 家千亿房企中位列第二名。

2017 年，新城控股平均融资成本为 5.32%。2018 年上半年，新城控股已发行总额度 13 亿美元的美元债，6 月份，总额 47 亿元的私募债发行也已获交易所审批通过。

房地产企业发展进程中，踏准投资节奏也是一个非常重要的因素。2015 年前后，新城控股主动调整策略，将投资领域下沉，进入都市圈及都市圈周边城市。新城将市场的突破口瞄准在两个方面的推动：一是城市化进程，二是改善性需求的释放。

2016 年，新城基本完成了“以上海为中枢，长三角为核心，并向珠三角、环渤海和中西部地区进行全国扩张”的“1+3”战略布局。而数据也证明，新城迅速发展的背后，长三角区域的环都市圈城市功不可没。

据不完全统计，新城在 2018 年第二季度的主要销售项目中有八成位于长三角区域，且以常州、湖州、苏州等环都市圈城市项目居多。

“新城对于大势的判断比较准确，由于准确把握了政策走势和市场趋势，新城踩准了战略节点，选择的战略路径也十分清晰，契合了市场。”新城控股高级副总裁欧阳捷说。

弘扬民族品牌　奔向世界500强

25年斗转星移，25岁芳华正茂。站在25周年的全新起点，新城保持了一贯的奋发进取姿态。

2018年7月7日，以“进化ING”为主题的新城控股25周年活动在常州举行。25年跨越式成长，新城现已发展成为跨足住宅、商业、养老、办公等领域的综合性地产集团。站在新的起点上，新城控股有着更高远的发展目标：弘扬民族品牌、奔向世界500强。

在未来的住宅、商业以及多元化业务领域，新城将围绕美好生活场景，用新科技、高质量、泛文化实现创新发展，以专注房地产开发与运营为基础，通过专业、优质的产品和服务，升级传统的消费场景与生活场景，逐步构建起一个完整的幸福生态闭环。

将产品力升级视为核心、推动住宅产品体系不断进化，是新城控股一直以来的重要课题之一。新城未来住宅要打造“美好+”：美好+居住、美好+生活、美好+社区、美好+城市，用美好营造生活，用人工智能打造智慧家庭、智慧社区、智慧城市，用文化传递场景革命。用智慧、科技、文化等创造“美好+”生活，努力发展成为住宅产品与服务的行业创新领先者。

商业领域，在现有商业规模优势以及不断提升的“吾悦”品牌影响力基础上，新城控股提出，“吾悦”将用智慧生态构建未来商业，打造“重文化、强体验、讲情怀、领潮流、悦未来”的5.0模式。

欧阳捷表示，未来吾悦广场将打造充满科幻的、前沿的消费体验，不仅是居民休闲、娱乐、情感交融的共享空间，更是大众知识迭代、人文感悟的梦想乐园。“用智慧创造梦想家乐园，新城控股商业要成为商业场景与生态的行业进化领跑者。”

此外，新城多元化业务拓展也已形成自身的布局。围绕儿童乐园、电影院线、金融、养老、物业、创业孵化等领域，新城打造了多奇妙儿童世界、星轶影院、新城金融、“金东方”养老产业、新城悦物业、星翼空间等多元化业态。

未来新城还将基于对客户需求、时代发展的深入洞悉，将触角延伸至康养、教育、长租等多个领域，多元化业务发展将成为新城持续进化的重要突破口。

路径已绘就，奋进正当时。新城好比一只骆驼，因为骆驼文化象征着持久的耐力与踏实的勤奋。作为新城的图腾，骆驼有耐力、有决心、有组织、有纪律，能够坚持朝着一个方向前进，只要坚持不懈，它一定会达到自己心中的目标。

时代的潮流浩浩荡荡，滚滚向前，新城要做的，新城能做的，就是融入时代的大潮，把握机遇、顺势而为，为创造美好生活而不断努力，为人民群众提供美好的高质量产品和服务，成为新时代奋斗路上的弄潮儿。

新城控股：规模与效益齐头并进
动力十足显超高成长性

2018 年 7 月 31 日，据克而瑞研究中心发布的《2018 年 1—7 月中国房地产企业销售 TOP100 排行榜》显示，新城控股（601155.SH）前 7 月流量销售金额 1141 亿元，位居第 9 位；销售面积 920.7 万平方米，位居第 8 位。基于快速增长的销售规模，2018 年 4 月以来，新城控股稳居行业前十。

不仅销售业绩高速增长，新城控股在土地市场的表现也同样亮眼。据克而瑞数据显示，2018 年上半年，新城控股新增土地货值达 1043.9 亿元，新增土地建筑面积 1070.1 万平方米，充沛的货值储备为后续销售业绩的持续高增长提供强劲动能。

业内人士指出，考虑到企业充足优质的土地储备，以及 2018 年以来平均每月超过 160 亿元的销售额，新城控股完成 1800 亿元年度目标几乎已成定势，而能够超额完成多少值得期待。

在销售规模高速增长的同时，新城控股盈利能力也持续提升。根据 7 月 30 日发布的 2018 年半年度业绩预增公告显示，新城控股预计 2018 年半年度实现归属于上市公司股东的净利润为 19.39 亿元到 25.39 亿元，较之上年同期 11.39 亿元，将新增 8 亿元至 14 亿元，同比增长 70% 到 120%；预计归属于上市公司股东的扣除非经常性损益的净利润为 15.09 亿元到 20.29 亿元，与上年同期的 9.79 亿元相比，将增加 5.3 亿元到 10.5 亿元，同比增加 55% 到 105%。

公告还显示，本期净利润增长主要得益于 2018 年上半年新城控股房地产项目结算金额有较大幅度的增长，同时投资性房地产的公允价值变动收益较 2017 年上半年有所增长。

近年来，凭借对市场形势的精准研判，新城控股大力实施全国化战略，不断夯实以上海为中枢，长三角为核心，并向珠三角、环渤海和中西部重点城市群扩张的“1+3”城市群的投资版图。截至 7 月 25 日，新城控股已在全国 85 座城市布局 413 个项目，其中，商业核心品牌“吾悦广场”目前已实现 63 座城市、77 个项目的布局规模。而立足于住宅与商业“双轮驱动”战略，新城控股还加速推进商业综合体“吾悦”品牌影响力的迅速提升，以及以高端住宅品牌“璞樾”为领衔推进住宅产品体系升级，在多地市场实现了品牌溢价的提升，有力助推了企业规模和效益的双提升。

值得注意的是，在融资渠道上的积极拓展，也为新城控股销售业绩持续、高速增长提供了稳定的资金支持。2017 年，新城控股整体融资成本为 5.32%，在行业中居于较低水平。继 2017 年成功发行美元债在境外资本市场实现完美首秀后，2018 年 4 月 23 日，新城控股又顺利发行 3 亿美元的无抵押固定利率债权，票面利率年息 6.5%。

新城控股 2018 年上半年已发行总额度 13 亿美元的美元债。此外，6 月 26 日晚，新城控股接到上交所核准批文，批准其发行总额为 47.27 亿非公开发行公司债券。在融资收紧的背景下，新城控股多元化的融资渠道以及较低的财务成本不仅为其业务发展提供稳定且成本较低的资金支持，也彰显了资本市场对企业良好发展业绩的高度认可。

新城控股：践行义利两全发展观

25 年来实现由小到大，由偏居一隅到布局全国，发展壮大并生机无限的新城控股正努力在自身成长的同时，承担起更多社会责任。

25 年光阴，新城控股一路走来不断发展，首先得益于伟大的时代——改革开放和中国特色社会主义市场经济建设大步向前，为民营企业的创立、发展创造了良好环境和历史性机遇。在此基础上企业捕捉市场变化，作出战略布局，持续团结奋斗，最终成就了今天的新城控股。

1993 年，武进新城投资建设开发有限公司在江苏常州起家。如今，新城控股已成为国内领先的综合性房地产集团，长期位列中国房地产行业前 20 强，企业员工超过 2 万人，2017 年实现合约销售总额 1264.72 亿元，总资产突破 2000 亿元人民币。如今的新城控股正在开启“二次创业”。新城控股对每一个城市进行具体分析，力求紧紧抓住细分市场，实现企业再上层楼。新城控股将 2018 年销售总额定为 1800 亿元，即实现 50% 的快速增长。

“能力越大，责任越大。”赶上中国经济腾飞黄金时代的新城控股会在实现自身发展的过程中履行更多的社会责任，践行义利两全发展观。“二次创业”的新城控股将比以往更多地聚焦于履行社会责任上。

永远力争上游

随着企业经营规模越来越大，企业的社会价值也越来越大，对社会的贡献也就越来越大。2017 年新城控股缴纳税款 75 亿元，带动就业 20 万余人，这本身也是承担社会责任的一种体现。另一方面，企业经营和企业社会责任的相互统一、密不可分还体现在，企业向社会提供好的产品和好的服务，积极承担社会责任，企业的品牌效应和社会形象也就树立起来了，市场也会给予企业正向回报，企业也会越做越大、越做越好，也就有更大能力奉献社会。

新城控股这些年实际上实现了企业经营和社会责任的相互统一，而如今企业继续力争上游，本身就是旨在让这种相互统一实现升级：企业更好的发展，给社会作出更大贡献，同时也得到更多的社会回报。

2017 年新城控股实现了从百亿企业到千亿企业的跨越，是其发展历程中的重要里程碑；如今新城控股的“二次创业”，也正继续深入贯彻“1+3”的战略布局，坚持住宅与商业双轮驱动模式，加快扩张步伐。更重要的是，新城控股致力于成为消费者的美好生活服务商，为促进行业供需结构升级贡献力量。2012 年，新城控股作为首批四家单位之一，开展中国百年住宅建设的技术研发及示范建设，参与到中国百年住宅事业的探索中。

新城控股百年住宅技术体系以“Think 芯”为核心，以住宅的全生命周期为基础，在规划、设计、建造、新技术应用、网络接口植入等技术层面，形成一体化解决方案，打造安全、健康、舒适、智慧的幸福之家。同时，新城控股也积极参与到装配式建筑的实践当中。2017 年，住建部出台《“十三五”装配式建筑行动方案》，公布了首批装配式建筑示范城市和产业基地名单，新城控股旗下住宅产业基地——威信广厦模块住宅工业有限公司，成为首批获得认定的国家装配式建筑产业基地。此外，新城控股也从 2017 年起开始全面推行新材料、新工艺、新工法，包括爬架、铝合金模板、高精地面、预制墙板、穿插施工等，以解决渗漏、空鼓、裂缝等三大传统产品问题多发点。

“通过这些实践，一方面是希望新城的产品在市场上更具竞争力，另一方面也希望能够为推动行业技术提升、产业升级作出自己的贡献，从而为社会提供更好的产品与服务，更好满足人民群众对美好生活的需要。”对实现 2018 年 1800 亿元的销售目标，给国家贡献更多利税、带动更多就业、提供更优质的产品，新城控股信心满满。

大企业要“多做慈善”

十九大报告提出要弘扬企业家精神，充分体现了党中央对企业家的高度重视和亲切关怀，极大地鼓舞了所有新城人的信心，更加坚定了听党话、跟党走，守法诚信、创新发展、服务社会的决心。2017年9月中共中央、国务院印发了《关于营造企业家健康成长环境弘扬优秀企业家精神更好发挥企业家作用的意见》，勾勒了新时期企业家精神的核心内涵，即：弘扬爱国敬业、遵纪守法、艰苦奋斗的精神；弘扬创新发展、专注品质、追求卓越的精神；弘扬履行责任、敢于担当、服务社会的精神。

企业不断发展壮大，在通过“多养人、多纳税”来履行社会责任的同时，企业家还应该带领企业更多投身公益事业，通过“多做慈善”等来承担更多社会责任。截至目前新城控股对教育、扶贫、救灾、拥军、体育等社会公益事业的捐助，累计已经超过2亿元。其中，新城控股着力发展的“七色光计划”已经成为企业的一张名片。自2013年创办以来，“七色光计划”已经为12个省份的贫困地区的38所乡村小学建设图书馆，捐赠图书近10万册，来自全国各地的180多名志愿者共帮助学生近5000人。

在多年成功运营经验基础上，新城控股在2017年对“七色光计划”作了升级，从主要聚焦于乡村小学图书馆建设和公益支教，扩展为“教育平权、儿童健康、绿色社区、环境保护、人道救助、文化工程、体育运动”等7个公益板块，在此框架下未来会有更多具有特色的公益项目落地。光彩图书馆、点亮心灯、幸福手牵手、幸福公益集市……如今通过一系列的微创新，新城控股的“七色光计划”已发展成环环相扣的良性公益生态，影响力逐渐扩大，在提升员工践行公益积极性的同时，以更多元的形式为山区儿童带去幸福，并致力于成为连接全社会的公益平台。

躬身一线脱贫攻坚

党中央、国务院《关于打赢脱贫攻坚战的决定》强调，“鼓励支持民营企业、社会组织、个人参与扶贫开发，实现社会帮扶资源和精准扶贫有效对接。”

党中央、国务院一系列文件的出台，对扶贫工作的参与主体、参与方式、支持政策等都提出了明确要求。尤其是作为市场主体的企业理应成为社会通往未来美好道路上不可或缺的力量，理应更深入地融入这种大爱、大责任、大担当中去，积极躬身脱贫攻坚，构成中国特色的“大扶贫格局”。

实际上，近年来躬身扶贫正成为新城控股履行社会责任的一大重点。2018年以来，新城控股分别向昆明市东川区捐资300万元、寻甸县捐资200万元、禄劝县捐资200万元，用于开展昆明市一区两县的精准扶贫工作；通过云南教育基金会捐资700万元，用于昆明市部分区县的教育脱贫。2018年5月份，新城控股负责人参加了上海市普陀区与赤水市、习水县、桐梓县的对口扶贫协作联席会议。在习水县考察过程中，他发现麻羊是习水当地优质特色农产品，于是向习水麻羊检测与质量控制中心暨扶贫车间捐赠300万元，并决定帮助当地进行习水麻羊的保种育种，建设示范园区、中央厨房和冷库，并免费向300户建档立卡贫困户提供麻羊种公羊，惠及贫困人口1200多人。同时，他还分别向赤水市和桐梓县捐赠了帮扶资金各100万元。

为了在脱贫攻坚中作出更多贡献，新城控股近期专门设立了扶贫办公室，负责研究制定扶贫计划、措施和实施方案，协调内外部资源，推进扶贫项目的落地。“新城控股还计划落地10亿元的扶贫项目，为打赢脱贫攻坚战贡献力量，具体的方案已在编制当中。”负责人介绍说，公司也要在已经开展的公益扶贫、教育扶贫、产业扶贫基础上，进一步深化扶贫内容、丰富扶贫方式，加快培养一支懂政策、识民情，懂管理、懂技术，能打硬仗的扶贫队伍，以满足公司开展精准扶贫工作的需要。

奇瑞汽车

QIRUI QICHE

更多精彩内容，请扫码观看

奇瑞汽车入选新华社民族品牌工程

2018年6月24日，奇瑞汽车入选新华社民族品牌工程仪式在北京举行。

尹同跃表示，打造具有全球竞争力的国际品牌，是一项长期的系统工程，需要一代人甚至几代人努力奋斗，同时需要社会各界的大力支持。新华社民族品牌工程可谓因势而谋，应时而动，将为我国优秀民族企业在全球范围内提升品牌知名度和影响力起到重要的推动作用，是功在当代、利在千秋的战略性举措。尹同跃说，“奇瑞汽车入选新华社民族品牌工程，将进一步加快奇瑞品牌的国际化进程。”

奇瑞公司的海外销量持续增长，国际化进程加速发展。2018年1月至5月，奇瑞海外市场销量达58928辆，同比增长33%。与此同时，奇瑞新能源销量达25157辆，同比增长331.2%。在智能互联技术方面，奇瑞公司已完成两代智能车研发工作，正在开展第三代智能车研发工作。到2025年，奇瑞公司将实现完全自动驾驶汽车的量产。

王侠表示，民族品牌工程的实施，彰显了新华社服务国家战略的责任担当，对于发挥品牌引领作用，推动中国制造向中国创造转变、中国速度向中国质量转变、中国产品向中国品牌转变具有重要意义。借助这样一个高水准、高规格的权威平台，奇瑞汽车的品牌建设一定会有质的飞跃。中国贸易促进会汽车行业委员会也将全力以赴支持新华社民族品牌工程建设。

张永平宣布，在新华社民族品牌工程一周年到来之际，正式启动“新华社民族品牌工程·汽车行动”。

“新华社民族品牌工程·汽车行动”是新华社民族品牌工程第一个在垂直行业实施的子系统工程。目的是整合社内外资源，搭建权威专业的汽车全媒体传播平台和综合信息服务平台，提供品牌推广、市场分析、战略咨询、智库研究、展览展示等一系列服务，助力品牌提升，建立话语体系，为我国汽车产业的发展做出积极贡献。

新华社新闻信息中心主任储学军、奇瑞汽车股份有限公司副总经理兼奇瑞营销公司总经理贾亚权代表双方签约。今后，双方将在品牌推广、智库服务、品牌故事、大型活动、定制化服务等方面开展全面战略合作。新华社将依托全媒体传播体系和服务支撑体系，围绕奇瑞汽车的发展战略，提供系统化的推广方案，进一步提升奇瑞汽车在国内外的影响力。

奇瑞汽车成立于 1997 年。企业确立了“匠心打造卓越品牌”的发展愿景，致力于打造具有全球竞争力的国际化品牌。2015 年和 2016 年，奇瑞汽车连续两年获得由国务院新闻办指导主办的中国“最佳海外形象企业”20 强，并位居装备制造业第一位。

在传统技术方面，奇瑞汽车是第一个通过自主创新掌握发动机、自动变速箱、底盘、发动机管理系统 (EMS) 以及平台技术的汽车企业。目前，奇瑞公司已累计申报各项专利 16000 多项，获得授权专利 10000 多项，位居国内汽车企业前列。2017 年，奇瑞公司在专利运营许可方面，位居国内第七位，汽车行业第一位；在发明专利授权方面，位居安徽省第一位，同时位居国内汽车行业前列。

近几年，奇瑞公司加速新能源、智能互联等前瞻技术领域的布局，立志打造国际一流品牌。在新能源技术方面，奇瑞从 2000 年就开始新能源技术的研究与开发，坚持纯电动（含增程）和插电式混合动力技术并行发展的技术路线，先后承担了 20 余项国家“863 计划”的节能与新能源汽车重大专项，10 余项省市级重点科技攻关项目，取得相关核心技术的突破和产业化的发展。目前，在新能源领域，奇瑞公司已申报各项专利 700 余项，其中发明专利 400 多项，逐步发展成为国内技术领先、产品格局合理、营销商业模式创新的自主领先企业。为了承接智能网联战略目标，奇瑞 2018 年成立了智能车事业部，推动智能汽车技术产业化。

在产品品质方面，奇瑞公司通过建立国际标准的“V”字型正向开发体系和流程，有力地保障了新产品的质量，产品质量大幅提升，目前，奇瑞公司新产品的千车故障率 (IPTV) 已降到 20 左右，不仅超过了行业的平均水平，而且超过了主流合资品牌产品的平均水平。

奇瑞汽车：逆流而上，破冰前行

2018 年 10 月 10 日，在上海大学生体育中心的滑冰场上，一场主题为“为出色而生”的奇瑞艾瑞泽 GX 和艾瑞泽 EX“双子星”上市发布会隆重举行。这是奇瑞汽车继瑞虎 8 之后，2018 年内推出的全新车型。

此次发布会在冰上举行，可谓别出心裁，现场排列整齐的新车，配上炫目的灯光，营造出一种梦幻般的场景。冰上运动代表着青春活力、速度与激情，完美地象征了奇瑞艾瑞泽产品系列领先的智能化科技、高性能操控以及年轻化的产品设计。

在我国乘用车市场遭遇罕见的增长放缓之际，面对合资品牌的进化与冲击，奇瑞汽车两款旗舰级新车的发布会选择在冰上进行，是否蕴含公司破冰前行、逆流而上的寓意呢?

面对市场压力，如何破冰前行

中国汽车经历了风风火火的 30 年后，到了沉下心来的时候。据中国汽车工业协会的数据显示，2017 年全年，中国汽车市场产销量为 2901.54 万辆和 2887.89 万辆，同比增长 3.19% 和 3.04%，增速回落 11.27 个百分点和 10.61 个百分点。其中作为最大的单一市场——乘用车市场，产销分别为 2480.67 万辆和 2471.83 万辆，同比仅增长 1.58% 和 1.40%，这是近 30 年来中国乘用车产销增幅最小的一年（上一次车市低谷是 2011 年，汽车市场销量增长 2.45%，其中乘用车销量增长为 5.19%）。

2018 年对于中国汽车产业而言，是一个特殊的年份，各大车企竞争加剧，汽车市场或面临重新“洗牌”。有人形容，2018 年我国乘用车市场遭遇了罕见的增长放缓，前八个月的年增长率仅有 3% 左右，有人甚至拿 2018 年同 2008 年相比。

对此，奇瑞汽车股份有限公司副总经理、营销公司总经理贾亚权在接受记者采访时说，2008 年中国汽车保有量不大，当时的竞争没有现在激烈。从大的经济环境看，2008 年中国汽车市场是在快速增长，如今已经进入平稳期。

面对中国汽车产业的现状，面对合资品牌的进化与冲击，奇瑞企业需要在困难重重的压力下重塑自我，在市场遇冷时破冰前行，逆流而上。面对挑战，奇瑞人没有退缩，凭借着对年轻人的深入了解和把握，奇瑞汽车推出年轻化品牌战略，远远跑赢了整体市场。

据奇瑞汽车股份有限公司董事长尹同跃介绍：“在刚刚过去的 9 月份，奇瑞集团实现销量 66736 辆，同比增长 28.1%，连续 7 个月实现快速增长。2018 年前三季度，在国内汽车市场整体增长放缓的前提下，奇瑞集团累计销量 528811 辆，同比增长 15.4%。”取得这样的成绩，对于奇瑞汽车而言实属不易。

面对激烈竞争，如何脱颖而出

面对更加严峻的竞争环境，中国汽车自主品牌如何求生存图发展，在未来市场中占据有利地位？奇瑞汽车股份有限公司副总经理、营销公司总经理贾亚权在回答这一问题时，特意强调了四化：年轻化、智能化、新能源化、国际化，而此次发布的奇瑞艾瑞泽 GX 和艾瑞泽 EX“双子星”就是四化的生动体现。

艾瑞泽 GX 的产品定位是“高颜智新锐性能轿车”，从命名方式、外观设计、动力配置等方面，艾瑞泽 GX 都表现了强烈的年轻化、运动化倾向。

外观方面，艾瑞泽 GX 采用了全新的科技运动美学理念，凌厉宽体“X”家族前脸；回旋波段式能量光导大灯、点阵式光影律动前格栅与前脸和谐统一；同时，极速凌动线条加上溜背式车身设计，使整车风阻系数低至 0.28。

内饰方面，艾瑞泽 GX 采用全新科技座舱风格，将优雅、自然、高端有机结合起来，形成了具备奇瑞基因的全新内饰设计风格。非对称式未来之翼悬浮仪表台布局，以及由 7 英寸智联多功能液晶仪表、8 英寸智享空调液晶触控屏及

9 英寸视网膜级高清触控电容中控屏构成三屏环绕式互联视界，使得中控系统更加人性化，给驾驶者以全新的操控体验。

智能化方面，艾瑞泽 GX 和艾瑞泽 EX 均搭载“雄狮智云”智能网联系统，“雄狮智云”智能网联系统首次应用了行业领先的 AI 智能黑科技：AI 人脸识别技术，能对人脸进行识别能安全快速的验证每次车辆操控指令，可通过融合云端互联强大的后台数据库，直接实现用手机远程操控车门、空调、天窗、后备厢等。AI 智云管家，不仅能提供实时在线的 4G 高速互联网汽车生活，还有主动式的用车生活服务，满足驾驶者各类用车需求。AI 智能增强型语音交互系统，可实现 46 种方言的识别，普通话识别率接近 100%。

作为国内最早进行新能源汽车研发的企业之一，奇瑞自 1999 年成立国内首个清洁能源汽车项目组。在经过多年的技术研发积累之后，奇瑞新能源于 2010 年正式成立，2016 年 11 月获得发改委的生产资质，2018 年 9 月获得工信部车辆生产资质。目前，在新能源领域，奇瑞公司已申报各项专利 700 余项，其中发明专利 400 多项，逐步发展成为国内技术领先、产品格局合理、营销商业模式创新的自主领先企业。产品方面，奇瑞新能源旗下目前包括 eQ1、艾瑞泽 5e、瑞虎 3xe 三款主力车型，进入 2018 年之后，奇瑞新能源进一步发力，打造强有力的产品矩阵，并不断升级，从而满足用户的不同需求。奇瑞新能源在续航里程方面的表现亮眼，目前全系产品续航均将提升至 400km 以上，下一代车型的续航里程将超过 500km。

在国际化方面，奇瑞汽车成为中国品牌的先锋力量。奇瑞汽车股份有限公司董事长尹同跃表示，“从奇瑞的第一辆车下线到今天艾瑞泽‘双子星’上市，奇瑞产品已销往世界 80 多个国家和地区，全球累计销量已达 720 万辆，其中海外销量超过 140 万辆，连续 15 年位居国内乘用车企业第一位。我们正一步步脚踏实地向打造具有全球竞争力的国际化品牌目标迈进。”

目前，奇瑞正在加快实施国际化发展战略，已进入全球布局阶段。原任职于宝马汽车的全球知名汽车设计师 Kevin Rice（凯文莱斯）已经加盟奇瑞，任职奇瑞汽车造型副总裁兼全球首席设计师。他的加盟将进一步提升奇瑞全球产品的设计开发能力，以帮助奇瑞产品开拓包括欧美发达国家在内的全球市场业务，加快奇瑞汽车国际化发展进程。

面对未来市场，如何提升销量

据奇瑞汽车股份有限公司副总经理、营销公司总经理贾亚权介绍，2018 年整体市场竞争更加激烈，但是在前 9 个月，奇瑞整个集团的表现超过整体市场增速。2018 年 1—9 月，奇瑞集团累计销量 528811 辆，同比增长 15.4%，连续 7 个月实现了销量的快速增长。其中海外市场和新能源是两大市场亮点。海外出口累计 98513 辆，同比增长 23.1%，新能源累计销量 59679 辆，同比增长 233.9%。

面对 2018 年接下来的三个月，贾亚权表示，奇瑞提升销量主要从以下三个方面展开：一是继续深耕线下，贯彻“超级深海计划”，将销售渠道延伸至县级市场；二是聚焦明星产品，2018 年是奇瑞汽车的产品大年，2018 年我们推出了很多优秀的产品，包括瑞虎 8、艾瑞泽 GX 和艾瑞泽 EX，接下来的几个月，我们要做的是把握住这些新产品；三是数字营销突破，强化线上体验，全方位提升客户体验，让消费者在到展厅购买之前，就能够通过线上感受到奇瑞产品的优势和价值。另外，通过数字营销突破，进一步提升奇瑞的客户管理能力，让一线客户管理透明化。

除了以上三点，奇瑞第四季度针对经销商渠道，还推出了“争先计划”，以激励经销商。另外，为了保证第四季度销量，奇瑞内部团队也推出了“冲刺白天，决战四季度”的举措。

为了刺激销量，奇瑞为艾瑞泽 GX 和艾瑞泽 EX 两款新车推出了极具吸引力的优惠政策。艾瑞泽 GX 发布了 5 款车型，官方售价 7.49 万—11.39 万元。同时，奇瑞汽车给出了前一万名用户订车送 5000 元购车基金，优惠后价格仅 6.99 万—10.89 万元。艾瑞泽 EX 推出 4 款车型，售价 5.99 万—8.29 万，订车即可享受“青春无忧”购车计划，最高补贴 3000 元，延保无忧、话费无忧、流量无忧。

要保证销量，质量必须先过关。作为奇瑞汽车 A+ 级轿车的两款战略型产品，“双子星”产品的竞争优势来自于奇瑞汽车多年来在制造业精益求精的深耕和创新。尹同跃介绍说：“在汽车迎来新四化时代的形势下，我们进行了一系列的战略布局，率先完成了平台化、模块化的传统燃油车体系建设。未来在继续加速发展传统燃油车的基础上，在新能源、汽车电子技术、人工智能、互联网应用等前沿技术方面进一步加大投入加强产学研合作，力争再打造一个新能源奇瑞、一个智能互联奇瑞、一个移动出行奇瑞以及一个海外奇瑞。为奇瑞的未来发展形成更多的增长点，迅速扩大奇瑞的全球市场规模和品牌形象。”

奇瑞汽车的快慢哲学

导读："我们不敢快，也不敢去浮躁。精雕细刻后，这个速度是我们厚积薄发的结果。"

自主品牌车企发展历程中，奇瑞一直都被认为是个快公司。

1997年成立，两年后下线第一台车，2001年第一万辆车下线，2002年跻身国内轿车行业八强，2007年第100万辆车下线，从0到100万，仅用了93个月。

对于在中国汽车工业早期白手起家的自主品牌车企而言，这是一个相当惊人的速度。

即便是如今全行业增幅微小的大背景下，奇瑞依旧是市场上增幅最快的车企之一。2018年1—8月，奇瑞汽车销量46.2万辆，同比增长13.9%。

奇瑞汽车董事长尹同跃却认为奇瑞的发展并不"快"，相反，在他看来，奇瑞的这些外界看来的超速度，恰恰是源自奇瑞的"慢"，确切地说，是长期的积累。

"我们不敢快，也不敢去浮躁。精雕细刻后，这个速度是我们厚积薄发的结果。"尹同跃说。

从"零"到"一"

刚成立的奇瑞，被尹同跃称为"三个没有"：没有钱，没有人，也没有政府的批文。和大多数自主品牌车企类似，从零起步要发展起来，最快捷的办法就是买。

奇瑞最早从英国买来了一条生产线做发动机，但之后发现，这种贪快的路子，并不好走。

从英国买来的生产线，发动机技术人家不给，还得自己开发；想再买个旧的车型，借它嵌套的模具过来做，但找了一圈，即便花高价都买不到。

这让奇瑞的团队开始意识到，技术方面的问题还是要靠自己一步步解决，别想着走捷径。

经过两年多的努力，1999 年 5 月 18 日，当其他一些自主品牌还在使用三菱发动机的时候，奇瑞生产了第一款发动机 CAC480（1.6）。后来为了纪念这项具有开创意义的成果，每年 5 月 18 日，奇瑞海内外工厂的技能员工都会参加企业举办的发动机装调技能竞赛。

有了前期不快但关键的技术积累，奇瑞汽车的发展步伐在这之后迅猛加速，接连创造了多个"第一"。

1999 年，奇瑞请了一些老工程师去台湾的模具合作方参与模具、焊接卡具以及产品的设计，那时台湾正好发生"9·21 地震"，但是老师傅们坚持把任务做完，带回了第一批四十套的冲压件。

就是在这样极为不易的技术基础和生产环境中，1999 年 12 月 18 号半夜，奇瑞第一台车下线。尹同跃回忆道，"车子装上后，很多老前辈当场热泪盈眶。"

同样是 1999 年，奇瑞公司"清洁能源汽车专项组"正式成立，奇瑞新能源开发了全国唯一一款铅酸电池电动车。2008 年奥运会，奇瑞混合动力车作为北京奥运会专用车辆使用；2009 年，奇瑞向夏季达沃斯论坛交付了 110 辆节能与新能源车。

奇瑞也成为第一个研发自动变速箱的自主品牌，2010 年，奇瑞汽车自主开发并正式投产我国第一台具有完全自主知识产权的 CVT 无级变速器，填补了国产高端自动变速箱的空白。

尹同跃说，"当时自动变速箱装配比例很低，连标准也没有。我们判断它以后一定是大趋势，就在国外专门设立了一个研究院，花了 10 年的时间，把自动变速箱的技术难关攻克了。"

慢工出细活

奇瑞的“慢”，还体现在细，慢工出细活。

奇瑞的一名汽车高级技师小飞，微信名字叫做“看我飞”。2003年之前，小飞是一名出租车司机，此前学建筑的他对汽车装调技术并不十分了解，偶然的机会他进入了奇瑞汽车总装车间工作。

这一干就是15年，15年之后，小飞成了奇瑞的“底盘之王”，车间工人说他听15秒底盘声音，就能判断出是哪里出了问题。

“有人说他不可能一个小时换下变速箱，我说你先实际动手换几百台试试，然后你就会发现，你能做到！”上班期间，小飞的口袋里每天有纸条，记录今天要做些什么工作：到底是要把变速器拆开，还是研究下雨刮器？今天下班了没有干完，就自己再去拆、再去了解，潜心钻研，把活做细，做到极致。

“不要说‘差不多’，因为普通人跟高手的距离只有一句‘差不多’”。

在奇瑞汽车设计造型团队中，有着一群年轻的“刺头”。这些年轻人比完篮球赛以后会打口水仗，会较劲，这股“抬杠”的劲头也会用到整车设计工作中。

2016年奇瑞推出全新紧凑型轿车艾瑞泽5，在更早之前的创意阶段，除了自己的本土设计团队，奇瑞还请了两家国际知名的设计公司开展竞赛设计，与本土团队暗中较劲。

“我们团队压力很大，但就是不想输。”奇瑞造型中心相关负责人说，从“十一”接触项目到春节期间，他们的团队基本上不休息，连刷牙洗脸都在办公室。设计团队最后设计出来的A3草图，能够贴满一间20多平方米的办公室所有墙壁。

经过日夜鏖战，最终在抹去了三家设计公司名称的比稿下，他们赢得了艾瑞泽5造型的最终设计主导权。通过这一仗，“公司领导终于可以自豪地说，奇瑞的造型设计团队过去像高中生，但如今我们是大学生了！”造型中心团队成员不无骄傲地说。

慢工做细活，做到极致的劲头，更是在瑞虎8上集中展现。

2017年4月，奇瑞汽车市场与产品部瑞虎8项目组成员几乎要“急疯了”。这时已临近瑞虎8上市发布数据，但就在这个紧要关头，奇瑞发现要想更好地迎合市场变化，需要在造型、工程等方面做不小的变更。

“交付周期不变，压力相当大。”大家其实也可以应付了事，快速交差，但这显然不是奇瑞的作风，“既然要改，就一个地方都不能马虎。”

瑞虎 8 当时最紧急的就是改前脸格栅的阶段。格栅是 2017 年 12 月才决定修改，离最终上市只剩不到 5 个月的时间。为了完成任务，项目调度给了造型 7 天的时间，给工程 3 天的时间，从概念到最后的数据发布，10 天时间全部完成。按照正常的交付时间，最少需要一个多月的时间。

传下来的基因

从老到小，从领导到员工，奇瑞快中有慢的发展哲学，成为一代代传承下来的基因。

2005 年，奇瑞汽车国际公司刚刚成立，当时国际公司就总结了一个关于进入海外市场的“葵花宝典”，这是一本包括如何开拓国际市场、避免反倾销、开拓经销商关系等问题的实务手册。

这本“葵花宝典”，把每一个汽车营销人员到新的国际市场的每一个环节，可能碰到的每一个问题，都给它写出来了。每个人把这个《葵花宝典》贴在他的小格子上，碰到什么样的问题，就到书中多少页去看，非常好用，解决了很多实际问题。

奇瑞一些海外工作人员说，这本“葵花宝典”在他们手中越读越厚，因为国际化市场会不断有新问题，这本宝典也会被不断地补充，这需要员工一起去完成。

2013 年 7 月，一年中最热的三伏天，正好赶上艾瑞泽 7 上市。因为是战略转型的产品，70 多岁的老专家周伯光为了强化大家对上市初期产品质量的责任感和意识，顶着 35 度、36 度的高温，带着员工把首批的 1000 辆车子的静态检查以及动态路试的测试百分之百检查了一遍。

“我不去制造问题、我不接收问题，我也不流出问题”。这是周伯光提出的“三不”理论，这也把所有车辆检查的内容和标准形成了规范，奇瑞汽车一直沿用至今。

“现在新品上市，现场所有人还感觉后面有个老人汗流浃背地在给大家查车子，所以不能把缺陷留到后面去，要把每个工位做好。”产品开发管理中心一位质量负责人说道。

“我的师傅可以说影响了我的工作生涯。”总装车间一线员工小龙感叹道。小龙刚到奇瑞汽车就接触了许多前辈师傅，这些师傅严格，但工作起来很有激情，教起手艺来也毫不吝啬。“刚工作时经常要用扳手，但由于没有窍门，手腕最后痛得都举不起来，师傅教我用水平提拉的方式，一下子轻巧了许多；师傅还告诉我要多看书，多学理论，下班后的时间也不要荒废。”

“学而不厌”之后，曾经受益的员工们，也开始“诲人不倦”。

1990 年出生的小龙已经带过一批又一批徒弟，他说自己是个比较严格的师傅，经常会与其他同事组织比赛来训练新人，激励他们自己能够不断创新工作方法。

稳中有进的未来

20 多年的发展中，奇瑞汽车已经成为自主品牌汽车的重要代表，对于未来，奇瑞希望能保持传统，不狂飙突进，按自己的规划走，稳中有进。

在各个具体部门中，这一想法已达成共识。比如，奇瑞质量部门不希望自己的人越来越多，而是越来越少——随着符合国际标准的产品正向开发体系及奇瑞生产方式（CPS）的建立，奇瑞产品品质不断提升，需要人力解决的质量问题自然越来越少。

奇瑞质量部门负责人认为，今后产品质量将成为一个基本要素，他们更多精力可以用来关注质量文化、质量工具的推广，或者是研究新的质量工具，给各个部门做质量培训等。

他打了一个比喻说，新闻学界有句话叫“铁肩担道义，妙手著文章”。在他看来，这句话也适用于质量部门。“我们除了要把好质量关，也要用质量培训和推广，来带动质量文化的传播。”

除了质量部门，成立了十多年的奇瑞前瞻技术研究院也有类似的考量。奇瑞的目标，是瞄准未来市场和技术发展趋势，做一个没有围墙的研究院。

“没有围墙”，指不能闭门造车，要跟外面的高校、科研机构、跨国企业进行合作开发，攻关核心技术。“现在我们跟 20 多家高校建立了全面的战略合作关系，共建 7 个联合实验室；我们不会重复做别人已经做过的事情，也不是把其他企业当供应商，我们是一个开放合作、创新的心态。”奇瑞智能车技术中心相关部门负责人表示。

以此为平台，奇瑞前瞻研究院要做未来 3—8 年的前瞻技术研发和应用。

氢燃料汽车是未来的发展方向，如今基于艾瑞泽 5EV 开发的增程式燃料电池汽车，可储存3.5kg 的氢气，最大续航里程达到 700km。未来，奇瑞不止做整车，还要做整车集成开发、氢气加氢站等。“奇瑞要成立一个氢燃料电池的研究院，来攻克电堆、控压机附件系统，以研究解决关键部件核心技术，把成本降下来。”

碳纤维在整车轻量化方面是一个非常好的材料。奇瑞在 7 年前就开始做碳纤维在整车上的应用，目前在国内首创打造的艾瑞泽 7 全碳纤维车实现减重 200kg。未来，奇瑞汽车也将建立轻量化和新材料联合实验室，建立一套完整的碳纤维汽车结构件开发体系。

除此之外，奇瑞汽车将在 2020 年实现 L3 级自动驾驶车量产，在 2025 年实现 L4 级的示范运营。此外，奇瑞正与芜湖市政府合作布局新一代汽车电子产业，主要解决自动驾驶和新能源里面的核心技术，自主培养芯片传感器、激光雷达等产业链上的一些关键技术和核心企业。

作为主机厂，光有整车是不足够的，必须要涉足产业链里面这些关键技术的攻关，如果这个成本降不下来，智能车量产基本上是不可能的。

这些在产品品质以及技术规划上的思考，也将成为奇瑞继续领跑自主品牌，走向高端、走出国门的基石和利器。

尹同跃说，未来，他希望奇瑞有更多的产品在海外，能够支持奇瑞汽车的品牌升级，他认为，只有奇瑞的产品在欧洲大街上跑，才能够证明奇瑞汽车是经得住考验的。

这注定会是一条全新的，饱含“欲速则不达”哲理的慢跑之路。

拓荒者奇瑞：站在改革开放的浪尖

20多年前，风华正茂的尹同跃，站在了一片荒滩面前。

那是位于安徽芜湖城北的一块荒地，几间漏着雨的茅草房，一洼水塘，凹凸不平的水泥地。芜湖要在这里建一座汽车厂，刚刚卸任一汽车间主任不久的尹同跃，接下了这个担子。

20世纪80年代，大众汽车落户上海，北京吉普宣告合资……随着一系列的合资车企蜂拥而入，开阔了人们的眼界，也逐渐带动了中国汽车的消费。

在奇瑞诞生的90年代，我国经济发展已取得长足进步，无论是汽车消费产业政策的许可，还是市场环境的开放，我国已初步具备轿车进入家庭消费的条件，而当时的中国汽车产业发展现状是合资品牌产品一统天下。

彼时，新中国成立后所创的第一代轿车（东风、红旗、上海）等，与世界先进水平相比，技术和工艺已远远落后，已无法参与市场竞争，迫切需要中国自主轿车实现转变和突破。

作为核心创始人之一，尹同跃带领创始团队，在这片荒滩上把奇瑞汽车建了起来，造出了具有自主核心技术的民族品牌汽车，打破了“中国不具备自主研发轿车能力”的断言，让原本属于高端消费品的轿车“飞入寻常百姓家”。

20多年后的今天，奇瑞汽车全球累计销量已经超过700万辆，累计出口140万辆，产品远销80余个国家和地区，连续15年位居中国乘用车出口量第一。

原国家科委科技干部局局长、科技部研究中心研究员金履忠曾这样表示：“奇瑞的成就，意义重大，戳穿了我国汽车工业的两个神话：一是戳穿了中国汽车工业不能自主开发轿车的神话；二是戳穿了汽车工业企业必须与外商合资的神话。”

"谋于陋室，成于荒滩"不仅是奇瑞汽车的创业故事。作为中国自主品牌汽车的"拓荒者"，在20多年的发展进程中，无论是独立潮头还是转型攻坚，奇瑞汽车的成长历程，同样也是中国汽车工业改革开放的真实写照。

自主品牌的"中国速度"

时间回溯到1993年，时任安徽省委办公厅综合处处长的詹夏来被调到芜湖市担任市长助理，开始负责汽车项目，谋划汽车建厂也在计划之中。

1996年，在一汽已经小有名气的尹同跃，在詹夏来的游说之下，放弃优厚的待遇，回到家乡主持奇瑞汽车项目。奇瑞也迅速组建了包括尹同跃、周必仁、鲁付俊等在内的项目班子，并随后发展成为50人的核心团队。

奇瑞汽车对于安徽有着特殊的意义。1991年后，为改变经济落后状况，安徽省方面选择了汽车这个链条比较长的产业作为本省的工业支柱。

"刚开始创业非常艰难，基本什么都没有，没有钱，没有人，也没有政府的批文，大家对未来其实都不清晰。"尹同跃说，从零起步的奇瑞为了生产第一款轿车，从英国来买了一条生产线，但很快就遇到了一系列新的困难，比如发动机如何匹配等问题。

在这种情况下，他逐渐意识到，"技术方面的问题还是要靠我们自己，靠谁都不行。核心的技术还是要掌握在自己手上，不能求别人。"

摆在尹同跃面前只有两条路：要么撂挑子血本无归，要么逆风冒险闯出一片天地。"思量再三，奇瑞汽车决定走自主创新的道路，零部件、发动机、生产线，自己一点点研究一点点建起来。"

1999年12月，第一辆奇瑞轿车下线。工棚里的样车模型已不只是尹同跃和"八大金刚"最早那个简单的汽车梦，奇瑞真正走上了自主"造"车的漫长之旅。

后来的事实证明，在当时的大环境下，中国市场上一大批消费者和尹同跃以及奇瑞团队一样，对真正意义上中国自己造的轿车，有着执着的情怀和渴望。

2001年6月16日，第一万辆奇瑞轿车下线。当年1—5月，奇瑞轿车的销售和生产分别以70%和50%的速度递增，全年完成销量28160辆。从第一辆整车下线，到销量过万，奇瑞创造了自主品牌汽车企业的"中国速度"。

2002年，奇瑞汽车销售5万多辆，跻身国内轿车行业“八强”之列；一年之后，奇瑞 QQ、东方之子、旗云等车型相继大卖；到 2007 年奇瑞完成了从 0 到 100 万辆的积累，仅仅用了 93 个月。

江淮汽车集团前董事长左延安曾经这样评价奇瑞汽车：“作为中国品牌汽车的拓荒者，奇瑞汽车有两大贡献。一方面，在那个年代，创造了中国品牌汽车也敢造轿车的神话。另一方面，大量的经济型轿车投放中国市场，使得中国用户提前了一段时间享受到出行的便利。”

跌出前十也要战略转型

风云变幻的市场，任何企业都不能一劳永逸。在早期高速增长的背后，奇瑞汽车的发展模式也逐渐显现出一些弊端。

价格低廉的经济型产品为奇瑞最初的发展赢得了诸多用户，但也让不少人对奇瑞产生了“低质低价”的固有印象。随着国内汽车市场不断升级，奇瑞高层逐渐意识到，溢价能力低的产品很难持续有竞争优势。

于是，在企业整体仍然处于高速发展阶段的 2010 年，奇瑞突然对外宣布，进入全面战略转型阶段——从过去追求速度、规模和销量，到追求产品品质和品牌形象的转变。

这在当时造成了不小的轰动，即便在奇瑞内部，也有不少人不理解，担心大规模转型会影响势头正火的市场销量。

“即便跌出国内汽车销量前 10 名，我们也要变革。”但尹同跃和管理团队很坚定要转型。他说，“2010 年，我们还在高速发展的时候就在反思，不能靠低价取胜，要靠产品和品牌。我们停掉了一些产品，搞正向开发和自主研发。”

接下来一系列转型措施用“大刀阔斧”来形容绝不为过。

2011 年，奇瑞汽车与以色列集团合资成立了一个独立品牌——观致；2012 年，奇瑞与捷豹路虎合资公司正式成立；2013 年，奇瑞发布了全新品牌 LOGO 及发展战略。

然而，在转型最初的那几年，正如一些人担心的那样，奇瑞的销量出现较大波动。一年、两年、三年……无论是观致汽车还是奇瑞与捷豹路虎合资产品，销量都未取得预期成绩。

业务和销量的变化传导到了人事层面。在这期间，奇瑞汽车销售公司换了多位负责人，被一些媒体评述为一波一波的“人事震荡”。奇瑞的转型也由此遭受诸多非议，外界不少人质疑奇瑞“瞎折腾”。

尹同跃更倾向于把奇瑞改革初期出现的这些问题看作转型阵痛。这是任何一场改革都必须付出的代价。

“这几年我们做的事，我们自己清楚，我们受到的苦、受到的怀疑我们也很清楚。”尹同跃说，奇瑞牺牲了行业地位，牺牲了销量，甚至背上了很多骂名。

但和 1999 年决定自己搞核心技术一样，这几年来，奇瑞“壮士断腕”做出的战略转型，成绩也已经有目共睹。

奇瑞率先进行正向研发，技术与产品升级效果显著，自主研发发动机性能指标国内首屈一指，联合捷豹路虎、观致研发力量开发全新技术平台比肩国际先进水平，这在一定程度上带领整个中国自主汽车的转型。

当前，在自主创新方面，奇瑞在 V 字形正向开发体系的基础上，建成融合奇瑞、奇瑞捷豹路虎、观致的研发人才和流程的协同研发的“大研发”格局，形成了从整车、动力总成、关键零部件开发到试制、试验较为完整的产品研发体系。通过自主创新，奇瑞在高端发动机、自动变速箱、平台技术、新能源以及智能技术等核心技术上获得突破，带动了全系产品的全面技术升级。截至 2018 年上半年，奇瑞汽车累计申请专利 16262 件，授权专利 10464 件，位居中国汽车企业前列。

此外，奇瑞所创造的建立一个高端品牌观致的做法也为吉利汽车、长城汽车等车企效仿，成为中国新高端的探路者。

技术底子打好之后，奇瑞也正在走出销量低谷。

2017 年，奇瑞销售公司新总经理贾亚权接棒以来，对奇瑞销售体系进行了一系列调整。2018 年以来，在车市销量增速放缓的大背景下，奇瑞汽车实现逆势上扬，市场布局成效显现。

2018 年 1—8 月份，奇瑞集团销量 462330 辆，同比增长 13.9%。其中，奇瑞品牌销量 274433 辆，同比增长 8%；观致汽车销量 41914 辆，同比增长 450.1%；奇瑞捷豹路虎销量 51416 辆，同比增长 1.8%。

经过21年的探索发展，尹同跃总结出这样的经验："品质和品牌是中国品牌汽车发展的根基，只有自主研发和创新能力才是中国汽车工业的出路。"

"走出去、走进去、走上去"

在国内市场站稳脚跟的中国自主品牌，正在将视野扩展到全球市场，奇瑞同样是其中的拓荒者。

2001年，奇瑞风云上市还不足9个月，叙利亚车商萨米尔在北京亚运村的小车展上，看到了一台奇瑞风云轿车，非常喜欢，希望洽谈奇瑞轿车出口事宜。

为了找到四处奔波的尹同跃，这位客人从北京追到芜湖，从芜湖追到上海，最终，第一笔10辆轿车出口的生意在马路上谈成了。

对于奇瑞而言，第一批10辆轿车"被动"出口海外意义同样非同寻常，它意味着奇瑞可以从立足国内的"一条腿走路"，慢慢成为"国内国外两条腿跑步"。

不过，随着出口量的增长，简单"把车或者散件卖出去"的走出去方式已不太适合市场发展需要，通过整车出口打开市场相对比较容易，但成本高、关税高、物流影响等因素往往会影响销售。

为此，尹同跃将海外市场的"走出去"改为"走进去"战略，尝试融入当地市场。

奇瑞"走进去"的早期做法是寻找海外当地合作伙伴，让其投资，奇瑞以知识产权参与合资。2004年11月，马来西亚阿拉多公司与奇瑞签订了价值2340万美元的技术转让协议，此举开创了中国轿车企业首次向海外公司收取技术转让费的先例。

不过后来尹同跃发现，想要更深一步"走进去"，光靠技术授权还不够，还需要在海外市场生根落地。

面对"一穷二白"的困境，奇瑞汽车逐步在海外筹建工厂，成为国内首个将整车、CKD散件、发动机以及整车制造技术和装备出口到国外的轿车企业。尹同跃把这种海外拓疆的方式形容为"修铁路"。在奇瑞之前，还没有哪家中国车企敢这么干。

至此，十多年的海外市场试水，奇瑞基本探索出了四种有效的"走出去"和"走进去"模式，从最初的整车出口到散件CKD出口，到寻找合资伙伴共同建厂，再到独立建厂，战略逐渐转向“属地化”。

这一整套国际化的模式体系在实践中被证明极为有效。自2001年第一辆奇瑞汽车走出国门，截至目前，奇瑞累计出口销量超过140万辆，占同期中国乘用车出口的30%左右。在全球，每0.75分钟就会增加一位奇瑞用户。

2018年以来，奇瑞汽车在海外市场继续保持了良好的态势，据统计，8月份，奇瑞海外市场销量10557辆，同比增长31.1%，1—8月，奇瑞累计出口91033辆，同比增长27.5%，继续保持国内乘用车出口第一的位置。

但奇瑞并不满足当下海外市场取得的成绩，在尹同跃心中还有一盘更大的棋。

在“无内不稳，无外不强”发展理念的推动下，奇瑞从成立之初就注重开拓国内、国际两个市场，积极实施“走出去”战略，成为我国第一个将整车、CKD散件、发动机以及整车制造技术和装备出口至国外的轿车企业。如今的奇瑞深入推进全球化布局，加快从产品“走出去”、技术和工厂“走进去”到品牌“走上去”的升级转变。

“布局全球市场，我们要从被动‘走出去’、主动‘走进去’、现在开始‘走上去’。”尹同跃说。

2017年，奇瑞汽车推出了全新的高端系列——EXEED，并且带着这款新车型首次参加了德国法兰克福车展，准备投放欧洲市场，与国际品牌展开竞争。这一举措与奇瑞在国内市场的自主品牌高端战略一脉相承。

“与国际品牌展开竞争，就是希望在世界上最难啃的市场先用EXEED去啃，接受欧洲人的检验。我们不靠价格取胜，要靠品质、性能、造型和环保能力来取胜。”尹同跃说道。

这无疑是20多年后的又一片“荒滩”，等待尹同跃和奇瑞的，将是新一轮的拓荒。

HAIER

更多精彩内容，请扫码观看

海尔集团入选新华社民族品牌工程
国内首个“生态品牌研究中心”揭牌

2018 年 8 月 14 日，海尔集团入选新华社民族品牌工程仪式在北京举行。双方将在品牌建设与传播上展开全方位合作，尤其重点围绕全新的“生态品牌”概念，进行研究和推广。

新华社副社长兼秘书长刘正荣、海尔集团总裁周云杰、原国家质检总局发展研究中心主任付文飙等出席仪式。刘正荣与周云杰共同为“生态品牌研究中心”揭牌。新华社新闻信息中心主任储学军与海尔集团战略部部长张玉波代表双方签署入选文件。

海尔集团是蜚声国际的大型企业集团，2017 年，实现全球营业额 2419 亿元，利税总额 300 亿元，已连续 9 年蝉联全球大型家电品牌零售量第一。

从资不抵债、濒临倒闭的集体小厂，到全球最大的家电制造商；从追随模仿，到问鼎世界顶级名牌。海尔企业成长和品牌崛起的历史，是一部经典，也是一部传奇。33 年前，一把大锤砸毁 76 台缺陷冰箱的故事，作为质量意识觉醒的典范，至今被人津津乐道。2005 年以来，海尔顺应互联网时代特征，不断探索管理创新，提出“以自主经营体为基础的‘人单合一’管理”模式，获得国家级企业管理创新成果奖一等奖第一名，成功跨界复制到多个行业多个国家。

2018 年，海尔创造性提出物联网背景下的“生态品牌”概念，强调运用数字技术，深度挖掘客户动态需求，并联动第三方资源，提供超越产品基础动能的全方位服务。目前，海尔“食联网”“衣联网”等一个个生态圈打造出的智慧家庭多场景方案，高频地出现在人们的视野中。2018 年 3 月，海尔率先发布智慧客厅、智慧厨房、智慧浴室、智慧卧室 4 大物理空间和全屋空气、全屋用水等7大全屋方案。

周云杰说，传统时代的品牌是产品品牌，互联网时代的品牌是平台品牌。物联网时代，海尔集团与新华社民族品牌工程共同发起“生态品牌研究中心”，将以海尔集团为研究观察对象和创新实践主体，共同研究企业生态品牌建设的必备要素、科学模型和实践案例等，提炼参考性强、可复制的生态品牌建设模式，为行业、企业的品牌创新发展提供借鉴与服务。

新华网董事长、总裁田舒斌说，“生态品牌”的概念，更新了品牌竞争的层次，昭示了制造业升级换代的内在驱动和崭新方向。我们将围绕海尔集团发展战略，定制系统化的推广方案，依托新华社民族品牌工程全媒体传播和服务支撑两大体系，为海尔集团进一步提升影响力提供有力支持。

原国家质检总局发展研究中心主任付文飙说，品牌建设，核心是抓好质量，重点是树立诚信，动力是持续创新，关键是培育文化。我们期待，以新华社为代表的媒体界更加关注中国企业、中国产品、中国品牌，充分发挥自身渠道优势，助力中国品牌的发展壮大。以海尔为代表的中国企业，要有新思考、新责任、新担当，练好“内功”，借好“外力”，把更多的“民族品牌”升级为“世界名牌”，更好地推动高质量发展。

海尔总裁周云杰：颠覆式创新是中国创造之魂

2018年5月4日，以“国家品牌让生活更美好”为主题的会议在北京举行。海尔等多家领军企业受邀参会，集体展示国家品牌形象，为我国品牌升级、走向世界贡献企业智慧。

论坛期间，海尔集团总裁周云杰围绕“颠覆式创新是中国创造之魂”作主旨演讲，从技术、模式等维度，讲述海尔创新故事，解码中国制造向中国创造转变的海尔样本。

人单合一：独创模式为世界管理贡献中国方案

人单合一是海尔最具颠覆性的独创管理模式，模式推行10多年来，海尔用业绩“实锤”，打破了国际管理学界由欧美企业和学者垄断的历史。

周云杰说：“改革开放四十年，中国企业管理经历了从跟跑、并跑到领跑的过程。如今，海尔正以人单合一模式，努力为世界管理贡献中国方案。”

人单合一模式最早由海尔集团董事局主席、首席执行官张瑞敏在2005年提出。人单合一，“单”是指用户，用户就是市场，“人”是指员工。“人单合一”模式最核心的就是把员工和用户连起来，从企业、员工和用户三个维度进行战略定位、组织结构、运营流程和资源配置领域的颠覆性、系统性的持续动态变革。

周云杰表示，在物联网时代，海尔赋予了人单合一新的意义，将“人单合一”作为探索性模式，明确企业宗旨、管理模式、组织架构、驱动力、财务体系、物联网六大要素，全面构建共创共赢的平台。

在人单合一模式下，海尔为每一位员工创造创业机会。海尔推动创客所有制，将封闭的组织变为开放的创业平台，形成两千多个小微生态圈，把决策权、分配权、薪酬权等分给员工，员工从执行者变成了创客，海尔从生产产品转变为孵化创客。

技术创新：坚持原创引领国际标准

核心技术是国之重器，企业的心脏。抓牢核心技术，就要坚持原创性技术创新，建设好高效开放的技术创新研发体系，以高质量、高标准，争得国际市场话语权。

从张瑞敏砸冰箱开始，海尔就确立了质量为本的发展理念。实现产品高质量，技术创新是"主引擎"，为此，海尔集团逐渐形成了"技术、专利、标准"联动模式，以用户为中心，以技术创新为驱动，以专利为机制，以标准为基础和纽带，打造了开放的产业创新生态圈，实现了技术创新从跟跑到领跑的根本性跨越。

周云杰说，在自主创新的同时，海尔通过原创技术占位布局专利池，并在全球建立起十大研发中心，开放链接全球一流的科学家、发明家，主导国际标准制定，推动技术专利化，专利标准化。目前，海尔已累计申请34000多项专利，其中发明专利超过60%，覆盖近30个国家和地区，海外专利占比50%。获得国家科技进步奖14项，2017年获得3项国家专利金奖。主导及参与修订56项国际标准，在全球标准组织ISO、IEC等共拥有190多个专家席位，拥有在世界领域制定行业标准的话语权。海尔发明专利超过企业专利总量的60%，远高于行业平均水平。

近年来，海尔先后推出行业内首次实现既能保干又能保湿的干湿分储冰箱，全球首款"空净合一"的净界自清洁空调，第三代洗涤技术"空气洗"，全球首款无压缩机酒柜等创新产品，原创科技被国内外各品牌模仿多达112次。海尔一机双筒洗衣机、天樽空调、3D速热热水器、全空间保鲜冰箱等不同产业线的几十款原创爆品，引发德国、美国、韩国、日本等技术大国以及国内同行的模仿热潮。在颠覆性的创新能力支持下海尔持续抢跑全球。

周云杰说："用户在哪里、创新就在哪里，全球的一流资源就聚集在哪里。在海尔的平台上，平均每天产生创意 24 个，为海尔的创新引领提供重要支撑。"

生态品牌："技术 + 模式"叠加释放创新"红利"

海尔在 2017 年报和 2018 年一季报中，披露多维生态数据，成为全球家电行业首家披露"生态资产"的企业。

报告显示，海尔生态资源网络已开始全"触点"激活物联网时代用户群，其中，2018 年一季度实现生态收入 6.2 亿元，其中包括 COSMOPlat 工业互联网平台生态收入 5.66 亿元，U+ 智慧家庭云平台生态收入 0.54 亿元。

周云杰说："任何的创新应该是能够解决社会的需求，提升生活的品质，引领时代的潮流，才能真正具有生命力。"20 世纪初，福特创造流水线模式，提效降本让普通家庭实现"汽车梦"；20 世纪中叶，丰田发明 JIT 看板模式组织多品种小批量生产，满足人们需要更多物美价廉商品的需求。

"物联网时代，消费者需要的不仅仅是高质量的产品，而是生活解决方案。如果说福特模式体现的是流水线，丰田模式体现的是产业链，海尔则是在探索创立物联网时代的生态圈，创建生态品牌。"周云杰说。

海尔着力构建全球生态圈、推出生态品牌，由核心技术和"人单合一"模式双轴驱动，直接关切客户个性化需求，打造高质量产品体系，创造最佳体验服务和解决方案，再次引领全球家电产业发展。

海尔打造智慧家庭第一生态品牌，"全触点"服务全球家庭。海尔已建成包括洗护、用水、空气、美食、健康、安全、娱乐在内的七大智慧生态网络圈，形成覆盖智慧客厅、智慧厨房、智慧浴室、智慧卧室四大物理空间，可提供全屋空气、全屋净软水、全屋节能、全屋安防、全屋语音、全屋健康、全屋信息七大解决方案的智慧家庭核心产品体系，创造 N 种场景智慧生活服务。

当前，全球家电格局不断发生变化，欧美老牌家电的相继转手，日系企业的持续衰微，欧美白电企业和日系企业的全球市场份额不断下滑，在全球的影响力也持续减弱。而随着以海尔为代表的中国白电企业在全球范围内市场份额的快速增长，全球白电产业的主导权已经完成交接，白电已经进入海尔主导时间。

回首中国家电的30年，从模仿跟随到自主创新，从简单的加工到产品全面覆盖，从低端的代工到高端渠道的渗透，中国家电不断崛起的过程实际上也是以海尔为代表的中国家电企业不断努力、不断探索登顶世界制高点的品牌崛起之路。

海尔全球创牌“三步走”重塑“中国名牌”

2018年1月1日，世界权威市场调查机构欧睿国际发布的数据显示，世界家电品牌份额排行榜上，第四名是美国企业，第三名、第二名都是来自韩国的企业，而第一名是来自中国的海尔。中国品牌领先美韩登顶世界第一，放在30年前甚至10年前是无法想象的事。

彼时，国内家电市场，不论是大家电还是小家电，不论是黑电还是白电，几乎都是外资品牌占据主导地位，国内品牌只是占据低端市场的部分份额。国内市场洋品牌吃肉，国产品牌只能喝汤的局面放到全球市场同样适用，从上游的技术创新到中游的制造加工，到下游的营销，中国家电企业沦为欧美大牌的“加工车间”，出卖的只是廉价劳动力，拥有的只是大规模制造成本的优势。

而现在海尔已经以“世界级品牌”之力辐射全球。从中国家电“无品牌”到诞生“世界级品牌”，海尔先后迈出了3大步，见证了中国家电品牌的世界崛起。

——创“中国名牌”。在同行们还缺少品牌意识之时，海尔用一把大锤开启了中国家电第一品牌的登顶之路。创业仅用四年时间，就拿到了中国冰箱行业的第一枚质量金牌；1990年，获得国家质量管理奖和中国企业管理金马奖；1991年又获得全国十大驰名商标……这些在荣誉在当时的中国家电行业都是望而不即的。

——创“中国的世界名牌”。在国内市场站稳脚跟之后，海尔又开始了轰轰烈烈的全球创牌之旅。“国门之内无品牌”，当国内其他企业还在为国际大牌代工，仅追求出口收益时，海尔在国内外自主创牌，以“海尔牌”闯荡全球，通过海外建厂、建研发中心，将海尔蓝色的品牌旗插遍全球160多个国家。

——创“世界级品牌”。在全球化的进程中，海尔先后整合了日本最受欢迎高端品牌AQUA、新西兰国际顶级家电品牌斐雪派克、北美第一厨电品牌

GEA ppliances，与国际高端家电首选品牌卡萨帝、年轻人首选轻时尚家电品牌统帅一起完成了从单一品牌全球化到多品牌全球化的进化，成就“世界第一家电品牌集群”，深刻影响了全球家电业的竞争格局。

通过技术、品牌、高端的全面引领，海尔家电产品在全球多个国家和地区实现了增速和份额第一。数据显示，在欧洲，海尔三门以上冰箱的销售份额占到俄罗斯市场25%以上，超越欧美日韩，成为最受当地人喜欢的高端家电品牌。在美国，GEA ppliances高端市场中占比13.2%；在日本，AQUA以75%的市场份额坐上日本商用社区洗护市场的“第一把交椅”。在新西兰，海尔和Fisher&Paykel两大品牌市场份额共同占比达到42%，稳居行业第一。在中国，卡萨帝以10000+价格区段22.3%的占有率成为中国高端第一品牌；统帅以“轻时尚悠生活”的品牌理念，在18—30岁年龄段年轻人群的消费比达到70%。

30年前，中国家电“无品牌”，30年后，中国家电诞生了世界第一家电品牌。自2009年首次登顶全球第一后，海尔在全球家电TOP1的位置上一坐就是9年，而且还有继续做下去的实力。这意味着海尔代表中国制造，已经将韩国制造、美国制造、德国制造、日本制造们斩落于马下，让世界家电进入到“海尔时间”。

仅用12年就走完欧洲百年路　改写世界家电高端格局

过去提起高端家电，大家第一时间肯定反应的是欧美品牌，全球高端家电市场一度被“洋品牌”垄断了20年左右，它们控制着市场主要份额。所以尽管中国制造的家电在全球市场占额很高，但无可否认的是，大多数中国品牌在国外仍然以价格取胜，在高端家电产品领域，仍然难以撼动国外品牌。但是海尔却改变了这一刻板印象，打造了一个世界级的高端家电品牌，为中国制造印上高端的新标签。12年前，海尔创造高端子品牌卡萨帝，而现在卡萨帝已经全面实现高端第一，仅用12年就走完欧洲百年品牌路。

卡萨帝与外资品牌的价格对比，从侧面印证了它的高端引领地位：卡萨帝在冰箱产品上的平均单价是行业的2.7倍、外资品牌的1.6倍；在滚筒洗衣机产品上的平均单价是行业的2.1倍、外资品牌的1.9倍；在空调产品上的平均单价是行业的2.4倍、外资品牌的1.5倍。

在全球市场，“海尔”也正在成为高端品牌的代名词。2017年，一则“法国最大的家电卖场卖的最贵的冰箱来自海尔”的消息引发讨论。2004年，海尔冰箱在欧洲的畅销型号售价只有99欧元；10年后，海尔在欧洲推出的一款大容积728升法式冰箱，上市首月销量近800台，价格更是达到卖场最高售价。10年间海尔冰箱在当地的平均单价增幅达465%，中国海尔的高端转型战略见效。

无独有偶，位于德国柏林市柏格街10号的约克·美菌兹是远近闻名的“海尔粉”，这位65岁的老人家里拥有5件海尔产品，其中一件是海尔集团在当地推出的一台法式对开门冰箱，这是约克迄今为止最满意的冰箱，他将这台冰箱摆在了客厅最显眼的位置，以示他对这款中国家电的钟爱。德国用户最满意的不是德国制造，而是来自中国的海尔，这种曾经的不可思议现在已经变成普遍现象。

高端的品牌、高端的技术，为用户带来的高价值，让海尔在全球牢牢地占据了高端领军者的地位，也将中国制造“低端”的标签彻底甩到了太平洋。

不做模仿者做被模仿者112次原创科技引领全球

缺少品牌溢价能力，缺乏核心技术能力，是中国品牌全球化征程中两大痛点，这也成为制约中国品牌占领“微笑曲线”两端高价值领地的最大羁绊。在海尔30余年的发展历程中，坚持原创科技、实现本土化制造一直是其品牌建设的“2大推手”。凭借着全球化的研发实力和制造实力，海尔在世界级品牌道路上越走越宽，实现了品牌价值和产业价值的跃升。

回眸家电 30 年：海尔实现中国品牌的世界崛起

从技术方面看，不做模仿别人的科技，做被模仿的科技。纵观海尔的每一次技术创新，都会吸引行业企业的跟随模仿，推动着行业整体的技术迭代。从最初的第一台超无氟节能冰箱、小小神童洗衣机、防电墙热水器，到全空间保鲜冰箱、免清洗洗衣机、自清洁空调、断电不化冻冷柜、防干烧燃气灶，海尔每一次技术创新几乎都会引发行业企业的模仿、跟随。据统计，海尔原创科技已被国内外品牌模仿多达 112 次，模仿者不仅有国内同行，更有美国、德国、日本、韩国、美国等国家同行，被模仿次数在世界家电业最多。

而持续迭代的创新实力，也让海尔成为中国乃至全球家电行业的标准引领者。在国家科技进步奖方面，海尔累计获得过 14 项奖项，是中国科技进步奖获奖最多的家电企业；在国际设计大奖方面，在设计领域最为权威的 iF 和 redot 的获奖中，海尔累计获得 107 项，为中国家电企业最多；在全球标准布局方面，中国家电领域 80% 的专家提案和标准提案来自海尔……不难看出，海尔正在标准、专利、工业设计、国家层面拥有话语权与领导权，成为真正意义上的全球家电创新领导者。

从制造层面看，不仅是出口产品，还出口“工厂”、出口制造模式。一方面，依靠“三位一体”本土化战略，海尔在全球建立起 108 个工厂，并以此为原点辐射全球，第一时间了解不同地区用户的需求。另一方面，海尔还是实现了制造模式的引领。在智能化成为各国制造发展的重心之时，海尔以全球首个用户全流程参与的工业互联网平台 COSMOPlat，正在制定世界工业互联网的“中国标准”。

2017年12月6日，国际四大标准组织之一的电气与电子工程师协会（IEEE）通过一项建议书，由海尔COSMOPlat牵头制定大规模定制模式的国际标准，这是首个由中国企业主导制定的制造模式类国际标准。

如果说，昔日中国制造被诟病的是“Copy to China”，那么现在则是“Copy from Haier”“Copy from China”。

未来30年，世界家电进入海尔时间

众所周知，未来的世界家电业将进入智能时代，这将是不亚于过去工业革命的大变革。当日韩制造和欧美制造还停留在对于产品的改良时，以海尔为首的中国制造已经率先开启颠覆式的转型，从传统家电厂商进化到了物联网生态品牌。

这样的转型，暗含的是两个维度的变革。第一个维度，是从产品为中心的功能性创新，到用户为中心的场景化创新。例如，在智能家电上，当其他厂商还在将传统家电智能化上努力时，海尔率先推出了全球第一个“4+7+N”的全场景定制化的智慧家庭解决方案，聚焦的是客厅、厨房、浴室等家庭场景，以及空气、安防等场景化需求，这种思维模式的变革让海尔从世界第一家电品牌快速变身为智慧家庭第一品牌。

第二个维度，是从产品到生态的转变。智能时代，一定是生态的时代，产品不再只是产品，更是一个生态入口。以海尔馨厨冰箱为例，它不仅仅是一个智能化的冰箱，更是一个包含影音、娱乐、电商、交互等涉及人们日常生活各个方面的生态平台，它连接了超过400家合作伙伴，用户可以用冰箱看菜谱、听音乐、赏大片……这个变革，让海尔从一个世界第一的产品品牌变身为世界第一的生态品牌。

过去30年，“海尔印象”刷新了世界的“中国制造印象”，让世界家电进入“中国时间”；未来30年，世界家电将进入“海尔时间”。

中盐集团

ZHONGYAN JITUAN

更多精彩内容，请扫码观看

中盐集团入选新华社民族品牌工程

2018年7月14日，中国盐业集团有限公司入选新华社民族品牌工程签约仪式在北京举行。

国务院国资委副部长级干部赵华林，新华社副社长兼秘书长刘正荣，工信部消费品司司长高延敏，国资委宣传局局长夏庆丰，中盐集团党委书记、董事长李耀强，中盐集团党委副书记、总经理丁召团等出席了签约仪式。

李耀强表示，中盐集团是中国盐行业龙头企业和唯一中央企业，食盐的产销量居世界第一，是集盐资源勘探、工程设计、研发、生产、营销为一体的全国性盐业公司，肩负保障民生、落实食盐加碘国策、提高民族素质的社会责任和企业使命。此次，中盐与新华社携手合作，凭借新华社极具优势的全球传播资源和强大的公信力、权威性，讲好中盐品牌故事、传播盐业历史文化、宣传健康用盐理念，助力中盐品牌塑造和品牌价值提升，把“中盐”品牌打造成老百姓信赖的国家级金字招牌。

赵华林表示，作为中国最大的盐生产和销售企业，中盐集团是国务院国资委监管的国有大型企业，也是我国盐行业中唯一一家中央企业。“中盐”品牌是中国盐业的领袖品牌，正在成为中国名牌和国际盐行业的知名品牌。此次新华社与中盐的合作将打造出双方优质资源的聚合效应，释放出更强大的品牌势能，塑造中盐集团海内外品牌形象，推动中盐集团国际化品牌的全面提升。

张永平表示，新华社实施民族品牌工程，旨在依托和整合新华社丰富的媒体资源、强大的传播实力和权威的智库力量，为我国优秀民族企业进一步扩大品牌影响力提供有效渠道，唱响中国品牌，为中国民族企业走向世界铺路架桥。经过一年的实践，新华社民族品牌工程严格坚持标准，尊重企业意愿，完善服务体系，受到社会各界广泛好评。新华社民族品牌工程大家庭迎来中盐集团这一新成员，我们将围绕企业发展战略，定制系统化方案，为中盐集团进一步提升品牌影响力提供有力支持。

高延敏表示，食盐业是传统民生行业，在推进健康中国建设中具有重要地位。2017 年《盐业体制改革方案》正式实施，打破了过去每个地方只有一个盐业公司垄断经营的局面，有资质的企业开始实现自主经营、公平竞争，为老百姓提供了更多的选择。这要求盐业企业必须增强自身的创新意识、品牌意识、服务意识。希望中盐以入选新华社民族品牌工程为契机，借助新华社通达全球的媒体资源、国际化视野和高端智库平台，在品牌建设的道路上走得更快、更远。

新华社新闻信息中心主任储学军和中盐集团党委副书记、总经理丁召团代表双方签署合作协议，未来双方将在品牌推广、智库服务、品牌故事、大型活动、定制化服务等方面开展全面战略合作，进一步提升中盐集团在国内外的影响力和品牌知名度。

中盐集团创立于 1950 年，现为国务院国资委监管的国有大型企业，经营规模亚洲第一、世界第二。主要承担两大任务：一是履行中央企业职责，实现国有资产保值增值；二是作为全国食盐生产经营主体，确保国家合格碘盐供应。作为我国盐行业龙头企业、唯一中央企业和唯一全国性企业，中盐集团长期致力于推动中国盐行业持续、稳定、健康发展。20 世纪 90 年代以来，中盐集团协助国家有关部门落实食盐专营政策，积极组织推进普及碘盐供应，建立了规范的食盐生产销售网络体系，为我国实现消除碘缺乏病目标做出了重要贡献。

对口援藏：中盐助力西藏百万农牧民吃上安全盐

地处世界四大严重缺碘地带之一的喜马拉雅山区，中国西藏碘盐覆盖率由1997年的19%升至目前的97.45%，乡镇盐业配送已实现全覆盖，250余万农牧民吃上了安全盐。

西藏是中国国内受碘缺乏危害较严重的地区之一，为了消除该病对民众的危害，自2008年起，西藏自治区政府把碘盐推广作为重要惠民工程，提高农牧民食用碘盐补贴标准。同时，碘盐配送网络体系建设得到了加强。

据了解，近年来西藏自治区先后两次出台农牧民食用碘盐价格财政补贴政策，其中2006年确定农牧区碘盐销售统一定价为每公斤1.5元，2009年决定继续加大对农牧民食用碘盐的价格财政补贴，每年安排3000万元公共财政资金，将农牧民碘盐销售价由每公斤1.5元降至0.5元，并按每人每年食用量5.5公斤售给农牧区民众。

西藏自治区盐业总公司总经理丹珍说，无论是在辽阔的草原牧场，还是在人迹罕至的边境村落，无论是在极度缺氧的雪山之上，还是在雅鲁藏布江流经的深山峡谷，只要有农牧民群众在的地方，每年的三月份开始，标有“食盐配送”字样的车辆都会跋山涉水开进每一个乡镇，把安全健康的精制碘盐配送到乡亲们的手中。

丹珍表示，在西藏盐业的发展进程中，不仅受到了自治区党委政府的重视和关怀，同时也得到了全国盐业系统对西藏盐行业的大力支持，中国盐业集团有限公司曾先后三次协调全国盐行业对口援助西藏，援助资金316万元，从碘盐基金支持西藏盐业520万元，为西藏盐业由小到大，逐步成长给予了有力支持。

2018年9月7日，中国盐业集团有限公司参加西藏自治区人民政府组织的“央企助力西藏脱贫攻坚”会议暨签约仪式。西藏自治区政府与中国盐业集团有限公司签订央企助力西藏脱贫攻坚意向类项目协议。按照协议，中国盐业集团将发挥人才、资金、品牌、项目等方面优势进一步加大援藏力度，对口帮扶西藏盐业，就品牌代理、优惠保供、人员培训、产品开发等方面进行合作，进一步促进西藏盐业持续健康发展。

中盐集团党委书记、董事长李耀强表示，根据党的十九大关于深入实施东西部扶贫协作、重点攻克深度贫困地区脱贫任务，中盐集团将持续保持对援藏和扶贫工作的高度重视，以强烈的政治责任感、深厚的民族感情、务实的工作精神积极扎实做好援藏扶贫工作。

中盐董事长李耀强：盐业良性竞争新格局几年后将形成

我国盐业体制改革从2017年1月1日正式实施，如今已经走过一年半时间。目前盐业市场出现不少新变化，盐企该如何内外兼修应对行业新趋势？作为龙头企业的中盐，其动向和布局备受关注。中国盐业集团有限公司党委书记、董事长李耀强在接受记者专访时表示，盐业体制改革使市场配置资源的作用得以显现，让消费者拥有了更丰富的选择。相信经过几年阵痛，一个以少数功能齐备、产销合一的大企业为主导，众多功能独特的小企业为补充，既有竞争又有合作的良性竞争新格局会形成。

改革激发盐业市场活力　良性竞争新格局几年后将现

盐业管理体制改革于2017年1月1日开始实施。此次改革的重要内容是放开食盐出厂、批发和零售价格，由企业根据生产经营成本、食盐品质、市场供求状况等因素自主确定。对食盐生产企业和食盐批发企业来说，更关键的改革在于两条绳子的松绑——允许现有食盐定点生产企业进入流通销售领域，食盐批发企业可开展跨区域经营。

李耀强表示，过去在盐业专营体制下，很多地区只有当地盐企生产或经营的盐产品，相对来讲比较单一。盐业改革一个最大的重要变化就是批发企业可以跨省经营，生产企业可以直接面对市场，这使得盐的品种迅速丰富，因为流通的不再仅仅是当地的产品，消费者的选择变得更多了，这是盐业体制改革带来的一个积极变化。

另一个积极变化是盐业体制改革使得市场配置资源的作用开始显现。过去在专营体制下，产品主要来自盐业公司的安排。而现在消费者的选择、市场的选择作用开始显现。以北京为例，从2017年下半年开始，北京的盐产品迅速增多，很多产品、品种进入北京市场。2018年，有些产品品种在北京生根落地继续发展，受到消费者欢迎，但也有一些产品因为不被消费者接受或者其他原因，退出了北京市场，由此可见盐业体制改革带来的市场配置资源的作用开始显现。但李耀强也指出，盐业体制改革过程中也存在一些问题。比如一些企业对盐业改革的政策理解和执行不到位，经营过程中也出现一些问题，合规和不合规的问题交织在一起，造成行业内部冲突和矛盾。另外，尽管国家有关部门三令五申，采取很多措施，但是由于历史的惯性，个别地区还是把本地市场当成自己的一亩三分地，利用行政手段阻碍跨区经营。还有一个问题值得关注，目前盐的产能过剩，有些盐企为抢夺市场份额，把价格战作为主要的竞争手段，这对行业的健康发展没有太多好处，而是使盐行业整体利润下降得比较快。从2017年开始，有一些批发企业出现亏损，从2018年来看亏损势头还在加剧。

李耀强表示，相信随着改革逐步深入，各项政策逐步到位，行业兼并重组力度进一步加强，经过几年阵痛，一个新型的，以少数功能齐备、产销合一的大企业为主导，众多功能独特的小企业为补充，既有竞争又有合作的良性竞争格局会形成。这个过程既需要盐企努力去改革、变革，也需要得到政府部门、社会各界的支持和关注。

此前，中盐经历了更名转换。按照党中央国务院要求和国资委统一部署，2017年下半年中盐启动全民所有制公司制改制工作，改制为国有独资公司，在名称上中国盐业总公司也变更为中国盐业集团有限公司。

李耀强表示，中盐名称改变以后产权更加清晰，法人治理结构也更加健全，为中盐下一步发展奠定了产权制度基础。尽管名称改变，但中盐“创新行业价值、服务民本民生、体现国家意志”的主体功能不会变，带头落实盐业体制改革精神的任务不会变，推动和引领中国盐行业发展的使命不会变。中盐会以这次更名为契机，进一步加大工作力度，推动盐行业的健康发展。

重视研发严格质控　让百姓“少吃盐吃好盐”

在业内人士看来，逐步放开市场后，盐业企业做优做强势在必行。中盐一方面在盐产品的全系列、多品种、宽覆盖上下功夫，同时也在产品标准、质量管理、创新研发方面发力，力求让老百姓“少吃盐，吃好盐”。

李耀强指出，中盐的定位是要做世界一流的国家盐业公司，所以品牌产品不能仅仅针对高端或低端特定人群，而必须是全系列、多品种、宽覆盖，为所有消费者提供服务。这种情况下，既需要提供能够引领消费时尚的高质量产品，也要满足大众基本需要，既要保证在中心城市不断推出新产品，也要对边远地区起到保障基础需要的作用。中盐几类产品都有，主要提供一些基础产品，其物美价廉、质量安全，货源充足，随处可见，购买方便，同时也会精选一些高质量产品，比如带有独特地理标志的天山湖盐、福晶盐、南海盐等优质的湖盐和海盐，作为高端产品推向市场，此外也会开发专用盐，比如孕妇盐、儿童盐、学生盐，来满足特定消费者的需要。

除了食用盐，生活用盐也是中盐需要开拓的领域。李耀强拿软水盐举例说，北京和北方很多地方的水质硬，烧开水会结水垢，中盐推出软水盐，配合家庭软水机使用，使水得到软化作用，非常有意义。另外还有果蔬洗涤盐，以盐为主要原料，添加了活化成分，洗果蔬既环保，还能去农残。

随着人们健康意识的提升，少吃盐的理念被越来越多人所接受。但是少盐会影响口感，让有些人无法接受。

李耀强指出，中盐一直提倡“少吃盐，吃好盐”，也在通过一些产品的改进，使这一理念得以实现。中盐主要从两方面着手：一是推动食盐产品标准升级，要由卫生标准向健康标准升级，使产品质量更加符合需要，有助于改变营养膳食结构；二是通过推出新产品来满足减盐的需要，比如低钠盐，通过添加钾的元素，用钾的咸味替代氯化钠的咸味，从而在咸味不变的情况下减少人体钠离子的摄入量。但这个盐也有局限，比如肾脏不好的人、高温下作业出汗多的劳动者不能吃。李耀强还指出，从盐的形体上也在做文章，下一步要推出小颗粒度的食盐，小颗粒盐撒在食物上比大颗粒盐更容易让大家感受咸味，所以用小颗粒盐做餐桌盐，可以用比较少的盐达到同样的咸味，减少摄入量。还有一种

空心盐，表面体积大了，但是重量变轻了，实际是空心的，加盐时用视觉的差异变化，达到减少人体食盐摄入的目的。

盐产品的选择变多了，食盐的质量和安全自然是消费者重视的问题。中盐根据不同省区市的资源和环境特点，有针对性地布局建设了一批海盐、湖盐和井矿盐基地，通过统一管理体系等手段，实现了盐的全过程管理。

李耀强介绍说，中盐在各地区建的基地不一样，既有海盐，又有湖盐和井矿盐。但在加强质量管理方面，提出的方针是统一管理、标准一致，重点各异。不管什么盐，首先要达到基本的质量标准，但是由于每种盐的生产特点和工艺流程不一样，所以控制重点是不一样的，比如海盐、湖盐、井矿盐质量标准一致，控制标准则是根据各自的生产特点和流程进行管控，但是都纳入统一管理体系。

李耀强进一步介绍了中盐质量管理的一系列做法。第一，中盐所属海、湖、井矿食盐生产企业（包括部分商贸企业）按照集团统一要求，全部完成了ISO9001 质量管理标准体系和 HACCP 食盐安全管理体系的建设。第二，对食盐生产环境进行了综合治理，使得环境符合食品级的生产标准。第三，出台一系列标准、制度，比如新产品上市要有严格的核准制，对于质量安全有相应的评估体系和标准，对评估检测的实验室也有一定要求。通过这些办法的实施，从“滩田到餐桌”（指海盐和湖盐），从“卤井矿区到餐桌”（指井矿盐），都实现了全流程管理，使中盐的盐保持在比较高的质量水平上。

中盐集团李耀强：新华社民族品牌工程助力中盐品牌价值提升

2018 年 7 月 14 日，中国盐业集团有限公司（以下简称中盐集团）入选新华社民族品牌工程签约仪式在北京举行。国务院国资委副部长级干部赵华林，新华社副社长兼秘书长刘正荣，工信部消费品司司长高延敏，国资委宣传局局长夏庆丰，中盐集团党委书记、董事长李耀强，中盐集团党委副书记、总经理丁召团等出席了本次签约仪式。李耀强在发言中表示，新华社实施民族品牌工程是服务中国民族品牌企业的系统工程，是贯彻落实党的十九大精神和国家“三品”战略的重要举措。

李耀强表示，中盐集团是中国盐行业龙头企业，肩负保障民生、落实食盐加碘国策、提高民族素质的社会责任和企业使命。中盐很荣幸能成为新华社民族品牌工程的参与者和建设者，这是新华社和社会各界对中盐60多年来不懈努力的肯定，也将为中盐实现高质量发展注入强大动力。

中盐集团伴随新中国而生，与共和国共同成长，长期致力于引领与推动盐行业持续、稳定、健康发展。中盐集团引领国内制盐工艺技术不断进步，盐产能实现大幅增长，产业链得到持续延伸和完善。以服务民生为根本，保障全国食盐供应，在应对食盐抢购风潮、自然灾害等突发事件和非常时期，发挥了关键作用。同时，中盐集团在落实国家食盐专营政策、普及碘盐供应上发挥国家主力军作用，为我国实现消除碘缺乏病目标做出了重要贡献。

近年来，中盐集团坚持以人民为中心的发展理念，认真贯彻落实国家盐业体制改革精神，立足“创新行业价值，服务民本民生，体现国家意志”三大主体功能，深入实施“三品”战略，加快推进盐行业供给侧改革。

据介绍，中盐集团推广科学生活用盐理念，开拓高端食盐、生活用盐、医药用盐和融雪除冰综合服务等新兴业务领域，积极推动盐穴储油、储气和固废储存等综合利用实现新突破；优选稀缺资源，精心打造新疆天山盐，福晶、南海等优质海盐和植物添加功能盐等高端产品，不断满足消费者生活需要；积极开展线上线下渠道融合，让更加丰富、优质的盐产品走进千家万户；全面推行严于国标的企业标准，让“吃好盐，选中盐”落实到企业的全流程管理之中，全力保障消费者“舌尖上的安全”；持续完善全国产业布局，建设全国性食盐营销网络，特别是老少边穷地区供应网络建设，建立和完善食盐责任储备体系和应急供应体系，切实承担碘盐兜底供应社会责任，全面保障食盐供应安全。

李耀强表示，此次中盐与新华社携手合作，将凭借新华社全球传播资源和强大的公信力、权威性，讲好中盐品牌故事、传播盐业历史文化、宣传健康用盐理念，助力中盐品牌塑造和品牌价值提升，把“中盐”品牌打造成老百姓信赖的国家级金字招牌。让中盐能够扛起时代担当，践行央企责任，努力建设世界一流的国家盐业公司，引领盐行业高质量发展，全力保障食盐安全供应，不断满足不同消费者的差异化需求。

蚂蚁金服

MAYI JINFU

更多精彩内容，请扫码观看

阿里公益平台和蚂蚁金服公益平台首次联合运营

3 月 29 日，2018 平台公益合作伙伴沟通会在北京举行。阿里巴巴集团合伙人、阿里巴巴集团社会公益部总经理孙利军，阿里巴巴公益基金会秘书长王瑞合，还有来自全国的 80 多位公益机构负责人都来参与了本次会议。

阿里巴巴集团合伙人、社会公益部总经理孙利军开始就提到了，自从马老师号召员工参与公益三小时以来，公益已经成为每个阿里人的必修课，每个业务条线在规划年度工作的同时都在思考：业务发展的同时如何为社会创造价值。

而这次阿里巴巴公益和蚂蚁金服公益的联手，就是希望能够支持行业发展，更好地解决社会问题。

是不是迫不及待地想知道两个平台联合后会擦出什么样的火花呢？

双平台联合，助力行业发展

当天的北京，天气并非晴朗，在天空伸出五指，也看得不太清晰。在这样的情况下，孙利军的发言掷地有声："今天的雾霾这么严重，不由得让我想起了阿里公益的愿景——天更蓝，心更暖。阿里巴巴公益在提供资金的同时，也在积极思考，如何通过我们的技术、大数据能力，用科技的方式去解决环境问题。我们的蚂蚁森林利用互联网科技从虚拟穿越现实通过手机就能种树，防治荒漠化，现在已经有超过 3 亿的人参与线上种树了。"

"同样的，2018 年，阿里巴巴宣布全面进入公益时代，公益与全球化、农村电商和大数据三大战略并列为公司的战略之一。因此，阿里很期待基于阿里巴巴公益和蚂蚁金服公益两个平台，为行业发展助力，联合各合作伙伴的智慧和力量，让天更蓝、心更暖。”

而两个平台的联合，初步是协同运营以提升服务水平，让两个平台的商家和用户深度参与；进一步便是品牌联合，以及共同推动公益账户，希望人人都有一个“爱账户”；最后希望能够联合合作伙伴发起更有影响力的创新项目，并通过两个平台以及大阿里生态体系内的资源共同创建一个更好的公益形态。

另外，两个平台会在现有的基础上，通过区块链的技术支持，让公益行业更透明、更可信。大伙儿没想到吧，原来这么火的区块链技术也能助力公益噢。

那么合作机构听完两平台联手后，他们是怎么想的呢？

中华儿慈会与春晖博爱基金会合作的项目“春晖博爱弱势儿童抚育教育项目”，2016 年 9 月，首次在淘宝公益平台的公益宝贝上线了，仅 3 个月就完成了500万目标额，2017年9月再次上线，累计收到947万元的善款。2018年春节，春晖博爱项目得到蚂蚁金服公益的持续支持，上线了“蚂蚁庄园”和“行走捐”。爱心用户的每一颗爱心和每一步都将可以支持孤儿得到妈妈般的关爱和专业的教育抚育。

中华儿慈会副秘书长姜莹在谈到阿里公益和蚂蚁金服公益联合时，她就非常赞赏两个平台的融合，“从基金会的层面说，两平台的联手，可以让基金会与阿里这个大平台更紧密地合作。在项目层面上看，我认为两家的融合是特别好的一件事。比如蚂蚁金服公益有很多很好的公众产品可以接触到公众，阿里公益则能联合更多的商家和消费者一起参与公益，联手后，我们的受益面就更大了。这要是按照原来的能力和方式，肯定是接触不到这么多资源的，但是有了平台后，就可以让我们的项目更多地链接到公众，公众也能更多地了解项目，真正地帮助这些儿童健康成长。”

中国扶贫基金会在淘宝公益上有个 9 年公益店，他们通过公益店的形式为社会公众提供了解公益、参与公益的平台，通过扶贫项目捐助、爱心基金、公益活动、公益拍卖、网商活动等形式开展线上帮扶活动。助理主任李楠在谈及淘宝公益店的成就时，就表示：“2017 年度筹资额已经达到了一千零五十万！”

同时，她也兴奋地表示：“两大平台联合是个非常好的举动，肯定会对我们有很大帮助。蚂蚁金服公益提供项目劝募支持，阿里公益可以对网店进行一些指导和帮助。这样一来，不仅有利于我们能力的提升，还会给予我们一些资源上的扩展；最重要的是，平台未来还会对我们进行一些运营能力的培训和一些系统和软件上的支持。”

在这次沟通会上，双方平台将在现有平台功能和产品的基础上，从产品、活动运营、沟通机制上实现打通，为公益机构合作伙伴提供筹资进阶模型；双平台将联合运营，并将联合阿里生态体系内各方面资源助力行业发展。

让天更蓝，心更暖

两平台的联手是为了更好地解决社会问题，在这个过程中，其中值得关注的是两平台在环保方面的努力。

在会上，孙利军也提到：“现在众多的社会问题需要平台与合作伙伴联手，集中双方的资源去解决。阿里公益始终在关注环保问题，但现在从环保的角度来说，平台公益上还没有特别好的项目；从公众筹款角度来说，公众对环保项目的关注度还有待提升。”

也因此，在本次会议上有一个环保分会场“环保主题项目共创会”，由阿拉善 SEE 副秘书长张媛主持，阿拉善 SEE 基金会、IPE 公众环境研究中心、绿色潇湘、山水自然保护中心、自然之友、中国绿化发展基金会、深圳红树林湿地保护基金会的环保公益小伙伴，围绕环保项目产品化道路中的机遇与挑战展开讨论。同时，壹基金、扶贫基金会、社会福利基金会、新阳光基金会的伙伴也参与其中讨论，从筹资产品经验的角度带给环保机构不一样的观察视角与建议。

阿里巴巴公益基金会秘书长王瑞合代表双平台欢迎环保公益小伙伴，希望通过互联网的科技力量赋能环保机构，为大家创造更多走近阿里生态和用户的机会。

孙利军在参与该分会场时，针对大家提出的环保项目难筹资难传播的现状表示：“‘天更蓝，心更暖’是大阿里系公益的愿景，双平台联合运营后将加强对环保机构的赋能与支持，鼓励平台上能涌现出更多议题深度且优质的项目。”

这番讲话给予了大家更充分的信心，因为公益的“四动”可以分为，触动、感动、行动、带动。当一个人明白和理解什么是善念后，必须创造机会，让他能够参与到公益行动中来。只有深入其中，公益才会在你心中种下种子。而公益一直是阿里的文化基因，阿里人、产品已经种下了公益的种子。这次阿里公益与蚂蚁金服公益的联手，为行业提供更多的支持就是证明。

蚂蚁金服井贤栋：蚂蚁森林将成为人人参与义务植树的行动平台

很快，“蚂蚁森林植树证书”与“全民义务植树尽责证书”将实现互联互通。这意味着，蚂蚁森林用户线上种树，被正式认可成为公民法定义务植树的尽责形式之一。

2018 年 10 月 23 日，蚂蚁金服与全国绿化委员会办公室、中国绿化基金会在国家林业和草原局签署了“互联网 + 全民义务植树”战略合作协议，多方共同创新全民义务植树的尽责形式，推进义务植树和国土绿化事业的发展。

按照大规模国土绿化的计划，我国力争到 2020 年森林覆盖率达到 23.04%、到 2035 年达到 26%、到 21 世纪中达到世界平均水平。每个适龄公民每人每年要种 3—5 棵树，这是依据《国务院关于开展全民义务植树运动的实施办法》的一项法定义务。根据有关规定，每个自然年度内，适龄公民植树 3—5 棵（含折算），可以获得 1 张全民义务植树尽责证书。

11 月底，拥有三张“蚂蚁森林植树证书”的森林用户即可以在线申请换取一张“全民义务植树尽责证书”。在签约仪式上，国家林业和草原局副局长刘东生强调，全国绿化委员会办公室、中国绿化基金会与蚂蚁金服集团要积极落实三方签署的协议，确保取得实效。他表示，协议的签署必将带动更多的企业、社会组织和公众参与到大规模国土绿化行动和全民义务植树中来，共建共享更加美好的生态环境。

2016 年 8 月，蚂蚁金服在旗下的支付宝平台上线个人碳账户“蚂蚁森林”。用户绿色出行、在线缴纳水电煤、网络购票等行为节省的碳排放量，将被计算为虚拟的“能量”，用来在手机里养大一棵棵虚拟树。虚拟树长成后，蚂蚁金

服和公益合作伙伴就会在地球上种下一棵真树。

截至 2018 年 5 月底，蚂蚁森林用户已超过 3.5 亿，累计减排近 300 万吨，累计种植和养护真树超过 5500 万棵，守护保护地近 4 万亩。目前，蚂蚁森林已经成为全球最大的个人参与环境治理平台，现在，亿万网友可通过支付宝 App 里面的蚂蚁森林实时查看自己的树，在太空中，遥感卫星也能清楚地看到蚂蚁森林种植前后地块的变化。

蚂蚁金服董事长兼 CEO 井贤栋在签约仪式上表示，未来人类的生活应该是绿色的生活。我们相信，科技是这个时代最大的公益。支付宝创立 14 年来，用信任连接了 7 亿多用户。这一次，我们将老百姓对未来的信任和善念连接起来，汇聚成美丽的森林！互联网技术在全民义务植树领域以前还只能起到信息平台的作用，但蚂蚁森林的创新，将信息平台变成人人参与的行动平台！

事实上，蚂蚁森林两年多的绿色实践得到了各方认可，其中包括联合国的多个组织：2017 年 1 月，蚂蚁金服和联合国环境规划署在达沃斯世界经济论坛上正式启动全球首个绿色数字金融联盟。这是联合国环境规划署成立 45 年来，第一次携手中国企业发起国际性联盟。2018 年 2 月，联合国开发计划署（UNDP）在其发布的《中国碳市场研究报告 2017》中称，蚂蚁森林在全球碳市场有独一无二的实践意义。

据介绍，未来蚂蚁森林将和国家林业部门持续合作，共同探索环保助力脱贫等工作。井贤栋说：我们期待，继续和国家林业部门一起，利用技术的力量，联合广大百姓、社会力量一起保护生态，并积极探索将绿水青山变为金山银山的扶贫脱贫等工作。

一代又一代，他们成就了中国这个世界第一

中国正在变得越来越“绿”。

这不仅仅体现在美国航天局（NASA）的卫星图片上以及数据里：中国一个国家的植被增加量，占到过去 17 年里全球植被总增加量的至少 25%，还体现在中国西北荒漠里，一代又一代人的艰苦付出和不懈努力中。

东南地区草长莺飞，柳绿花红的春天，中国西北荒漠里，依然是荒烟蔓草、裂谷断崖、渺渺大漠、走石飞沙……

这些令人震撼的壮丽场景，对于当地人来说，真实的意味是风沙之苦。

这里的 4 月是治沙植树的关键时期。

每到这个季节，甘肃省武威市民勤县，中国西北部一个人迹寥寥的塞外小城，明长城脚下，已是第三代“治沙人”的刘永刚总要时常到林场各处走一走。“从 60 年代爷爷造的沙枣林，到我父亲种的乔木，到现在我们种的梭梭树，这里都有，走过这一片森林，相当于走过了 50 多年的历史。”刘永刚说。

而从沙枣林走到“支付宝蚂蚁森林”，印证的，是时代变迁，是治沙从个人行为变成科技赋能的全民行为。

刘永刚的爷爷刘向铨和父亲刘成基都是治沙人。在 20 世纪五六十年代，治沙是一件极为艰苦的事。刘向铨刚来林场时，这里还是一片荒漠。在一望无际的沙海里，人们一天都不一定能吃上一顿饭，睡一觉就会被沙子盖满全身。

刘向铨认为，只有治沙，家乡民勤才有希望。

“沙治好了以后，民勤就有了希望。当时谁走咱都没走，离开了，这个地方就（变得）艰苦得很。以后要是他们（儿子、孙子）都走掉，下一辈人就再

没人接（班）。”

1964年,石羊河机械林场建场之初,刘向铨就来到这里,直至1990年才退休。他把一生的风华都用来和风沙苦斗，可以说，他是陪伴石羊河林场成长的第一代人。

在刘向铨的影响下，1980年，刘成基放弃了走出沙漠的机会，接过了改变家乡命运的使命。然而，地下水位的突然下降，让治沙面临着前所未有的挑战。

“当时环境条件差，出水不好出了，就得挖井。水打出来，一桶水浇两棵树。吃饭前还得把这个水澄清了再吃。来一阵风的话，把这个水就刮脏了，还吃不成。”

大漠风沙，充满难以言说的艰苦。但是，刘成基没有放弃。两代人的坚持，终于迎来了民勤县治沙的革命。2003年，刘永刚放弃了去外省市工作的机会，带着农业大学里学来的本事回到家乡，成为民勤县第三代治沙人，并将林场带入了“互联网+”时代。

按照刘永刚的说法，如今，植树治沙仅靠个人力量已经很难推进，依靠科技创新改善生态、进行全民植树已经成为趋势。在他的带领下，石羊河林场开始和“支付宝蚂蚁森林”合作。

在他看来，“支付宝蚂蚁森林”刚好是一个全民植树的互联网平台，可以将资金等各项资源有效整合。在参与“支付宝蚂蚁森林”的最近两年时间里，石羊河林场实现的种植林地面积约占其建场以来林地种植总面积的五分之一。

事实上，在民勤、在甘肃、在中国广袤的土地上，与刘永刚一家类似，千千万万家庭用一代代人的心血，在茫茫大漠上创造出生命的奇迹。

统计数据显示，40年来，中国森林面积、森林蓄积分别增长一倍左右，人工林面积居全球第一，中国对全球植被增量的贡献比例居世界首位。

毫无疑问，中国的植树造林为世界提供了一个极佳的正面榜样。现在，中国人的治沙奇迹也越来越令全球瞩目。

不久前，英国《自然》杂志网站介绍了美国波士顿大学的一项研究成果：研究人员通过检视NASA卫星在2000年至2017年期间收集的遥感数据，发现了“意外之喜”：

全球绿化面积“逆势上涨”，增加了5%，相当于多出了一个亚马孙热带雨林的面积。而对此作出主要贡献的，则是中国和印度。据波士顿大学研究者称，中国和印度的国土面积仅占全球陆地的 9%，但对于全球绿化面积的增长贡献却高达三分之一。研究给出的数据还显示：印度新增绿化面积主要来自农业，占比达 82%，而中国新增绿化面积的 42% 来自植树造林。

NASA 还曾特意发推表示：“来自‘NASA 地球’的卫星资料显示，是中国和印度的行动主导了地球变绿！”

全球网友为之点赞。

地球上日益增加的绿色里，有着刘永刚一家三代的功劳。对此，这位“治沙人”仅表示，他们只是千万“治沙人”的缩影罢了。

“我们石羊河林场要像一个楔子一样，插在两大沙漠中间；要在卫星照片上能清晰地看到我们这片绿洲。”刘永刚说。

江淮汽车

JIANGHUAI QICHE

更多精彩内容，请扫码观看

江淮汽车入选新华社民族品牌工程

2018年10月24日，港珠澳大桥正式通车运营。55公里跨海大桥，7公里海底隧道，从设计到建设前后历时14年，被公认为当今世界最具挑战性的工程。在这世界瞩目的成就背后，是无数建设者们的艰辛付出，他们充分发扬“逢山开路、遇水架桥”的奋斗精神，坚持十余载，在最艰难的时刻坚持了下来，完成了不可能完成的任务。让我们向超级工程的建设者们致敬！

10月25日，安徽江淮汽车集团股份有限公司入选新华社民族品牌工程签约仪式在北京举行。新华社副社长兼秘书长刘正荣，新华社总经理室总经理张永平，江淮汽车党委书记、董事长安进，江淮汽车党委副书记王东生，寰球汽车集团董事长兼首席执行官吴迎秋等出席签约仪式。

10月23日，安徽江淮汽车集团股份有限公司与合肥国轩高科动力能源有限公司在青岛签署战略合作协议，为共同推进无补贴时代新能源汽车市场化，双方未来将在产品研发、市场推广、服务保障、互利共赢等方面达成全面战略合作。江淮汽车党委书记、董事长安进与国轩高科党委书记、董事长李缜代表双方企业正式签约。

作为江淮汽车一线职工及安徽省机冶产业职工的杰出代表，江淮汽车轻型商用车制造公司工模具钳工高级技师盛保柱代表安徽省机冶系统出席了10月22日—26日在北京举行的中国工会十七大，并为加强汽车企业“工匠”队伍建设建言献策。

安进：民族品牌工程将助力江淮汽车成为中国优秀品牌

2018 年 10 月 25 日，安徽江淮汽车集团股份有限公司（以下简称江淮汽车）入选新华社民族品牌工程签约仪式在北京举行。江淮汽车董事长、党委书记安进在签约仪式上表示，此次入选新华社“民族品牌工程”，对江淮汽车的品牌建设来说具有重要的里程碑意义。未来，江淮汽车将以此为契机，通过不断完善产品品质和服务，大力拓展品牌传播渠道，努力使江淮汽车真正成为消费者广泛点赞的中国品牌优秀代表。

安进认为，随着经济全球化的深入发展，世界已经进入品牌经济时代，各个领域的竞争已经越来越集中地表现为品牌竞争。民族品牌作为一张国家名片，既是一个国家“硬实力”的核心载体，也是一个国家“软实力”的重要体现。

安进表示，“新华社民族品牌工程”作为参与和服务“品牌强国”发展战略的重要举措，必将为我国优秀民族企业在全球范围内提升品牌知名度和影响力提供强大助力。他说：“‘民族品牌工程’的实施，正是新华社依托丰富媒体资源、强大传播实力和智库力量，推动品牌强国战略的重要举措，无疑将为我国优秀民族企业在全球范围内提升品牌知名度和影响力起到重要的推动作用，我认为这项工作，功在当代，利在千秋！”

江淮汽车 1964 年建厂，第一代江淮人硬是在技术空白、资金短缺、人才匮乏的恶劣形势下，自力更生打造出安徽省第一辆汽车，拉开了安徽汽车工业发展的大幕，坚定了江淮人追逐汽车强国的梦想。改革开放以来，几代江淮人不忘初心，砥砺前行，坚守自主创新，开发出中国第一台客车专用底盘，结束了中国客车用货车底盘改装生产的历史；开发出中国第一款多功能商务车，引领了中国多功能商务车的市场潮流。

如今，历经半个多世纪的发展，江淮汽车已从单一的轻卡产品发展到“商乘并举、传统节能汽车与新能源汽车共进”的综合型汽车企业，已经从弱小的地方车企发展为汽车行业中具有较强竞争力与影响力的中国品牌汽车集团，2018 全球汽车品牌价值 50 强、中国汽车品牌前 5 强。

多年来，江淮汽车注重产品研发投入，在汽车工业多项领域内超前部署，拥有了一批核心技术发明专利。截至 2018 年上半年，江淮汽车累计拥有授权专利 11678 件，其中发明专利授权 1437 件，成为国内首家专利过万的车企。

在国内市场稳扎稳打的同时，江淮汽车积极拓展海外市场，响应“一带一路”倡议，持续加大对沿线国家市场的开拓力度。2017 全年，江淮汽车实现出口汽车 6.5 万辆，同比增长 15%。其中，在“一带一路”沿线 30 多个国家的汽车出口量为 3.8 万辆，约占江淮汽车出口总量的 60%。2018 年以来，江淮汽车对外出口依旧维持着较好的发展势头，1—9 月，江淮汽车出口 6.6 万辆，同比大涨 31.6%，位居行业前列。“我们在拉美的墨西哥、智利、秘鲁等国家，无论是在商用车领域还是乘用车领域，产品的售价、市场占有率以及品牌影响都能与国际品牌一较高下。”安进如是说。

安进表示，江淮汽车能够持续健康成长，是几代江淮人艰苦创业的心血结晶，也是中国汽车品牌逐步发展壮大的时代缩影。打造具有全球竞争力的国际品牌是一项长期的系统工程，需要一代人甚至几代人去努力奋斗。此次入选新华社“民族品牌工程”，对江淮汽车的品牌建设来说具有重要的里程碑意义，相信通过新华社的传播渠道、互动平台和优质内容，能够不断提升江淮汽车在我国以及全球的品牌知晓度。江淮汽车也将一如既往地坚持“敬客经营、质量为本、求真务实”的核心价值观，立足于消费者的利益需求，不断完善产品的研发、制造和服务体系，为全球消费者提供更优质的产品和服务，真正成为消费者广泛点赞的中国品牌优秀代表。

江淮汽车：产品矩阵齐发力海外市场取得新进展

在中国汽车行业面临全面深化改革的背景下，江淮汽车坚持稳中求进的工作总基调，坚定不移贯彻新发展理念，继续主动创新、深化产业合作，推动转型升级。2018 年上半年，江淮汽车在多功能乘用车（MPV）、新能源汽车、国际市场等领域均取得了较好的成绩，其中 MPV 销量同比增长超过 10%，轿车销量同比增长近 40%，新能源汽车销量较 2017 年同期增长一倍以上。国内市场稳扎稳打的同时，江淮汽车通过优化产品组合、升级营销方式，持续“渗透”海外市场，出口量增长超过 12%，赢得海外用户的青睐。

作为最早进入 MPV 市场的中国品牌，瑞风 MPV 在长达 16 年的发展历程中积累了专业的造车经验和超过 75 万的用户规模。在 MPV 行业转型升级整体下降近 20% 的情况下，1—6 月份，瑞风 MPV 板块销量突破 3.4 万辆，同比增长近 12%，进一步巩固了江淮汽车在商务车细分市场的优势地位。

值得一提的是，在刚刚过去的 2018 世界制造业大会、上合组织青岛峰会等国际盛会上，瑞风 MPV 为国内外嘉宾提供高品质的用车服务。

新能源汽车焕发活力

2018 年 7 月 9 日，江淮汽车与大众汽车集团（中国）及西雅特在德国柏林签署谅解备忘录。三方将共同成立一座研发中心，开发符合中国市场需求的电动汽车车型、车联网及自动驾驶技术以及配套的零部件和核心技术。新的研发中心计划将在 2021 年正式建成。

此次合作，是近年来江淮汽车在新能源汽车领域布局的又一缩影。对于推动我国新能源汽车和智能网联汽车产业化发展，进一步促进我国汽车产业节能减排与转型升级将发挥重要作用。截至目前，江淮汽车累计推广新能源汽车超 9 万辆，累计行驶里程达 15 亿公里。

2018 年上半年，依托 11 年 7 代技术研发的成果积累，江淮新能源陆续推出 iEV6ES、iEVA50 等多款新品，累计销售超 2 万辆，同比增长 113.08%。据悉，下半年江淮汽车还将推出 iEV7S、iEV7、iEVA60 等新品，形成 A00、A0、A、B 级系列产品矩阵，以差异化产品满足不同层次消费者的需求。同时，随着江淮蔚来、江淮大众产品的陆续推出及上市，江淮汽车在中国新能源汽车行业的领先地位将得到进一步巩固。

轻型商用车全面升级

在电动化、网联化、智能化、共享化背景下，汽车行业成为多产业融合的创新大平台，汽车产品由单纯的交通工具，开始向大型移动智能空间、储能设备演变。

江淮轻型商用车所展现的智能化科技创新成果，就集中体现在车辆智能安全、智能舒适和智能互联等多维智能体系上，使客户价值的实现提升到崭新的高度。依托其帅铃、骏铃、康铃三大品牌产品矩阵，可实现 24 个行业、300 多项的客户定制需求。其中包括针对快递、冷链、危化、环卫等全行业定制、满足复杂地理气候的全环境定制，以及全面覆盖干线、支线、微线和最后一公里的全物流定制。

2018 年上半年，江淮轻型商用车累计销量超过 11 万辆。其中，江淮轻卡销售超过 9 万辆，位居行业第二位。此外，围绕“品牌向上”目标，江淮轻型商用车还积极投身到国际市场的竞争中，以优品高质树立中国轻卡高端形象，全力打造中国制造业的闪亮名片。截至目前，出口量已连续十余年位居行业前列，累计出口近 20 万辆。

国际化道路越走越宽

近年来，江淮汽车积极发展国际业务。截至目前，已经建立了覆盖南美洲、非洲、中东、东南亚、西南亚和东欧 130 余个国家或地区的营销网络，并成功进入了欧洲的土耳其、意大利及北美的墨西哥等高端市场。2017 年，江淮汽车全年出口量超过 6.5 万辆，销量排名行业第四位，SUV 版块出口超过 4 万辆。

2018 年上半年，依托其在国际市场的丰富经验，以及差异化的市场策略。数据显示，1—6 月份，江淮汽车累计出口超过 4 万辆，同比增长超过 12%。除了在海外建立 19 个 KD 工厂外，江淮汽车还尝试自主完成从进口、组装、生产到销售的所有环节。通过属地化经营的方式，江淮汽车实现了从产品输出向技术、管理、资本及文化输出的战略转型。

面向未来，江淮汽车将在准确把握国际市场脉搏的同时不断完善自身，以一流的产品和服务，持续提升江淮汽车在国际市场的影响力，助力中国品牌在国际舞台的崛起。

江淮汽车连续四年摘金“质量奥林匹克”

在第 43 届国际质量管理小组大会（ICQCC）上，江淮汽车国际公司的啄木鸟 QC 小组首次参赛就斩获了大会金奖。自此，江淮汽车自 2015 年参加比赛以来连续四年获得金奖荣誉。

ICQCC 是质量管理领域规模最大、涉及面最广、凝聚力最强的国际会议，被誉为“质量奥林匹克”，是 QC 活动发布的最高平台。本届国际质量管理小组大会吸引了全球 53 个国家和地区以及组织的 470 多个参赛团队，共计 2300 余名 QC 小组成员、质量专家、学者及政府组织代表参加。

江淮汽车国际公司啄木鸟 QC 小组第一次拿到 ICQCC 入场券，便一举摘得金奖，这对 QC 小组成员来说，既是偶然，也是必然。

据悉，本届大赛全球共有 470 多支队伍参赛，其中中国就派了 60 多支队伍。在此背景下，对仅有两人的啄木鸟 QC 小组来说，压力之大可想而知。“在大赛发布的前一天，我们接到通知，要在第一场次的第二个顺序进行发布。在时间较紧、发布顺序不占优势的情况下，得益于赛前充分准备，以及对 QC 工具的过程方法以及整个流程的运用比较到位，团队取得了较好的发布效果。”江淮国际公司轻型商用车销售部新品推广中心杨世伟说。

而大奖的取得也体现了江淮汽车的整体综合实力。“一方面，新加坡对劳动生产率及经济效益比较看重，所以我们将发布重点放在了这个领域。另一方面，已出口到新加坡市场 100 多台车，代表了我们的质量水平，成为很好的展示点。”国际公司海外研究所项目管理部总监侯文娟坦言。

作为此项活动的负责人，王连虎亲历了江淮质量管理课题从萌芽到瓜熟蒂落的整个过程。2015 年年底，土耳其市场提出在帅铃 3845 平台上，开发车辆总重在 7.5T 至 8.2T 的车型，争取在第二年 5 月 1 日前通过欧盟认证。能否拿下欧盟认证，关键是车辆的前下部防护强度能否达标。已有 3 年轻型商用车防护设计经验的王连虎，担起了此项任务的重任。“啄木鸟小组有个口号叫精益求精，止于至善。做事情就要把它做得更精、更深，要具备啄木鸟般的永不言弃的精神。”王连虎表示。

加班、推倒重来、反复排查，直至问题解决。“那段时间我们连续加班。由于白天其他工作较多，我们就利用晚上时间聚在一起讨论，并且排查要因。”国际公司海外研究所商用车研发部内外饰设计工程师汪涵透露。

事实上，此次获奖是江淮汽车长期大力推广群众性质量小组活动的“缩影”。据悉，在群众性质量小组活动的带动下，公司每年都能收获近 2000 个左右的 QC 成果。此外，2013 年江淮汽车荣获亚洲质量领域最高奖——亚洲质量卓越奖，成为首家获此殊荣的中国汽车企业。而在更早的 2010 年，江淮汽车成为中国自主品牌汽车企业中首家获得“全国质量奖”殊荣的车企。

在业内专家看来，质量是企业生存发展之本，江淮汽车长期坚持走质量效益型道路，并在实践的道路上不断总结经验教训，坚定不移地践行“敬客经营、质量为本、求真务实”的核心价值观，全面促进产品可靠性和质量的提升，推动企业高质量发展。

西凤酒

XIFENGJIU

更多精彩内容，请扫码观看

“西凤”入选新华社民族品牌工程

2019 年 1 月 7 日，陕西西凤酒股份有限公司入选“新华社民族品牌工程”签约仪式在京举行。双方将围绕品牌建设进行全面合作，为中国白酒走向世界共同努力。

秦本平表示，“新华社民族品牌工程”的实施，将在全球范围内明显提升包括西凤酒在内的优秀民族企业的品牌知名度和影响力。西凤酒股份公司与新华社携手合作，将依托新华社全球传播资源和全媒体传播渠道助推西凤品牌建设，进一步加快西凤品牌的国际化发展进程。希望西凤品牌文化能影响年轻一代人，让他们了解西凤，喜爱西凤。

西凤酒相传始于殷商，盛于唐宋，距今已有三千多年的历史，展现出中国古人的卓越酿酒智慧，酿造工艺被誉为传统文化和古人智慧的结晶。近年来，西凤酒股份公司作为凤香白酒的知名品牌，坚持文化自信，将古法酿造与现代技艺有机融合，不断改进凤香型酒工艺，优化口感，保障品质，倾力为消费者塑造尊贵尊享的味道。

新华社新闻信息中心主任储学军、陕西西凤酒厂集团有限公司总裁张力代表双方签约。根据双方协议，西凤酒股份公司和新华社旗下服务机构将在智库服务、信用评价、创意策划、市场研究、指数发布、数据库服务、经济信息服务、“一带一路”走出去等方面开展全面战略合作。

中国酒业协会副秘书长甘权指出，中国白酒企业实施品牌建设、品牌传播战略，具有极其重要的意义。西凤酒实施品牌发展战略，传播名酒文化，讲好西凤故事，有助于极大提升品牌影响力和消费者的认同感。

新华社总经理室总经理张永平表示，未来将围绕西凤酒的品牌特质，定制

系统化的海内外推广方案，依托新华社全媒体传播、专业服务和智库支撑三大体系，为西凤酒的国际化发展提供有力支持。

新华社中国经济信息社有限公司董事长、总裁徐玉长代表“新华社民族品牌工程”服务机构发言。他表示，独特的“凤香型”是西凤酒屹立于中国白酒产业独特的标签。中国经济信息社是新华社经济信息一体化服务和管理责任主体，全面负责新华社经济信息采集、产品生产、市场营销和用户服务。中国经济信息社也是新华社国家高端智库经济研究中心建设主体，履行经济思想库和智囊团职能，针对国内外经济重点、热点、焦点问题提供深度分析、决策建议，并针对重点用户需要，提供智库咨询服务。将和其他社内单位一起，组织优秀团队，整合强势资源，为西凤酒提供最优质的服务。

坚守匠心传承
打造中国白酒走出去的“金钥匙”

2018年12月4日—5日，“2018中国企业家博鳌论坛”在海南博鳌举行，参与本次论坛的200多位企业家一起致敬改革开放40周年，共同探讨品牌强国战略。论坛期间，陕西西凤酒厂集团有限公司党委书记、董事长、股份公司总经理秦本平接受新华网独家专访。他表示，中国名酒乃民族之产业，行业之良心，要坚守品质承诺，坚守匠心传承，打造白酒品质新高度，做大做强民族品牌。

打造白酒品质新高度

秦本平说，西凤酒产自陕西省宝鸡市凤翔县，是中国凤香型白酒的创立者和典型代表，是地方传统名酒，也是我国四大名酒之一。凤翔古称雍，为周秦发祥之地，有历代酒乡之称，文化积淀十分丰厚。

据介绍，西凤酒的产地凤翔县柳林镇，水质甘美，土质肥沃，日照充足，昼夜温差大，为西凤酒提供了优质的酿酒原料，也使这一区域形成了特有的酿造西凤酒所必需的微生物菌群。秦本平介绍，千百年来，西凤人对酿酒经验进行总结、改进和提高，锤炼了一整套精湛、独特的传统工艺，创造了三千年无断代的工艺传承。

在数千年的历史发展长河中，中国白酒形成了独特的酿造工艺和白酒文化。秦本平说，“西凤酒具有‘醇香典雅、甘润挺爽、诸位协调、尾净悠长’和‘不上头、不干喉、回味愉快’的酒体风格，属于复合香型的大曲白酒。其工艺特点为土窖池发酵，发酵期短，酒海贮存。”

西凤酒窖池每年更新一次，既有生长已酸菌的条件，又能给予严格的控制，使其所产酒中的已酸乙酯等成分控制在浓香不露头的程度。而秦本平所指的“酒海”是用凤翔县当地柳条编的大型血料纸酒篓，用来贮酒。这种贮存容器的特点是存量大，酒耗少，利于酒的熟化。酒在贮存过程中会溶解进去酒海涂料当中的一些成分。这些物质对西凤酒的风格起到了一定的助香作用，使西凤酒有蜜香味，西凤酒要经酒海贮存 3 年后勾兑而成。

秦本平表示，西凤酒酿制技艺和文化传承之所以走到今天，意味着一代代西凤人对品质的坚守。西凤酒从产品酿造到出厂销售，设置 7 大关卡 55 道防线，引入追溯系统，提升服务质量。2018 年上半年，西凤酒在技术研发方面的投入达到 5600 万元，现已建成省级白酒工程技术研究中心、省级企业技术中心。

在坚守与创新中重获新生

秦本平认为，西凤酒涅槃复兴，最重要的是品牌的重构。西凤酒持续为产品注入正能量，加大对核心产品和良性发展经销商的保护力度，持续推进条码瘦身，不断强化产品聚焦度，最终搭建起互补性强、影响力强、盈利能力强、消费者容易辨识的立体层级产品体系。此外，在终端价格管控上，西凤酒通过严格执行，扎实推进品牌价值提升，让名酒实至名归。

“在‘强分化’的驱动下，白酒品牌的全国化、集中化已是大势所趋。这对西凤而言，机遇和挑战并存。”秦本平说，近年来，随着供给侧改革和消费升级的不断深入，西凤集团以文化、品牌、品类、发展四个自信为引领，依托西凤酒厂建设，不断提高发展质量和规模效益，努力做强做大。一方面大力弘扬工匠精神，打造白酒品质新高度，中国名酒乃民族之产业，要以名酒责任与使命坚持引领与示范；另一方面，创新发展，引领中国白酒转型升级，推进传统与科技相结合，实现与消费者深层次的交流与互动，让品牌真正融入终端消费者的内心。

2017 年，西凤酒实现营收 37 亿元，同比增长 10%。2018 年 1—9 月，西凤酒销售收入同比增长 32%，利润总额同比增长 64%。

对于中国白酒国际化，秦本平指出，借助“一带一路”契机，西凤酒积极开展国际化，实现丝路文化传播，将所蕴含的中华文化传播到欧亚及美洲各地。中国白酒要凝聚共识，结伴同行，相互借力，抱团合作，通过思想碰撞、交流互建，在文化、品牌、技术、人才、信息、产业等方面共谋发展，共建平台，共享资源和成果，推进中国白酒创新融合，走向海外。

“中国名酒企业应该敢担当、勇作用、讲格局、从长远，为行业立心，为行业铸魂。要坚定文化自信，做中华优秀文化的弘扬者、传承者和传播者，讲好中国故事，讲好中国酒的故事，打造中国白酒发展提升和走出去的金钥匙。”秦本平说。

为凤凰琼浆注入新的血脉

作为中国凤香型白酒的创立者和典型代表，西凤酒被誉为“酒中凤凰”。陕西西凤酒厂集团有限公司党委书记、董事长、西凤酒股份公司总经理秦本平表示，大力弘扬工匠精神，打造优秀民族品牌，将为凤凰琼浆注入新的血脉。

“近年来，随着消费升级，我们从供给侧改革出发，从品牌质量和品牌与产品匹配抓起，确定以西凤酒 1915 和 53 度西凤酒为核心的品牌战略，聚焦打造七彩系列、酒海陈藏、绿瓶系列等 5 大重点产品，培育支持 15 年或 6 年陈酿的西凤酒、华山论剑西凤酒、国花瓷西凤酒、西凤 375 等大单品，为西凤从低端化、数量化向质量化、效益化转变奠定基础。”秦本平说。

在产品质量上，秦本平强调，公司始终坚守和践行“品不良在于心不正”的质量观。“我们先后通过了国家质量管理体系、环境管理体系、计量检测管理体系和食品安全管理体系认证，并建立起了从原料到餐桌的‘7 大关卡 55 道防线’质量管理标准体系。”

据了解，中国酿酒原料及品质安全研究院就设立在西凤公司。同时，西凤酒厂还建立了原粮种植基地，拥有省级企业技术中心和 CNAS 认证白酒检测实验室，拥有三十台（套）国际先进水平的检测设备和近 200 名专职质检人员和科研人员，仅 2018 年企业在质量管控设备的投资就达到了 8600 多万元。

“在制度和教育、养成等方面，公司加大了全员质量意识的培养，设立了首席质量官、建立了‘西凤工匠’‘师带徒’‘大师工作室’工作机制，定期邀请消费者走进生产车间，了解企业保障食品质量安全的制度和举措，由此增强消费者对中国制造食品的信心。”秦本平表示，为进一步保障消费者维权投诉机制畅通，公司还采用产品防伪技术，设立了全天候的售后服务中心，切实保护企业和消费者的合法权益不受侵害。

“2019年被定义为西凤酒厂的‘改革提速年’。”秦本平说，公司将围绕集团层面的混改、品牌整合、产能扩张、现代营销网络建设和市场净化5大方面展开改革。

他介绍，一是通过混改，推进社会资源、资本加入，改善经营体制，提升规模效益，激发管理团队活力；二是通过品牌整合，建立品牌价格体系由低到高、产品体系由大众到高端的西凤品牌完整阵营，实现产品结构调整和产业升级；三是通过产能扩张，提高优质基酒产量，保证基酒品质，对产品进行升级，满足全国化、国际化市场发展的产能需求。

“民族的才是世界的，打造富有文化底蕴的优秀民族品牌是我们共同的目标。”秦本平说，新一代西凤人大力弘扬工匠精神，守正创新，砥砺奋进，为中国白酒的文化传承与品牌传播蹚出新的路径。

天士力集团

TIANSHILI JITUAN

更多精彩内容，请扫码观看

天士力控股集团入选新华社民族品牌工程

2018 年 11 月 30 日，天士力控股集团入选新华社民族品牌工程签约仪式在北京举行。

原总后勤部卫生部副部长、中国预防性病艾滋病基金会理事长王玉民、中国预防性病艾滋病基金会副理事长刘京徽、新华社副社长兼秘书长刘正荣、天士力控股集团董事局主席闫希军等出席仪式。新华社总经理室总经理张永平为天士力控股集团颁授了入选证书。新华社新闻信息中心副主任胡玉霞与天士力控股集团副总裁吴丹勇代表双方签署合作协议。

天士力控股集团创建于 1994 年，是以大健康产业为主线，以生物医药产业为核心，以健康保健产业、医疗与健康服务产业为两翼的高科技国际化企业集团。

据了解，天士力坚持自主创新，积极推进现代中药智能制造，发明了中药微滴丸胶囊剂，创新打造微滴丸生产线和中药材数字化智能提取生产线，在中药规模化提取、滴丸剂型生产体系和中药注射剂等方面实现了中药智能制造新跨越。

天士力控股集团董事局主席闫希军表示，天士力控股集团正处于从产品品牌向企业品牌升级、从国内品牌向国际品牌扩展、从单一品牌向多元品牌递进、从制造业品牌向服务品牌延伸的关键时期，迫切需要外部媒体资源、智力资源的强力支持。入选新华社民族品牌工程，是天士力品牌建设的一个新起点。天士力控股集团将以此为契机，提升品牌内涵，讲好品牌故事，不断提升天士力品牌的影响力和竞争力。

原总后勤部卫生部副部长、中国预防性病艾滋病基金会理事长王玉民表示，

作为大健康产业领军企业的天士力，在创新现代中药的基础上，率先提出“大健康产业”的新概念。天士力复方丹参滴丸作为现代中药代表产品，在世界上首次作为复方中成药在全球多国、多临床中心完成了申报美国 FDA 的大样本、随机双盲、双对照三期临床试验，为国家中药国际化研究探索了一条新路，成为我国中药现代化、国际化的榜样和标志性成果。

新华社参与民族品牌工程服务的机构代表、新华网董事长、总裁田舒斌表示，天士力是中药现代化的开拓者和现代中药理念的创新者。天士力不断汲取民族医药的精华，利用创新智能手段，让传统智慧焕发出现代科技之光。在全面建设健康中国的当下，中医药越来越显示出独特价值。新华社有责任传播好中医药价值，助力中医药企业品牌建设，为增进人民群众健康福祉尽一分力量。

国台2019年全国经销商大会成功召开

2019年1月18日，大国酱香·共创共享——国台2019年全国经销商大会在云南普洱成功召开。会议期间，各嘉宾围绕大健康产业下的酱酒机遇、国台未来发展、国台对标上市的具体规划做了精彩发言与探讨。

天士力控股集团董事局主席闫希军系统阐述了天士力大健康产业的发展，同时为国台提出了未来发展的战略方向。

闫希军表示，天士力的产品、产业需要转型提升，产品开发无止境，要让产品更有标准、更完善、更经得住科学验证和消费者的体验的验证。国台也要转型升级。要向创新型企业转型，研发高质量产品，打造技术体系，为智能制造提供技术支撑，带动精准研发更多产品；要向下游转型，给智能制造提供更多信息，让智能生产数字产品，实现节约化发展，降低成本；要向智慧服务型转型，构建数字化、智能化大健康服务体系，强化平台功能，构筑创新创业平台、模式创新平台、合作共赢平台和价值实现平台。

中国酒业协会副理事长兼秘书长宋书玉结合中国白酒产业形势阐述了什么是好酒，以及打造名酒新的品质与价值表达，并指出国台当前面临的优势与机遇。他表示，名酒与品质好酒增长时代来临，国台酒潜力可期。

江南大学副校长徐岩针对饮酒与健康和酱酒健康基因做了专业分析。为什么白酒健康源于酱香型白酒？徐岩指出，根本因素是酱香型白酒的酿造特征：高温制曲、高温堆积、高温馏酒、长期储存。这种工艺特性使得酱酒拥有了丰富独特的组成成分。他表示，要用科技的力量解析优质酱香型白酒的风味魅力和健康价值。

国台酒业总经理张春新说，2019年是国台酒业力争2020年主板上市的决胜年。张春新分析指出，国台2019年要在产研销、质量、人才团队、公司治理和运营等各项关键指标上都要达到上市公司的状态。因此，贯穿国台2019年全年各项工作的主线就是：对标上市，系统提升，决战决胜。

此次会议期间，参会嘉宾们还考察了天士力集团的另一重要产业——帝泊洱生物茶谷。

中国酒业协会副理事长兼秘书长宋书玉，江南大学副校长徐岩，中国著名表演艺术家、国台品牌代言人唐国强，天士力控股集团董事局主席、国台酒业董事长闫希军，天士力控股集团副总裁、国台酒业副董事长叶正良，卓鹏战略咨询董事长田卓鹏，智邦达咨询董事长张健，国台酒业总经理张春新，副总经理徐强，副总经理汤旭、王美军等出席本次大会。

企业创新推动城市可持续发展

创新型城市是建设创新型国家的重要途径，也是探索城市发展新模式和推进城市可持续发展的迫切要求。目前我国已进入到2020年建成创新型城市的全面攻坚阶段。企业是建设创新型城市的载体，企业持续保持科技创新活力，城市创新才有持续竞争力。

近日，首部中国城市创新竞争力蓝皮书发布，城市创新竞争力天津市位列第四。高新技术产业产值、科技经费增长率等单项指标，天津均位居前列。

作为拥有25年发展历史和两个国家级重点试验室，以及国家医药产业智能制造首批示范企业的高科技国际化企业集团，天士力控股集团对天津城市创新竞争力的提升功不可没。

2017年，天士力控股集团研发投入12.37亿元，同比增长49%，占医药工业收入13.2%，并获得中国医药企业管理协会等主办单位评选的“2017中国医药上市公司研发创新10强”。截至2017年底，天津市共有国家级重点实验室13个，天士力控股集团拥有其中的两个。

25年来，天士力控股集团通过在理念、产业和国际化等方面相辅相成、相得益彰的全方位创新，发展成为以大健康产业为主线，大生物医药产业为核心，带动天士力国际体系、资本体系、保健与健康管理产业体系、教育体系协同发展的高科技国际化大型企业集团。

理念创新构建大健康产业跨越式发展新模式

天士力控股集团率先提出“大健康产业”新概念，并在创业创新历程中始终秉承“追求天人合一，提高生命质量”的企业理念和“创造健康，人人共享”的事业愿景，以及“以人为本，诚信通达，立天人合一之德，行大健康之道”的核心价值观，逐步形成了以“通”的哲学思想为指导，继承与创新为灵魂的企业文化，构建了大健康产业跨越式持续发展新模式。

由天士力控股集团打造，2017 年 5 月 23 日启用的以安国数字中药都公共综合服务平台为核心的中药材交易市场，以数字本草第三方中药材检测、质量追溯体系、电子交易形成“三网合一”公共服务平台，打造世界领先、中国之最的中药资源生态化产业链，逐步实现“顶天立地”的战略梦想，使现代中药成为与化学药、生物药比肩的世界三大医药体系之一。

中国医药企业管理协会副会长郭云沛表示：“第三方质检、第三方追溯等手段，有效保证了中药材交易中的质量和安全，通过构建全球一流的中药材质量追溯体系，对中药国际化、标准化起到进一步拉动作用，不仅强化了中药产业链上游的数字化质量管理，还将有力支撑中药工业、中医药服务业，联动国内各有关产业，走向国际市场。”

产业创新推动中药产业进入智能制造新时代

天士力控股集团以现代中药奠基立业，率先倡导“现代中药”新理念，以高新技术创新改造传统中药产业，推动传统中药产业进入新型工业化、智能制造新时代。已建成达到国际标准认证的提取与制剂生产线，全部实现了信息化、智能化、可视化以及在线可控。

天士力控股集团经过 25 年的自主研发，首创现代化微滴丸新剂型，创造了世界上第一台高速微滴丸生产线，实现四倍重力加速度磁悬浮高频振动、负 130 度深冷氮气瞬间冷凝、三秒内迅速升温干燥。这套高速微滴丸制药装备和

自主技术体系，实现了现代中药智能制造的创新性技术革命。

天士力医药集团股份有限公司董事总经理朱永宏说，它能生产普通滴丸重量和直径十分之一的小微滴丸，但其载药量是常规滴丸的近三倍。

2019 年，在天津市工信委等五部门联合下达 2018 年天津市智能制造专项扶持资金的评审中，天士力控股集团凭借一整套现代中药“智能”产业链，获得政府四项专项资助资金。

天士力控股集团在做专做精、做强做大现代中药的基础上，向特色化学药、高端生物药行业扩展。化学药以“仿创结合”特色创新为主，形成具有差异化竞争优势的大产品、大品种，治疗脑胶质瘤为主的“蒂清”、助睡眠的“文飞”等一批新产品，已成为市场知名产品。生物制药打造与世界同频共振的平台，研发了国家“十一五”期间唯一批准的溶栓类一类生物新药——普佑克，已成为心脑血管疾病临床救治一线溶栓药。

天士力控股集团副总裁吴丹勇表示，作为国家医药产业智能制造首批示范企业，天士力控股集团近年来大力发展智能制造产业，这对企业和整个行业的转型升级与智能制造的建设与发展，都起到了至关重要的作用。

全面国际化的发展战略助力中医药走向世界

天士力控股集团坚持全面国际化的发展战略，经历了“寻路”“探路”“筑路”的艰难求索历程。现代中药复方丹参滴丸，成为全球首例顺利完成美国 FDA 国际多中心随机双盲、大样本三期临床试验的复方中药制剂。通过国际化的现代医学评价体系，再次证明了现代中药的配方科学性、机理明确性、安全有效性和质量可控性，为中药国际化开辟了走向世界的新方法、新通路，是我国中药现代化、国际化的标志性成果，具有里程碑意义。

由于中医在理念上与西方现代医学有所不同，中医药历来都很难融入西方国家的主流医学。复方丹参滴丸国际化研究搭建了一座中药走向世界的桥梁，使国内外对中药国际化的理解达到融合与共识，同时促进了一批国内中药企业的国际化进程。一旦被美国 FDA 批准，将把中药国际化研究提升到一个全新高度，高精尖的科研产品必将丰富治疗药物的品种和品类，为全球健康保健体系提供新的解决途径和方法。从这个角度而言，复方丹参滴丸是中医药迈向国际化的一大步！

此外，天士力控股集团还积极参与中国中医药管理局认可的国家级海外中医药中心德国—中国中医药中心建设。中国工程院院士、中国中医科学院常务副院长黄璐琦说，要使中医药融入西方国家主流医学，一方面要积极推进中医药现代化，用现代科学语言将中医药机理阐释清楚，另一方面要积极探索其他有效途径，使中医药进一步打开西方医疗市场。

对此次天津在中国城市创新竞争力排名中位列第四，天士力控股集团董事局主席闫希军高兴地说，我们能感受到企业创新得到国家认可和支持，也激励了我们进一步创新的干劲儿。

未来，天士力控股集团将继续以党和国家的发展战略为指引，致力于将企业发展战略和创新成果融入国家战略与国家力量中，秉承其核心价值观，实现大健康产业体系集成，建设创业创新平台、模式创新平台、合作共赢平台、价值实现平台，构筑新时代大健康产业发展新模式，打造现代企业人文精神新高地，铭记初心，砥砺前行，为中国品牌赢得世界尊重。

广汽集团

GUANGQI JITUAN

更多精彩内容，请扫码观看

广汽入选新华社民族品牌工程

2018年12月8日，新华社民族品牌工程专家咨询组在北京成立，随后召开第一次专题会，对入选新华社民族品牌工程的广汽集团进行研讨。数十位来自知名高校、研究机构和行业协会的专家学者，围绕广汽集团品牌战略建言献策。

广汽集团总经理冯兴亚介绍，秉承着“人为本、信为道、创为先”的企业理念，广汽集团坚持合资合作与自主创新共同发展，业务涵盖整车及零部件研发、制造、汽车商贸服务、汽车金融等，成为国内产业链最为完整的汽车集团之一。目前，广汽集团整车核心业务板块形成自主品牌、日系合资、欧美系合资“三足鼎立”稳步发展格局。自2013年以来，广汽集团连续六年入围《财富》世界500强，2018年位列世界500强企业第202名。

近几年来，广汽集团加快了企业品牌建设和文化建设。2017年4月份，广汽集团在上海车展上发布了广汽品牌全新的战略和品牌口号——“匠于心·品于行”，并陆续推出了一系列品牌升级的举措。在2018年4月的北京车展上，广汽集团又发布了全新企业文化口号——“创无止境·心有未来”。

在国内自主品牌顺利推进建设的同时，广汽集团也在积极地打造品牌的国际影响力，以传祺品牌为核心开展了国际化道路，明确了三步走的国际化路线图。面向未来，广汽集团也在积极思考转型之路，从传统的汽车制造商到移动出行服务提供商的转变。冯兴亚说，汽车行业的“电动化、国际化、网联化、共享化”是汽车行业发展的大势所趋，广汽集团凭借对顾客的洞察，迅速发现挖掘新的市场机会，借助用户对移动生活的需求推动产业的进步和社会发展，为广汽集团新一轮的发展打下基础。

清华大学国家文化产业研究中心主任、中国传播学研究会会长熊澄宇认为，随着越来越多的行业跨界进入汽车行业，汽车已不仅仅是传统意义的机械行业，而是思想观念、行为方式、生活态度，构成了一个以汽车为载体的一种新的人和社会的联通平台。除了社会效益、经济效益，广汽的品牌还可考虑增加第三个维度，广汽要为中国人以汽车为平台这样的生活方式设立一种标准、一种规范。

中国汽车工业协会副秘书长师建华评价说，经历了广州标致以后，广汽探索了自己的发展道路，其中广汽的传祺，借助于前一些年合资的发展已经成为中国品牌里面的优质企业。目前整个行业形势比较严峻，但这不一定是坏事。实际上在负增长的过程中确实会使企业更加理性地思考，去考虑打造品质和品牌，更好地提升核心竞争力。同时，也给了广汽这样的优质企业带来了脱颖而出、优胜劣汰的发展机遇，带来更大的发展空间。

上海品牌发展研究中心执行主任姜卫红表示，新华社民族品牌工程要充分总结民族品牌塑造中的实践经验，并发挥示范作用。广汽集团从传统产业向先进高端制造业转型升级，立志成为未来美好生活、品质生活潮流的时尚引导者、推动者，在互联网智能化新能源的技术变革快速的时代当中如何构建新的商业模式，以及在国际化下定位全球品牌企业的塑造者，这些都是值得深入挖掘的。

国家市场监督管理总局发展研究中心主任付文飙表示，品牌是企业经济实力的重要指标，是参与市场竞争的重要资源。作为大型国有控股股份制汽车集团，广汽集团一直注重做大做强民族品牌。特别是“匠于心·品于行”新品牌口号的启用，标志着广汽集团继承了至精志广的品牌核心，体现了精益求精的工匠精神和良好的品行。

当前中国发展步入新阶段，品牌建设也迎来了最好的时代。品牌建设要靠持续推动科技创新、持续抓好质量提升、持续塑造品牌文化。我们要练好“内功”，借好“外力”，着力打造更多更好的中国品牌、民族品牌，在国际国内市场中彰显中国荣耀。

北京工商大学艺术与传媒学院院长、中国广告协会学术委员会常委罗子明认为，作为品牌来讲，从学术的角度来讲它必须是一个系统工程。从品牌辅导到品牌价值到管理到品牌保护到品牌的忠诚，整个价值链构成的每个点都是一个完整的子系统。广汽倡导“先有品，再有牌”，从企业的角度来讲，已经走上了正确的道路。

广汽集团总经理冯兴亚在会议上表示，未来广汽集团将始终围绕一个中心、两个不动摇、三个转变的发展主线，坚持开放务实，以用户为中心的创新实践，夯实品牌的基础，力争在2027年集团成立30周年之际，成为世界100强的世界企业；在2037年集团成立40周年之际，成为具有全球竞争力的世界一流企业。

“车轮上的新时代——我与改革开放的广州汽车工业故事会”成功举办

2018年11月14日，以“车轮上的新时代——我与改革开放的广州汽车工业故事”为主题的广州汽车工业故事会在广州国际媒体港隆重举行。广州市委市政府相关代表、广汽集团董事长曾庆洪、总经理冯兴亚及广汽集团员工代表、投资企业及合作伙伴代表、行业相关专家、经销商代表、供应商代表、消费者代表、媒体代表等约500人莅临故事会现场，共同回顾广州汽车工业发展历程。

此次故事会包括“岁月车轮深情告白”“创无止境燃情告白”“时空对话”等环节，以主旨演讲、分享对话、燃情畅想和屏幕视频、展板图片等多种形式，立体化回溯广汽集团历史，展现中国汽车工业成长故事。

从50后到90后，五代活跃在不同岗位的广汽人讲述自己与广汽集团发展的点点滴滴，他们见证了广州汽车工业从无到有、逐渐做大做强的历程。50后代表，原广汽乘用车副总经理陈建伟是将广汽传祺轿车开下生产线的第一人，至今他回想起那激动人心的20秒，依然热泪盈眶。70后代表侯敏，则在生产制造领域将女性的细腻和耐心发挥到极致，见证广汽乘用车从0到100万辆汽车下线的每一个光辉时刻！90后代表黄宇翔，是广汽商贸售后服务部主管，以“匠心”创造一流的“广汽服务”，为更多的广汽客户提供优质舒心的用车体验。“匠于心品于行”，广汽人在致敬峥嵘岁月的同时，不断薪火相传广汽文化，充分反映广汽人精益求精的工匠精神和良好的品行。

广汽集团快速的发展势头，也引起了外界的注意。故事会上，来自权威市场调查机构和媒体的精英分享了他们对广汽未来发展的看法。J.D.Power中国区总裁苏骏从中国汽车质量发展趋势和自主品牌近年来进步表现出发，表示广汽传祺表现优异、看好广汽传祺未来发展；著名新闻评论人，原凤凰卫视资讯台副台长曹景行感叹，作为一个新闻老兵，三十年间感受到中国汽车工业发展如此迅速，中国以最快速度成为世界第一汽车大国，广汽集团则是中国南方汽车工业发展的一颗明珠，期待广汽集团未来的表现。新华社环球杂志编委、主编、高级记者张毅，以及资深汽车媒体人汪云青分享他们对广汽集团在电动化、智能化和网联化发展布局的看法，同样看好广汽集团战略布局与未来发展。随着广汽国际化战略的不断推进，广汽集团自主品牌传祺在“一带一路”沿线国家中高端的品牌形象已深入人心，成为当地消费者口中的“最好的中国品牌之一”。广汽集团在科威特的独家经销服务商欧曼·苏莱曼·哈曼德·阿尔卡兹是“广汽全球车迷会”的头号狂热粉丝，他信任广汽传祺产品品质，将家里所有豪车变卖后，全部更换为广汽传祺的车型给家人使用。

冯兴亚和大家分享了广汽的成功经验。他认为广汽的成功源于各级政府对广汽的正确领导和大力支持、坚持“合资合作”和“自主创新”原则不动摇和全体广汽人的辛勤付出和努力。

最后，曾庆洪从亲身经历出发，回顾广汽集团的发展历程，畅聊广汽人在不同发展阶段的远见以及面向未来广汽集团在智能网联时代的发展布局。

广汽智联新能源汽车产业园首期工程竣工 广汽改革开放40年系列活动举行

2018年12月23日，被誉为粤港澳大湾区“世界级汽车硅谷”的广汽智联新能源汽车产业园，迎来首期工程——广汽新能源智能生态工厂20万产能项目的竣工，其人才和商业配套项目——番禺汽车小镇也正式奠基；当天上午，广汽爱信自动变速器项目和广汽时代动力电池项目正式奠基。广汽以产业园重点项目的落成、多个项目的奠基以及成果展等形式庆祝改革开放四十周年。省市领导、广汽集团董事长曾庆洪、总经理冯兴亚及广汽集团员工代表、投资企业及合作伙伴代表、经销商代表、媒体代表等约500人莅临活动现场，共同见证了这系列重要时刻。

“双管齐下”构建智联新能源生态体系

广汽新能源智能生态工厂是广汽智联新能源汽车产业园的首个项目，发挥着带动产业集聚的龙头作用。工厂总体规划产能40万辆/年，其中首期生产能力为20万辆/年，计划于2019年5月投产。工厂竣工后，广汽新能源将在新工厂内率先导入L4级无人驾驶示范运行，并计划每年至少推出两款纯电动新车。

目前，建成后的广汽新能源工厂已有多项领先成绩：全球领先钢铝车身柔性工厂，适应未来铝合金等轻量化材料应用，全球首创铝铆接及点焊切换技术及“钢铝混合”生产线，为用户提供更优质、更安全的轻量化车身；全球领先数字化自主决策工厂，国内整车工厂首次运用全球数据云平台进行生产过程分析决策，大幅提升生产效率和品质控制能力，打造最优质产品；全球领先深度互动式定制工厂，汽车智造C2B定制化，全球首个让用户深度参与汽车设计制造，享受个性化体验，打造专属座驾的智能生态工厂。全球首个能源综合利用生态工厂，全面运用绿色环保工艺和材料，与生态环境和谐共生，实现可持续发展。一项项创新举措筑就广汽智造新高度、品质新高度、定制新高度和环保新高度。

近年来，“电动化、国际化、网联化、共享化”成为汽车行业发展的大势所趋，为紧抓新能源汽车发展机遇，广汽集团作出重要战略部署，于2017年4月启动建设广汽智联新能源汽车产业园，以“整体规划、分期开发”为思路，着力打造智能制造区、创客服务区、汽车小镇三个分区。这是广汽集团实现转型升级、抢占新能源汽车发展制高点，构筑领先优势，争当未来市场引领者的战略举措。

当天奠基的汽车小镇项目是广汽智联新能源汽车产业园的人才住宅配套项目，致力打造“构筑融合智慧生活的全产业链开放创新生态系统”。项目用地面积约23万平方米，计容建筑面积约60万平方米，并计划在东南侧设置幼儿园、九年一贯制学校各一所。项目总投资约102亿元，分三期建设，总建设期共5年，其中第一期将于2021年竣工交付。建成后可提供住宅及公寓约5100多套，在解决人才居住和商业配套现实需求的基础上，通过数据共享和互联互通，建设成产业融合发展、智慧交通示范、智慧生活体验的智联新能源汽车小镇，实现汽车新能源、新技术落地先行先试，打造“智能、共享、绿色、生态”的移动终端未来生活和出行新体验。这也是广汽集团吸引人才、留住人才的创新措施和途径。

合资合作加深助力广汽未来布局

2018年7月，广汽集团与宁德时代签约组建两家合资公司，即“广汽时代动力电池系统有限公司”和“时代广汽动力电池有限公司”。12月23日上午，这两家合资公司也同时落户产业园并奠基。广汽时代预计在2019年底进行一期工厂投产，项目总投资3亿元，未来主要负责电池包的生产供应。时代广汽动力电池项目主要负责电芯的生产供应，项目总投资42.26亿元，2020年底工厂投产。此次广汽集团与宁德时代强强联手，将充分发挥各自在新能源领域的研发和制造优势，对广汽集团来说，通过与宁德时代的深度合作，有利于进一步提升在动力电池系统关键领域的研发能力，保障新能源汽车的电池包供应，为消费者带来更好的产品。

此外，2018 年 4 月，广汽旗下自主品牌广汽乘用车与爱信 AW 签约，共同成立广汽爱信自动变速器有限公司，主要生产销售变速箱，相关零部件研发、制造、销售和售后服务。23 日上午，广汽爱信项目也正式奠基，项目计划总投资 21.3 亿元，将于 2020 年 8 月投产，共计形成 40 万台 / 年产能，满足广汽传祺进一步发展需要。

未来布局日益清晰　努力再创新高

广汽集团正在蓄力智能网联新能源领域，未来将完成移动出行价值创造者定位的加速跑。在新能源领域，目前广汽集团已掌握新能源三电、机电耦合技术、新能源专用发动机技术等关键技术，形成了插电与纯电两大平台产品矩阵。预计到 2020 年，新能源汽车产品将占集团整车产销规模的 10%。

在智能网联领域，早在 2011 年，广汽集团就开始了无人驾驶技术的研发，并于 2013 年开发了首款具备自主知识产权的无人驾驶汽车，并掌握了多项无人驾驶技术。据悉，2020 年，广汽自主研发的 L3 级自动驾驶汽车将实现量产。

同时，广汽集团抱着开放的心态进一步扩大合资合作，加速推进“汽车 + 互联网”创新。从 2017 年开始，广汽积极与华为、腾讯、蔚来、中国移动、科大讯飞、思科、滴滴等公司展开合作，携手构建跨界融合的智能网联汽车生态圈，加快推动智能网联汽车的研发和应用。目前，广汽与各个合作伙伴的成果已逐步应用在广汽传祺的新产品上并陆续推向市场。

改革开放 40 年为中国汽车工业带来了长足的发展，乘着改革开放东风，广汽集团一路砥砺前行，奋勇拼搏，取得了出色的成绩。不忘初心，牢记使命，选择在广汽智联新能源汽车产业园首期 20 万新能源汽车产能项目迎来竣工这一里程碑时刻举办改革开放 40 周年广汽成果展，展现了广汽集团继往开来，坚定改革、坚持开放的决心和信心。

未来，广汽集团将持续推动质量、效益、动力三方面变革，努力在 2027 年即集团成立 30 周年之际，争取进入世界企业 100 强；在 2037 年即集团成立 40 周年之际，成为具有全球竞争力的世界一流企业。

今世缘

JINSHIYUAN

更多精彩内容，请扫码观看

“今世缘”入选新华社民族品牌工程

2018年8月17日，“今世缘”入选新华社民族品牌工程仪式在北京举行。双方将围绕品牌建设与传播开展全方位合作，尤其突出“缘文化”的研究和“国缘”品牌国际推广合作。新华社副社长兼秘书长刘正荣、江苏今世缘酒业股份有限公司董事长、党委书记、总经理周素明等出席仪式。新华社新闻信息中心主任储学军与江苏今世缘酒业股份有限公司党委副书记、副总经理倪从春代表双方签署入选文件。

作为中国白酒文化营销的倡导者和先行者，“今世缘”一直把打造最具影响力的文化品牌作为企业的愿景之一，以“缘”为品牌文化的核心，注重缘文化与酒文化的融合，走出了具有“今世缘”特色的发展道路，创造了中国白酒业的“今世缘现象”。“今世缘”创立的白酒品牌“国缘”，以卓越的品质和“成大事，必有缘”的品牌主张在高端市场深受青睐，成为企业的主导产品，引领了中国中度白酒的高端化发展，“今世缘”因此被誉为“高端白酒增长极的新创者”“中国高端中度白酒的创造者”。

“今世缘”董事长周素明说，“今世缘”入选新华社民族品牌工程，成为一个承载梦想与荣光大家庭新的成员，不仅为“今世缘”塑造更具内涵、更具魅力的缘文化品牌赋予了新的动能，也必将为“今世缘”实现高质量发展插上腾飞的翅膀。期待“一支笔”与“一杯酒”的结缘，系统化挖掘传播缘文化，做足缘文章，激发酒活力。立体化讲好“今世缘”品牌故事，传播“今世缘”好声音，彰显品牌性格，释放品牌力量，点燃品牌精神，缔结民族品牌图腾的时代佳缘。

新华社总经理室总经理张永平表示，“今世缘”极具创意地将中国传统的酒文化和缘文化进行了完美融合，塑造了一个全新个性化文化营销体系，在竞争激烈的中国白酒市场蹚出了一条新的发展路径。我们将围绕“今世缘”发展战略，定制系统化的海内外推广方案，依托新华社民族品牌工程全媒体传播和服务支撑两大体系，为“今世缘”进一步提升影响力提供有力支持。

回家团缘，今世缘连续三年启动助你回家大型公益活动

“这个春节，你回家的票今世缘包了！”带着赞誉、带着期许，2019 年今世缘“缘系万里，让爱回家”助你回家团缘大型公益活动再次启动。

此次公益活动，今世缘酒业联合南京客运站以及各大媒体，设置了南京、苏州、常州三个发车点，面向全国招募 1000 余名在外漂泊的游子，免费乘车。

南京地区报名时间截止到 1 月 25 日。1 月 24 日上午 9:00，20 辆“团缘大巴”统一从南京汽车客运站陆续发车，分别发往江苏省内的淮安市、宿迁市、连云港市、徐州市、盐城市和山东省临沂市、潍坊市、济南市，安徽省合肥市，河南省洛阳市。

常州地区报名时间截止到 1 月 25 日，2 月 1 日起发车，陆续发往：安徽省马鞍山市和江苏省连云港市、淮安市、宿迁市、盐城市、徐州市。

苏州地区开展集赞赢全额报销车票机会，截止到 1 月 25 日中午 12 点，进入“今世缘酒业”公众号获取活动海报，在朋友圈集 50 赞即可获得报销机会，春节过后凭火车票予以报销单程费用。

这个冬天，让回家的路不再寒冷。多年来，今世缘一直采取多样帮扶形式，帮助真正需要帮助的人。据主办方介绍，没赶上团缘大巴的返乡朋友不用着急，还可以参加“抖音集赞赢全额报销车票”活动。即日起，只需在返程途中拍摄回家路上的风景，或体现回家 / 春运 / 新年等元素的短视频。在“今世缘酒业”公众号内回复关键词“车票报销”获取报名链接并上传相关信息，在抖音 App 上传视频并带上话题“春节回家一路有缘”同时 @ 今世缘酒业官方抖音账号。截止到 2 月 12 日中午 12 点，点赞排名前 100 名乘客即可在节后获得全额报销

回家单程车票的机会和今世缘美酒。（乘车时间为 2019 年 1 月 21 日至 2 月 12 日之间，车票类型可为大巴、高铁、动车，且单张车票价格不高于 300 元）

今世缘酒业秉持着“酿美酒，结善缘”的企业使命，践行“讲善惜缘，和谐发展”的企业核心价值观，为人民谋福利、送温暖。为了让更多在外打拼一年的游子温暖归家，今世缘酒业在 2017 年、2018 年春运期间连续举办的“缘系万里，让爱回家”助你回家团缘大型公益活动已成功将数千名乘客平安送到家。

“今世缘把在外游子送回家，比什么礼物都强。”网友“故事囿你”热情点赞了今世缘的爱心善举；网友“撩人老林”说，今世缘每年的这个活动是最有爱的了；网友“郑玟”则表示，缘文化，感人文化，广结善缘回报社会；网友“风光无限”称，支持今世缘义举，助游子团圆。

网友“刘学政”说，“今世缘，我们真正地有缘！我是 2018 年乘‘缘系万里，让爱回家’的受益打工者。感谢今世缘酒业想着我们在外打工的人，2019 年我又报名提交啦！”

“2017 年，我们包下了数百辆滴滴专车，将近千名有缘人平安送回家乡，大家的感谢信，以及报平安的小视频，一度将工作人员的手机内存占满。”据今世缘工作人员介绍，2018 年，今世缘包下了 20 余辆“团缘大巴”，帮助上千名有缘人平安归乡。“发车仪式现场人山人海，当看到每个人脸上洋溢着回家的喜悦时，才是我们真正的幸福。”他说，2019 年，我们将采取比往年更加灵活多样的形式帮助更多的有缘人平安回家，幸福团圆。

今世缘：缘结正能量为发展赋能

2019年1月22日下午，“今世缘——搜索正能量·点赞2018”揭晓典礼在北京举行，致敬感动人物，聆听精彩故事，盘点辉煌荣光，喝彩美丽中国，弘扬惜善惜缘、奋进奋斗的正能量。作为新华社民族品牌工程成员企业，江苏今世缘酒业股份有限公司结缘此次点赞活动，党委副书记、副总经理倪从春为2018精彩故事颁奖，并分享了以正能量促进企业高质量发展的今世缘实践。

今世缘是中华优秀传统文化忠实的传承者，也是因缘而生、随缘而盛的企业，自1996年创牌以来，一直致力于缘文化的挖掘传播，谱写了中国白酒跨世纪的品牌传奇。缘文化是中华民族智慧与美德的重要文化资源，也是今世缘的魅力之源。在改革发展的实践中，今世缘把“缘”作为企业文化、品牌文化的核心，结缘正能量，凝聚正能量，播撒正能量，向上向善，促进了高质量发展。2008年起，跻身中国白酒“十强”企业行列。2014年，在上海证券交易所A股主板上市。2018年，预计归属于上市公司股东的净利润在10.75亿元—11.65亿元之间，同比增加20%—30%。主要经济指标再创新高，各项工作可圈可点，汇聚成高质量发展新的期待和改革再出发新的希望。企业荣获全国文明单位、全国质量奖、全国五一劳动奖状、全国模范劳动关系和谐企业等荣誉称号。

缘结正能量，彰显核心价值观

缘，是一种关系，比“关系”的内涵更为丰富、更富情感。一个企业的未来，取决于和什么人、什么事发生关系，以及发生关系的程度。

正能量是发展的推进器，道德的风向标。人世间最美好的关系是“和”。

今世缘践行“讲善惜缘，和谐发展”的核心价值观，履行“酿美酒、结善缘”的使命，促进各种关系的和谐和美。把“共生、合作、包容、感恩、分享”的缘文化理念落实到产业链中，以缘传情，以义兴利，形成“有缘有情有义，同心同德同赢”的合作关系。

在品牌建设方面，倡导“今世有缘，相伴永远”的品牌主张，在全国各地举办相亲会、集体婚礼，把成千上万对新人带进婚姻的殿堂。国缘品牌始终坚持与大事结缘，同成功相伴，为英雄干杯，提升品牌高度和厚度。2018 年，国缘美酒走进联合国，在构建人类命运共同体的时代潮流中，成为友谊的桥梁和纽带。

倪从春说，“今世缘——搜索正能量·点赞 2018”唱响新时代中国人的精神礼赞，带给我们直指心灵的感动与感佩。今世缘结缘年度“搜索正能量”点赞活动，就是要激励员工崇德向善、见贤思齐，点燃对真善美的向往，为发展凝聚强大的精神力量和有力的道德支撑，让文明的光芒熠熠生辉，让正能量迸发涌流。

凝聚正能量，提振发展精气神

企业是一个有机的整体，正能量是企业健康发展的基础。今世缘致力于正能量的凝聚，构建更有内生力的发展动能。

以人为本，以德立企，营造“汇缘聚福，共建共享”的氛围，惜缘同心，感恩同行，形成幸福企业的“今世缘样本”。把社会公德、职业道德、家庭美德、个人品德融入企业文化的具体理念，转化为员工的自觉行动，奠定企业向更高层次发展的心灵秩序。挖掘缘文化故事，举办缘文化故事会，让企业的理念凝聚恢宏正气，成为一种气场、一种氛围、一种文化。每周一次常态化的“道德讲堂”，将践行核心价值观与日常工作紧密结合，营造公司上下齐修身、做好人的氛围，让正能量更澎湃。

导入卓越绩效管理模式，建立卓越管理的规则和机制，推动管理转型升级。作为智能化酿酒的领跑者，我们依靠创新驱动，弘扬工匠精神，打造智慧工厂，酿造优质美酒，满足消费者对美好生活的需求。不断提升厂区的“颜值”和“气质”，注重人文色彩、情感理念和审美情趣的构筑，营造以德为荣、以德为美的氛围，今世缘景区成为国家 AAAA 级旅游景区。

播撒正能量，塑造大爱今世缘

无言的善行，春风化雨。

今世缘将公益慈善事业纳入发展战略，承担起更多的社会责任。携手央视《等着我》，四年来，已经帮助全国 12289 个失散家庭实现了团圆。建成“今世缘·等着我”展示馆，启动“今世缘·等着我”志愿者关爱计划，出资助力“缘梦基金”，开发公益定制酒，呼吁更多的人参与到爱心接力中来，推动并完善中国式寻人体系的建立。

今世缘成立今世缘扶贫济困基金会，设立今世缘慈善助学基金，参与“千百万扶贫济困大行动”“农民工子女健康成长计划”等多个救助项目。开展精准扶贫，公司 80 多名党员干部与地方 445 户低收入户开展结对帮扶。以创新的理念，探索完善“今世缘众筹扶贫协作”机制，通过企业搭台、商家参与，动员社会各界传递爱心火炬，助力脱贫攻坚大会战。

新春佳节到来之际，从 2019 年 1 月 19 日开始，今世缘启动“缘系万里，让爱回家”公益活动，让各地在外打拼的游子温暖归家过年。这也是今世缘连续三年组织爱心公益活动，2017 年，包下数百辆滴滴专车，2018 年包下 20 余辆“团缘大巴”，把数千名游子送到家的怀抱。

“在高质量发展的征途上，有今世缘人的文化自觉与担当，有正能量的集聚与释放，今世缘酒业一定会更有温度、更有情怀、更有境界。”倪从春表示。

今世缘做百年老店创百年品牌

国资背景的江苏今世缘酒业股份有限公司（简称“今世缘”，股票代码“603369”）入选新华社民族品牌工程仪式在北京举行。今世缘董事长、党委书记、总经理周素明介绍，下一步，双方将以“缘”文化切入点，围绕品牌建设与传播开展全方位合作，助力今世缘做百年老店、创百年品牌。

半年报业绩亮眼，高端酒高歌猛进

公告显示，今世缘2018年上半年实现营业收入23.6亿元，同比增长30.81%；实现归母净利润8.6亿元，同增31.6%。应该说，在白酒企业竞争日趋激烈的环境下，取得这样的成绩实属不易。

据周素明介绍，自2008年起，今世缘的综合经济效益就已经跻身中国白酒业“十强”行列。2014年7月，在上交所主板上市，当年实现净利润6.45亿元；2015年净利润为6.85亿元，同比增长6.1%；2016年，今世缘再次实现突破，净利润跃至7.54亿元，同比增长10.03%；2017年实现营业收入29.52亿元，同比增长15.57%，实现净利润8.96亿元，同比增长18.21%。

可以说，今世缘近年来一直在高速发展、弯道赶超。从2004年到2015年，今世缘积极运用现代科技提升传统生产工艺，完成了从半机械化向机械化，再从机械化向智能化的两次飞跃，建成了全国第一个智能白酒酿造车间，不仅为传统白酒行业转型升级和科技创新树立了标杆，还成为全国食品行业工业化与信息化深度结合的典范。

但周素明坦言，今世缘目前依然是一个发展中的企业，未来重点是在局部领域做精、做好、做美。特别值得一提的是，2017 年“今世缘 2017 年高端品牌国缘系列”销售占比达 62%，同比增长 6%；特 A 类以上产品销售占比达 81.8%，同比增长 5%。数据显示，品牌定位从“江苏高端白酒创导品牌”升级为“中国高端中度白酒创领者”的国缘系列白酒表现优异，其销售收入、市场份额持续增长，成功成为今世缘第一大战略品牌，且加快了品牌全国化布局进程。

植入“缘”文化，做足“缘”文章

据周素明介绍，今世缘的前身是涟水县高沟酒厂。20 世纪 90 年代，酒厂曾一度亏损三四亿元，陷入举步维艰的僵局。此后管理层大胆变革，抛弃以往对品牌的传统命名方式，首次在酒类品牌中融入了“缘”的文化元素，“今世缘”这一品牌因此横空出世，并开启了以“缘”文化为品牌定位的新时期。

周素明说，作为中国白酒文化营销的倡导者和先行者，今世缘是因缘而生、随缘而盛的企业。从早期成功的品牌策划，到后来牵手央视寻亲栏目《等着我》，今世缘一直把“缘”作为品牌文化的核心，以“缘”载道，以“缘”立誉，植入“缘”文化基因，做足“缘”文章，极具创意地将中国传统的酒文化和缘文化进行了完美融合，塑造了一个全新个性化文化营销体系，在竞争激烈的中国白酒市场蹚出了一条独特的发展道路，创造了中国白酒业的“今世缘现象”。特别是，继“今世缘”品牌后，今世缘又推出全新的“国缘”品牌，唱响“成大事必有缘”品牌宣言，成功进军高端白酒市场，从渠道创新、品牌创新到机制创新，快速完成了企业的调整与转型，打破了长久以来消费者对今世缘“中档酒”的定位，摆脱了与同类产品的恶性竞争。

在周素明看来，简简单单一个“缘”字，几乎涵盖了人与人之间所有美好的情谊——亲缘、情缘、友缘……诚然，无论是亲情、友情还是爱情，都离不开“缘”。围绕“缘”文化，今世缘开始不断为品牌做加法，以“缘”为核心，以“酒”为载体，夯实品牌的“缘”文化属性，培育今世缘文化体系，打造了独具特色的企业品牌形象。

周素明认为，酒文化最重要的是应该跟品牌文化紧密地结合在一起，而今世缘最突出的就是品牌文化优势。“缘”文化如今已经成为今世缘的灵魂，成为今世缘最深厚的文化软实力和核心竞争力。未来，今世缘将继续发挥以“缘”为特色内涵的文化品牌优势，立足于打造最具影响力的文化品牌，做百年企业、创百年品牌。

打造民族品牌，彰显品牌性格

在周素明看来，民族品牌是中华文化的载体，是民族精神的凝聚，牵系着亿万炎黄子孙的情怀。中国白酒是中华文化最具代表性的液态符号，最具民族精神的飘香名片。民族品牌的打造，是包括“今世缘”在内的中国企业义不容辞的责任担当、使命担当。

周素明说，“今世缘”入选新华社民族品牌工程，成为一个承载梦想与荣光大家庭的新成员，不仅为“今世缘”塑造更具内涵、更具魅力的缘文化品牌赋予了新的动能，也必将为“今世缘”实现高质量发展插上腾飞的翅膀。

据了解，新华社民族品牌工程将围绕“今世缘”发展战略，定制系统化的海内外推广方案，为“今世缘”进一步提升影响力提供有力支持。

周素明相信，“今世缘”将以搭乘新华社民族品牌工程为契机，依托新华社民族品牌工程传播平台、全覆盖传播网络、全方位服务体系，探索品牌创新升级新路径，构筑品牌人文化、差异化、特色化和场景化的辨识与认知、认同体系，推进“品牌强国”战略，驱动“今世缘”乘风破浪、扬帆远航。

周素明表示，期待通过与新华社的结缘，围绕酒和缘两大主题，做强做大白酒主业，立体化讲好“今世缘”品牌故事，传播“今世缘”好声音，彰显品牌性格，释放品牌力量，点燃品牌精神，缔结民族品牌图腾的时代佳缘。

黔系列

QIANXILIE

更多精彩内容，请扫码观看

贵州打造"黔系列"民族文化产业品牌

《贵州省人民政府办公厅关于打造"黔系列"民族文化产业品牌工作方案》于2016年3月出台，积极构建具有贵州特色的民族文化产业品牌体系，切实推进把贵州从"非遗"资源大省变为民族特色文化强省。

"十三五"期间，贵州省将着力打造"黔酒""黔茶""黔药""黔银""黔绣""黔珍""黔菜""黔艺""黔织""黔景""黔节"等11个"黔"系列产业品牌，在每个品牌之下推出10个以上的代表性产品及企业，初步形成产品规模扩大、质量提升、产值提高、市场规范，具有贵州特色的民族文化产业品牌体系。

《方案》提出，要大力推进民族文化产业品牌化，进一步提升贵州民族文化及其产品的知名度、美誉度和影响力，积极培育贵州发展的新名片和新增长点，推动资源优势转化为经济优势，实现民族文化传承与贵州经济发展双促进、双提升，并针对性地提出系列保障措施。

“对话‘黔系列’——2019新华社民族品牌工程走进贵州”系列活动在贵阳举行

2019年8月22—25日，由省民宗委、新华社民族品牌工程办公室联合主办的“对话‘黔系列’——2019新华社民族品牌工程走进贵州”系列活动在贵阳举行。在8月23日召开的新华社民族品牌工程“黔系列”品牌推介会上，省政府副秘书长汤向前致辞表示，由贵州省与新华社联合打造的“黔系列”民族文化产业品牌，已成为“多彩贵州”发展新的增长点，有力地提升了贵州民族文化品牌的知名度、美誉度和影响力，促进了资源优势向经济优势的转化，实现了民族文化传承与经济发展双促进、双提升。

汤向前指出，近年来，贵州基础设施的持续改善、优秀少数民族文化的传承弘扬、大数据的创新发展等，打破了制约贵州经济发展的瓶颈，为‘黔系列’品牌打造奠定了基础。立足多姿多彩的民族文化资源，贵州实施多彩贵州民族特色文化强省战略，提出以“工匠精神”打造“黔系列”民族文化产业品牌的思路，将民族节庆、民族饮食、民族医药、民族服饰、民族传统手工艺等民族文化资源整合提升为“黔酒”“黔茶”“黔银”等11个品牌系列，促进了民族文化传承和发展，成为“多彩贵州”的重要名片。

汤向前强调，下一步，贵州将在社会各界特别是新华社的大力支持下，进一步细化实施“黔系列”品牌打造的工作举措，用好各方资源，加大政策支持、强化产业扶持、加强宣传推介，努力在全社会营造人人知晓、人人参与的黔系列品牌发展氛围，推动“黔系列”品牌走出贵州、面向全国、走向世界，为助推国家品牌战略、决战脱贫攻坚、决胜全面小康做出新的更大的贡献。

新华社与贵州省于2018年5月共同启动“黔系列”民族文化产业品牌行动。

一年来，双方融情融智、聚心聚力，通过“黔系列”品牌研讨会、“黔系列”预选品牌展示推介会、“黔系列”品牌采风行、中国品牌日“黔系列”品牌推介活动、“黔系列”品牌100强征集评选等一系列活动，强化“黔系列”品牌深入人心，推动“黔货出山”初见成效。

“黔品牌”释放经济潜能 助推高质量发展

——探寻贵州经济“逆袭”密码

从贫困大省到GDP增速领先全国，从“地无三尺平，天无三日晴”到“山地公园省、多彩贵州风”，贵州“逆袭”已成为中国经济迈向高质量发展的一个生动注脚。

贵州经济蝶变的背后，是对发展和生态两条底线的坚守，也是产业加快转型升级和品牌经济潜能释放的结果。通过打造独具地方民族特色的“黔系列”品牌，贵州加速从粗放发展转向集约创新发展，将资源优势转化为经济发展优势。

文化品牌助推居民增收致富

贵州凯里市以酸汤闻名，如今通过开发黔酸宝系列产品，已经延伸出一条千亿产值的产业链。这是贵州借助文化产业品牌推动经济快速发展的一个缩影。

贵州是多民族聚居地，每个民族都有其鲜明的文化风格，但是长期以来，其特有的民族文化产品并未真正走出贵州。近年来，贵州制定了多彩贵州民族文化强省战略，提出了以“工匠精神”打造“黔系列”民族文化产业品牌的思路。借助“黔酒”“黔茶”“黔绣”“黔银”等11个“黔系列”品牌，贵州形成了鲜明的文化名片，为经济发展带来了更多动能，当地百姓也实现了就业增收。

黔东南州阿科里绣娘农民专业合作社是全州首家农民绣娘专业合作社。该合作社通过技能培训到县、村，并将订单分发给当地绣娘，形成了集培训、研发、生产、销售为一体的手工产业链，推动地方“造血式”扶贫。苗绣传承人杨科礼介绍，合作社成立给当地居民生活带来了巨变，入社社员收入少则百余元，多则万余元。“过去有些人因为没钱压根不会去赶集，现在还能请人吃吃饭、唱唱歌。”

麻料村素有“银匠村”美誉，以精于银饰制作颇负盛名。该村曾经由于地理限制，村民收入来源少、收入低。后凭借非遗优势与政策支持，村民入股成立了雷山县西江镇麻料村百匠银器农民专业合作社，发展加工坊并提供免费银匠培训，带动 29 户贫困户脱贫并惠及全村 180 多户居民。仅此一项，全村每年收入达 3000 多万元，年收入上百万元的有 13 家，50 万元以上的有 21 家。

“黔景”则是旅游品牌带动百姓增收致富的又一典型。凯里市南花村具有天然的苗族风情，近年被逐步开发为“全国生态文化村”“中国传统村落”“国家农业部生态富民示范村”“全省首批少数民族特色村寨”等。

2018 年南花村与黔东南州歌舞团有限责任公司签订合作协议，共同开发南花村旅游产业。当年 10 月至 12 月，南花村累计接待游客约 3 万人，旅游综合收入 30 余万元，贫困户脱贫出列 12 户 41 人。2019 年五一小长假，累计接待 1.1 万人次。

“黔货出山”促进经济提档升级

2019 年 8 月 21 日，拼多多“农货节”上来自贵州六盘水的红心猕猴桃在秒杀开始 7 分钟内就售出了 3 万枚。近年来，贵州“黔货出山”势头强劲。2018 年以来，黔南州“黔货出山”规模达 9.1 亿元，受益贫困人员 5.4 万人次。

2019 年以来，贵州省持续加大力度加快品牌经济发展。比如，贵州提出深入挖掘传承“黔菜”历史文化底蕴，打造“黔菜”餐饮和贵州绿色食材品牌。黔南州 2019 年还被确定为粤港澳大湾区“菜篮子”工程基地，并在都匀设立粤港澳大湾区“菜篮子”产品配送分中心。此外，贵州还将建立上海生猪和蔬菜的外延基地。目前“黔菜入沪”已取得阶段性成效，贵州每天向上海市场供应蔬菜 22 吨以上。

不仅如此，通过搭建“陆海新通道”，贵州的白酒、茶叶等特色产品还远销东南亚、中亚和中东等地区，实现了“黔货出海”。

“我们的产品‘青钱柳’已经进入泰国和皇室用茶。借助‘一带一路’，我们要把品牌打出去。”贵州都匀毛尖茶叶有限公司董事长蔡邦红说。作为“黔茶”的一员，都匀毛尖在“中国茶叶区域公用品牌价值评估”专项研究中，以32.9亿元的公用品牌价值位列榜单第11位，被评选为“最具品牌经营力品牌”。

“雷山茶”品牌也致力于做大做强。据了解，雷山县2019-2021年计划建成20万亩优质生态茶园，中低产茶园提升改造完成13.1万亩，新建茶园4.76万亩，新增茶叶加工企业21家，打造1家以上年销售额0.5亿元以上的茶叶企业集团和5家产值在1000万元以上的茶叶企业。

“推动产业扶贫，实现乡村振兴，促进高质量发展，需要品牌的附加价值。”中国农业品牌研究中心主任陆娟表示，我国农业品牌建设还存在品牌影响力有限、农产品质量有待提高和品牌建设主体薄弱的问题。应当明确农业品牌建设方向，利用政府政策资源、可把控的地理资源，建立包括准入、激励、约束、评价、反馈、治理等内容的农业品牌协同共建机制，以区域品牌带动企业品牌与产品品牌。

值得一提的是，近年来，“互联网+”产业发展迅速，成为挖掘品牌发展、消费潜力的新力量，平台价值凸显。贵州经济正搭建创新型平台，助力产业发展。

雷山县以“网红带货”“抖音直播”等新电商营销理念，借助“网红大V”的影响力，涌现出“手工苗绣杨阿妮”“织锦小芝”“Hey董悠悠”“假如遇见李江富”等大批“抖音达人”，以北京字节跳动科技公司（抖音）扶贫合作项目为契机，带动雷山特色产品销售。2019年上半年，雷山电子商务网络零售额达到18291.53万元。

部分“黔系列”产品还入驻了新华99平台。据新华99品牌顾问介绍，“截至2019年9月，新华99APP已经成为赣州11个签约区县开展消费扶贫工作的第一入口。推动了地方县、乡、村三级电商扶贫合作社建设，通过不断完善软硬件环境与服务体系，提高了合作社的信息服务水平。”

资源整合带动产业持续发展

老品牌持续发力，新品牌价值日益显著。2019年8月23日，2019新华社民族品牌工程“黔系列”品牌推介会上公布的贵州“100强品牌”榜显示，作为“黔酒”重要成员的贵州茅台酒仍稳居首位。与此同时，新品牌加快崛起。其中“黔茶”品牌指数走势显著提升，2019 年上半年创历史新高，达到 186.39 点，有效带动产业整体发展。

南有毛尖，北有翠芽。发展百余年获百项殊荣的“都匀毛尖”与获国家金奖近九十次的“湄潭翠芽”相得益彰。如今，“凤冈锌硒茶”“雷公山茶”“石阡苔茶”“正安白茶”“梵净山茶”“瀑布毛峰”等一批地方品牌迭起，新茶品牌频出。随着“贵州绿茶”地标的申请，贵州形成了以昔日无名、今夕珍品的“贵州绿茶”母品牌为引领、多品牌集群的品牌发展路径。

不过，在专家看来，“黔系列”品牌作为多彩贵州的子品牌，仍需要加大资源整合，实现品牌共振，持续推动贵州文化和经济可持续发展。

新华社民族品牌工程项目走进贵州，也为贵州发展赋能。2018 年 5 月，新华社与贵州省人民政府签订了联合打造“黔系列”民族文化产业品牌战略合作框架协议。贵州省人民政府副秘书长汤向前表示，新华社开放 21 个报刊资源和全媒体资源，每年无偿提供 1 亿元左右的广告资源宣传“黔系列”品牌，极大提升了“黔系列”品牌的知名度和美誉度，为黔货出山、助推脱贫攻坚做出了积极贡献。

中国商业联合会副会长，国家标准委全国品牌评价、批发与零售标准化委员会委员谭新政表示，贵州应对外传递贵州酱酒、贵州名茶、贵州名药、贵州特产、贵州工艺、贵州生物、贵州科技、贵州生态、贵州旅游等九张名片，并在五年内重点推出 110 个重点特色品牌，完善商业和诚信体系的建立，打造无形资产体系等十大战略体系，确保“黔系列”品牌可持续发展。

陆娟认为，要整合政府政策资源，首先要有政府专项经费，其次要纳入当地国民经济和社会发展规划，围绕品牌建设，出台土地、金融、税收、物流、冷链等一揽子支持政策，借用政府力量促进品牌发展。

上海品牌发展研究中心执行主任姜卫红则表示，政府打造“黔系列”品牌是为了服务于经济发展，政府与企业是绿叶与红花的关系。“政府比较热情洋溢，企业也不能被动，应该主动行动起来。”

浔龙河

XUNLONGHE

更多精彩内容，请扫码观看

浔龙河生态艺术小镇入选“新华社民族品牌工程·未来之星”

2018年6月2日，浔龙河入选“新华社民族品牌工程·未来之星”仪式在北京举行。这是继2017年新华社启动“民族品牌工程”后，首次以“未来之星”计划助力高成长型民族品牌发展。浔龙河也是全国首个以乡村振兴品牌入选新华社民族品牌工程的企业。

新华社民族品牌工程旨在为优秀民族企业进一步扩大品牌影响力提供有效渠道，为唱响中国品牌助力加油，为民族企业进一步走向世界铺路搭桥。特别是在党中央国务院高度重视民族品牌建设及乡村振兴战略正式提出之际，将二者进行紧密结合并上升到国家战略高度，将为当前供给侧改革提供可探讨学习的农村样板，为国家乡村振兴战略的理论和实践提供可供探索的示范案例。

据了解，浔龙河生态艺术小镇位于湖南省长沙县果园镇，规划建设面积14700亩，依托便捷区位交通优势、优美生态环境优势和深厚人文底蕴优势，并以“打造平台，整合资源，形成特色，创造品牌，树立标准，全面复制”为目标，建立中国乡村振兴特色小镇平台和品牌。

中国城镇化促进会副主席、浔龙河村党总支第一书记柳中辉说，“我们坚持‘青山绿水就是金山银山’的发展理念，通过房屋集中居住、土地集中流转、环境集中治理，建设美丽乡村示范村庄；通过城市公共服务集中引入，建设农村新型生态社区；通过社会资本集中下乡、产业集中发展建设生态艺术小镇，最后以城乡融合发展的方式，让城乡资源要素可以自由流动，走出了一条农业转型、农村繁荣、农民致富的新路径。”

新华社总经理室总经理张永平表示，为了服务品牌强国战略，新华社实施

民族品牌工程，运用新华社丰富的媒体资源、强大的传播实力和专业的智库力量，为我国优秀民族企业进一步扩大品牌影响力提供有效渠道，为唱响中国品牌加油助力。

由中国城镇化促进会、新华网主办的2018中国首届乡村振兴大会于6月下旬在北京举行，浔龙河作为乡村振兴的典范受邀参加，并举行“乡村振兴联盟倡议书”签署仪式等多项活动。

“浔”找乡土情

在漫长的人类文明史中，不同地区的人们都找到了与自然的相处之道，形成了各地的好经验、好做法。与此同时，由于世间万物，变动不居，只有实践自我变革的活力，才能为发展提供不竭动力。

“明者知时而变，知者随事而变。”在农业现代化过程中，位于长沙县的浔龙河生态艺术小镇涌现了一批锐意进取的改革先锋，他们正积极转变传统农业经济模式，培育浔龙河的特色农产品品牌。目前，南瓜、番茄、空心菜、辣椒、丝瓜已得到农业部授予的“浔龙河”牌绿色食品认证，当地部分企业获得长沙市“农业产业龙头企业”称号，也被纳入长沙市重点菜篮子工程生产基地、农业部标准化蔬菜基地建设试点项目。

农产品，是风景也是收入

长沙市长沙县的县域经济水平在全国处于领先地位，但县域内经济发展也不平衡，南富北贫，而浔龙河正好处于南北交会的过渡地带、由城入乡的接合部。

几千年来，这里以种养为主，耕读为家。改革开放后，年轻人向往城里的生活，纷纷到城市里工作、学习、谋生，一时间浔龙河留下的大多是老人和小孩。

为了破解农村资源闲置、农村发展滞后、农民收入较低以及农民留不住、市民进不来的难题，浔龙河生态艺术小镇按照“市场主体、政府监督、村民参与、集体决策、利益共享”的原则，进行了卓有成效的创新探索，为我国农村经济发展贡献智慧和力量。

就农业发展来看，浔龙河生态艺术小镇重视从传统农业向现代农业的升级，

发展无公害农业、绿色农业、生态有机农业。浔龙河正根据不同的地貌开发不同产品，比如在基本农业发展绿色蔬菜、优质稻的种植，在旱土、坡地和一般农业种植花卉苗木和水果。

休闲三产正逐渐成为发展生态农业的引领项目。浔龙河打造的集旅游、观光、休闲一体的云田谷和麦吉农场，成为远近闻名的自然生态、和谐美丽的田园景观。

记者看到，盛夏时节，这里的扁豆、长豆、空心菜、朝天椒、南瓜、丝瓜、圣女果等当地作物均长势喜人，荷花龙虾基地更是颜色鲜艳。受到阳光充足、土壤肥沃的关照，这些农产品品种繁多、鲜美多汁。

“靓丽的”绿色农业产业既解决了当地村民的就业难题，又构成了一道赏心悦目的风景。目前，浔龙河已种植优质水稻580亩、绿色蔬菜620亩、花卉苗木600亩，规划建设2000亩生态农业产业园。

此外，浔龙河生态艺术小镇与湖南农业大学建立产学研战略合作伙伴关系，成为湖南农业大学产学研长沙唯一基地及教研示范基地；与湖南省蔬菜研究所合作成为生蔬菜研究所成果转化基地和原生态品种培育基地。

保驾护航的“先锋”队

改革开放至今的很长一段时间内，浔龙河的乡镇企业在湖南省甚至全国都享有盛誉，这方水土也养育了包括浔龙河村党总支第一书记柳中辉在内的一批具有创新意识的改革者。

湖南棕榈浔龙河生态城镇发展有限公司协调部经理陈矿石曾见证过一段辉煌历史。他介绍说：“20世纪80年代，湖南电视台广告种类还很少，当时大家耳熟能详的一个，就是我们浔龙河村的一个品牌——果园镇汽车厂的橘州牌农用车。我26岁左右加入这家企业，正好赶上它最好的时候，见证了它借着改革开放的东风，成为全省第一个产值过亿元、销售额遥遥领先的乡镇企业。柳中辉也曾是这家企业的员工，我年长他几岁，后来担任过该厂的厂长。2018年是改革开放四十周年，这一路走来，我非常钦佩他对初心的坚守。”

在浔龙河筑巢引凤的过程中，陈矿石被任命为协调部经理，主要负责项目前期的沟通协调工作，确保土地确权和流转等事项的顺利实施。

对此，陈矿石介绍道，当地农民人均耕地少，农村基本上是自给自足，农民大多是兼业型农民，农业老龄化严重，年轻劳动力务农意愿很低，客观上有进行土地流转的基础。从目前来看，土地流转成为集体经济的新型实现形式，农民将土地流转给集体后，可享有决策参与权与收益分红。

"当地百姓较为淳朴，再加上对我本人的信任，沟通过程比较顺畅，这些都为壮大农村集体经济，提高村民生活水平，提供了前提条件。我们计划着，未来三年还要完成 3000 亩土地的流转。"陈矿石说。

当记者一行来到村民谭伯恺家中拜访时，他和他的老伴正在含饴弄孙。热情招呼我们落座后，他回忆起项目启动的前期工作。作为热心村民，他曾参与过与柳中辉等项目负责人商洽的沟通会。在沟通会上，双河村所有村民被分为 13 个小组，每个小组约 20 来户村民，谭伯恺是其中的一名组长。在他的热情召集下，他所在的小组是最早达成共识，成为双河村第一个全票通过土地确权流转方案的小组，此后的 12 个小组陆续达成共识，土地流转和确权方案的支持率达 98%。

谭伯恺说："老百姓心中自有一杆秤，我们对柳中辉书记非常信任，因为他给我们带来了更多的发展机会，也相信他一定会造福家乡发展。经过沟通后，我们更确信了这一点，当初愿意将土地流转给集体的，都会分得一栋房子，住进徽式风格的别墅，招商项目入驻后，可以收到租金，也可以在家门口找到更高收入的工作，这种好事情大家都特别踊跃地去参与。目前来看，当初的允诺都已实现了。"

此后的土地确权和流转工作中，浔龙河生态艺术小镇始终坚定不移地履行着当初的承诺，产业发展为百姓开展集体资产租赁、集体经营性土地经营等集体经济和村民就业创业提供了平台，为村民致富增收提供了发展机遇。

"老中青"三代人

从传统农业向现代农业转型过程中，浔龙河立足于社会各界的协同发展，以湖南浔云农业科技公司作为集体经济发展主体，并联合该公司与长沙县供销社、湖南浔云农业科技公司，成立了湖南省首家村级标准化新型功效合作社，探索形成村级集体经济发展新模式。

80 后的邓英葵是湖南浔云农业科技公司总经理。自 2017 年 1 月起总经理之职以来，他在发展现代农业方面做出积极尝试。

“为做好精准脱贫，2017 年我们给村民提供了养殖蜂蜜的机会，第一批我们做了 200 多个养蜂箱给村民，并提供一年的技术服务。在销售渠道上，我们与‘明园蜂业’等品牌企业合作，将一年下来从村民处收集到的蜂蜜，按一定的检测标准销售给企业，这个项目是农村第一二三产业合作的一个典型，也是让农民增收的好方式。”邓英葵介绍说。

在浔龙河的智造工厂，消费者可以看到包括浔龙米在内的各种果蔬粮食的供应链全过程，改变了曾经单一的农业发展模式。邓英葵称，浔龙米也是品牌营销的一大品类。在浔龙米的品牌营销上，湖南浔云农业科技公司也强调包装和口碑的重要性，除了统一品牌标识外，强化产品质量，稻米一年出一季，在售价方面则按照普惠的价值理念进行推广，售价在 3—5 元 / 斤左右。

湖南浔云农业科技公司顾问黄建国现年 51 岁。近十年前，当时 40 岁出头仍在外打工的他，选择重返家乡，恰好参与见证了浔龙河生态艺术小镇的建设过程，全面感受了项目带给当地的一系列变化。

浔龙河得天独厚的区位发展优势，再加上“城镇化的乡村，乡村式的城镇”的高建设标准，让黄建国看好家乡的发展。在这里，城市公共服务向农村覆盖、城市基础设施向农村延伸，城市现代文明向农村辐射，完善小镇的公共配套功能，满足自己对美好生活的构想。

黄建国介绍说，目前自己正参与到浔龙河康养产业中，很多项目市场反响很好，一度供不应求。他坦言，对于他这个年龄段的人来说，浔龙河是个好项目，40 多岁的他返乡后为家乡做了不少工作，孩子们也渐渐地长大了，他和爱人也可以进一步规划未来几十年在家乡养老的各项事宜。

在“麦吉农场”，记者见到了一位年近 70 岁的老人柳干祥，他看起来朴实诚恳却又神采奕奕，正在工作间处理上午从“麦吉农场”的地里采摘下来的空心菜和辣椒，这些食材即将被送往浔龙河生态艺术小镇的餐馆和食堂。

岁月留给他的，是老一代农民勤勉认真的本性，而他的“原生态”绿色种养经验，也在当今这个时代愈发“前沿”。

柳干祥告诉记者："农药我们从来不会多用，一般都会用农家肥。现在时代好了，有些机器设备更好用了，比如这个日本进口的风干机，可以帮助防止发芽。长沙三伏天比较热，所以每天我只在上午工作四五个小时，差不多在地里忙活的时间，是在上午六点到十一点。天气不太热的时候，我在地里会工作八小时不嫌累的。这不是别人逼着我这么做的，这是我个人习惯的生活节奏，从贫穷中走来，我也更加珍惜现在的好日子。从种植到采摘，我们这里的十几个人基本能忙活完，但有时农忙季节，也会请来一些临时工。"

当谈到柳中辉时，老人不住夸赞，虽然平时柳中辉很忙，不会经常见面，但每逢节假日会发一些礼品，从来不拖欠员工工资，在过年前的腊月里，柳中辉也会跟大家见面聊聊未来的计划，拜访老人，重视传统礼节。自己现在的安居房就在浔龙河生态艺术小镇9号院，居住条件非常便利和舒适。

解析“浔龙河模式”探路乡村振兴战略实施

由中国小康建设研究会和湖南棕榈浔龙河生态城镇发展有限公司主办的“乡村振兴战略论坛暨都市近郊型乡村振兴浔龙河案例研讨会”2018年10月17日在浔龙河生态艺术小镇举行。

此届论坛聚焦乡村振兴战略的规划与实施，从政策解读、实施路径、运营实践等多方面进行探讨和交流，围绕各地村镇在建设经验、发展思路上的创新理念进行研究和总结。研讨会由原农业部政策法规司副司长贺军伟主持。

湖南省长沙县委副书记、统战部长杨莉致欢迎词，她表示，浔龙河的建设富有成效，富有探索和推广意义，是长沙县深入推进乡村振兴战略涌现出来的一个代表。本次论坛聚集了有关部委领导、知名专家学者与相关村镇企业代表，具有行业顶尖的前瞻性、理论性和学习性，是难得的学习机会，真诚希望各位领导专家把长沙县作为探索乡村振兴战略体制机制障碍的试验田，为全国乡村振兴战略探索出一条可借鉴、可推广的都市近郊型的乡村振兴道路。

原农业部党组副书记、常务副部长，中国农业经济学会会长尹成杰在致辞中表示，特色小镇是推动乡村振兴的重要力量，在建设生态宜居美丽乡村、促进城乡绿色发展、培育城乡发展新动能、新产业、推动政企协作融合双赢发展、推动农业农村现代化发展等方面彰显出巨大的魅力。从浔龙河的经验出发，特色小镇的建设要以五大理念为指导，在提高发展质量和水平上下功夫，要把它作为推动乡村振兴战略实施的重要力量来抓，突出绿色发展，突出特色小镇作为转移农村人口、扩大就业、促进三产融合的平台功能。

人力资源和社会保障部原党组副书记、副部长，甘肃省原省委常委、常务副省长，中国劳动学会会长杨志明在致辞中表示，浔龙河的快速崛起是一种经济现象，也折射出在振兴乡村的过程中有规律可循。经济转型，乡村振兴是新增长点，广义地讲也是新动能。乡村振兴中的农民工返乡创业是新亮点，也是生力军。浔龙河和全国六百万农民工返乡创业的案例再一次说明，在乡村振兴中生态效益与经济效益互促共进，它能带来乡村旅游、现代农业、乡村教育以及发展中的康养结合等效应，在都市近郊型的乡村振兴中是一种宝贵的经验和资源。

国务院参事，原国家质量监督检验检疫总局副局长、党组成员葛志荣在致辞中表示，都市近郊型乡村振兴有什么特点？存在什么问题？通过浔龙河走出的道路如何解决？这是总结浔龙河模式的意义所在。浔龙河模式有五个特点，一是发展生态型产业；二是加强了服务功能；三是坚持了三产联动；四是坚持全面振兴乡村；五是坚持了高水平、高质量发展，发挥了品牌效应。

第十二届全国政协副秘书长、民革中央原副主席何丕洁在致辞中表示，不管是在精准扶贫还是新农村建设等方面，最缺的就是“人”。基于此，在总结浔龙河模式的经验上面，我们一是要充分传播介绍柳中辉书记回乡创业的经验、做法，大力培养更多的有情结、扎扎实实做事的农村三农工作的带头人；二是进一步加强对农民技能的培育力度，培育新农民，提高农民的组织化程度。

实施乡村振兴战略，是党的十九大作出的重大决策部署，是决胜全面建成小康社会、全面建设社会主义现代化国家的重大历史任务，是新时代“三农”工作的总抓手。2018 年，是实施乡村振兴的开局之年，各地探索农村综合改革的积极性更加强烈，特别是在取得一些成功经验的基础上，如何把握乡村振兴战略的本质内涵和政策的突破性方向，从而更好地运用到实践探索中去，推广成功经验并适时复制，加速乡村振兴进程，是一个亟待研究的重要课题。在研讨会上，与会人员对以“浔龙河模式”为切入点的都市近郊型乡村振兴发展模式展开了对话交流。

中国农业大学原校长、教授、博导，农业农村部软科学委员会副主任柯炳生指出，企业和企业家进乡，在管理、人才、就业、资源利用等方面给浔龙河带来了很大的变化。在浔龙河的产业结构方面，他提几点思考和建议：在发展第一产业中要注意处理产业规模化和多元化的关系，在发展第二产业时要注重

与第一产业的融合发展，在发展第三产业上要注重保护好生态大环境，同时要把小的局部做精致。此外，还要从长远出发，合理使用建筑用地，让土地增值。

农业农村部经营管理司原司长张红宇从都市农业的发展方向这个主题出发，提出三点建议：一是都市农业丰富了现代农业的模式特点，包括产业类型多元化、农业资源禀赋多元化、经营主体多元化；二是都市农业的发展方向是什么？是农工结合、农旅结合、农商结合、农文结合；三是工商资本让都市农业更精彩，体现在工商资本促进农业的转型升级、致力于新产业、新业态的发展，致力于实现小农户和现代农业的有机衔接。

农业农村部农村合作经济指导司巡视员王乐君认为，乡村治理在新形势下面临一些挑战，如治理结构的分歧，农村经济社会组织的多元化发展，薄弱的农村经济实力，农村社会转型、农民思想观念、价值判断、文化差异等。面对这些挑战，下一步如何推进乡村治理？王乐君表示，要做到四个转变：治理功能从行政管理向公共服务转变；治理方式从村干部治村向规则治村转变；治理机制从传统方式向以信息化为主的现代方式转变；治理方法从支配服从向协调沟通转变。

“产业形态鲜明、环境优美、和谐宜居、基础设施便捷完善……浔龙河的体制和机制充满了活力，从发展理念、经济发展模式、规划建设管理、政府支持政策等方面都有很大的创新。同时，也希望浔龙河生态艺术小镇在与传统文化结合方面可以加大力度，对包括湘绣等在内的传统文化可以更多挖掘展示。”住房和城乡建设部法规司副司长贾四海表示，一天多时间的近距离接触，浔龙河生态艺术小镇给他留下了深刻印象。

“要通过乡镇的建设来带动乡村振兴，一方面它提高了城镇化的质量，另一方面又带动乡村振兴。政府通过完善基础配套设施改善环境，企业通过工商资本下乡促进产业发展，两者作用不可或缺。再加上市场的调剂，特别适合像浔龙河村这种都市近郊型特色小镇的发展，且无论是从交通区位、资本吸引还是城郊聚合等方面，都更容易操作。”国家发改委农村经济司原副司长方言说。

“城镇化的战略能够有力支撑乡村振兴战略的实施，为乡村提供城市现代文明，促进城市现代化的要素更好地配置到农业农村当中，我们国家现代化的进程必须是城镇化战略与乡村振兴战略同时发力，从以往的发展经验来说，浔龙河是成功的。它结合资本、企业下乡和以柳书记为代表的村民带领集体致富，同时也带动资本技工者返乡创业，对大多数郊区来说这是必要发展条件。”国家发改委城市和小城镇改革发展中心副主任沈迟说。

“浔龙河生态艺术小镇做到了将目前关于乡村振兴的一些提法具体化，如在加强人居环境改善、环境治理保护、发挥农民的主体作用等方面都取得了丰富的、可学习的经验。同时，也对浔龙河的发展提三点建议，一是要加强对旅游产品特色的挖掘，二是要更深度地开发本地的文化产品，三是要更好地规划绿色生态产品的推广。”生态环境部环境与经济政策研究中心研究员殷培红说。

湖南省政协经科委主任，中南大学教授、博导吴金明提出，浔龙河模式的2.0版是“三新引领、三需拉动、三软驱动”。他指出，所谓三新是指新理念、新动力、新动能；三需则是指立足于文化性、健康性和智慧性的第四次消费升级需求；三软则是指软资源、软产业、软价值。同时，从稳定就业与“城归”稳定创业方面提高浔龙河地区的四大质量、软价值构建、产业优势培育、特色培育、核心竞争力培育，与长株潭城市领域进行深度融合，在平台资产和资本证券化发展等方面展开探索。

“一从资本的逻辑出发，在发展过程中将资本、政府和市场进行了紧密结合；二从土地的逻辑出发，根据生态空间、生活空间、生产空间的规划，每一块土地都赋予价值；三从制度的逻辑上守住制度红线，形成利益共享体系，坚持党建为引领。”三农问题专家、湖南省社会科学院研究员陈文胜给出了浔龙河模式在推广过程中可借鉴的思路。

咸阳市城乡发展一体化办公室主任赵强社认为，浔龙河村在发展中已经走出了一条新型集体经济的道路，也是大家必须要走的道路，他指出浔龙河集体经济的几个特点：党建引领是根本，三产融合是路径，生产、生活、生态三生共融是原则，村民之间是股份合作的关系，政经分开是保障，共同富裕是目标。

“在农村，‘能人效应’是一个特别值得研究的现象。能人首先对本土有感情，他了解本地的风土人情，他对农民的所思、所想、所求、所难他都非常了解，在做的过程中，比外来的人更好操作和实践。另外，我觉得能人有情怀，因为他情感不一样，他可能比别人更执着。”中央电视台新闻采访部农业组组长庄园希望中国的农村有更多如柳中辉这样的能人发挥作用，有千千万万的人

做出更多的“浔龙河”。

“浔龙河模式是一种适合都市近郊型特色小镇的发展模式，它必须满足‘离城市半小时的城郊区位、生态环境优美和文化底蕴深厚’三个基本条件。九年来，从乡村资源如何有效确权，项目如何政策破题高效实施、如何引入工商资本进行产业规划运营、如何多角度创新促进农民增收等都进行了实践和探索。同时，在前期的调研过程中，我们发现，在过去的城镇化过程中和特色小镇的发展中，排他性、掠夺性开发和产业结构单一带来的弊端已非常明显，在汲取前人经验的基础上，浔龙河要将乡村田园风光保留住，要将城市文明与乡村文明进行融合，要在回得去的乡愁中感受获得感。”浔龙河村党总支第一书记柳中辉如此总结。

此次研讨会吸引了30多位来自政、学、研、产的专家代表和中央省市县媒体的关注与参与。通过围绕乡村振兴战略规划、村镇建设发展、集体产权制度改革等展开研讨，为探索适于推广复制的乡村振兴实践经验提供建设性思路，并为相关政府部门的决策提供有价值的参考意见，从而积极推动并助力全国乡村振兴战略。

文化产业为浔龙河的发展注入了“魂”

“斯是陋室，惟吾德馨。”这是唐代诗人刘禹锡在一篇托物言志的铭文《陋室铭》中对陋室的赞美。他认为山间的茅房虽然不富丽堂皇，但正是这文化给予了陋室独到的“魂”。中国城镇化促进会副主席、浔龙河村党总支第一书记、湖南浔龙河投资控股有限公司董事长柳中辉作为浔龙河项目的总工程师在“文化魂”这一方面与刘禹锡进行了一个跨越千年的交流，他在谈及浔龙河文化时，从传说讲到史实、从热血激昂的革命热情谈及敢为人先的湖湘精神，犹如他指尖不断上扬的青烟一般延绵不绝。

柳中辉认为，文化是一个地界的“魂”，这也正应了刘禹锡的那句“山不在高，有仙则名。水不在深，有龙则灵”。但柳中辉并不想单纯为“陋室赋铭”，他想做的是给文化“着以新装”。从2008年开始至今的十年间，柳中辉给双河村（现浔龙河村）做了一个翻天覆地的改变，他将浔龙河文化以一种全新的现代化面貌向世人展示。对于浔龙河文化的挖掘，柳中辉是决策者，而具体的实施离不开另一个人——双河村文化团团长史润东。

史润东和柳中辉都对自己的家乡抱有强烈的热爱之情。史润东出生于戏曲世家，从小便受到家人的熏陶投身于花鼓戏、黄梅戏等地方曲艺的学习表演当中。史润东深知自己家乡的文化魅力，在一次文艺演出结束后，柳中辉找到史润东向他阐述了自己对于家乡“文化魂”的理解和建设方案，引起了史润东深深的共鸣，他毅然决定回到村里协助本地文化工作的开展。当时的浔龙河项目虽然已经开始建设，但是处于一个百废待兴的状态。别看现在的浔龙河徽式楼院林立，绿水青山环绕，在当时连一个像样的基地都没有建成。但即便如此，史润东还是对柳中辉个人以及他浔龙河项目的宏伟蓝图抱有十分的认同。

在文化挖掘工作的伊始，柳中辉便提出了“十个一”的文化工程。这“十个一”便是柳中辉给浔龙河文化找到的十个强有力的媒介，包括一首歌、一篇赋、一部书、一份报、一个蜡像馆、一个医院、一所学校、一个剧场、一本村志、一出戏。在浔龙河建设的这段时间里，史润东严格按照柳中辉的设想，在这“十个一”的工程中都亲力亲为，如今这“十个一”已完成大半。但万事开头难，文化工程的开展需要村民们配合，在开始阶段，如何调动村民的积极性成为摆在史润东面前的一个难题。在一次午休中，一档红遍大江南北的综艺节目——星光大道给了史润东灵感。“我也可以办一个村里的‘星光大道’啊！”

随着想法的诞生，史润东便联系团队抱着试一试的心态着手开始“浔龙河歌唱比赛”的举办。歌唱比赛选在一个名为“农庄”的餐厅前方举办，在“农庄”前方是一个三段式的台阶，每一段整台阶之间都有一块平地，这里便是供村民们一展歌喉的平台。不仅如此，在台阶两侧的水渠上，史润东用脚手架搭建了观众席，夜幕之下，闪烁的灯光和唯美的布景给这个看似小规模的村办歌唱比赛增添了几分专业的水准，俨然似一场南方的小型“星光大道”，这次的歌唱比赛极大地调动起了村民对于开展文化工作的热情，许多村民都踊跃报名，想在大家面前展示自己的才艺。歌唱比赛不但吸引了许多外村人的关注，甚至引起了村、县政府的高度重视。随着“歌唱比赛”的成功举办，村民对于文化工作的热情算是被完全调动了起来，接下来便是着手“十个一”项目的策划安排。

在“十个一”中首先需要提到的便是“一部书”。这部书是一本关于浔龙河传说的十万字长篇巨作，更值得一提的是，书的创作人史润东的父亲在创作这本浔龙河传奇时，没有用电脑、打字机，纯粹一笔一画完成了十万字的手稿。结合美丽的传说和自己在村内的采风，把一个杨泗将军斩孽龙的故事写得活灵活现。而史润东，也将这本浔龙河传奇改写成了湖南境内篇幅最长的八万字的弹词。

随着《浔龙河传奇》的问世，一本更加贴近史实的村志也接连出版，村志中将寻龙河地界的历史、精神、文化通过与史实的结合做了充分的描写，跨越之大涵括古今，包括三国时期关羽战长沙、近现代的革命伟人等。

名人文化的挖掘夯实底蕴

“文化发掘一定要有特色。”史润东坚定地表示，“传说和史实可能没有那么能够让来往游客或者本乡人深刻感受到这个地方的文化内涵，找到一个众所周知的大家能够产生共鸣的人物或者事件，应该是文化工作的重心。”在确定这样一个目标之后，首先闪入史润东脑海之中的便是国歌作词人——田汉。田汉是浔龙河畔人，1907年，田汉便和他的两个弟弟随着母亲一起来到了浔龙河畔三字墙的外公外婆家。于这里田汉开始了自己在长沙求学、日本留学、归国创词的一生。

“田汉，可以说是湖湘文化的一个代表人物。我们这里搞文化工程就靠两块招牌，一是浔龙河自身的文化，二是田汉的人文文化，如何把二者结合，是我当时所考虑的重点。”当时的史润东，从田汉是同乡人的层面出发，首先便是开展了田汉故居整修，田汉文化园的建设。在园内，对田汉的一生做一个长廊式的展厅，用雕塑对田汉所经历的事件做生动的描绘。

“我认为现代的部分影视把历史低俗化了，历史是严肃的，田汉也是严肃的，不然就不会有《义勇军进行曲》这样慷慨激昂的作品展现，田汉体现的是一种奋进一种百折不挠的精神，这也是我们浔龙河人民的精神。”

在丰富了浔龙河文化之后，接下来应该完成的便是如何把这个文化传播出去。在“十个一”中史润东用一首歌、一出戏、一份报，把浔龙河的文化历史和风土人情向外界做了一个宣传。在歌曲《浔龙河畔》中通过歌声向外界展示浔龙河自然人文的美好，用一部30集的连续剧把浔龙河人民的家长里短通过戏剧化的方式做了深入的描述，一份浔龙河报则是向外界充分报道现今浔龙河的发展进程。

从挖掘到推广，如今浔龙河的文化已经在外界做到了广泛的传播。越来越多的人知道并且了解到了浔龙河，了解到了这个地方独特的风土人情、传奇故事，了解到了这个本名不见经传的小镇是如何一步一步发展成为现代化城镇的路程。

文化工作还远远没有停止，2018年，北师大于浔龙河落址。十年前提出的一座学校的建设目标也已实现，届时北师大的建成将给这个小镇的教育带来一个巨大的提升帮助。除此之外旨在解决民生健康的医院以及弘扬伟人精神的蜡像馆的建设也在规划当中。届时，一个设施完备的现代化城镇将在星城长沙一隅闪亮着自己的光辉。

这个小镇是那样的静，就算是人声鼎沸之际也让人感受得到远离烟火的安逸。它静得从容，静得澎湃。从容于安居乐业，不感迷茫的悠然心态，澎湃于敢为人先，一脉相承的沸腾血液。它又是那样的富有声响，听得到浔龙河奔流赴海不复还的一往无前，听得到先烈壮志凌云先天下之忧而忧的呐喊彷徨。

空有其表不行，完全只有内在也不可以。文化丰富了浔龙河，但是浔龙河项目又何尝不是对浔龙河文化的一次提炼呢？

隆基股份

LONGJI GUFEN

更多精彩内容，请扫码观看

隆基股份入选 “新华社民族品牌工程·未来之星”

2018 年 9 月 7 日，隆基股份入选“新华社民族品牌工程·未来之星”签约仪式在北京举行。

新华社副社长兼秘书长刘正荣、隆基股份董事长钟宝申等出席仪式。新华社新闻信息中心主任储学军与隆基股份品牌总监李峰代表双方签署入选文件。

隆基股份成立于 2000 年，截至 2018 年已成为全球最大的太阳能单晶硅光伏产品制造商，A 股上市企业。2018 年上半年，隆基股份营业收入 100.02 亿元，同比增长 59.36%；归属于上市公司股东的净利润 13.07 亿元，同比增长 5.73%；实现综合毛利率 22.62%。

在过去 18 年里，隆基股份稳扎稳打，不忘初心，坚持业务聚焦，坚守单晶路线，在波澜壮阔的创业征程中，把创新融入发展，始终专注于单晶硅棒、硅片的研发、生产和销售。

隆基股份以“善用太阳光芒、创造绿能世界”为使命，致力于成为全球最具价值的太阳能科技公司，始终秉承“可靠、增值、愉悦”的企业文化理念，持续为社会提供可持续发展的清洁能源。

隆基股份董事长钟宝申说，隆基股份从事的是光伏行业，而光伏始终是一个特别有故事的行业，“光伏 + 储能”已经勾勒出一个即将实现的人类终极解决能源问题的美好蓝图，在这一改变世界能源格局的历史进程中，离不开中国光伏企业的巨大贡献。隆基股份的入选，代表着新华社给予中国光伏行业的支持与肯定。隆基股份将通过新华社民族品牌工程的平台，带动其他中国光伏企业实现良好的行业生态体系的建立和发展。

新华社参与民族品牌工程服务的机构代表、半月谈杂志社总编辑叶俊东表示，新华社与隆基股份开展战略合作，将助力隆基股份塑造更具内涵、更富魅力的企业品牌，为隆基实现高质量跨越式发展赋予新动能。新华社将依托全媒体传播平台、全覆盖的传播网络、全方位的服务体系，为隆基股份讲好品牌故事，有效提升隆基股份的品牌知名度和美誉度。

在新华社国家级信用服务平台——新华信用上，通过非财务评价模型从外部环境、企业特质、经营水平、信用历史、关联风险、股东背景等六个维度对隆基股份进行综合评价，结果显示：隆基股份的信用级别为最高等级 R1。该评价体系共分 15 个等级，R1 的违约概率为 0.03%，显示企业具有最好的信用质量。

新华社民族品牌工程于 2017 年 6 月启动，是服务品牌强国战略的实际行动，旨在整合新华社丰富的媒体资源，强大的传播能力以及专业的智库力量，为我国优秀民族品牌进一步扩大影响力提供有效的推广渠道，为唱响中国品牌加油助力，为我国民族品牌进一步走向世界铺路架桥。其中特别推出的“新华社民族品牌工程·未来之星”行动，旨在助力“创新中国”“美丽中国”“健康中国”建设，为创新型、成长型民族品牌提供传播平台。

隆基公益基金八载
助力兰州大学“英才励学”

2018年9月18日，中国红十字会隆基百分之一基金“英才励学计划”八周年庆典在兰州大学举行。

据了解，隆基百分之一基金是由全球光伏巨头隆基股份发起，中国红十字会总会设立的非公募专项基金。2010年起，百分之一基金在兰州大学开展“英才励学计划”，至2017年底已累计捐赠60万元，共帮助了120名家庭经济困难、品学兼优的兰大在校本科生。

当日，兰州大学倡议成立了薪火公益社，作为在学校教育基金会主管下的全校公益性社团，倡导兰大学子承担社会责任、热心公益事业，传承和弘扬隆基百分之一基金公益理念。

兰州大学外国语学院2014级本科生尚福城说，在大学四年里获得的诸多助学金里，隆基百分之一基金的公益理念让自己印象最为深刻。他毕业后选择保研留校，并参与发起了兰州大学薪火公益社，致力于让“百分之一的奉献，百分之百的改变”的精神薪火相传，生生不息。

2018年至2019年期间，隆基股份还将捐赠40万元用于资助80名大学生。兰州大学校长助理范宝军表示，隆基百分之一基金持续8年资助兰大学子、支持兰大人才培育，加深了学校与校友企业、中国红十字会的深厚友情。

“531 新政”加速行业整合 光伏发电成本已接近常规能源

光伏上市公司半年报数据显示，约七成企业上半年营业收入和净利润实现同步增长，但第二季度经营数据同比却并不亮眼，同时，光伏企业负债率上升明显。补贴退坡，指标受限，下半年国内光伏电站装机量受到影响，不少光伏企业内部已经产生震荡。

钟宝申认为，行业整合是任何产业发展过程中都要经历的阶段，光伏产业此前经历了散、乱、快的发展过程，“531 新政”实施后，市场上的产能将向优势企业集中，行业龙头占有的市场份额增大，而相当一部分常规、落后产能的公司难以生存。

光伏产业属于资本密集与技术密集型产业，研发能力是企业的核心竞争力。钟宝申分析，“531 新政”加速行业整合，为抢占市场份额，光伏领域内成熟技术将在较短时间内投入市场。同时，行业整合期间，由于市场的整体萎缩，部分企业技术研发能力可能受限于有限盈利能力而暂时放缓，研发实力强的龙头企业有望扩大技术优势。

自 2000 年成立以来，隆基股份始终重视科技研发，对比多家光伏企业 2018 年半年报，隆基股份的营业收入和净利润名列前茅，分别为 100.02 亿元和 13.07 亿元。其中，上半年研发支出高达 7.19 亿元，同比增长 61.80%，占营业收入比例为 7.18%，创历史新高。

钟宝申称，“技术”和“团队”是隆基股份的“护城河”和制胜秘诀。2018 年上半年，隆基股份累计获得各类已授权专利 407 项。

光伏发电成本已近常规能源“平价上网”前景可期

“531 新政”的发布，对加速实现光伏“平价上网”释放了明确的政策信号。

被问及光伏“平价上网”时代何时到来，钟宝申认为，光伏发电成本已近常规能源，隆基股份将推动行业尽快明确“平价上网”的定义与共识。

2018 年 4 月，国家能源局新能源司副司长李创军通报我国光伏产业发展情况时曾透露，得益于技术的快速进步，2007 年到 2017 年，我国光伏发电度电成本累计下降了约 90%。8 月，国家能源局印发《关于无需国家补贴光伏发电项目建设有关事项的函》指出，由各地按照国家有关可再生能源政策，结合电力市场化改革，在落实土地和电网接纳条件的前提下，自行组织实施无补贴光伏发电项目。

钟宝申认为，国家推进“无补贴光伏项目”，能够给社会传递一个广泛的信号——光伏的成本已经接近常规能源，光伏已经在全球具备了成为主力能源的成本条件。从用户侧角度而言，平价上网在一两年之内完全有可能实现。但他同时坦言，在“平价上网”的问题上，要考虑地方煤炭价格的差异和对污染成本的计算方式，及早明确标准。

他的这番看法基于两点原因：一是煤炭发电的污染成本目前由社会承担，并未显性化，加之各地煤炭价格略有差异，在全国范围内，按照煤炭价格衡量光伏电价是否“平价”，只能在个别地方、边界条件下做到。

另一方面，光伏发电原料是光，取之不尽，用之不竭。光伏电站建成后，运营成本低；而煤炭需要不断投入成本才能产出，且储量有限。综合来看，光伏发电成本优势已经显现。

“在未来，我们还将努力实现‘光伏制造光伏’，促进光伏发电‘平价时代’的早日到来。”据钟宝申介绍，隆基股份一直在从降本增效、高效运营两方面积极参与推动“光伏时代”早日到来。2017 年，公司曾向外界公布其全球领先的低衰减技术促进光伏发电“平价上网”进程加速。

隆基股份成立于 2000 年，公司目前已成为全球最大的太阳能单晶硅光伏产品制造商，业务覆盖光伏全产业链。企业技术领先优势明显，新技术和新工艺应用于规模化生产速度较快，在成本控制和高效产品创新方面成果显著，多次打破世界纪录，成为 PERC 电池、组件转换效率世界纪录的领跑者。

隆基乐叶荣获“2017中国绿色能源贡献企业”

由新华网主办的2017第七届中国能源高层对话在北京隆重召开，此次会议主题为“中国能源变革与合作”。政府官员、国内外能源界专家、学者、企业精英就能源产业和企业如何抓住“风口”机遇，经济新常态下如何建立规模化发展的管理体系，怎样结合“一带一路”促进能源企业走出去，如何建立市场化能源金融体系等领域最新研究成果与最佳实践展开了交流与对话。

与此同时，经过广大网友推选和大会评委会最终评定，推选出“2017年中国绿色能源贡献企业”“2017年中国绿色环保企业”“2017年中国产业创新企业”“2017年中国‘一带一路’杰出贡献企业”“2017年中国能源影响力人物”。

随着颁奖嘉宾念出颁奖词“隆基乐叶光伏科技有限公司总部位于西安，注册资本10亿元，专注于高效单晶电池及组件的研发、生产和销售，推动高效单晶技术在全球光伏市场的应用。目前它已成为全球最大的单晶光伏组件供应商，2016年单晶电池组件出货量达2.34GW，全球产销第一，迅速跻身全球一线组件品牌行列。在它的带动下，2016年国内单晶市场占有率已达到27%，推动了光伏产业快速升级换代。它就是——隆基乐叶光伏科技有限公司。”会场响起热烈的掌声。隆基乐叶光伏科技有限公司荣获“2017中国绿色能源贡献企业”。

据了解，隆基乐叶光伏科技有限公司，是全球最大的单晶硅光伏产品制造商——隆基绿能科技股份有限公司的全资子公司。隆基乐叶专注于高效单晶电池及组件的研发、生产和销售，推动高效单晶技术在全球光伏市场的应用，现拥有5GW单晶组件产能。乐叶光伏通过母公司与国开新能源、华为、特变电工、中电建北勘院等知名企业建立战略合作伙伴关系。

足力健

ZULIJIAN

足力健老人鞋入选新华社民族品牌工程

2018年12月20日下午，足力健老人鞋入选“新华社民族品牌工程·未来之星”签约仪式于新华社历史陈列馆隆重举行。新华社副社长兼秘书长刘正荣、新华社民族品牌工程服务机构代表、中国广告联合有限责任公司董事长税立、足力健老人鞋创始人张京康等领导共同出席了此次签约仪式，见证这一历史时刻。

助力优秀民族品牌 打造最强中国力量

签约仪式伊始，新华社民族品牌工程服务机构代表、中国广告联合有限责任公司董事长税立首先发表了致辞。他提到，品牌是企业乃至国家竞争力的综合体现，代表着供给结构和需求结构的升级方向。新华社民族品牌工程的实施，是对国家品牌强国战略的积极响应，彰显了新华社“围绕中心、服务大局”的责任担当。

中共十九大报告提出：建设现代化经济体系。而建设现代化经济体系，就需要“品牌强国”战略。一个国家的世界品牌数，既体现了其经济实力、科技实力，更凸显了其软实力和国际影响力。

为此，新华社整合丰富的媒体资源，强大的传播能力以及专业的智库力量，为创新型、成长型民族品牌提供传播平台，为我国优秀民族品牌扩大影响、走向世界，提供了有效渠道和有力支撑。此次足力健老人鞋入选，不仅填补了民族品牌工程老人鞋品类的空白，并在其未来的品牌建设中拥有了更加广泛、有效的资源和渠道支持，同时，也代表了国家、媒体对于老年产业的高度重视。

以专业之力量 谋老人之幸福

足力健老人鞋创立于 2015 年，是我国老人鞋品类的开创者，目前，足力健老人鞋在全国拥有专卖店 5000 余家，电商平台全渠道覆盖。凭借强大的技术优势，足力健老人鞋在产品外观、鞋底、鞋垫等方面，先后荣获实用新型、外观设计等 84 项国家技术专利，真正做到了用硬实力奠定行业领军者的地位。张京康先生在此次发言中提到，目前足力健老人鞋专门成立了足部科学研究院，5000 多家"足力健老人鞋"品牌连锁店已经覆盖全国 30 多个省市，专业、舒适的产品弥补了当前市场老年人用品稀缺的短板，对改善老龄市场产品供给、提升老人生活品质具有积极的现实意义，并深受该群体的喜爱。

足力健老人鞋联合人民日报社《健康时报》举办了首届中国老年足部健康高峰论坛，邀请了社会各界的领导人及足部健康方面的顶级专家顾问，就老人足部健康议题展开了深入的探讨，现场不仅公布了客观权威的《中国老年群体出行与足部健康调研报告》，还正式启动了健康中国足部健康关爱工程，并针对足部健康知识普及图书——《足部健康 100 问》的发布计划进行了详细介绍。旨在积极应对我国人口老龄化问题，改善我国老人出行难现状，推动我国老人足部健康事业发展。

此外，足力健老人鞋打造的幸福小镇产业园项目也于近期在河南睢县正式启动，项目建成后，将成为国内乃至国际独一无二的"全产业链鞋业产业工业旅游园区 + 定制老人贴身温泉休闲度假 + 中国传统文化研究与论坛会议中心"三位一体的特色小镇。此举不仅是企业对于整合全球优势资源，实现全产业链的全面升级，以"实在的价格、厚道的服务"制造出更加优质的产品回馈于消费者的表现，也是对促进当地经济发展、提高当地人民幸福指数的一份不可忽视的贡献，体现了企业将实现自身价值与履行社会责任高度统一，真正将企业一贯秉承的"关爱"理念落到实处，造福百姓，反哺社会。

几年间，足力健老人鞋通过不断打造专业化、标准化的产品，以及践行社会关爱文化，一直秉承企业"诚信做人，诚实做事"的核心价值观，真正为社会做出企业的一份贡献。正如张京康先生所说，足力健现在做的就是将"夕阳"产业变为"朝阳"产业，多年来始终不忘初心，通过一步步举措为天下老人谋福祉。

借助媒体力量 为足力健品牌发展赋能

品牌的建设，离不开主流权威媒体的支持。此次足力健老人鞋入选“新华社民族品牌工程·未来之星”，不仅是对企业已有成绩的认可，更是新的奋斗起点；不仅是品牌升级的宝贵契机，更是一份沉甸甸的期盼与责任。

作为一项长期的系统工程，新华社民族品牌工程依托新华社强大的传播力和公信力两大优势，构建起三大体系：全媒体传播体系、社内外协同支撑体系和可量化的权威评价体系，形成专业化、标准化、国际化、一体化的四大特色。其中，全媒体传播体系包含了《参考消息》《新华每日电讯》等21种报刊、新华网和新华社客户端等网络媒体集群、以“新华社”为名号的国内外社交媒体集群、户外大屏集群、新华电视和新华广播构成的全媒体、全覆盖传播网络等，每天覆盖数十亿人次；社内外协同支撑体系包含了新华社信息中心、中国经济信息社、中国财富传媒集团、中国广告联合总公司、中国环球公关公司、中国图片集团等，为入选的民族品牌企业提供智库咨询、市场信息、高度整合的广告、品牌拓展、“一带一路”等全方位服务。

产业报国，惠利民生。此次入选“新华社民族品牌工程·未来之星”，不仅代表了足力健老人鞋专注品牌升级、树立良好民族品牌形象，助推国家品牌强国之路的决策，还意味着未来足力健老人鞋将借助新华社强大的媒体力量为品牌发展赋能，为广大消费者提供更高标准、更高质量的产品，用更好的品质服务消费者，将足力健老人鞋打造成立足中国、享誉世界的优秀民族品牌，让“中国品质”屹立于全球品牌之林，向“成为全球老人鞋产业龙头企业”的品牌愿景大步迈进，为中国老人足部健康做出更大的贡献！

足力健整合全球资源
打造老人鞋产业新格局

2019年1月5日至6日，北京孝夕阳科技发展有限公司在海南三亚举办“足力健老人鞋2019全球产业峰会暨四周年品牌盛宴大会”，发布了企业首个全球产业链布局发展规划，与来自全世界上下游企业嘉宾及制造、设计、品牌专家共同探讨老人鞋行业发展话题。

“改革开放40年以来，伴随着收入水平和消费观念的改变，多元化的市场需求愈发明显，一双更加专业、舒适的老人鞋，对于提升老人晚年生活品质有着重要的现实意义。因此，聚合资源促进产业升级势在必行，而其中品牌升级所释放的影响力不容忽视。”足力健老人鞋创始人张京康表示，只有好的产品才能创造我们的口碑。没有解决用户问题和痛点的产品就根本不可能在市场上销售，根本不可能有品牌。

在5日举行的“2019足力健老人鞋全球产业链发布会”上，足力健老人鞋与来自全球7个国家和地区的多家国际企业达成战略合作，发挥全球产业链优势，引入先进的生产设备、模具、技术、供应商等，实现在原材料、自动化、产品设计、用户体验等多方面的整体升级，全面提升产品品质。

除此之外，在产品标准升级发展方面，足力健老人鞋还与中国标准化研究院达成战略合作，双方将成立“足力健老人鞋人类工效学研究中心”，共同围绕人类工效学在老人鞋方面的应用以及产业化的课题进行研究。

中国标准化研究院副院长李爱仙说：“繁荣老年消费市场，增加老年用品的供给，提升老年用品的科技含量，加强适老科技研发和成果转化应用，是新时期我国养老产业深化发展的重要方向。研究中心将集中围绕老年群体的生理与心理需求，设计和改进人、鞋、环境三方面系统，进一步提升老人鞋的产品使用体验，提高老年人的生活质量。”

原国家卫生部副部长、中国工程院院士、中华预防医学会会长王陇德建议，相比跑步、球类等较为剧烈的运动方式，健走无疑更适合老年人，适当的健走不仅可以使我们心率加快，让心血管系统得到锻炼，预防动脉硬化，同时也会增加足踝和膝关节液的分泌，维护踝膝关节软骨的健康。而为老年人提供适合的生活出行用品，需要我们全社会、医务工作者、企业以及老年群体自身的共同努力。

著名作家、人民日报社原副总编辑梁衡致辞时说：“任何企业如果做大，一定要落脚在文化上。说到做鞋子，2018 年我碰到张京康先生的时候我就讲，我在陕北看见一个自己农民做的博物馆，把村里面农民所有穿过的鞋子，扔掉的都收集起来。”他建议足力健老人鞋应该更加注重“鞋文化”，可以考虑建一个“鞋子博物馆”。

国家民政部原副部长、国家民委原常务副主任陈虹认为，老年人比例增高给我们中国的社会带来了重大的挑战，对于我们社会的道德建设也提出了新的要求。他说，子女给老人买一双好的鞋子，不仅仅使老人穿了感觉舒服，而且家庭关系变得更加和谐。足力健老人鞋是在诸多的适老工程当中选择了一条最实用、最广泛、最普及的一个课题。希望足力健老人鞋为中国人以至全人类作出更大的贡献。

据悉，北京孝夕阳科技发展有限公司成立于 2015 年，公司以“足力健老人鞋”为核心，专注于研究和生产专业老人鞋，填补我国老人鞋品类的空白，完善了老年消费市场。2018 年 12 月入选“新华社民族品牌工程·未来之星”，逐步成长为引人瞩目的科技型公司，并成为集研发、生产、销售为一体的行业领军品牌。目前，“足力健老人鞋”品牌已遍布全国 30 多个省、区和直辖市，拥有 5000 多家连锁专卖店。

农投良品

NONGTOU LIANGPIN

更多精彩内容，请扫码观看

重庆农投良品入选
“新华社民族品牌工程·未来之星”

2018 年 12 月 24 日，“新华社民族品牌工程·良品行动”战略发布暨重庆农投良品入选“新华社民族品牌工程·未来之星”签约仪式在北京举行。新华社副社长兼秘书长刘正荣、重庆农投集团党委书记、董事长何勇等出席仪式。

在重庆农投良品入选“新华社民族品牌工程·未来之星”的同时，双方共同打造了专项品牌行动计划——“新华社民族品牌工程·良品行动”，行动把社会效益放在首位，以“坚守良心、坚持良品、坚定良责”为初心，充分发挥新华社作为国家通讯社的全媒体广告传播优势，充分发挥重庆农投集团“产品开发、产业运营、品牌塑造、市场营销”的全产业链运营优势，通过“政府引导、企业参与、媒体共建”方式，构建一个全国性优质品牌农产品孵化平台，加强地方农业品牌建设，最终实现服务地方经济、助力乡村振兴目标。

新华社新闻信息中心副主任胡玉霞与重庆农投良品有限公司董事长黄勇签署《新华社民族品牌工程·未来之星合作协议》以及《新华社民族品牌工程·良品行动合作协议》。

2017 年以来，新华社实施民族品牌工程，形成了特定的“朋友圈”，入选企业已在不同层面相互联系、沟通、交流并合作。此次，“良品行动”一经推出，获得了民族品牌工程“朋友圈”的积极响应，京东集团、碧桂园凤凰优选作为线上、线下渠道建设合作伙伴，分别与重庆农投良品有限公司签署《独家线上合作伙伴暨意向性采购协议》《首席线下合作伙伴协议暨意向性采购协议》。同时，重庆地区的金融机构和企事业单位也全力支持良品行动，西南期货有限公司、

中国农业银行重庆分行、东风小康汽车有限公司、国网重庆市电力公司分别与重庆农投良品有限公司签署《意向性采购协议》。签约仪式后，与会嘉宾共同为“新华社民族品牌工程·良品行动”进行战略发布。

重庆农投集团，是重庆市政府确定的市属重点国有资本投资公司，是全国农垦系统中的佼佼者和重庆市实力最强的综合性农业产融集团。集团主要经营乳业、肉业、生态渔业、禽蛋业、种业、冷链物流6个农业全产业链，为广大消费者提供美好生活所需的奶、肉、蛋、鱼4大类安全食材。旗下“农投良品”“天友”“华山牧”“三峡渔”“德佳”等食品品牌享誉市场，深受消费者喜爱。

重庆农投集团党委书记、董事长何勇表示，品牌，是企业参与市场竞争的重要资源，更是衡量国家经济实力的重要指标。推动中国产品品牌化，筑牢中国民族经济的长城，既是“品牌强国”的国家战略，也是每一个中国企业的历史使命。重庆农投集团将以入选新华社民族品牌工程为企业发展的新起点，继续坚持并践行“铸就国家品牌、引领良品生活”的经营理念，为满足人们的美好生活需要，提供更多、更好、更优质的品牌农产品和农食品。

中国经济信息社有限公司董事长、总裁徐玉长在致辞中表示，“民以食为天，食以安为先”，国家有力量、民族有希望，首先粮食要安全，饮食有保障。如何从底层筑牢食安堤坝，守住舌尖安全，成为衡量企业社会责任和管理水平的一把标尺。这方面，重庆农投集团以70年的深耕厚植做出有力回答，作为全国一流大型农业企业集团，重庆农投集团坚守初心，围绕“安全、健康、口碑”目标，在农业领域深耕细作，培育出“农投良品”民心品牌，成为民族企业的示范和表率。新华社民族品牌工程将以本次合作为起点，努力成为民族企业的“思想库”和“智囊团”，为重庆农投成为更具内涵、更富魅力、更具影响力的国际农业品牌提供有效辅助。

碧桂园凤凰优选战略与品牌中心总经理李丹丹、中国农业银行重庆市分行高级专家程耀分别致辞，祝贺“新华社民族品牌工程·良品行动”成功发布，并表示将充分调动企业资源，全力支持良品行动。

新华社民族品牌工程于2017年6月启动，是服务品牌强国战略的实际行动，旨在整合新华社丰富的媒体资源，强大的传播能力以及专业的智库力量，为我国优秀民族品牌进一步扩大影响力提供有效的推广渠道，为唱响中国品牌加油助力，为我国民族品牌进一步走向世界铺路架桥。其中特别推出的“新华社民族品牌工程·未来之星”行动，旨在助力“创新中国”“美丽中国”“健康中国”建设，为创新型、成长型民族品牌提供传播平台。

“良品行动”致力打通扶贫攻坚“最后一公里”

2018年12月24日，“新华社民族品牌工程·良品行动”战略发布暨重庆农投良品入选“新华社民族品牌工程·未来之星”签约仪式在北京举行。重庆农投良品公司董事长黄勇和西南期货副总经理杨新在接受记者联合采访时对良品行动的初衷、意义、运行模式及未来愿景进行了阐释。黄勇表示，做良品行动的目的还是基于产业的发展，促进当地产业增收，增强当地产业的造血功能。

借“良品行动”打通扶贫攻坚“最后一公里”

十八大以来，扶贫攻坚被提升至新的战略高度，以“精准扶贫”为指导思想的脱贫攻坚战业已打响。刚闭幕的中央经济工作会议亦指出，打好脱贫攻坚战，要一鼓作气，重点解决好实现“两不愁三保障”面临的突出问题。“新华社民族品牌工程·良品行动”在此背景下应运而生。

在谈及该行动发起的初衷时，黄勇表示，首先是坚持良心、坚守良品、坚定良责。扶贫攻坚和乡村振兴战略的重点是要将当地产业扶植起来。良品行动基于扶贫攻坚的“最后一公里”以及乡村振兴的“最早一公里”，通过产业带动农民收入以及政府税收的增加，从而更好地促进区域经济的发展。

“做良品行动的目的还是基于产业的发展，促进当地产业增收，增强当地产业的造血功能。”黄勇说。

在黄勇看来，以市场化方式做公益，价格公允不强买强卖；借力新华社全媒体渠道对品牌进行全方位展销以及新华社民族品牌“朋友圈”企业的合作扶持都是良品行动有效运行的保障和优势。

作为良品行动的支持和合作方，西南期货有限公司副总经理杨新表示，公司通过多种方式积极参与到该行动中来——对贫困地区的农产品进行积极采购；发起其他企业和机关单位将扶贫地区农产品纳入采购体系；举办投资者教育活动将这些产品展示给全国投资者；推行“贫困地区大学生实习计划”，普及对农产品期货以及农产品价格波动风险的相关知识，通过他们将这些金融知识传播到自己的家乡帮助当地村民脱贫。

杨新表示，良品行动是针对产业兴旺困境和农民脱贫不易的痛点难点发起的乡村振兴和扶贫攻坚的行动。希望通过政府引导、企业主体、媒体共建的方式形成合力，成功带领农民增收致富奔小康，打赢脱贫攻坚战。

以“4225”模式践行社会公益“初心”

很多企业在做公益时浮于表面，而底层还是在做市场。农投良品则致力于把帮扶做到实处，力求实效，切实解决农民脱贫不易的痛点难点。

据黄勇介绍，为了做好产业品牌的孵化，农投良品用了近 6 个月的时间针对一个产业做前期的探索工作。在长时间的摸索中，“4225”的产业模型得以逐渐清晰。

“四个必须”——相应产业必须注册落户在当地相应的贫困地区或者当地农村地区；企业在发展过程中必须优先覆盖相应的农村地区；必须和集体经济组织挂钩；必须和贫困户挂钩。

“两个不持有”——不持有企业品牌，不持有企业股份。“这是我们做公益的核心。”黄勇说。

“两个免费”——对企业管理、治理，包括企业品牌的孵化不收取任何费用；承诺做合作产品的全国总经销商，在期限内所产生的公司净利润部分将全部用于产业的孵化和培育。

“五个征信”——依托新华信用对产品征信；农投良品作为国企，对其产品进行征信；通过当地政府对产业进行监督征信；协同权威检测机构和农委权威检测机构进行征信；协同保险机构对售后服务进行征信。

黄勇还以石柱县中益乡蜂蜜产业为例具体介绍了该模型的实际运作方式。据悉，目前该产业已经覆盖10个深度贫困乡，计划未来覆盖数量达18个。

守反哺产业“良责”助力乡村振兴战略

在谈及良品行动的现实意义时，黄勇表示，第一，可以帮助当地政府更好地选择出优质且较适合当地发展的项目。第二，通过项目的开展为当地政府培育好的税源，让贫困地区的政府实现稳定收益。第三，增强帮扶地区农户或者农民的自立自强，鼓励他们通过自力更生获取相应报酬。第四，通过该项活动吸引更多的组织和个人投入和推动扶贫帮困事业。

展望未来，黄勇希望“通过对优良产品的集聚和集成，借助新华社对外良好的联动方式和平台，能够大胆地走出去”。

黄勇认为，在形成产业规模之后，将继续做深加工方面的工作。打造附加值较高的产品。“这对当地的产业、产值也有好处。我们想把这种产业孵化出来，通过合适的方式走出去。让民族的产品能够在其他国家和地区，让大家体验、购买，甚至能够实现畅销大卖！对于我们整个国内的农产品和农业起到振奋和支撑的作用。”黄勇说。

“希望这个计划成功的同时，推广到全国其他地区，成为深化农业结构性改革和振兴乡村之路的重要典范。”杨新在希冀的同时也呼吁各企业机关单位能积极响应这项公益计划，履行社会责任，为国家的精准扶贫出一份力。

“新华社民族品牌工程·良品行动”是由新华社民族品牌工程与重庆农投良品共同发起的专项品牌行动计划。良品行动把社会效益放在首位，“坚守良心、坚持良品、坚定良责”，充分发挥新华社作为国家通讯社的全媒体广告传播优势，充分发挥重庆农投集团“产品开发、产业运营、品牌塑造、市场营销”的全产业链运营优势，通过“政府引导、企业参与、媒体共建”方式，构建一个全国性优质品牌农产品孵化平台，加强地方农业品牌建设，最终实现服务地方经济、助力乡村振兴目标。

科技保障品质引领良品生活

——重庆农投“创新驱动”奠定品牌基础

2018 中国国际智能产业博览会 8 月 23 日—25 日在重庆举行。博览会期间，重庆农投集团董事长何勇在接受中国金融信息网访谈时表示，重庆市农投集团适应大数据、云计算、人工智能等新技术变化，从设计、生产、运营、追溯的智能化，到运用大数据研究、预测市场变化，进而实现引领市民需求的良品生活。

据了解，重庆农投集团经过近 70 年的发展，是重庆市国有重点企业中唯一从事农业产业链经营的企业集团。目前，集团经营乳业、肉业、生态渔业、禽蛋业、种业、冷链物流 6 个农业全产业链，为农户提供饲料、种猪、种鸡、农作物及特种经济作物种子、有机肥 6 大类农业生产资料，为市民提供美好生活所需的奶、肉、蛋、鱼 4 大类安全食材。

何勇表示，乡村振兴战略的实施为现代农业产业和企业发展指明了方向，也为重庆农投集团发展提供难得的机遇。农投集团 2018 年工作部署的重要关键词是“创新驱动”，对于农投集团而言，首先是发展战略的创新，其次是发展思维的创新，此外还包括企业管理、技术和应用上的创新。

据介绍，重庆农投集团提出了“铸就国家品牌、引领良品生活”的战略理念，以“工业化、互联网、智能化”思维打造现代农业，同时在机制、平台、品牌、技术方面进行创新，构建起以“农投良品”为母品牌，天友、三峡渔、德尚农场、德佳、正大、科裕隆、恒天等为子品牌的母子品牌架构体系，并通过集成集约集团内部、重庆市内、全国垦区、全国各地甚至全球相关优质农产品品牌，以“线上 + 线下、商品 + 服务、零售 + 体验”大数据营销平台，满足人民对美好生活向往的需要。

据悉，重庆农投集团已建成1个院士专家工作站，3个省级博士后科研工作站，6个重庆市级科研中心，仅2017年就实现产业链成果转化收入36.87亿元。近5年来，取得超过100项专利技术。

随着人们生活水平的提高，在守住“舌尖上的安全”这条底线上，何勇表示，重庆农投集团通过建立并执行严格的质量安全标准及质量安全追溯体系来保障。

据介绍，其下属的天宁牧场、德佳食品两家企业已通过全国农垦农产品质量追溯验收。目前，农投集团已在乳业、肉业、生态渔业、禽蛋业等9家企业运行质量追溯系统，全面实现生产有记录、信息可查询、流向可跟踪、质量可追溯。

何勇认为，重庆农投集团首先要适应新技术的变化，进而引领市场变化。一方面，在生产过程中充分运用智能化技术对传统产业进行改造升级，保障产品品质和安全，另一方面，在市场营销中用大数据研究发现市场需求，进而引领市场需求。

如重庆农投集团乳业产业链进行了从自动化向产业智慧链升级的尝试，一方面实施智能化升级，乳品质量比肩欧盟标准，一方面运用大数据进行消费人群画像和乳品敏捷开发，并借助线下实体渠道、线上网络渠道和O2O新零售渠道精准营销。近两年开发新品65款，新产品2017年销售收入和利润分别实现3.6亿元、1.2亿元，为乳业产业“南下、北上、东进、西拓”的全国化布局奠定坚实基础。

2018中国国际智能产业博览会由科学技术部、工业和信息化部、中国科学院、中国工程院、中国科学技术协会和重庆市人民政府共同主办。此届智博会以“智能化：为经济赋能，为生活添彩”为主题，为全球智能产业相关行业组织、企业和专家学者搭建集产业盛会、前沿展示、赛事路演、交流研讨、智能体验于一体的交流合作平台。

重庆农投良品黄勇：创新引领“良品”生活 公益助力“良品行动”

2018年12月4日—5日，以“致敬改革开放40周年，助力品牌强国战略”为主题的“2018中国企业家博鳌论坛”在博鳌举行。重庆农投良品有限公司董事长黄勇其间在接受中国金融信息网记者采访时，对公司在保障食品安全、创新消费模式以及打造品牌理念等方面的做法进行了阐释，并对“新华社民族品牌工程·良品行动”项目进行了重点介绍。黄勇表示，希望通过该项目孵化打造一批品牌农产品，实现优良农产品增值、农户增收目的。

品质保障+模式创新战略引领“良品”生活

“民以食为天，食以安为先。”随着人们生活水平的提高，守住“舌尖上的安全”成为衡量企业社会责任和管理水平的一把综合测尺。“农投良品”作为重庆农投集团重点打造的母品牌在保障食品安全方面有着自己的坚守。

据黄勇介绍，为确保食品安全，公司从四方面进行严控。一是选择合作的企业和基地必须符合“三品一标”（即无公害农产品、绿色食品、有机农产品和农产品地理标志）。二是与当地政府、食药监部门打造协同机制监督企业自身管理。三是协同重庆市相关权威机构对纳入“农投良品”体系的产品进行抽查抽检。四是构建溯源机制。此外，执行严苛的退出机制。在抽检过程中一旦发现合作的产业基地出现食品安全或质量问题，实行一票否决，并且及时向社会公布。

产品品质得到保障的同时，亦需配套打造优质的服务。在消费升级和消费主体日益年轻化的趋势下，农投良品积极探索服务形式和内容的创新，提升用户的综合体验。以展示和体验为主要功能，致力于打造新的互动消费模式的“农投良品·生活馆”在此背景下应运而生。

农投集团计划斥资5亿元，在未来5年内在重庆推出100家“农投良品·生活馆”。据了解，该生活馆采用全新的互动模式，以“互动体验式主体餐厅+生态农产品社区店”相结合，关注顾客的饮食健康安全和用餐4D真实体验。

“从集团角度而言，整个品牌的树立和打造需要全新的架构和管理，‘农投良品’正是对集团品牌的梳理、整合、集成从而让消费者更好地通过‘农投良品’感知集团相应产业板块的基本情况，进而更好地输出品牌和服务。”黄勇如此解释“农投良品”的品牌意义。

“农投良品”是农投集团重点打造的母品牌，也是农投集团打造的集成集约营销奶、肉、蛋、鱼、罐头等产品的线上线下融合销售与体验一体平台。汇集了天友、华山牧、三峡渔等农投集团旗下多个农产品品牌中重庆市民熟悉信赖的品牌，同时汇集了市内外优质的农产品，在不久的将来也将整合海内外知名农产品品牌资源。

民族品牌助力公益事业倡议发起“良品行动”

除了对品质的坚守，企业社会责任的另一个重要体现离不开公益。当多数人对企业做公益的形式还停留在捐款捐物层面时，已有企业开始了创新性的公益探索——重庆农投集团与新华社民族品牌工程办公室准备共同发起“新华社民族品牌工程·良品行动”社会公益项目。

黄勇表示，该项目发起的初衷在于打通乡村扶贫攻坚的“最后一公里”。“农村不乏好产品、好企业，当地政府也不乏好作为。应该让优质产品、产业能够集聚、能够发展起来。”

据了解，该项目以“坚守良心、坚持良品、坚定良责”为初心，深入分析当前乡村振兴、扶贫攻坚工作中的“痛点”，充分发挥新华社作为国家级媒体平台传播优势，充分发挥农投集团“产业孵化、品牌塑造、市场营销”全产业链运营优势，充分整合社会资源，对农村地区，特别是贫困地区实施“产业孵化、培育，品牌打造、传播，市场培育、拓展”一体化，孵化打造一批品牌农产品，实现优良农产品增值、农户增收目的。

为了更好地落实该项目，农投良品提出：

“四个必须”——相应产业必须注册落户在当地相应的贫困地区或者当地农村地区；企业在发展过程中必须优先覆盖相应的农村地区；必须和集体经济组织挂钩；必须和贫困户挂钩。

“两个不持有”——不持有企业品牌，不持有企业股份。“这是我们做公益的核心。很多企业在扶持的时候表面上在做公益，底层还是做市场。我们则完全摒弃这种想法。”黄勇说。

“两个不要钱”——对企业管理、治理，包括企业品牌的孵化不收取任何费用；承诺做合作产品的全国总经销商，在期限内所产生的公司净利润部分将全部用于产业的孵化和培育。

此外，农投良品还将充分运用征信手段，包括：通过当地政府相关部门监督征信；协同相应权威检测机构进行征信；协同保险机构对售后服务进行征信等等。

在谈及该项目的未来目标时，黄勇直言“在未来的三年内孵化30—70个产品”，而路径则是“从重庆开始，稳步向全国拓展，通过‘一带一路’走向全球”。

黄勇呼吁更多的有国家情怀、社会情怀，并且对农村地区发展有情怀的企业家朋友和各企事业机构的朋友参与到良品行动中来，共同把这件事做好。

附录

FULU

更多精彩内容，请扫码观看

2018年新华社民族品牌工程大事记

·1月6日，新华社民族品牌工程宣传片《民族品牌 中国骄傲》全球联播，亮相纽约时报广场大屏幕；宣传片《新华社民族品牌工程入选企业有多强》产生巨大反响。截至2017年12月31日，新华社民族品牌工程入选企业22家。其中，世界500强8家、中国500强12家，旗下拥有上市公司29家，年收入3.2万亿元，直接创造就业岗位150万个，年贡献税收数千亿元，业务覆盖160个国家和地区。

·1月18日，新华社民族品牌工程与山东鲁花集团有限公司在北京举行签约仪式，山东鲁花集团正式入选新华社民族品牌工程。新华社新闻信息中心副主任徐军峰和山东鲁花集团有限公司副总裁李恒严代表双方签署入选文件。鲁花将通过与新华社的紧密合作，增强企业品牌实力、提升鲁花品牌内涵，为民族品牌加分，为提高人民美好生活品质加油。

·1月25日，扬子江药业集团入选新华社民族品牌工程项目启动仪式在北京举行。双方开展全面战略合作，共同提升扬子江药业集团在海内外的影响力。扬子江药业集团是中国医药工业领域的旗帜型企业，成功入选民族品牌工程，可借助民族品牌工程的力量，持续向上，持续创新。

·2月2日，新华社民族品牌工程宣传片《一分钟，世界会怎样》成为“现象级”产品。

·2月8日《民族品牌面对面》节目首秀。

·2月12日—14日，新华社民族品牌工程办公室祝福新春，推出“旺仔”表情包，以及《赞！新华社民族品牌工程朋友圈》《踏歌而来，逐梦前行》《民族品牌，中国祝福》系列作品。其中“旺仔”表情包为一组12张动图，由憨态可掬的“旺仔”扮演新华社民族品牌工程的幸福使者，从年三十到大年初五，再到元宵节，主题多元、年味浓郁、诙谐俏皮。

·3月15日，新华社民族品牌工程系列宣传片《因为爱，世界更精彩》发布。民族企业是中国经济的脊梁，也是履行企业社会责任的生力军。新华社民族品牌工程的入选企业，不仅是各行各业的领军者，而且是热心公益事业的排头兵。他们扶贫济困、捐资助学、热心环保、关爱弱势群体，用赤子之心和无疆大爱，让世界更和谐、更精彩。

·4月14日，《民族品牌 中国骄傲》系列公益海报发布。

·5月9日，首家入选新华社民族品牌工程的汽车品牌东风汽车与新华社在上海联合发布《东风品牌故事》，推动东风汽车新品牌战略落地，推进品牌升级，传达东风汽车的历史积淀和面向新时代“汽车强国”梦的价值追求。《东风品牌故事》记录了10个鲜活的品牌故事，展示东风品牌在产品研发、设计、生产过程中的创新与坚守，体现东风品牌的核心价值。

·5月9日，“营造良好舆论生态，推动高质量发展——新华社民族品牌工程入选企业负责人座谈会”在上海环球港举行。参会企业负责人围绕民族品牌工程如何进一步增强影响力、新媒体舆情环境下企业的困惑与对策等话题各抒己见，建言献策。

·5月9日，《中国民族品牌企业社会责任研究报告（2017）》发布会举行。这份研究报告由中国经济信息社、中国社科院企业社会责任研究中心联合研制，基于中国民族品牌100强社会责任公开数据，通过系统的行业访谈、市场调查和研究分析，选取20家企业典型案例进行深入剖析，全面系统地呈现了民族品牌企业履行社会责任的特点和趋势。

·5月10日—12日，首届中国自主品牌博览会期间，国家发改委邀请“新华社民族品牌工程”作为唯一品牌传播和服务机构参展，全方位展示民族品牌工程。在博览会核心展位设置展示专区，运用图片、实物、视频、VR等形式，展示新华社民族品牌工程的品牌服务理念、平台、产品和案例。

· 5月20日，贵州省政府与新华通讯社签署战略合作协议，双方联合打造“黔系列”民族文化产业品牌，并宣布“新华社民族品牌工程·‘黔系列’民族文化产业品牌行动”正式启动。此次合作将独具地方民族特色的传统工艺、民族刺绣、民族医药、银饰等民族资源进行整合提升，推出“黔绣”“黔织”“黔银”“黔药”“黔艺”等“黔系列”民族文化产业品牌。

·5月27日，新城控股集团股份有限公司入选新华社民族品牌工程仪式在北京举行。新城控股集团经过25年的发展，成为国内领先的综合性房地产集团，专注于惠及千家万户幸福的事业，“让幸福变得简单”。新华社民族品牌工程围绕新城控股集团发展战略，定制系统化的推广方案，依托全媒体传播和服务支撑两大体系，为新城控股集团进一步提升影响力，增强品牌美誉度提供有力支持。

·6月2日，“新华社民族品牌工程·未来之星”服务行动在北京启动，“浔龙河”成为首家入选品牌。新华社民族品牌工程服务“未来之星”行动，旨在助力“创新中国”“美丽中国”“健康中国”建设，为创新型、成长型民族品牌提供传播平台，在信息技术、美丽乡村建设、环境保护、医药食品和工业制造五大领域遴选15个品牌主体作为“未来之星”。

·6月24日，奇瑞汽车入选新华社民族品牌工程仪式在北京举行。打造具有全球竞争力的国际品牌，是一项长期的系统工程，需要一代人甚至几代人努力奋斗，同时需要社会各界的大力支持。奇瑞汽车入选新华社民族品牌工程，将进一步加快奇瑞品牌的国际化进程。

·6月26日，“航天精神中华行暨康师傅入选新华社民族品牌工程启动仪式”在北京举行。“航天精神中华行”科普展同时拉开序幕，科普展的揭幕，承载着康师傅未来为航天品质代言的梦想。此项活动的开展，让青少年和全社会更好地参与到航天科学中来。航天工程的背后是严密的系统设计、严苛的质量和安全保障，康师傅在食品安全方面同样有严格的全程可追溯管理体系，未来将通过引入航天食品前沿科技，进一步提升食品安全系统管控，用航天品质打造民族品牌，通过好食材、好工艺、好味道，让康师傅成为更加闪亮的民族品牌。

·7月14日，中国盐业集团有限公司入选新华社民族品牌工程签约仪式在北京举行。中盐集团是中国盐行业龙头企业和唯一中央企业，食盐的产销量居世界第一，是集盐资源勘探、工程设计、研发、生产、营销为一体的全国性盐业公司，肩负保障民生、落实食盐加碘国策、提高民族素质的社会责任和企业

使命。此次，中盐与新华社携手合作，凭借新华社极具优势的全球传播资源和强大的公信力、权威性，讲好中盐品牌故事、传播盐业历史文化、宣传健康用盐理念，助力中盐品牌塑造和品牌价值提升，把“中盐”品牌打造成老百姓信赖的国家级金字招牌。

· 8 月 14 日，海尔集团入选新华社民族品牌工程仪式在北京举行。双方在品牌建设与传播上展开全方位合作，尤其重点围绕全新的“生态品牌”概念，进行研究和推广。物联网时代，海尔集团与新华社民族品牌工程共同发起“生态品牌研究中心”，以海尔集团为研究观察对象和创新实践主体，共同研究企业生态品牌建设的必备要素、科学模型和实践案例等，提炼参考性强、可复制的生态品牌建设模式，为行业、企业的品牌创新发展提供借鉴与服务。

· 8 月 17 日，“今世缘”入选新华社民族品牌工程仪式在北京举行。双方围绕品牌建设与传播开展全方位合作，尤其突出“缘文化”的研究和“国缘”品牌国际推广合作。“今世缘”极具创意地将中国传统的酒文化和缘文化进行了完美融合，塑造了一个全新个性化文化营销体系，在竞争激烈的中国白酒市场蹚出了一条新的发展路径，创立的白酒品牌“国缘”，以卓越的品质和“成大事，必有缘”的品牌主张在高端市场深受青睐。

·9 月 6 日，新华社民族品牌工程与蚂蚁金服举行座谈会，共同聚焦品牌建设。双方重点围绕“移动支付‘一带一路’”“数字经济”“金融科技助力小微企业”等方面的全球化推广展开研究和合作。依托新华社民族品牌工程全媒体传播体系和服务支撑两大体系，为蚂蚁金服提供全方位支撑，为科技创新加油助力。依托国家级智库服务体系，新华信用、新华财经、新华丝路等业务，与蚂蚁金服开展全面深度合作，实现资源共享、互利共赢。

· 9 月 7 日，隆基股份入选“新华社民族品牌工程 · 未来之星”签约仪式在北京举行。隆基股份的入选，代表着新华社给予中国光伏行业的支持与肯定。隆基股份可通过新华社民族品牌工程的平台，带动其他中国光伏企业实现良好的行业生态体系的建立和发展。新华社与隆基股份开展战略合作，将助力隆基股份塑造更具内涵、更富魅力的企业品牌，为隆基实现高质量跨越式发展赋予新动能。

· 10 月 18 日，“名企名城对话——新华社民族品牌企业走进济南”活动在济南山东大厦举行。举办“名城名企对话”活动，是新华社民族品牌工程总体策划的一部分，目的在于搭建知名城市与知名企业互动交流的平台，以共享资源、共享机遇、共赢未来。在这次交流会上，企业家们共同分享创业经验、品牌故事、资本路径、投资机遇，体现民族企业的本心与担当。

·10月25日，安徽江淮汽车集团股份有限公司（以下简称江淮汽车）入选新华社民族品牌工程签约仪式在北京举行。入选新华社民族品牌工程，对江淮汽车的品牌建设具有重要的里程碑意义。“品牌向上”是江淮汽车在新时代新形势下创新发展的“指向灯”。新华社将围绕江淮汽车发展战略，定制系统化的推广方案，依托新华社民族品牌工程全媒体传播和服务支撑两大体系，为江淮汽车进一步提升影响力提供有力支持。

·11月5日—10日，在首届中国国际进口博览会上，“新华社民族品牌工程”展馆亮相，向中外嘉宾展示中国民族品牌风采。康师傅旗下涵养泉作为首届中国国际进口博览会“数字化供应链”主题论坛的合作用水，将东方文化的精髓与时代潮流融于一身，以“水”为介质，象征海纳百川，迎八方来客，以“涵养之名”礼各国宾客，展现“东方涵养，水中国潮”。

·11月16日，新华社民族品牌工程专列首发仪式在上海虹桥火车站举行。新华社民族品牌工程专列正式启动，飞驰在京沪线和京广线上。专列通过车身、海报、广播、LED显示屏等形式，展示民族品牌企业的品牌形象，标志着新华社民族品牌工程搭载着“中国速度”，助推民族品牌走出国门、走向世界。

· 11月30日，天士力控股集团入选新华社民族品牌工程签约仪式在北京举行。天士力是中药现代化的开拓者和现代中药理念的创新者，在全面建设健康中国的当下，中医药越来越显示出独特价值。新华社有责任传播好中医药价值，助力中医药企业品牌建设，为增进人民群众健康福祉尽一分力量。

·12月4日—5日，由新华网、中国经济信息社、新华社新媒体中心、新华每日电讯联合主办的“2018中国企业家博鳌论坛”在海南博鳌举行。200多位企业家参加此次论坛，一起致敬改革开放40周年，共同探讨品牌强国战略。

·12月5日，2018中国企业家博鳌论坛汽车分论坛召开。会上，“新华社民族品牌工程·汽车行动”发布了行动战略具体产品体系，探索立足汽车、指向未来出行的全新品牌建设新路径。“新华社民族品牌工程·汽车行动”是新华社民族品牌工程第一个在垂直行业实施的子系统工程。目的是整合社内外资源，搭建权威专业的汽车全媒体传播平台和综合信息服务平台，提供品牌推广、市场分析、战略咨询、智库研究、展览展示等一系列服务，助力品牌提升，建立话语体系，为中国汽车产业的发展做出积极贡献。

·12月5日，“新华社民族品牌工程·码商行动”启动仪式在论坛期间举行。蚂蚁金服是“新华社民族品牌工程·码商行动”的积极响应者。阿里巴巴将“让天下没有难做的生意”视为自身使命，而蚂蚁金服对“码商行动”的助力，正是对这一使命的充分诠释。蚂蚁金服提出的“让小微经营者没有难做的生意”的美好愿景，为全球金融普惠工作提供了“中国智慧”，行使了“中国担当”。这一理念与“新华社民族品牌工程·码商行动”完美契合。

·12月8日，新华社民族品牌工程与广州汽车集团股份有限公司在北京举行签约仪式。同日，新华社民族品牌工程专家咨询组在北京成立。随后召开第一次专题会，对广汽集团的品牌建设进行研讨。数十位来自知名高校、研究机构和行业协会的专家学者，围绕广汽集团品牌战略建言献策。作为新华社民族品牌工程的“外脑”，专家咨询组将为民族品牌工程及入选企业提供品牌咨询服务，针对实际问题提出前瞻性的思路建议和实时性的应对举措，对企业开展内部调研和专题培训，通过论坛活动、品牌咨询、专项调研、案例研究、出版专著等形式，推动民族品牌工程的理论建设，促进业界和学界的交流互动。

·12月10日，红瑞集团入选“新华社民族品牌工程·未来之星”签约仪式在北京举行。红瑞集团入选“新华民族品牌工程·未来之星”，既代表了中国第三产业品牌发展建设的可喜成就，也深刻体现了新华社民族品牌工程作为国家级品牌工程的卓越服务力量与社会影响力。新华社权威的智库资源将为红瑞的品牌建设把脉问诊，强大的全媒体矩阵将为红瑞的品牌推广提供强势助力，实现以品牌促发展、以质量赢市场的良性循环，更好地服务全民健康，实实在在为百姓服务。

·12月20日，北京孝夕阳科技发展有限公司（简称“北京孝夕阳”）入选“新华社民族品牌工程·未来之星”签约仪式在北京举行，“新华社民族品牌工程·未来之星”再添新成员。北京孝夕阳专注打造养老产业服务品牌，以“足力健”为核心，致力于老年鞋类用品市场，探索“互联网+”大健康产业的转型升级模式，成长为近年来引人瞩目的科技型公司，并成为集研发、生产、销售为一体的行业领军品牌。

·12月24日，“新华社民族品牌工程·良品行动”战略发布暨重庆农投良品入选“新华社民族品牌工程·未来之星”签约仪式在北京举行。在重庆农投良品入选“新华社民族品牌工程·未来之星”的同时，双方共同打造了专项品牌行动计划——“新华社民族品牌工程·良品行动”，行动把社会效益放在首位，以“坚守良心、坚持良品、坚定良责”为初心，充分发挥新华社作为国家通讯社的全媒体广告传播优势，充分发挥重庆农投集团“产品开发、产业运营、品牌塑造、市场营销”的全产业链运营优势，通过“政府引导、企业参与、媒体共建”方式，构建一个全国性优质品牌农产品孵化平台，加强地方农业品牌建设，最终实现服务地方经济、助力乡村振兴目标。

中国民族品牌企业社会责任研究报告（2017）

党的十九大报告指出，经过长期努力，中国特色社会主义进入了新时代，我国社会主要矛盾已经转化为人民日益增长的美好生活需要和不平衡不充分的发展之间的矛盾。这个重大判断，为新时代谋划发展、推动发展、评判发展指明了方向。我们必须认真学习领会党的十九大精神，从新矛盾中把握新期待，让人们享有更多的幸福感、获得感。

中国民族品牌是国家总体经济实力的重要标志，其发展直接关系到国家形象、民生福祉。社会各界高度认可中国民族品牌的地位和作用，高度关注中国民族品牌履行社会责任。2006 年是中国企业社会责任的“元年”，至今已经走过了快速发展的十多年。十多年来，政府部门、社会团体、研究机构、社会公众和新闻媒体等多方力量积极推动中国企业履行社会责任，逐渐呈现出企业社会责任推动力量日趋社会化、社会责任报告发布常态化、社会责任标准及评价日趋本土化、社会责任关注议题日趋广泛化、社会责任管理日趋专业化等特征与趋势。经过十多年来的探索与实践，企业社会责任为我国经济社会可持续发展不断注入新动能和新血液。

自 2009 年开始，中国社会科学院企业社会责任研究中心连续 9 年发布《中国企业社会责任研究报告》。课题组构建了一套企业社会责任管理现状和责任信息披露水平的综合评价体系，以中国企业 300 强为研究对象，从企业社会责任报告、财务报告、企业官方网站等公开渠道搜集企业主动披露的责任信息，对年度中国企业 300 强、国有企业 100 强、民营企业 100 强、外资企业 100 强，以及重点行业的社会责任管理现状和信息披露水平进行整体评价，总结其年度特征，形成研究报告，供政府单位、科研机构、中国企业、新闻媒体等相关机构提供学术参考、经验借鉴。

本报告依托中国社会科学院企业社会责任研究中心《中国企业社会责任研究报告》的理论研究成果，分析中国民族品牌100强社会责任发展指数，评价中国民族品牌年度社会责任管理状况和社会/环境信息披露水平，总结中国民族品牌企业社会责任发展阶段性特征，推动中国民族品牌企业社会责任发展，助力提升品牌影响力和美誉度。

一、技术路线

中国民族品牌企业社会责任发展指数是对中国民族品牌企业社会责任管理体系建设现状和社会/环境信息披露水平进行评价的综合指数，根据评价对象不同可产生不同的指数分类，进而形成中国民族品牌企业社会责任发展系列指数。

中国民族品牌企业社会责任发展指数的研究路径如下：依托责任管理、市场责任、社会责任、环境责任“四位一体”的理论模型，参考ISO26000等国际社会责任指数、国内社会责任倡议文件和世界500强企业社会责任报告指标，优化分行业社会责任指标体系；从企业社会责任报告、企业年报、企业单项报告[1]、企业官方网站收集企业2017年度的社会责任信息，对企业社会责任信息进行内容分析和定量分析，得出中国民族品牌企业社会责任发展指数得分。

二、理论模型

本研究依托责任管理、市场责任、社会责任、环境责任“四位一体”的理论模型（参见图2）。责任管理位于模型的核心，是每个企业社会责任实践的原点。企业责任管理包括责任战略、责任治理、责任融合、责任绩效、责任沟通和责任能力。市场责任居于模型基部。企业是经济性组织，为市场高效率、低成本地提供有价值的产品或服务，取得较好的财务绩效是企业可持续发展的基础。市场责任包括客户责任、伙伴责任和股东责任等与企业业务活动密切相关的责

[1] 企业单项报告包括：企业公益报告书、环境报告书、员工报告书、客户报告书等针对特定相关方而对外发布的报告。

任。社会责任为模型的左翼，包括政府责任、员工责任和社区责任。环境责任为模型的右翼，包括环境管理、节约资源能源、降污减排等内容。整个模型围绕责任管理这一核心，以市场责任为基石，社会责任、环境责任为两翼，形成一个稳定的闭环三角结构。

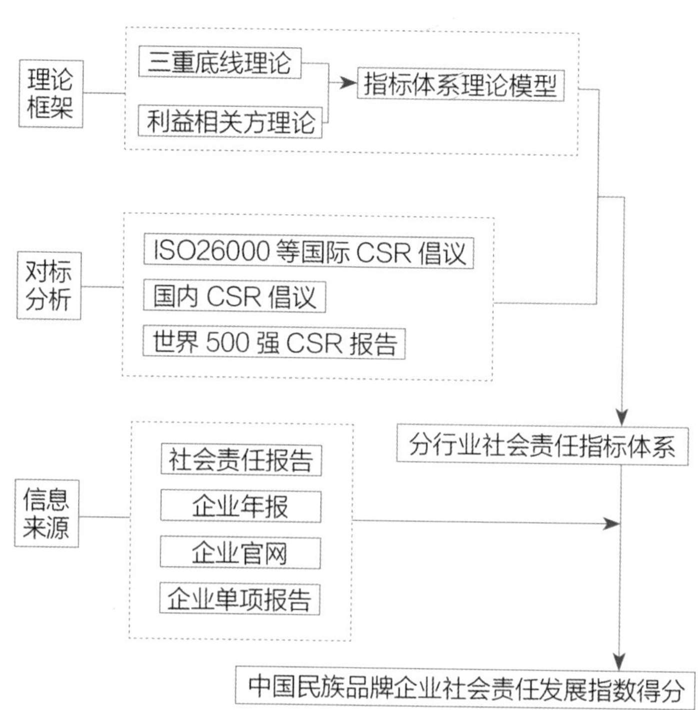

图 1　中国民族品牌企业社会责任发展指数研究路径

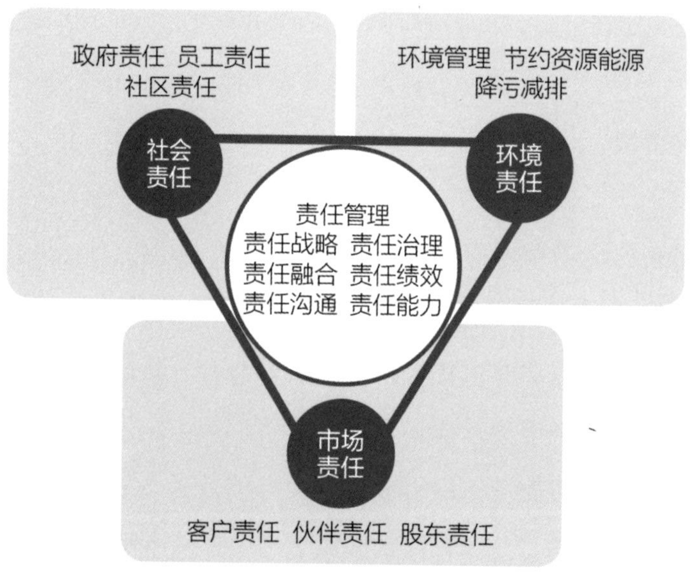

图 2 “四位一体”理论模型

三、指标体系

1. 对标分析

为了使中国民族品牌企业社会责任发展指数指标体系既能遵从国际规范又符合中国实际，本研究参考了国际企业社会责任倡议和指标体系、国内企业社会责任倡议以及世界 500 强企业的社会责任报告。

责任板块	责任议题
责任管理	责任管理
市场责任	股东权益
	供应链管理
	客户服务
	科技创新
	行业特定议题
社会责任	依法经营
	员工关爱
	社区关系
	安全生产
	行业特定议题
环境责任	绿色经营
	行业特定议题

表 1　中国民族品牌企业社会责任发展指数的指标体系

参考的国际企业社会责任倡议和指标体系包括国际标准化组织颁布的社会责任指南（ISO26000）、全球报告倡议组织（GRI）可持续发展报告指南（G4）、《财富》100 强责任排名指数、道琼斯可持续发展指数等；参考的国内企业社会责任倡议和指南包括《中央企业履行社会责任的指导意见》《关于国有企业更好履行社会责任的指导意见》、GB/T 36000-2015《社会责任指南》《深圳证券交易所上市公司社会责任指引》、联交所《环境、社会及管治报告指引》《中国企业社会责任报告编写指南之一般框架（CASS-CSR4.0）》等；参考的世界 500 强企业的社会责任报告主要是所涉及企业的社会责任报告，以借鉴其中的

行业关键指标。

项目组以企业社会责任的一般议题出发，构建企业社会责任的通用议题评价指标，并结合行业特定社会责任议题，构建了行业特定社会责任议题评价指标，最终形成中国民族品牌企业社会责任发展指数“通用议题 + 行业特定议题”的评价指标体系。

2. 指标赋权与评分

中国民族品牌企业社会责任发展指数的赋值和评分共分为六个步骤：

（1）根据各行业指标体系中各项企业社会责任内容的相对重要性，运用层次分析法确定责任管理、市场责任、社会责任、环境责任等四大类责任板块的权重；

（2）根据不同行业的实质性和重要性，为每大类责任议题以及每一议题下面具体指标赋权；

（3）根据企业社会责任管理现状和信息披露的情况，给出各项社会责任内容下的每一个指标的得分；[1]

（4）根据权重和各项责任板块的得分，计算企业在所属行业下社会责任发展指数的初始得分。计算公式为：企业社会责任指数初始得分$=\sum_{j=1,2,3,4} A_j * W_j$，其中，$A_j$ 为企业某社会责任板块得分，W_j 为该项责任板块的权重；

（5）初始得分加上调整项得分就是企业在所属行业下的社会责任发展指数得分。调整项得分包括企业社会责任相关奖项的奖励分、企业社会责任管理的创新实践加分，以及年度重大社会责任缺失扣分项；

（6）如果企业的经营范围为单一行业，则所属行业下的社会责任发展指数得分就是该企业的社会责任发展指数最终得分。如果企业被确定为混业经营，则该企业的社会责任指数最终得分 $=\sum_{j=1..K} B_j * I_j$，其中，B_j 为企业在某行业下的社会责任发展指数得分，I_j 为该行业的权重。各行业权重按照行业的社会责任敏感度设定，跨两个行业的企业，按照“6、4”原则赋权，社会责任敏感度较高的

[1] 评分标准是：无论管理类指标或绩效类指标，如果从企业公开信息中能够说明企业已经建立了相关体系或者披露了相关绩效数据，就给分，否则，该项指标不得分。指标得分之和就是该项责任板块的得分。

行业权重为60%，敏感度较低的行业权重为40%；跨三个行业的企业，按照“5、3、2”原则赋权，社会责任敏感度最高的行业权重为50%，其次为30%，再次为20%。[1]

四、样本选择

1. 国有品牌100强企业样本选择

国有企业所处的重要行业和关键领域，大多关系国家安全和国民经济命脉、服务于国家战略目标，是推进国家现代化、保障人民共同利益的重要力量，国有企业因此也承担着更多的社会责任。本研究对中国国有品牌100强的社会责任管理与社会责任信息披露情况进行了综合评价，以把握中国国有品牌社会责任的阶段性特征。

中国国有品牌100强的样本以中国企业联合会、中国企业家协会联合发布的“年度中国企业500强”榜单和国务院国资委监管的央企名单为基础，按照营业收入依次选取前100家企业，并做出如下调整：

（1）剔除特种行业企业；

（2）剔除依靠财政拨款和政策性银行融资的企业；

（3）剔除兼并重组、破产倒闭的企业；

（4）如果股份公司占集团资产的90%以上，以股份公司为评价对象。

此次选择样本规模大、行业分布广，符合我国国有企业的基本特点，具有较强的代表性。

2. 民营品牌100强企业样本选择

十八届三中全会《中共中央关于全面深化改革若干重大问题的决定》提出“必须毫不动摇鼓励、支持、引导非公有制经济发展，激发非公有制经济活力和创造力”。在我国经济进入新常态的背景下，民营企业成为近年来经济发展领域的亮点，积极推进民营企业践行在市场、社会、环境方面的责任，对于加快完

[1] 社会责任敏感度主要从环境敏感度、客户敏感度考察，耗能大、污染多的行业环境敏感度较高；与消费者直接接触的行业敏感度较高。

善社会主义市场经济体制和加快转变经济发展方式具有重要的作用和战略意义。本研究对中国民营品牌100强的社会责任管理与社会责任信息披露情况进行了综合评价，以把握中国民营品牌社会责任的阶段性特征。

中国民营品牌100强的样本选取是以中国企业联合会、中国企业家协会联合发布的“年度中国企业500强”排行榜、全国工商联发布的年度民企500强排行榜等权威机构发布的相关榜单为基础，以民营资本控股为原则，根据营业收入规模及稳定性选出中国民营企业100强。

五、数据来源

中国民族品牌企业社会责任发展指数的评价信息来自企业主动、公开披露的社会/环境信息。这些信息应该满足以下基本原则：

（1）主动性，向社会主动披露社会/环境信息是企业的重要责任，因此，这些信息应该是企业主动披露的信息；

（2）公开性，利益相关方能够通过公开渠道方便地获取相关信息；

（3）实质性，这些信息要能切实反映企业履行社会责任的水平；

（4）时效性，这些信息要反映出企业最新的责任实践。此外，本研究在对企业履行社会责任的情况进行评价时，还考虑了企业的缺失行为和负面信息。企业社会责任负面信息的来源不局限于社会责任报告、年报和官方网站，课题组还统计了新华网、人民网等权威媒体和政府网站的相关报道。

依据上述原则，本研究确定了五类信息来源：2009—2017年度企业社会责任报告[1]、2009—2017年度企业年报、企业单项报告和企业官方网站，以及外部权威媒体新闻报道。

[1] 企业社会责任报告是企业非财务报告的统称，包括环境报告、可持续发展报告、企业公民报告、企业社会责任报告等。

六、星级划分

序号	星级水平	得分区间	发展阶段	企业特征
1	五星级（★★★★★）	大于等于 80	卓越者	企业建立完善的社会责任管理体系，社会责任信息披露完整，是我国企业社会责任的卓越引领者。
2	四星级（★★★★）	大于等于 60 小于 80	领先者	企业逐步建立社会责任管理体系，社会责任信息披露较为完整，是我国企业社会责任的先行者。
3	三星级（★★★）	大于等于 40 小于 60	追赶者	企业开始推动社会责任管理工作，社会责任披露基本完善，是社会责任领先企业的追赶者。
4	二星级（★★）	大于等于 20 小于 40	起步者	企业社会责任工作刚刚“起步”，尚未建立系统的社会责任管理体系，社会责任信息披露也较为零散、片面，与领先者和追赶者有着较大的差距。
5	一星级（★）	小于 20	旁观者	企业社会责任信息披露严重不足。

表 2　中国民族品牌企业社会责任发展类型

为了直观地反映出中国民族品牌的社会责任管理现状和信息披露水平，课题组根据企业社会责任发展的阶段特征，将企业年度社会责任发展指数进行星级分类，分别为：五星级、四星级、三星级、二星级和一星级等五个星级水平，分别对应卓越者、领先者、追赶者、起步者和旁观者五个发展阶段，各类品牌对应的社会责任发展指数星级水平和企业社会责任发展特征参见表 2。

七、中国民族品牌 100 强社会责任发展指数（2009—2017）

依托中国社会科学院企业社会责任研究中心《中国企业社会责任研究报告（2009—2017）》的理论研究成果，以及中国民族品牌所属企业性质，分析国有品牌 100 强社会责任发展指数和民营品牌 100 强社会责任发展指数，在两者的基础上，归纳分析形成“中国民族品牌 100 强社会责任发展指数”。

1. 九年来，中国民族品牌 100 强社会责任发展指数总体呈上升趋势，2017 年比 2009 增年长 24.95 分

2009 年，中国民族品牌 100 强社会责任发展指数为 19.25，整体接近二星级水平，处于旁观者阶段，企业社会责任信息披露严重不足。2017 年，中国民

族品牌 100 强社会责任发展指数为 44.2，整体达到三星级水平，处于追赶者阶段，相比 2009 年增长 24.95 分（见图 3）。九年来，随着政府部门、新闻媒体、行业协会、企业自身等对社会责任的持续关注和重视，企业社会责任在我国不断向纵深发展，持续改进。

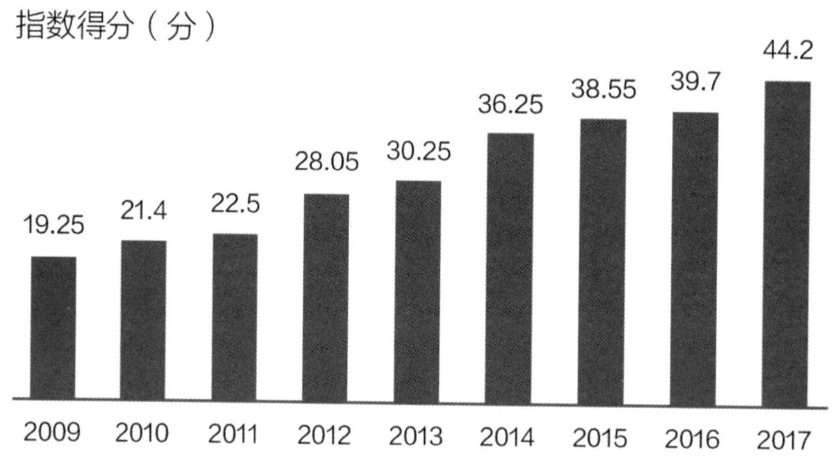

图 3　2009—2017 中国民族品牌 100 强企业社会责任发展指数

2. 九年来，国有品牌 100 强社会责任发展指数总体呈上升趋势，2017 年比 2009 年增长 33.1 分，整体从起步者阶段进入到追赶者阶段

2009 年，国有品牌 100 强社会责任发展指数为 25.6，整体处于起步者阶段。2017 年，国企品牌 100 强社会责任发展指数为 58.7，整体从起步者阶段进入到追赶者阶段，相比 2009 年增长 33.1 分（见图 4）。一方面，国务院国资委、地方国资委等相关政府机构九年来，不断加强国有企业社会责任管理，推动国有企业履行社会责任。另一方面，作为关系国民经济命脉的国有重要骨干企业，国有企业承担着政治责任、经济责任、社会责任、环境责任等多重使命，自觉将社会责任理念融入企业发展战略、日常运营中。

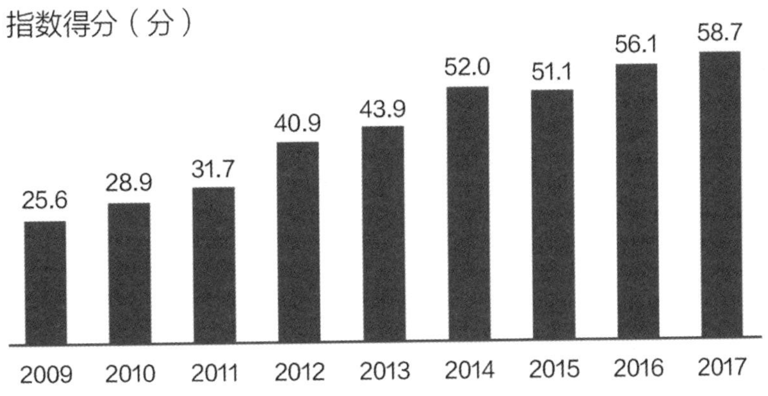

图 4　2009—2017 中国国有品牌 100 强社会责任发展指数

3. 九年来，民营品牌 100 强社会责任发展指数总体呈上升趋势，2017 年比 2009 年增长 16.8 分，整体从旁观者阶段进入到起步者阶段

2009 年，民营品牌 100 强社会责任发展指数为 12.9，整体处于旁观者阶段。2017 年，民营品牌 100 强社会责任发展指数为 29.7，整体从旁观者阶段进入到起步者阶段，同 2009 年相比增长 16.8 分（见图 5）。

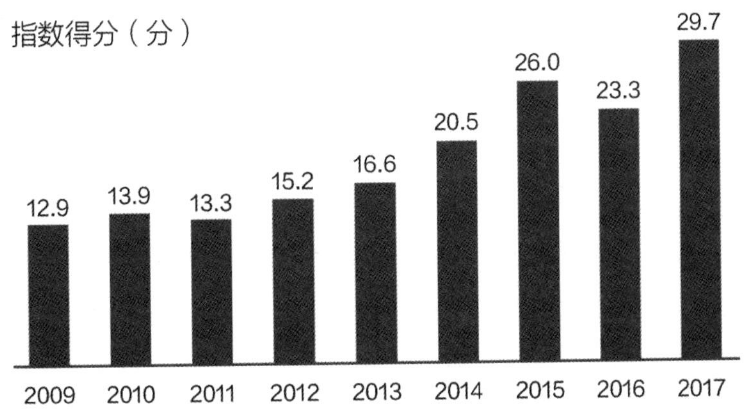

图 5　2009—2017 中国民营品牌 100 强社会责任发展指数

4. 九年来，国有品牌 100 强社会责任发展指数持续领先于民营品牌 100 强，且两者均呈现不同程度的增速

2009 年至 2017 年，国有品牌 100 强社会责任发展指数平均得分为 19.0，整体处于旁观者阶段。2017 年相比 2009 年，国有品牌、民营品牌社会责任发展指数均呈现不同程度的增长（见图 6）。显示出九年来在经济社会复杂多变背

景下，我国企业在社会责任管理、社会责任实践以及社会责任信息披露等方面整体改善，并反映出企业性质、个体差异的特点。

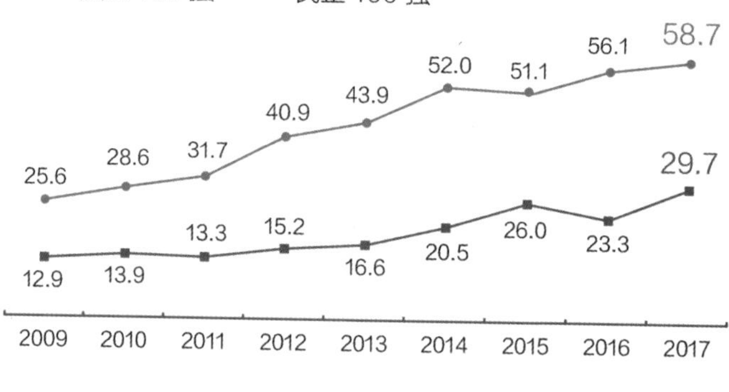

图 6　中国民族品牌企业社会责任发展指数

5. 2017 年，中国民族品牌 100 强企业社会责任发展指数仅为 44.2 分，超六成企业得分低于 60 分，处于三星级及以下水平，超三成企业为一星级，仍在“旁观”，3 家企业得分为 0，未披露任何社会责任信息

如图 7 所示，有 35 家企业（占 17.5%）的社会责任指数达五星级水平，处于卓越者阶段；有 43 家企业（占 21.5%）社会责任指数达到四星级水平，处于领先者阶段；有 26 家企业（占 13%）社会责任指数达到三星级，处于追赶者阶段；社会责任指数为二星级水平、处于起步者阶段的企业有 28 家（占 14%）；社会责任指数为一星级水平、处于旁观者阶段的企业数量最多，有 68 家（占 34%），其中有 3 家企业（占 1.5%）的社会责任发展指数得分为 0，未主动披露任何社会责任相关信息。

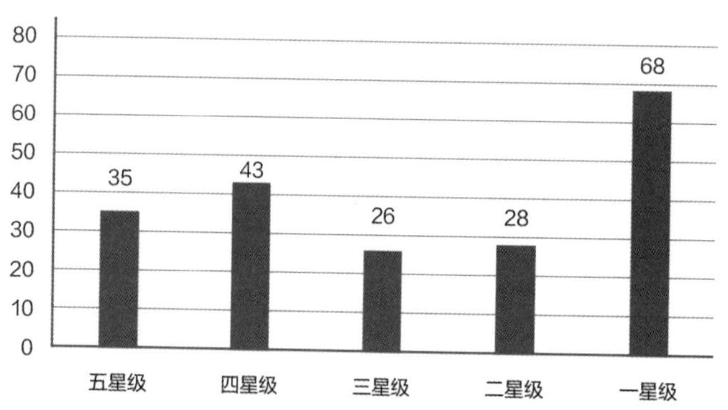

图 7　2017 年中国民族品牌企业 100 强社会责任指数星级分布

6. 2017 年，责任管理指数和责任实践指数持续增长，且责任实践指数好于责任管理指数

企业社会责任包括责任管理和责任实践两大板块。2017 年中国民族品牌 100 强责任管理指数得分为 41.0 分，责任实践指数[1] 得分为 44.6 分，两者均处于三星级水平、追赶者阶段。市场责任、社会责任两个方面的指数均处于追赶者阶段，环境责任指数处于起步者阶段。社会责任指数得分最高（49.45 分），好于市场责任指数（44.9 分）和环境责任指数（39.4 分）。

图 8 显示，与 2016 年相比，2017 年责任实践指数持续增长，由 2016 年的 34.15 分上升为 44.6 分，提高了 10.45 分；责任管理指数由 2016 年的 39.8 分上升为 2017 年 41 分，提高了 1.2 分。

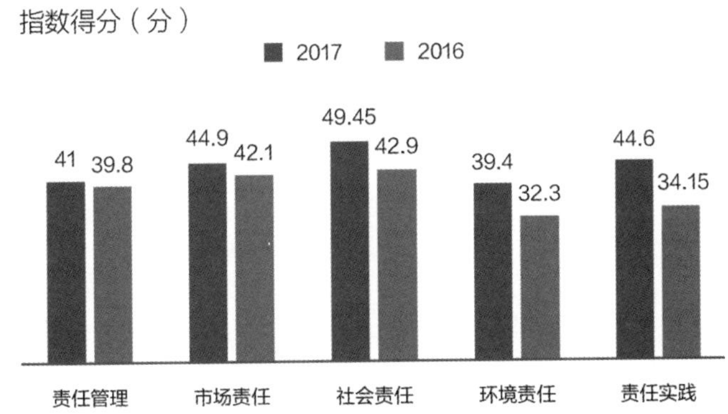

图 8　2016—2017 中国民族品牌企业 100 强社会责任发展的结构特征

7. 2017 年，国有品牌 100 强各项责任议题指数整体好于民营 100 强，相对来说，国有品牌倾向于披露依法经营和股东权益等方面数据，民营品牌在社区关系、股东权益等信息披露相对突出

究其原因，国有品牌 100 强作为全民所有制企业，依法经营和国有资产保值增值成为其重要关注点，民营品牌 100 强大多为上市公司，对股东权益和社区关系比较关注。

[1] 责任实践指数为市场责任指数、社会责任指数和环境责任指数的平均值。

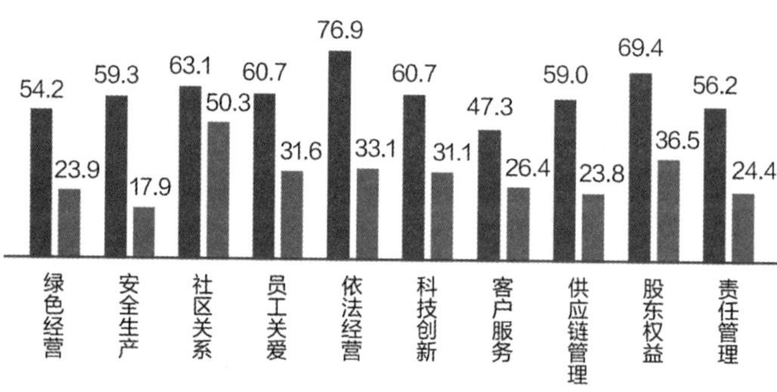

图9　中国民族品牌企业社会责任议题指数表现